제9판

2025 SIGNATURE 헌법 HANDBOOK

constitution
변호사시험을 빈틈없이 대비하는
단 하나의 교재

변호사
강성민 편저

저자의 말

이 책은 변호사시험을 준비하는 수험생들을 위한 헌법 수험서입니다. 많은 분들이 저의 강의와 교재를 신뢰하고 선택해주셔서 그 믿음에 보답하고자 하는 마음으로 성실히 본 교재를 작성하였습니다. 본 교재만으로 전반적인 헌법 공부를 하는데 충분하시리라고 생각합니다.

본 핸드북은 변호사시험장에 꼭 들고 가야 할 마지막 단권화 요약서로서 "최소한 이 정도는 다 외우고 들어가자"는 생각으로 만든 교재입니다. 본 서만으로 변호사시험에 응하겠다는 마음보다는, 기본서 또는 판례집과 함께 본 서를 보신다면 최종적으로 정리해야할 내용 확인에 도움이 되리라 생각합니다.

이 책의 특징은 다음과 같습니다.

1. 제9판에서는 2024년 12월까지 선고된 최신 헌법재판소 결정례를 반영하고, 2025년 14회 변호사시험과 2024년까지의 모의시험 사례형 및 기록형 문제를 모두 검토 후 반영하였습니다. 특히 장황하게 기재되어 있었던 문체를 더 간결하게 하여 수험적합성을 높였습니다.

2. 제14회 변호사시험까지 기출된 모든 변호사시험 본시험(14회분) 및 모의시험(2024. 3차까지 포함) 헌법 사례형 문제를 사안에 맞게 압축하여 해당 쟁점에 수록해두었습니다. 그동안 기출되었던 문제와 쟁점을 확인하고 정리하는 데 도움이 될 것입니다.

3. 같은 취지에서 마지막 4년간(2014~2017년) 사법시험 문제도 수록해두었습니다. 변호사시험과 사법시험은 출제가 겹치는 부분이 꽤 있으니 이에 대한 학습도 꼭 필요한 부분입니다.

4. 공법 기록형으로 출제되었던 헌법 쟁점은 해당 목차 옆에 [변시 9회] [19.06.모의] 와 같이 표시해두었습니다. 사례형과 기록형에 출제된 쟁점들을 빠르게 훑어보고 출제 가능한 쟁점을 스스로 예상해보시면 좋겠습니다.

5. 본 핸드북은 저자의 졸저인 「Signature 헌법」의 편제에 따랐습니다. 본 핸드북과 「Signature 헌법」 및 「Signature 공법기록」과 함께 학습하신다면 같은 문체와 같은 호흡으로 선택형·사례형·기록형에 대한 완전한 대비가 될 수 있으리라 생각합니다.

6. 추가적인 설명이 필요한 부분은 'comment'라는 표시 아래 설명을 덧붙여두었습니다. 함께 읽어보시면 학습에 도움이 될 것입니다.

처음에 밝혔듯이 이 책은 헌법 공부의 "최소한"입니다. 시험장에 들어가시기 전까지 이 책을 몇 번이고 반복해서 학습하시고 적어도 이 정도는 반드시 외우고 시험장에 들어가겠다는 마음으로 공부하시면 좋겠습니다. 이 책을 휴대하시면서 틈을 내어 쟁점을 1~2개씩 외우는 것도 좋은 방법이 될 것 같습니다.

이 책이 여러분의 꿈을 이루고 직업적 비전을 찾는데 유익이 되길 바랍니다. 세상에 꼭 필요한 법률가가 되시길 응원합니다.

건투를 빕니다.

2025. 2. 11.
강성민 변호사 드림

CONTENTS

제1편. 헌법재판론

1. 위헌법률심판의 의의 및 요건 · · · · · · · · · · · · · · · 3
2. 위헌법률심판의 심사기준 · · · · · · · · · · · · · · · · · 11
3. 위헌법률심판의 종국결정 유형 · · · · · · · · · · · · · · 12
4. 위헌선언의 범위와 위헌결정의 효력 · · · · · · · · · · · 15
5. 헌법재판소법 제68조 제2항 헌법소원 · · · · · · · · · · 23
6. 헌법재판소법 제68조 제1항 헌법소원 · · · · · · · · · · 28
7. 권한쟁의심판 · 49

제2편 기본권론

제1장 기본권총론 · **63**

8. 기본권의 이중적 성격 · · · · · · · · · · · · · · · · · · · 63
9. 기본권과 제도보장 · 63
10. 기본권의 주체 · 64
11. 기본권의 대사인적 효력 · · · · · · · · · · · · · · · · · 68
12. 기본권의 경합 · 70
13. 기본권의 충돌 · 72
14. 기본권의 내재적 한계 · · · · · · · · · · · · · · · · · · 75
15. 기본권 제한의 일반원칙 · · · · · · · · · · · · · · · · · 76
16. 위임입법의 한계와 통제 · · · · · · · · · · · · · · · · · 81
17. 위임의 형식 · 82
18. 포괄위임금지원칙 · 84
19. 특별권력관계 · 87
20. 기본권보호의무 · 88

제2장 인간의 존엄과 가치·행복추구권 · · · · · · · · · 89

제1절 인간의 존엄과 가치 · · · · · · · · · · · · · · · 89

21. 인간의 존엄과 가치 · · · · · · · · · · · · · · · 89

22. 인격권 · 89

제2절 행복추구권 · · · · · · · · · · · · · · · · · · 92

23. 행복추구권 · · · · · · · · · · · · · · · · · · · 92

24. 일반적 행동자유권 · · · · · · · · · · · · · · · 94

25. 자기결정권 · · · · · · · · · · · · · · · · · · · 96

26. 자기책임의 원리 · · · · · · · · · · · · · · · · 98

제3장 평등권 · 99

27. 평등권 · 99

제4장 자유권적 기본권 · · · · · · · · · · · · · · · · 105

제1절 인신에 관한 자유 · · · · · · · · · · · · · · · 105

28. 생명권 · 105

29. 신체를 훼손당하지 않을 권리 · · · · · · · · · 107

30. 신체의 자유 · · · · · · · · · · · · · · · · · · 107

31. 죄형법정주의 · · · · · · · · · · · · · · · · · 108

32. 형벌불소급 원칙 · · · · · · · · · · · · · · · · 109

33. 절대적 부정기형(不定期形) 금지 · · · · · · · · 111

34. 유추해석금지 · · · · · · · · · · · · · · · · · 111

35. 죄형법정주의의 명확성 원칙 · · · · · · · · · · 111

36. 형벌에 관한 책임주의 원칙 · · · · · · · · · · 112

37. 책임과 형벌 간의 비례원칙 · · · · · · · · · · 113

38. 이중처벌금지원칙 · · · · · · · · · · · · · · · · · · · 114

39. 연좌제 금지 · 116

40. 적법절차원칙 · 117

41. 영장주의 · 119

42. 변호인의 조력을 받을 권리 · · · · · · · · · · · 123

43. 무죄추정의 원칙 · · · · · · · · · · · · · · · · · · · 126

44. 진술거부권 · 127

제2절 사생활영역의 자유 · · · · · · · · · · · · · · · · 128

45. 사생활의 비밀과 자유 · · · · · · · · · · · · · · · 128

46. 개인정보자기결정권 · · · · · · · · · · · · · · · · 130

47. 주거의 자유 · 132

48. 거주·이전의 자유 · · · · · · · · · · · · · · · · · · 133

49. 통신의 비밀과 자유 · · · · · · · · · · · · · · · · 134

제3절 정신생활영역의 자유 · · · · · · · · · · · · · · · 136

50. 양심의 자유 · 136

51. 종교의 자유 · 139

52. 언론·출판의 자유 · · · · · · · · · · · · · · · · · · 141

53. 집회의 자유 · 150

54. 결사의 자유 · 153

55. 학문의 자유 · 154

56. 예술의 자유 · 155

제4절 경제생활영역의 자유 · · · · · · · · · · · · · · · 156

57. 재산권 · 156

58. 직업의 자유 · 165

59. 소비자 보호운동 · · · · · · · · · · · · · · · · · · · 169

제5장 정치적 기본권 · 170

    60. 정치적 자유권 · 170

    61. 공무담임권 · 172

제6장 청구권적 기본권 · 174

    62. 청원권 · 174

    63. 재판청구권 (재판을 받을 권리) · · · · · · · · · · · · · · · · · · 175

    64. 재판절차진술권 · 179

    65. 국가배상청구권 · 180

    66. 형사보상청구권 · 182

    67. 범죄피해자구조청구권 · 182

제7장 사회적 기본권 · 183

    68. 사회적 기본권 일반론 · 183

    69. 인간다운 생활을 할 권리 · · · · · · · · · · · · · · · · · · · 184

    70. 교육을 받을 권리 · 185

    71. 근로의 권리 · 190

    72. 근로3권 · 192

    73. 환경권 · 195

    74. 혼인과 가족생활 · 196

    75. 모성의 보호 · 199

    76. 보건권 · 199

제8장 국민의 기본적 의무 · 200

    77. 국민의 기본적 의무 · 200

제3편 헌법총론

- 78. 관습헌법 · 203
- 79. 헌법개정 · 205
- 80. 헌법변천 · 206
- 81. 저항권 · 207
- 82. 방어적 민주주의 · · · · · · · · · · · · · · · · 209
- 83. 합헌적 법률해석 · · · · · · · · · · · · · · · · 210
- 84. 대한민국의 영역 · · · · · · · · · · · · · · · · 211
- 85. 헌법 전문(前文) · · · · · · · · · · · · · · · · · 214
- 86. 헌법의 기본원리 · · · · · · · · · · · · · · · · 215
- 87. 국민주권의 원리 · · · · · · · · · · · · · · · · 215
- 88. 민주주의의 원리 · · · · · · · · · · · · · · · · 216
- 89. 법치국가의 원리 · · · · · · · · · · · · · · · · 216
- 90. 체계정당성의 원리 · · · · · · · · · · · · · · · 217
- 91. 소급입법금지원칙과 신뢰보호원칙 · · · · · · · · 218
- 92. 사회국가의 원리 · · · · · · · · · · · · · · · · 222
- 93. 우리 헌법상 경제질서 · · · · · · · · · · · · · · 223
- 94. 문화국가의 원리 · · · · · · · · · · · · · · · · 224
- 95. 평화국가 원리 · · · · · · · · · · · · · · · · · 225
- 96. 국제법존중주의 · · · · · · · · · · · · · · · · · 225
- 97. 조 약 · 226
- 98. 일반적으로 승인된 국제법규 · · · · · · · · · · · 228
- 99. 정당제도 및 정당설립의 자유 · · · · · · · · · · 229
- 100. 선거제도 · · · · · · · · · · · · · · · · · · · 237
- 101. 직업공무원제도 · · · · · · · · · · · · · · · · 243

102. 지방자치제도 · · · · · · · · · · · · · · · · · · · 244

제4편 통치구조론

제1장 통치구조론 개설 · · · · · · · · · · · · · · · 253

   103. 대의제 원리 · · · · · · · · · · · · · · · · · · 253

   104. 권력분립의 원리 · · · · · · · · · · · · · · · · 255

   105. 정부형태 · 256

제2장 입법부 · 257

   106. 의회주의 · 257

   107. 국회의 위원회 · · · · · · · · · · · · · · · · · 257

   108. 교섭단체 · 258

   109. 다수결의 원리 · · · · · · · · · · · · · · · · · 258

   110. 의사공개의 원칙 · · · · · · · · · · · · · · · · 259

   111. 회기계속의 원칙 · · · · · · · · · · · · · · · · 260

   112. 일사부재의의 원칙 · · · · · · · · · · · · · · · 260

   113. 처분적 법률 · · · · · · · · · · · · · · · · · · 262

   114. 조세입법권 · · · · · · · · · · · · · · · · · · 263

   115. 탄핵소추권 · · · · · · · · · · · · · · · · · · 265

   116. 국정감사 · 조사권 · · · · · · · · · · · · · · · 269

   117. 국무총리 · 국무위원 해임건의권 · · · · · · · · 270

   118. 국회의 자율권 · · · · · · · · · · · · · · · · 272

   119. 국회의원의 이중적 지위 · · · · · · · · · · · · 275

   120. 국회의원의 불체포특권 · · · · · · · · · · · · 275

121. 국회의원의 면책특권 · · · · · · · · · · · · · · · · · 276

제3장 행정부 · **280**

   122. 대통령의 권한대행 · · · · · · · · · · · · · · · · · 280

   123. 대통령의 불소추특권 · · · · · · · · · · · · · · · · 282

   124. 국가긴급권 · 283

   125. 법률안거부권 · · · · · · · · · · · · · · · · · · · 287

   126. 사면권 · 289

   127. 국민투표제도 · · · · · · · · · · · · · · · · · · · 291

   128. 대통령의 권한행사의 통제 · · · · · · · · · · · · · · 293

   129. 국무총리 · 296

   130. 국무위원과 행정각부 · · · · · · · · · · · · · · · · 298

   131. 감사원 · 298

제4장 사법부 · **299**

   132. 사법권의 독립 · · · · · · · · · · · · · · · · · · · 299

   133. 법원의 명령·규칙 심사권 · · · · · · · · · · · · · · 301

제1편
헌법재판론

01 위헌법률심판의 의의 및 요건

변시 6회 | 변시 7회 | 변시 14회

● 15년 3차 2문

보건복지부장관의 위반사실 공표행위의 근거 법률이 자신의 기본권을 침해하여 위헌이라고 주장하는 甲의 헌법소송수단 및 승소가능성을 논하시오. (30)

● 16년 3차 1문

운영중인 외과의원이 요양기관으로 지정된 의사 甲의 지정처분 취소소송에서 위헌법률심판제청신청의 적법요건을 검토하시오. (10)

● 16년 2차 2문

유통기한이 경과한 날밤을 조리목적으로 주방에 보관함으로써 식품위생법 제44조 제1항 제3호(유통기한 경과제품 보관 등 하지 말 것) 위반했다는 이유로 영업정지 15일 처분을 받은 甲은 영업정지취소소송을 제기하여 인용판결이 확정되었다. 甲은 영업정지로 인한 손해배상청구소송을 하며 법 44조 1항 3호 위헌법률심판제청신청을 하였다. 재판의 전제성 인정여부를 논하시오. (20)

● 18년 1차 1문

甲은 A시 시장 후보로 출마하여 낙선하였고, 유효투표총수의 35%를 득표하여 선거비용 지출액 전액을 보전받을 것을 기대하였다. 그러나 A시 선관위는 甲의 방송시설이용연설 신고의무 불이행을 이유로 과태료 및 선거비용보전지급액공제처분을 하였다. 甲은 A지방법원에 공제처분취소소송을 제기하며 근거 법률조항에 대해 위헌법률심판제청신청을 하였다. 대상을 특정하고 적법여부를 검토하시오. (25)

■ 2017년 제59회 사법시험

청소년 보호·선도를 방해할 우려 있는 옥외광고물 금지조항에 따른 옥외광고신청에 대한 불허가처분 취소소송 및 위헌법률심판제청신청시, 재판의 전제성 인정여부를 검토하시오. (20)

---

1. 위헌법률심판의 의의

위헌법률심판이란 국회가 제정한 법률의 위헌 여부가 일반 법원에서 재판의 전제가 되는 경우에 법원이 헌법재판소에 위헌심판을 제청하고 헌법재판소가 그 위헌 여부를 심사·판단하는 사후적·구체적 규범통제제도이다(헌법 제107조 제1항, 제111조 제1항 제1호, 헌법재판소법 제41조 제1항).

2. 요 건

위헌법률심판청구가 적법하기 위해서는 ① 심판대상이 법률 또는 법률과 동일한 효력을 갖는 조약 또는 명령이어야 하고, ② 법원의 제청이 있어야 하며, ③ 재판의 전제성을 갖추어야 한다. 이때 재판의 전제성이란, ① 첫째, 구체적인 사건이 법원에 계속되어 있었거나 계속 중이어야 하고, ② 둘째, 위헌여부가 문제되는 법률이 당해소송사건의 재판에 적용되는 것이어야 하며, ③ 셋째, 그 법률이 헌법에 위반되는지의 여부에 따라 당해 소송사건을 담당한 법원이 다른 내용의 재판을 하게 되는 경우를 말한다.

가. 심판의 대상성

1) 일반론

헌법 제111조 제1항 제1호 및 헌법재판소법 제41조 제1항, 제68조 제2항에 의하면 위헌심판의 대상을 '법률'이라고 규정하고 있는데, 여기서 '법률'이라고 함은 국회의 의결을 거친 이른바 형식적 의미의 법률뿐만 아니라 법률과 동일한 효력을 갖는 조약 등도 포함된다.

2) 시행 후 폐지된 법률

위헌제청의 대상이 될 수 있는 법률은 위헌심판시에 '유효한 법률'이어야 한다. 따라서 제청 당시에 공포는 되었으나 시행되지 않았거나 이미 폐지되어 효력이 상실된 법률에 대한 청구는 원칙적으로 부적법하다(97헌가4). 다만 폐지된 법률이라 하더라도 당해 소송사건에 적용될 수 있어 재판의 전제가 되는 경우에는 위헌제청의 대상이 될 수 있다. 즉 ① 개정법 부칙에 의하여 구법이 종전 사건에 계속 적용되는 경우이거나(94헌바15) ② 폐지된 법률에 의해 법익침해가 계속되고 있는 경우(89헌마32) 등에는 예외적으로 위헌법률심판의 대상이 될 수 있다.

3) 헌법규정

> ● 14년 2차 1문
> 헌법 제29조 제2항 중 '군인' 부분 및 국가배상법 제2조 제1항 단서규정 중 '군인' 부분에 대하여 '법률이 정하는 금전보상액이 손해배상액에 미달하는 경우에도 적용하는 한 위헌'이라는 위헌심사형 헌법소원 심판청구의 적법여부를 판단하시오. (재판의 전제성, 법원의 기각결정, 청구기간 요건은 구비한 것으로 전제할 것.) (20)

① 헌법은 위헌법률심판의 대상이 '법률'임을 명문으로 규정하고 있고, 여기서 위헌심사의 대상이 되는 법률이 국회의 의결을 거친 이른바 형식적 의미의 법률을 의미하는 것이므로, 헌법의 개별규정 자체는 헌법소원에 의한 위헌심사의 대상이 아니다. ② 그리고 헌법은 전문과 각 개별조항이 서로 밀접한 관련을 맺으면서 하나의 통일된 가치체계를 이루고 있는 것으로서 이념적·논리적으로는 규범 상호간의 우열을 인정할 수 있다 하더라도, 그러한 규범 상호간의 우열이 헌법의 어느 특정규정이 다른 규정의 효력을 전면적으로 부인할 수 있을 정도의 개별적 헌법규정 상호간에 효력상의 차등을 의미하는 것이라고는 볼 수 없으므로, 이 점에서도 헌법의 개별규정에 대한 위헌심사는 허용될 수 없다. ③ 또한 국민투표에 의하여 확정된 현행 헌법의 성립과정과 헌법 제130조 제2항이 헌법의 개정을 국민투표에 의하여 확정하도록 하고 있음에 비추어, 헌법은 그 전체로서 주권자인 국민의 결단 내

지 국민적 합의의 결과라고 보아야 할 것으로, 헌법의 규정을 헌법재판소법 제68조 제1항 소정의 공권력 행사의 결과라고도 볼 수도 없다.

따라서 헌법규정은 위헌법률심판 뿐만 아니라 헌법재판소법 제68조 제1항 헌법소원의 대상도 될 수 없다.

4) **법률해석**(한정위헌청구)

> ★ 5회 변시 1문
> 「경범죄처벌법」 제3조 제34호가 피의사실을 부인하는 경우에 적용되는 한 위헌이라며 위헌심사형 헌법소원심판을 청구한 甲의 청구가 적법한지 검토하시오. (20)
>
> ● 19년 1차 2문
> A구청장은 어린이집 운영자인 乙이 보조금을 부정하게 교부받았다는 사실로 乙에게 보조금 반환명령을 하였다. 乙은 보조금반환명령 취소소송을 제기하며, 보조금반환명령에서 정당하게 받은 보조금을 제외하는 것으로 해석하지 않는 한 헌법에 위반된다는 결정을 구하였다. 이러한 청구의 가능 여부를 논하시오. (10)
>
> ■ 2017년 제59회 사법시험
> "~라고 해석하는 한 위헌"이라는 형태의 청구가 적법한지 검토하시오. (20)

가) 문제점

헌법 제107조 제1항, 제111조 제1항과 헌법재판소법 제41조 제1항, 제68조 제2항은 그 심판의 대상을 '법률'로 규정하고 있는데, 법률조항 자체의 위헌판단을 구하는 것이 아니라 법률조항을 "……하는 것으로 해석·적용하는 한 위헌"이라는 판단을 구하는 이른바 한정위헌청구가 적법한지 여부가 문제된다.

나) 헌법재판소의 입장

종래 헌법재판소는 이에 대하여 원칙적으로 부적법하다고 보았으나(92헌바40), 이후 "헌법합치적 법률해석의 원칙상 법률조항 중 위헌성이 있는 부분에 한정하여 위헌결정을 하는 것은 입법권에 대한 자제와 존중으로서 당연하고 불가피한 결론이므로, 이러한 한정위헌결정을 구하는 한정위헌청구는 원칙적으로 적법하다. 다만, 재판소원을 금지하는 헌법재판소법 제68조 제1항의 취지에 비추어, 개별·구체적 사건에서 단순히 법률조항의 포섭이나 적용의 문제를 다투거나, 의미있는 헌법문제에 대한 주장없이 단지 재판결과를 다투는 헌법소원 심판청구는 여전히 허용되지 않는다.(2011헌바117)"고 하여 한정위헌청구를 원칙적으로 적법하다고 보고 있다.

다) 대법원의 입장

대법원은, "헌법 제107조 제1항 및 헌법재판소법 제41조 제1항은 법률이 헌법에 위반되는 여부가 재판의 전제가 된 때에는 법원이 결정으로 헌법재판소에 위헌 여부의 심판을 제청한다고 규정하고 있고, 한편 구체적 분쟁사건의 재판에서 합헌적 법률해석을 포함하는 법령의 해석적용 권한은 대법원을 최고법원으로 하는 법원에 전속되어 있는 점에 비추어, 헌법재판소법 제41조 제1항이 정한 법원의 위헌제청의 대상은 오로지 법률조항 자체의 위헌 여부일 뿐이고 법률조항에 대한 해석의 위헌 여부는 그 대상이 될 수 없으므로, 법률조항을 '…하는 것으로 해석하는 한 위헌'이라는 취지의 위헌제청신청은 그 법률조항에 대한 법원의 해석을 다투는 것에 불과하여 적법하지 아니하다.(2013즈기5)"고 하여 부정설의 입장이다.

라) 검 토

법률의 의미는 결국 개별·구체화된 법률해석에 의해 확인되는 것이므로 법률과 법률의 해석을 구분할 수는 없고, 재판의 전제가 된 법률에 대한 규범통제는 해석에 의해 구체화된 법률의 의미와 내용에 대한 헌법적 통제로서 헌법재판소의 고유권한이므로, 변경된 헌법재판소의 입장이 타당하다.

5) 관습법

헌법재판소는, 위헌법률심판의 대상으로서 '법률'이라고 함은 국회의 의결을 거친 형식적 의미의 법률뿐만 아니라 법률과 같은 효력을 가지는 관습법도 대상이 되고, 단지 형식적 의미의 법률이 아니라는 이유로 그 예외가 될 수는 없다는 입장이다(2009헌바129).

반면 대법원은, 관습법은 법원에 의하여 발견되고 성문의 법률에 반하지 아니하는 경우에 한하여 보충적인 법원(法源)이 되는 것에 불과하여(민법 제1조) 관습법이 헌법에 위반되는 경우 법원이 그 관습법의 효력을 부인할 수 있으므로, 결국 관습법은 헌법재판소의 위헌법률심판의 대상이 아니라는 입장이다(2007카기134).

생각건대 법률과 동일한 효력을 갖는 관습법 등을 위헌심판의 대상으로 삼음으로써 헌법을 최고규범으로 하는 법질서의 통일성과 법적 안정성을 확보할 수 있을 뿐만 아니라, 합헌적인 법률에 의한 재판을 가능하게 하여 궁극적으로는 국민의 기본권 보장에 기여할 수 있게 되므로, 관습법도 위헌법률심판의 대상이 된다고 봄이 타당하다.

6) 기타 대상성이 부정되는 것들

'법률의 부존재', 즉 진정입법부작위는 심판의 대상이 될 법률 자체가 존재하지 않는 것이므로, 위헌법률심판의 형식으로 다툴 수 없다. 다만 법률이 불완전·불충분하게 규정되었음을 근거로 법률 자체의 위헌성을 다투는 부진정입법부작위는 위헌법률심판의 대상이 될 수 있다. 또한 명령, 규칙, 조례는 법률보다 하위의 효력을 가지므로 위헌법률심판의 대상이 될 수 없다.

나. 재판의 전제성

1) 재판의 의미

여기서 "재판"이라 함은 판결·결정·명령 등 그 형식 여하와 본안에 관한 재판이거나 소송절차에 관한 재판이거나를 불문하며, 심급을 종국적으로 종결시키는 종국재판뿐만 아니라 중간재판도 이에 포함된다(94헌바1).

2) 재판의 전제성의 의의

재판의 전제성이란, ① 첫째, 구체적인 사건이 법원에 계속되어 있었거나 계속 중이어야 하고, ② 둘째, 위헌여부가 문제되는 법률이 당해소송사건의 재판에 적용되는 것이어야 하며, ③ 셋째, 그 법률이 헌법에 위반되는지의 여부에 따라 당해 소송사건을 담당한 법원이 다른 내용의 재판을 하게 되는 경우를 말한다. 여기서 법원이 "다른 내용의" 재판을 하게 되는 경우라 함은 Ⓐ 재판의 주문이 달라지거나 Ⓑ 재판의 내용과 효력에 관한 법률적 의미가 달라지는 경우를 말한다(2009헌바429).

가) 구체적인 사건이 법원에 계속중일 것

당해 사건이 법원에 '적법'하게 계속될 것을 요하기 때문에, 만일 당해 사건이 부적법한 것이어서 법률의 위헌 여부를 따져 볼 필요조차 없이 각하를 면할 수 없는 것일 때에는 위헌여부심판의 제청신청은 적법요건인 재판의 전제성을 흠결한 것으로서 각하될 수밖에 없다(2005헌바71).

또한 위 '계속 중' 요건은 위헌제청 신청 당시는 물론이고 헌법재판소의 결정시까지 갖추어져야 함이 원칙이므로 헌법재판소 결정 이전에 당해 사건이 '계속 중'이 아니라면 원칙적으로 부적법하다(예 당사자의 소 취하 등으로 소송절차가 종료된 경우). 그러나 예외적으로 제청 후 사정변경이 있는 경우, 즉 위헌여부심판이 제청된 법률조항에 의하여 침해된다는 기본권이 중요하여 동 법률조항의 위헌 여부의 해명이 헌법적으로 중요성이 있는데도 그 해명이 없거나, 동 법률조항으로 인한 기본권의 침해가 반복될 위험성이 있는데도 그 법률조항에 대한 위헌여부심판의 기회를 갖기 어려운 경우에는 그 심리기간 중 그 후의 사태진행으로 당해 소송이 종료되었더라도 헌법재판소는 제청 당시 전제성이 인정되는 한 예외적으로 객관적인 헌법질서의 수호·유지를 위하여 심판의 필요성이 인정된다(93헌가2).

나) 위헌 여부가 문제되는 법률이 당해 소송사건의 재판에 적용되는 것일 것

(1) 직접 적용되는 법률

심판의 대상이 되는 법률은 원칙적으로 법원의 당해 사건에 직접 적용되는 법률이어야 한다.

(2) 간접 적용되는 법률

제청 또는 청구된 법률조항이 법원의 당해사건의 재판에 직접 적용되지는 않더라도 그 위헌여부에 따라 당해사건의 재판에 직접 적용되는 법률조항의 위헌여부가 결정되거나, 당해재판의 결과가 좌우되는 경우 등과 같이 양 규범 사이에 내적 관련이 있는 경우에는 간접 적용되는 법률규정에 대하여도 재판의 전제성을 인정할 수 있다(2000헌바5). 또한 재판에 직접 적용되는 시행령의 위헌 여부가 상위법률의 위헌 여부에 달려 있는 경우에 상위법률을 심판의 대상으로 삼는 경우도 이에 포함될 수 있다(92헌가18).

다) 그 법률이 헌법에 위반되는지 여부에 따라 당해 사건을 담당하는 법원이 다른 내용의 재판을 하게 되는 경우일 것

3) 재판의 전제성 요건의 심사

헌법재판소는, 법률이 재판의 전제가 되는 요건을 갖추고 있는지의 여부를 심판함에 있어서 제청법원의 견해가 명백하게 불합리하여 유지될 수 없는 경우가 아닌 한 그것을 존중하는 입장을 취하고 있으며, 제청의 기초가 되는 법률의 해석에서 그 이유가 일부 명시되지 않은 점이 있다 하더라도 먼저 나서서 법률해석을 확정하여 제청법원의 판단을 명백히 불합리하여 유지될 수 없는 것이라고 단정하기보다는 제청법원의 제청취지를 존중하여 재판의 전제성을 긍정함이 상당하다고 하고 있다(2004헌가29). 따라서 그 전제성에 관한 법률적 견해가 명백히 유지될 수 없을 때에는 헌법재판소가 이를 직권으로 조사할 수 있고 이에 따라 그 제청을 부적법하다 하여 각하할 수 있다.

다. 법원의 제청

> ★ 3회 변시 2문
> 위헌법률심판제청신청에 대하여 당해 법원이 위헌의 여지를 의심했음에도 불구하고 기각결정을 내린 경우, 이에 대하여 헌법적으로 판단하시오. (10)

1) 제청권자

위헌법률심판의 제청권자인 "법원"에는 수소법원, 집행법원, 군사법원 및 비송사건 담당법관도 포함된다. 그러나 행정심판기관은 법원이 아니므로 제청권이 없고, 개인의 제소 또는 심판청구만으로는 위헌법률심판을 할 수 없다(94헌아5).

2) 제청신청권자

소송당사자는 법원에 위헌제청을 신청할 수 있다. 보조참가인도 피참가인의 소송행위와 저촉되지 아니하는 한 소송에 관하여 공격·방어·이의·상소, 기타 일체의 소송행위를 할 수 있는 자이므로 헌법재판소법 소정의 위헌심판제청신청의 '당사자'에 해당한다(2001헌바98). 행정처분의 주체인 행정청도 제청신청을 할 수 있으며, 당사자의 신청이 없더라도 법원은 직권으로 헌법재판소에 제청할 수 있다.

3) 제청의 요건

법원이 위헌법률심판제청을 하기 위해서는 ① 재판의 전제성이 있어야 하고, ② 해당 법률조항에 대하여 단순한 의심을 넘어서 합리적인 위헌의 의심이 있어야 한다(93헌가2)(위헌에 대한 단순의심과 위헌에 대한 확신 사이의 중간적인 입장인 '합리적인 의심설'). 여기서 '합리적' 의심이란 위헌확인의 '상당한' 개연성이 있다고 믿는 경우를 의미하므로, 합리적으로 의심의 여지가 없을 만큼 명백한 경우에만 위헌심판제청을 할 수 있는 것은 아니다.

4) 법원의 합헌판단권 인정여부

가) 문제점

재판과정에서 어떤 법률의 위헌 여부가 문제된 경우, 법원은 그 법률이 재판의 전제가 되는지 여부에 대한 판단을 할 수 있는데, 이에 더하여 스스로 합헌판단을 하여 위헌제청신청을 기각할 수 있는지, 즉 법원에 합헌판단권이 있는지 여부가 문제된다.[1]

나) 학설의 대립

① 법원은 제청서에 위헌이라고 해석되는 이유를 기재하여야 하며 헌법에 따라 정당한 판단을 하여야 하므로, 이를 근거로 법률에 대한 합헌적인 해석권이 있다는 점에서 긍정하는 견해와, ② 1980년 개정헌법 제108조 제1항은, "법률이 헌법에 위반되는 것으로 인정할 때"에는 헌법위원회에 제청하여 그 결정에 의하여 재판하도록 규정하고 있었으나 현행 헌법은 위 문구를 삭제한 점 등을 근거로 부정하는 견해가 대립한다.

다) 헌법재판소의 입장

헌법재판소는 이에 대해 명확한 입장을 제시한 바는 없다.

다만 "헌재법 제41조 제4항은 위헌여부심판의 제청에 관한 결정에 대하여는 항고할 수 없다는 것으로서, 합헌판단권의 인정 여부와는 직접 관계가 없는 조항이므로, 그 조항이 바로 법원의 합헌판단권을 인정하는 근거가 된다고 할 수 없다. 또한 헌재법 제68조 제2항은 위헌제청신청이 기각된 때에는 그 신청인이 바로 헌법재판소에 법률의 위헌 여부에 관한 심사를 구하는 헌법소원을 제기할 수 있다는 것으로서, 그 경우에 '위헌제청신청이 기각된 때'라는 것은 반드시 합헌판단에 의한 기각결정만을 의미하는 것이 아니라 재판의 전제성을 인정할 수 없어 내리는 기각결정도 포함하는 것으로 해석되므로, 그 조항 역시 법원의 합헌판단권을 인정하는 근거가 된다고 볼 수 없다."고 판시하여 헌재법 제41조 제4항과 제68조 제2항이 합헌판단권의 근거가 될 수 없다고 하였다(90헌바35).

라) 검 토

헌법재판소법 제43조 제4호에서는 법원이 위헌심판제청서를 작성할 때 '위헌이라고 해석되는 이유'를 기재하도록 하고 있으므로, 법원의 합헌판단권을 긍정하는 견해가 타당하다.

5) 제청의 효과

법원이 법률의 위헌 여부 심판을 헌법재판소에 제청한 때에는 당해 소송사건의 재판은 헌법재판소의 위헌 여부의 결정이 있을 때까지 정지된다. 다만, 법원이 긴급하다고 인정하는 경우에는 종국재판 외의 소송절차를 진행할 수 있다(헌법재판소법 제42조 제1항).

---

1) 만약 법원에게 합헌판단권이 있다면, 재판의 전제성이 충족된 경우에도 당해 법원이 합헌이라고 판단을 하는 경우라면 위헌법률심판제청신청을 기각할 수 있게 된다.

6) 제청신청이 기각된 경우

법률의 위헌여부심판의 제청신청이 기각된 때에는 그 신청을 한 당사자는 헌법재판소에 헌법소원심판을 청구할 수 있다(헌법재판소법 제68조 제2항). 다만 이 경우 그 당사자는 당해 사건의 소송절차에서 동일한 사유를 이유로 다시 위헌여부심판의 제청을 신청할 수 없는데, 이 때 다시 위헌심판제청신청을 할 수 없는 당해 사건의 소송절차란, 당해 사건의 상소심 소송절차를 포함한다(2006헌바40).

> **관련판례** ❶ 행정처분에 대한 제소기간이 도과한 후 그 처분에 대한 무효확인 및 후행처분의 취소를 구하는 소를 제기한 때에 당해 행정처분의 근거법률은 재판의 전제성이 인정되지 않는다.
>
> 행정처분의 근거법률이 헌법에 위반된다는 사정은 헌법재판소의 위헌결정이 있기 전에는 객관적으로 명백한 것이라고 할 수는 없으므로, 특별한 사정이 없는 한 그러한 하자는 행정처분의 취소사유에 해당할 뿐 당연무효사유는 아니다. 제소기간이 경과한 뒤에는 행정처분의 근거 법률이 위헌임을 이유로 무효확인소송 등을 제기하더라도 행정처분의 효력에는 영향이 없으며, 그 하자가 당연무효사유가 아닌 한 후행처분에 승계되는 것이 아니다. 따라서 처분의 근거가 된 법률조항의 위헌여부에 따라 당해 사건 재판의 주문이 달라지거나 재판의 내용과 효력에 관한 법률적 의미가 달라지는 경우로 볼 수 없으므로 재판의 전제성이 인정되지 아니한다. (2011헌바232)
>
> ❷ 공무원의 행위의 근거가 된 법률조항에 대한 위헌결정과 국가배상청구
>
> 일반적으로 법률이 헌법에 위반된다는 사정은 헌법재판소의 위헌결정이 있기 전에는 객관적으로 명백한 것이라고 할 수 없어, 법률이 헌법에 위반되는지 여부를 심사할 권한이 없는 공무원으로서는 행위 당시의 법률에 따를 수밖에 없으므로, 행위의 근거가 된 법률조항에 대하여 위헌결정이 선고되더라도 위 법률조항에 따라 행위한 당해 공무원에게는 고의 또는 과실이 있다 할 수 없어 국가배상책임은 성립되지 아니하고, 이러한 경우 처분의 근거 조항이 헌법에 위반되는지 여부에 따라 당해 사건 재판의 주문이 달라지거나 재판의 내용과 효력에 관한 법률적 의미가 달라진다고 볼 수 없으므로 재판의 전제성을 인정할 수 없다. (2011헌바56)
>
> ❸ 재심사건과 재판의 전제성
>
> 확정된 유죄판결에서 처벌의 근거가 된 법률조항은 재심의 개시 여부를 결정하는 재판에서는 재판의 전제성이 인정되지 않고, 재심의 개시 결정 이후의 '본안사건에 대한 심판'에 있어서만 재판의 전제성이 인정된다. (2015헌가36)

위헌법률심판의 심사기준

1. 헌법상 명문규정 및 헌법원칙

위헌법률심판은 법원에 계속된 구체적 사건에서의 법률이나 법률조항이 헌법에 위반되는지 여부를 심사·판단하는 절차이므로, 헌법의 모든 규정이 법률의 합헌성 심사기준이 될 수 있는데, 여기서 말하는 심사기준으로서의 '헌법'은 원칙적으로 형식적 의미의 헌법을 의미한다. 이러한 헌법상 명문규정뿐만 아니라 각 명문규정들에 대한 종합적 검토 및 구체적인 논증 등을 통하여 도출될 수 있는 헌법원칙의 경우도 위헌법률심판의 심사기준이 될 수 있다(2002헌마593). 이때 심사기준으로서의 '헌법'은 현행헌법만을 의미하는지, 과거 헌법규정도 심사기준이 될 수 있는지 문제된다. 이에 관하여 ① 대법원은 유신헌법 하의 '긴급조치' 사건에서, "긴급조치 제1호가 해제 내지 실효되기 이전부터 유신헌법에 위배되어 위헌이고, 나아가 긴급조치 제1호에 의하여 침해된 각 기본권의 보장 규정을 두고 있는 현행 헌법에 비추어 보더라도 위헌이다(2010도5986)."라고 판시하였으나, ② 헌법재판소는 "제헌헌법 이래 현행 헌법에 이르기까지 헌법의 동일성과 연속성을 선언하고 있으므로 헌법으로서의 규범적 효력을 가지고 있는 것은 오로지 현행 헌법뿐이라고 할 것이다(2010헌바132)."고 판시하였다.

2. 관습헌법

실질적 의미의 헌법에 해당하는 '관습헌법'도 헌법의 법원(法源)이 될 수 있는지 문제되는데, 헌법재판소는 "엄격한 요건이 충족된 관습은 관습헌법으로서 성문의 헌법과 동일한 법적 효력을 가진다(2004헌마554)."고 하여 긍정하는 입장이다.

3. 위헌심사의 관점

헌법재판소는 위헌법률심판절차에 있어서 규범의 위헌성을 제청법원이나 제청신청인이 주장하는 법적 관점에서만 아니라 심판대상규범의 법적 효과를 고려하여 모든 헌법적 관점에서 심사한다. 법원의 위헌제청을 통하여 제한되는 것은 오로지 심판의 대상인 법률조항이지 위헌심사의 기준이 아니다(96헌가18).

위헌법률심판의 종국결정 유형

1. 기본적 유형

위헌법률심판에서의 종국결정은 각하결정, 합헌결정, 위헌결정(단순위헌결정, 일부위헌결정)이 있고, 이에 더하여 변형결정인 한정위헌결정, 한정합헌결정, 헌법불합치결정이 있다. 심판의 대상이 되는 법률에 대하여 헌법재판관 9인 중 6인 이상의 찬성이 있는 경우 위헌결정을 내릴 수 있으며, 위헌결정의 정족수에 미달하는 경우에는 합헌결정을 내리게 된다.

2. 결정주문의 형식

각하결정	: "~에 대한 위헌여부심판제청을 각하한다."
합헌결정	: "~은 헌법에 위반되지 아니한다."
위헌결정	: "~은 헌법에 위반된다."
한정합헌결정	: "~으로 해석하는 한, 헌법에 위반되지 아니한다."
한정위헌결정	: "~으로 해석하는 한, 헌법에 위반된다."
헌법불합치결정	: "~은 헌법에 합치되지 아니한다."

3. 변형결정

가. 변형결정의 의의

어떤 법률의 개념이 다의적이고 그 어의의 테두리 안에서 여러 가지 해석이 가능할 때, 헌법을 최고법규로 하는 통일적인 법질서의 형성을 위하여 헌법에 합치되는 해석, 즉 합헌적인 해석을 택하여야 하며, 이에 의하여 위헌적인 결과가 될 해석은 배제하면서 합헌적이고 긍정적인 면은 살려야 한다는 것이 헌법의 일반법리이다(89헌가113). 이와 같은 합헌적 법률해석의 요청에 따라 헌법재판소는 단순위헌결정 이외에도 변형된 형태의 '변형결정'을 내리기도 하는데, 그 종류로는 ① 한정합헌결정, ② 한정위헌결정이 있다.
또한 법적 공백이나 혼란을 초래할 우려가 있는 경우 이를 방지하기 위한 변형결정으로 ③ 헌법불합치결정이 있다.

나. 변형결정의 종류

1) 한정위헌·한정합헌결정 변시 4회

헌법재판소는 법률의 위헌여부가 심판의 대상이 되었을 경우, 재판의 전제가 된 사건과의 관계에서 법률의 문언·의미·목적 등을 살펴 한편으로 보면 합헌으로, 다른 한편으로 보면 위헌으로 판단될 수 있는 등 다의적인 해석가능성이 있을 때 일반적인 해석작용이 용인되는 범위 내에서 종국적으로 어느 쪽이 가장 헌법에 합치되는가를 가려, ① 한정축소적 해석을 통하여 합헌적인 일정한 범위 내의 의미내용을 확정하여 이것이 그 법률의 본래적인 의미이며 그 의미 범위 내에 있어서는 합헌이라고 결정할 수도 있고, ② 또 하나의 방법으로는 위와 같은 합헌적인 한정축소 해석의 타당영역 밖에 있는 경우에까지 법률의 적용범위를 넓히는 것은 위헌이라는 취지로 법률의 문언자체는 그대로 둔 채 위헌의 범위를 정하여 한정위헌의 결정을 선고할 수도 있다(96헌마172).[2] ① 전자를 한정합헌결정, ② 후자를 한정위헌결정이라고 한다.

2) 헌법불합치결정

가) 의의 및 구체적인 경우

법률이 헌법에 위반되는 경우 헌법의 규범성을 보장하기 위하여 원칙적으로 그 법률에 대하여 위헌결정을 하여야 하는 것이지만, 위헌결정을 통하여 법률조항을 법질서에서 제거하는 것이 법적 공백이나 혼란을 초래할 우려가 있는 경우에는 위헌조항의 잠정적 적용을 명하는 헌법불합치결정을 할 수 있다. 즉 단순위헌결정으로 해당 법률조항이 효력을 잃게 되어 당해 내용을 규율하는 법률의 공백이 발생한 '합헌적인 상태'보다, 위헌적인 법률조항이지만 해당 법률이 당분간은 존재하는 '위헌적인 상태'가 오히려 헌법적으로 더욱 바람직하다고 판단되는 경우에는, 헌법재판소는 법적 안정성의 관점에서 법치국가적으로 용인하기 어려운 법적 공백과 그로 인한 혼란을 방지하기 위하여 입법자가 합헌적인 방향으로 법률을 개선할 때까지 일정 기간 동안 위헌적인 법규정을 존속케 하고 또한 잠정적으로 적용하게 할 필요가 있다(99헌마494).

구체적으로는 ① 수혜범위에서 제외된 자가 그 법률에 의하여 평등권이 침해되었다고 주장하며 한 청구에 대하여 수혜적 규정에 대해 단순위헌선언을 하게 되면 이미 존재하는 혜택까지 상실하게 되는 결과가 발생하는 경우, ② 위헌결정으로 인한 위헌법률의 제거가 법적 공백이나 혼란을 초래할 우려가 있어서 위헌법률의 잠정적인 적용이 필요한 경우(2012헌마190), ③ 법률의 합헌부분과 위헌부분의 경계가 불분명한 경우(2003헌가)에 헌법불합치결정을 하게 된다.

나) 입법촉구결정

헌법불합치결정은 위헌적 상태를 조속한 시일 내에 제거해야 할 입법자의 입법개선의무를 수반하게 되며, 이에 따라 입법자에 대한 입법촉구결정을 포함하게 된다. 헌법재판소

---

[2] 위 두 가지 방법은 서로 표리관계에 있는 것이어서 실제적으로는 차이가 있는 것이 아니다. 합헌적인 한정축소해석은 위헌적인 해석 가능성과 그에 따른 법적용을 소극적으로 배제한 것이고, 적용범위의 축소에 의한 한정적 위헌선언은 위헌적인 법적용 영역과 그에 상응하는 해석 가능성을 적극적으로 배제한다는 뜻에서 차이가 있을 뿐, 본질적으로는 다 같은 부분위헌결정이다(89헌가104).

가 헌법불합치결정을 하면서 주문에서 개선입법의 시한을 둔 경우, 이는 그 시한 이후부터는 기존 법률이 계속 적용됨으로 인해 발생하는 위헌적 상태가 법적 안정성의 측면을 고려하더라도 정당화될 수 없는 것이라는 판단이 포함된 것이라고 봄이 상당하므로, 헌법불합치결정에서 정한 시한이 지나도록 개선입법이 이루어지지 않은 경우, 당해 법률조항은 바로 효력을 상실한다.

다) 위헌법률을 잠정적용하는 경우

헌법재판소가 위헌결정을 선고하여 법률조항의 효력을 당장 상실하게 하거나 적용을 중지하도록 하는 것이 잠정적용을 명하는 것보다 더 위헌적인 상황을 초래하게 되는 경우에는, 입법자가 합헌적인 방향으로 법률을 개선할 때까지 그 효력을 존속하게 하여 위헌법률의 잠정적인 적용을 명할 수 있다(2011헌가32). 다만 헌법불합치결정에서 정한 시한이 지나도록 개선입법이 이루어지지 않은 경우, 당해 법률조항은 바로 효력을 상실한다.

라) 헌법불합치결정의 소급효

(1) 적용중지 헌법불합치결정의 경우

헌법재판소 입장에 따르면, 헌법불합치결정을 하게 된 당해 사건 및 그 결정 당시에 법률조항의 위헌 여부가 쟁점이 되어 법원에 계속중인 사건에 대하여는 헌법불합치결정의 소급효가 미치므로, 원칙적으로 종전의 법률조항은 당해사건에 그대로 적용될 수 없고, 위헌성이 제거된 개정된 법률조항이 적용되어야 한다(2004헌가3).
대법원 역시도 선입법 부칙에 소급적용에 대한 경과규정이 없더라도 법 개정을 통해 위헌성이 제거된 개선입법이 소급하여 적용되어야 한다고 판시하고 있다(2008두18885).

(2) 잠정적용 헌법불합치결정의 경우

잠정적용을 명한 법률조항은 당해 사건에 계속 적용하게 된다는게 헌법재판소의 입장이다.

※ 심판절차종료선언

각하결정, 기각(합헌)결정, 인용결정 이외에 특별한 결정유형으로 심판절차종료선언이 있다. 심판절차 종료선언이란, 청구인의 사망 또는 심판청구의 취하 등으로 심판절차의 종료여부에 관한 다툼이 있는 경우에 절차관계의 종료를 명백히 확인하는 의미에서 하는 결정이다.

위헌선언의 범위와 위헌결정의 효력

1. 위헌선언의 범위

가. 원 칙

헌법재판소는 제청된 법률 또는 법률 조항의 위헌 여부만을 결정하는 것이 원칙이다(헌법재판소법 제45조 본문).

나. 예 외

위헌으로 선언된 법률조항을 넘어서 다른 법률조항 내지 법률 전체를 위헌선언하여야 할 경우가 있다. 먼저, 법률 조항의 위헌결정으로 인하여 해당 법률 전부를 시행할 수 없다고 인정될 때에는 그 전부에 대하여 위헌결정을 할 수 있다(동조 단서). 또한 합헌으로 남아 있는 나머지 법률조항만으로는 법적으로 독립된 의미를 가지지 못하거나, 위헌인 법률조항이 나머지 법률조항과 극히 밀접한 관계에 있어서 전체적·종합적으로 양자가 분리될 수 없는 일체를 형성하고 있는 경우에도 다른 법률조항 내지 법률 전체를 위헌선언 하여야 할 경우가 있다(94헌바1).

2. 위헌결정의 효력

가. 확정력

1) 불가변력

   헌법재판소가 이미 행한 결정에 대해서는 자기 기속력 때문에 동일한 심판에서 이를 취소, 변경할 수 없다(불가변력 또는 자기기속력)(89헌마141). 이는 동일한 심판에서 스스로 행한 결정에 구속된다는 점에서 기판력과는 구별된다.

2) 불가쟁력(형식적 확정력)

   헌법재판은 단심이고 상급심이 존재하지 않으므로 헌법재판소의 결정에 대하여는 불복신청이 허용될 수 없으며, 따라서 별개의 즉시항고·이의신청·헌법소원의 형태 등으로 불복할 수 없다(90헌마70).

3) 기판력(실체적 확정력)

   확정된 심판내용은 후행 심판에서 당사자 및 헌법재판소를 구속하므로, 당사자는 후행 심판에서 동일한 사항에 대하여 다시 심판을 청구하지 못하고 헌법재판소도 선행 결정의 판단 내용에 구속되어야 한다.

나. 법규적 효력

법규적 효력이란, 헌법재판소의 위헌결정의 효력이 국가기관 뿐만 아니라 일반국민에게도 미치는 구속성을 의미한다.

다. 기속력

1) 의의 및 법적근거

법률의 위헌결정은 법원과 그 밖의 국가기관 및 지방자치단체를 기속한다(헌법재판소법 제47조 제1항). 이를 위헌결정의 기속력이라 한다. 모든 국가기관은 헌법의 구속을 받고 헌법에의 기속은 헌법재판을 통하여 사법절차적으로 관철되므로, 헌법재판소가 헌법에서 부여받은 위헌심사권을 행사한 결과인 법률에 대한 위헌결정은 법원을 포함한 모든 국가기관과 지방자치단체를 기속하는 것이다(96헌마172). 기속은 위헌법률심판 뿐만 아니라 위헌심사형 헌법소원심판(법 제75조 제6항), 권리구제형 헌법소원심판(법 제75조 제1항), 권한쟁의심판(법 제67조 제1항)에서도 인정된다.

2) 내 용

가) **결정준수의무** : 모든 국가기관은 헌법재판소의 구체적인 결정에 따라야하며 그들이 장래 어떤 처분이나 조치를 할 때 헌법재판소의 결정을 존중하고 이를 실현하는 방향으로 행동하여야 한다. 이에 따라 헌법재판소가 부작위(또는 공권력의 불행사)에 대한 심판청구를 인용하는 결정을 한 때에는 피청구인은 결정 취지에 따른 처분을 하여야 한다(헌법재판소법 제66조 제2항, 제75조 제4항).

나) **반복금지의무** : 모든 국가기관은 헌법재판소의 결정에서 문제된 심판대상 뿐만 아니라 동일하거나 유사한 사안에서 헌법재판소 결정의 취지에 저촉되는 행위를 반복할 수 없다.

3) 기속력의 범위

가) **주관적 범위**

법률이 위헌결정은 법원과 그 밖의 국가기관 및 지방자치단체를 기속하는데, 입법자인 국회에게도 기속력이 미치는지 여부가 문제된다.

이에 대하여 ① 헌법재판소의 결정의 기속력을 굳이 국회에 한하여 배제하는 것은 타당하지 않다고 보는 기속설(성낙인)과 ② 국회는 헌법재판소의 오류를 바로잡거나 판례를 수정할 기회를 가짐으로써 법의 고착화를 방지하여 법발전에 기여해야 한다는 비기속설(정종섭), ③ 입법자에게도 원칙적으로 위헌결정의 기속력이 미치나, 정당한 특별한 사유가 있는 경우에는 기속력이 미치지 않는데, 이때의 정당한 특별한 사유란 헌법재판소의 헌법적 판단의 토대를 이루는 사실적 또는 법적인 관계나 위헌판단의 기초가 되는 견해의 근본적 변화를 의미한다고 보는 제한적 기속설[3] 등이 대립한다.

헌법재판소는 이에 대해 헌법재판권 내지 사법권의 범위와 한계, 국회의 입법권의 범위와

---

3) 정연주, "위헌결정의 기속력", 헌법논총 17집, 헌법재판소, 2006, p.412

한계 등을 고려하여 신중하게 접근할 필요가 있다고 판시하고 있다(2006헌마1098).
생각건대 헌법재판소의 판단이 최후의 판단이라고 본다면 이는 법 발전의 고착화 내지 퇴행으로 연결될 수 밖에 없다. 기속력이 입법자에게 미치지 않는다 하더라도 입법자의 자의를 허용한다는 것은 아니므로, 헌법재판소의 결정취지와 최후의 헌법수호기관으로서의 헌법재판소의 권위를 존중하면서도 입법부를 존중하는 제한적 긍정설이 타당하다.4)

나) 객관적 범위

헌법재판소의 결정주문에 기속력이 미치는 것은 당연하다. 그런데 결정이유 부분에도 기속력이 미치는지 문제되는데, 우리 헌법재판소는 이에 대해 헌법재판권 내지 사법권의 범위와 한계, 국회의 입법권의 범위와 한계 등을 고려하여 신중하게 접근할 필요가 있다고 하면서도, 설령 결정이유에까지 기속력을 인정한다고 하더라도, 결정주문을 뒷받침하는 결정이유에 대하여 적어도 위헌결정의 정족수인 재판관 6인 이상의 찬성이 있어야 할 것이고, 이에 미달할 경우에는 결정이유에 대하여 기속력을 인정할 여지가 없다(2006헌마1098)고 판시하고 있다.
한편 위헌결정된 법률조항의 반복입법에 해당하는지 여부는 단지 위헌결정된 법률조항의 내용이 일부라도 내포되어 있는지 여부에 의하여 판단할 것이 아니라, 입법목적이나 입법동기, 입법당시의 시대적 배경 및 관련조항들의 체계 등을 종합하여 실질적 동일성이 있는지 여부에 따라 판단하여야 할 것이다(2008헌바89).

4) 결정유형에 따른 기속력

가) 단순위헌결정

단순위헌결정에는 당연히 기속력이 인정된다. 위헌결정의 기속력과 헌법을 최고규범으로 하는 법질서의 체계적 요청에 비추어 국가기관 및 지방자치단체는 위헌으로 선언된 법률규정에 근거하여 새로운 행정처분을 할 수 없음은 물론이고, 위헌결정 전에 이미 형성된 법률관계에 기한 후속처분이라도 그것이 새로운 위헌적 법률관계를 생성·확대하는 경우라면 이를 허용할 수 없다(2010두10907).

나) 합헌결정에 기속력 인정 여부

> ■ 2015년 제57회 사법시험
>
> 헌법재판소는 1990. 9. 10. 간통죄를 처벌하는 「형법」 제241조에 대하여 헌법에 위반되지 않는다고 결정한 이래로 수회에 걸쳐 합헌결정을 하였으며, 2008. 10. 30.에도 위 조항에 대하여 합헌결정을 하였으나, 2015. 2. 26. 위 선례들과 달리 위 조항에 대하여 위헌결정을 하였다. 甲은 2008. 1. 17.에, 乙은 2011. 1. 13.에 간통죄로 유죄 확정판결을 각각 받았다. 위 내용과 관련하여, 위헌법률심판에서 헌법재판소의 합헌결정의 기속력과 위헌결정(단순위헌결정에 한함)의 소급효에 대하여 각각 논하시오. (40)

---

4) 정연주, "위헌결정의 기속력", 헌법논총 17집, 헌법재판소, 2006, p.413~414

헌법재판소법 제47조 제1항은 위헌결정의 기속력을 규정하고 있는데 합헌결정의 경우에도 기속력을 인정할 수 있는지 문제된다. 이에 대하여 ① 47조 1항은 예시규정에 불과하므로 합헌결정에도 기속력을 인정하는 기속력 긍정설, ② 명문으로 위헌결정에 대하여만 기속력을 긍정하고 있으므로 부정하는 기속력 부정설이 대립한다.

헌법재판소는 이미 합헌으로 선언한 법률에 대하여 다시 위헌법률심판제청신청을 하여도 적법한 것으로 보고, 합헌결정 이후에 다시금 합헌결정을 하거나 또는 새로이 위헌결정을 하는 등 합헌결정의 기속력을 인정하지 않는 입장이다.

생각건대 합헌결정의 기속력을 인정하는 경우, 누군가 제기한 합헌결정으로 인해 다시는 해당 조항의 합헌성 여부를 다툴 수 없는 문제가 발생할 수 있으므로 국민의 기본권을 보장하고자 하는 취지에 반한다. 따라서 합헌결정에는 기속력을 인정하지 않는 것이 타당하다.

다) 한정위헌 결정에 기속력 인정여부

● 14년 2차 1문
한정위헌 결정을 받은 甲이 대법원에 재심을 청구 했으나, 대법원은 '헌재의 한정위헌결정은 헌재의 법률해석에 불과하고 위헌결정으로 볼 수 없다'고 하며 재심을 기각한 경우, 대법원의 재심청구기각판결이 지니는 헌법적 문제점에 대해 논하시오. (30)

● 14년 2차 1문
한정위헌결정의 기속력을 부정하여 대법원이 재심청구기각판결을 한 경우 취할 수 있는 헌법소송법적 권리구제방법은 무엇인가? (10)

(1) 문제점

헌법재판소법 제47조 제1항은 "법률의 위헌결정은 법원과 그 밖의 국가기관 및 지방자치단체를 기속한다."고 규정하고 있고, 동법 제75조 제7항은 "제68조 제2항에 따른 헌법소원이 인용된 경우에 해당 헌법소원과 관련된 소송사건이 이미 확정된 때에는 당사자는 재심을 청구할 수 있다."고 규정하고 있다. 이때 기속력이 인정되는 '위헌결정'과 '헌법소원이 인용된 경우'의 범위에 한정위헌결정이 포함되는지 여부가 문제된다.

(2) 대법원의 입장

대법원은 ① 한정위헌결정에 의하여 법률이나 법률조항이 폐지되는 것이 아니라 그 문언이 전혀 달라지지 않은 채 그대로 존속하는 점, ② 법령의 해석·적용에 관한 권한은 대법원을 최고법원으로 하는 법원에 전속하는 점 등을 근거로, 한정위헌결정은 헌법재판소의 견해를 일응 표명한 것에 불과하여 법원에 전속되어 있는 법령의 해석·적용 권한에 대하여 어떠한 영향을 미치거나 기속력을 가질 수 없다(2012재두299)."고 하여 기속력을 부인하는 입장이다.

(3) 헌법재판소의 입장

헌법재판소는 "한정위헌결정은 단순히 법률을 헌법에 비추어 해석하는 것에 지나지 않는 것이 아니라 헌법규범을 기준으로 하여 법률의 위헌성 여부를 심사하는 작업이며, 헌법재판소가 법률의 위헌성 심사를 하면서 합헌적 법률해석을 하고 그 결과로서 이루어지는 한정위헌결정은 비록 법문의 변화를 가져오는 것은 아니나 법률조항 중 특정의 영역에 적용되는 부분이 위헌이라는 것을 뜻하는 일부위헌결정으로, 헌법재판소법 제47조 제1항에서 정한 기속력이 인정되는 '법률의 위헌결정'에 해당한다(2014헌마760)"고 하여 기속력을 긍정하는 입장이다.

(4) 검 토

만일, 대법원의 견해와 같이 한정위헌결정을 법원의 고유권한인 법률해석권에 대한 침해로 파악하여 헌법재판소의 결정유형에서 배제해야 한다면, 헌법재판소는 앞으로 헌법합치적으로 해석하여 존속시킬 수 있는 많은 법률을 모두 무효로 선언해야 하고, 이로써 합헌적 법률해석방법을 통하여 실현하려는 입법자의 입법형성권에 대한 존중과 헌법재판소의 사법적 자제를 포기하는 것이 된다. 또한, 헌법재판소의 한정위헌결정에도 불구하고 위헌으로 확인된 법률조항이 법률문언의 변화없이 계속 존속된다고 하는 관점은 헌법재판소결정의 기속력을 결정하는 기준이 될 수 없다. 헌법재판소의 변형결정의 일종인 헌법불합치결정의 경우에도 개정입법시까지 심판의 대상인 법률조항은 법률문언의 변화없이 계속 존속하나, 법률의 위헌성을 확인한 불합치결정은 당연히 기속력을 갖는 것이므로 헌법재판소결정의 효과로서의 법률문언의 변화와 헌법재판소결정의 기속력은 상관관계가 있는 것이 아니다. 따라서 한정위헌결정의 기속력을 인정하는 것이 타당하다.

(5) 한정위헌결정의 기속력을 부정한 채 대법원이 재심청구기각판결을 하는 경우 이를 다투는 방법 및 인용가능성

헌법재판소는, 과거 "헌법재판소법 제68조 제1항 본문의 '법원의 재판'에 헌법재판소가 위헌으로 결정한 법령을 적용함으로써 국민의 기본권을 침해한 재판도 포함되는 것으로 해석하는 한도내에서, 헌법재판소법 제68조 제1항은 헌법에 위반된다(96헌마172)."라는 결정을 내렸다가, 최근에는 "헌법재판소가 법률의 위헌성 심사를 하면서 합헌적 법률해석을 하고 그 결과로서 이루어지는 한정위헌결정은 일부위헌결정으로서, 헌법재판소가 헌법에서 부여받은 위헌심사권을 행사한 결과인 법률에 대한 위헌결정에 해당한다. 따라서 법률에 대한 위헌결정의 기속력을 부인하는 법원의 재판은 그 자체로 헌법재판소 결정의 기속력에 반하는 것일 뿐만 아니라 법률에 대한 위헌심사권을 헌법재판소에 부여한 헌법의 결단에 정면으로 위배된다. 따라서 헌법재판소법 제68조 제1항 본문 중 '법원의 재판' 부분 가운데 '법률에 대한 위헌결정의 기속력에 반하는 재판' 부분은 헌법에 위반된다(2014헌마760)."고 판시하였다.

이에 따라 한정위헌결정의 기속력을 부인하여 한 법원의 재판은 '법률에 대한 위헌결정의 기속력에 반하는 재판'으로 이에 대한 헌법소원은 허용되고 청구인의 헌법상 보장된 재판청구권을 침해하므로 헌법재판소법 제75조 제3항에 따라 취소되어야 한다고 보고 있다(2014헌마760).

(한편 한정위헌결정 이전에 확정된 이 사건 유죄판결들은 법률에 대한 위헌결정의 기속력에 반하는 재판이라고 볼 수 없고, 따라서 헌법소원심판의 대상이 되는 예외적인 재판에 해당하지 아니하므로 이에 대한 심판청구는 부적법하다.)

라) 헌법불합치결정

헌법불합치결정에 대하여 기속력이 인정되는 것도 이견이 없다. 단순위헌결정 뿐만 아니라 헌법불합치결정의 경우에도 개정입법 시까지 심판의 대상인 법률조항은 법률문언의 변화 없이 계속 존속하나 법률의 위헌성을 확인한 불합치결정은 당연히 기속력을 가지므로, 이미 헌법불합치결정이 선고된 법률조항에 대한 심판청구는 심판의 이익이 없어 부적법하다(2005헌가13).

3. 위헌결정 효력의 시간적 범위

★ 7회 변시 2문

법무법인 甲, 乙은 2015. 3. 3. 정기세무조사를 받았으나, 조세탈루 혐의가 의심된다는 이유로 2016. 5. 20. 재조사를 받았고 2017. 1. 10. 증액경정된 조세부과처분을 받았다. 甲, 乙은 재조사에 대하여 제소기간 내에 취소소송을 제기하였다. 乙의 취소소송 계속 중 乙은 재조사 근거법률조항에 대해 위헌법률심판제청신청을 하였고 헌법재판소는 2017. 12. 29. 위헌결정을 내렸다. 甲은 위 위헌결정의 효력을 자신의 취소소송에서 주장할 수 있는가? (20)

● 17년 2차 2문

교육부장관은 A조항의 위임을 받은 고시에 근거하여 乙, 丙, 丁에 대하여 각각 부담금 부과처분을 하였다. 丁은 취소소송을 제기하면서 부담금부과처분의 근거법률조항에 대하여 위헌법률심판제청신청을 하였는데, 헌법재판소는 2016. 12. 5. 위헌결정을 하였다. 乙은 2016. 9. 1. 부담금부과처분에 대해 무효확인소송을 제기하여 계속중이고 위헌법률심판제청신청은 하지 않았다. 丙은 2016. 8. 10. 행정심판을 제기하면서 이미 부담금을 모두 납부하였고, 2016. 9. 10. 기각재결서를 송달받고 2016. 12. 7. 취소소송을 제기하였다. 乙과 丙의 청구는 인용될 수 있는가? (25)

가. 위헌결정의 효력발생시기

위헌결정에 소급효를 원칙적으로 인정하면서 이를 부분적으로 제한하는 입법과 위헌결정에 장래효를 원칙으로 하면서 부분적으로 소급효를 인정하는 견해 및 위헌결정에 소급효를 인정할 것인가를 구체적인 사안마다 설정하는 입법례가 있다.

헌법재판소는 "위헌으로 선고된 법률 또는 법률의 조항이 제정 당시로 소급하여 효력을 상실하는가 아니면 장래에 향하여 효력을 상실하는가의 문제는 특단의 사정이 없는 한 헌법적합성의 문제라기 보다는 입법자가 법적 안정성과 개인의 권리구제 등 제반이익을 비교형량하여 가면서 결정할 입법정책의 문제인 것으로 보인다."고 판시하고 있다.

나. 원칙적인 장래효

위헌으로 결정된 법률 또는 법률의 조항은 그 결정이 있는 날부터 효력을 상실한다(헌법재판소법 제47조 제2항).

다. 예외적인 소급효

1) 법정 소급효

장래효원칙에도 불구하고 형벌에 관한 법률 또는 법률의 조항은 소급하여 그 효력을 상실한다. 다만, 해당 법률 또는 법률의 조항에 대하여 종전에 합헌으로 결정한 사건이 있는 경우에는 그 결정이 있는 날의 다음 날로 소급하여 효력을 상실한다(동조 제3항).

이 경우에 위헌으로 결정된 법률 또는 법률의 조항에 근거한 유죄의 확정판결에 대하여는 재심을 청구할 수 있고(동조 제4항), 재심에 대하여는 형사소송법의 규정을 준용한다(동조 제5항). 즉 위헌결정의 효력은 유죄확정판결 자체를 무효로 만드는 것이 아니라 재심청구를 통해 유죄 확정판결을 다툴 수 있게 하는 의미를 지닌다. 이때 그 합헌결정이 있는 날의 다음 날 이후에 유죄판결이 선고되어 확정되었다면, 비록 그 범죄행위가 그 이전에 행하여졌다 하더라도 위헌결정의 소급효가 미치므로 재심을 청구할 수 있다(2015모1475).

위헌결정의 법규적 효력에 대하여 소급효가 인정되는 "형벌에 관한 법률 또는 법률의 조항"의 범위는 실체적인 형벌법규에 한정되고, 위헌으로 결정된 법률이 형사소송절차에 관한 절차법적인 법률인 경우에는 동 조항이 적용되지 않는다(92헌가8). 뿐만 아니라 불처벌의 특례의 경우에도 위헌결정의 소급효를 인정할 경우 오히려 형사처벌을 받지 않았던 자들에게 형사상의 불이익이 미치게 되므로 소급효가 인정되지 않는다(90헌마110).

2) 해석상 소급효

헌법재판소의 위헌결정에 소급효를 인정할 것인가의 문제는 특별한 사정이 없는 한 헌법적 합성의 문제라기보다는 입법정책의 문제이다(92헌가10).

가) 헌법재판소의 입장

① 위헌결정을 위한 계기를 부여한 사건(당해 사건), ② 위헌결정이 있기 전에 이와 동종의 위헌 여부에 관하여 헌법재판소에 위헌제청을 하였거나 법원에 위헌제청신청을 한 사건(동종사건), ③ 따로 위헌제청신청을 아니하였지만 당해 법률조항이 재판의 전제가 되어 법원에 계속중인 사건(병행사건)에 대하여도 예외적으로 소급효가 인정되고, ④ 위헌결정 이후에 제소된 사건(일반사건)이라도 구체적 타당성의 요청이 현저하고 소급효의 부인이 정의와 형평에 반하는 경우에는 예외적으로 소급효를 인정할 수 있다(2010헌마535).

나) 대법원의 입장

헌법재판소의 위헌결정의 효력은 ① 당해 사건, ② 동종사건, ③ 병행사건뿐만 아니라 ④ 위헌결정 이후에 이와 같은 이유로 제소된 일반사건에도 미친다(92다12377). 다만 쟁송제기 기간을 경과하여 확정된 행정처분의 경우에는 소급효가 미치지 않아 취소소송을 통한 구제가 불가능하다고 한다.

※ 주문의 결정

　재판부는 종국심리에 관여한 재판관 과반수의 찬성으로 사건에 관한 결정을 한다. 다만 ① 법률의 위헌결정, 탄핵의 결정, 정당해산의 결정 또는 헌법소원에 관한 인용 결정을 하는 경우, ② 종전에 헌법재판소가 판시한 헌법 또는 법률의 해석 적용에 관한 의견을 변경하는 경우에는 재판관 6명 이상의 찬성이 있어야 한다. ③ 권한쟁의심판에 관한 결정에 대하여는 별다른 규정이 없으므로 재판관 과반수의 찬성으로 사건에 관한 결정을 한다.

　한편 단순위헌결정, 헌법불합치결정, 한정위헌 결정 등 각각의 위헌의견이 그 자체로서는 6인 이상에 이르지 않는 경우에 주문의 결정을 어떻게 하여야 하는지에 관하여 명문의 규정은 존재하지 않으나, 헌법재판소법 제40조 제1항, 법원조직법 제66조 제2항에 따라 신청인에게 가장 유리한 견해를 가진 수에 차례로 유리한 의견의 수를 더하여 그 중 가장 유리한 의견이 6인에 이르게 된 때에 해당 결정을 내리게 된다. 신청인의 입장에서는 "① 단순위헌, ② 적용중지 헌법불합치, ③ 잠정적용 헌법불합치, ④ 한정위헌(한정합헌)"의 순서로 유리하다.

재판관의 의견	주 문
각하의견 2인, 위헌의견 2인, 합헌의견 5인	합헌
단순합헌의견 3인, 한정합헌의견 5인, 위헌의견 1인	한정합헌
단순위헌의견 5인, 헌법불합치의견 2인, 합헌의견 2인	헌법불합치
각하의견 3인, 기각의견 3인, 인용의견 3인	기각
각하의견 4인, 위헌의견 1인, 헌법불합치의견 4인	합헌
각하의견 4인, 인용의견 5인	기각
단순위헌의견 1인, 일부위헌의견 1인, 적용중지 헌법불합치의견 2인, 잠정적용 헌법불합치의견 5인	잠정적용 헌법불합치

> **관련판례** 재판관 4인이 각하의견, 재판관 4인이 위헌의견인 경우, 심판청구를 각하한다.(2016헌마1034) 소송요건은 본안심리 및 본안판결의 요건이다. 본안에 관해 심리하기 위해서는 소송요건이 충족되어야 한다는 이른바 '소송요건의 선순위성'은 소송법의 확고한 원칙으로, 이는 헌법재판에 있어서도 동일하게 적용된다. 그러므로 헌법소원심판에서 본안판단으로 나아가기 위해서는 적법요건이 충족되었다는 점에 대한 재판관 과반수의 찬성이 있어야 하며, 이에 이르지 못한 경우 헌법재판소로서는 본안판단에 나아갈 수 없으므로 심판청구를 각하하여야 한다.

05 헌법재판소법 제68조 제2항 헌법소원

변시 3회 변시 4회 변시 8회 변시 10회

★ 1회 변시 1문

특정정당을 지지, 반대하는 블로그 글을 게시한 공무원 甲이 감봉 2개월 징계처분을 받아 이에 대해 취소소송을 제기하였다. 甲은 취소소송 계속 중 국가공무원법 징계근거조항에 대해 위헌법률심판제청신청을 하였으나 기각결정을 받은 후 헌법소원심판을 청구하였다. 적법여부를 논하시오. (30)

★ 2회 변시 2문

2012. 3. 31. 퇴직하여 70%의 연금을 받아오던 甲은 2012. 8.부터 50%를 받게 되어 공무원연금관리공단을 상대로 70% 연금 지급 신청을 하였으나 공무원연금관리공단이 이를 거부하자, 취소소송을 제기하며 퇴직연금 삭감조항 및 부칙 제1조(현재 재직중 공무원 납부액 인상 조항), 제2조(퇴직한 자에 대한 연금 삭감 조항)에 대해 위헌법률심판제청신청을 하였다. 위 신청은 2012. 10. 19. 기각 결정되고 10. 22. 이를 송달받은 甲은 변호사를 선임하여 11. 22.(목) 헌법소원을 제기하였다. 적법여부를 검토하시오. (20)

★ 3회 변시 2문

도교법 제93조 1항 2호(운전면허취소)에 대하여 위헌법률심판제청신청기각결정 후, 제93조 1항 2호 및 제148조의2 1항 1호(벌칙규정)에 대하여 헌법소원심판을 청구한 경우 위헌심판의 대상을 확정하시오. (10)

★ 11회 변시 1문

甲은 부당이득반환청구소송을 제기하며 소송 계속 중 전기사업법 16조 1항에 대해 위헌법률심판제청신청을 하였으나 기각을 당하자, 전기사업법 16조 1항 및 시행령 7조 1항에 대해 헌재법 68조 2항 헌법소원심판을 청구하였다. 한편 위 부당이득 반환청구소송은 甲의 패소로 확정되었다. 헌법소원심판청구의 적법여부를 판단하시오. (20)

★ 14회 변시 1문

인형뽑기방 영업자들은 게임산업법의 엄격한 규제를 회피하기 위해 관광진흥법상 기타유원시설업으로 영업을 해 왔고 이에 따른 다양한 문제들이 발생하자 문체부는 2024.9.26. 시행규칙을 개정하였고, 기존 업자에 대하여 2024.12.31. 까지 이를 게임산업법 26조에 따른 허가를 받거나 해당 기구를 폐쇄하도록 규정하였다. 甲은 A시에서 2018.1.1. 부터 놀이형 인형뽑기방을 운영하다 2024.10.1. 개정시행규칙의 시행을 알게 되었는데, 이로 인해 엄격한 규율을 받게 되고 경과조치 기간도 짧아서 기본권이 침해되었다고 생각한다. 乙은 B시에서 2024.12.16. 관할 행정청에 게임제공업 허가신청을 했는데, B시는 2024.12.24. B시 인형뽑기 기구 설치금지조례를 제정·공포하였고, 2025.1. 시행을 앞두고 있다. 甲과 乙이 청구한 헌법소원에서 심판대상 범위 확정, 법적관련성, 청구기간 검토 (20)

★ 13회 변시 1문

법률개정에 따라 퇴직연금이 삭감된 퇴직 공무원 乙에게 공무원연금공단은 퇴직연금지급정지대상자가 되었다는 사실을 통보하여 연금 지급거부의사를 표시하였다. 乙은 퇴직연금지급거부 취소소송을 제기하며 공무원연금법 47조 1항 2호 및 부칙 2조 1항에 대해 제청신청을 하였으나 21.5.7. 기각결정문을 통지받고 부칙 1조를 추가하여 21.6.1. 헌재법 68조 2항 헌법소원심판을 청구하였다. 적법한지 판단하시오. (30)

● 11년 1문

치킨연합 산하 입법쟁취위원회 위원장 甲은 입법투쟁기금 1억 2천만원을 모금하여 그 중 2천만원을 국회의원에게 甲 개인이름으로 기부하여, 정치자금법 제31조 제2항 위반 혐의로 기소되었다. 그 후 甲은 위 조항에 대해 위헌법률심판제청신청을 하였고, 2011. 5. 10. 기각 결정이 내려져 이를 2011. 5. 20. 송달받았다. 甲이 2011. 6. 18. 청구한 제31조 제1항과 제2항에 대한 위헌심사형 헌법소원심판의 적법여부를 판단하시오.

● 13년 2차 1문

사립대 교원 甲은 과외교습을 했다는 이유로 2011. 12. 29. 재임용거부통지를 받고 소청심사 청구 및 기각결정 후 취소소송을 제기하고 재임용거부 근거법률조항에 대하여 위헌심판제청신청을 하였으나 2012. 8. 21. 기각되어 8. 24. 송달받았다. 9. 24.(월) 위헌심사형 헌법소원심판을 청구한 경우 적법여부를 판단하시오. (20)

● 15년 3차 1문

정직 6월 징계처분 받은 법관이 징계처분취소소송을 하며 위헌법률심판제청신청을 하였으나 기각결정 후 헌법소원심판청구를 하였다. 적법 여부를 판단하시오. (20)

● 15년 3차 2문

보건복지부장관의 위반사실 공표행위의 근거 법률이 자신의 기본권을 침해하여 위헌이라고 주장하는 甲의 헌법소송수단 및 승소가능성을 논하시오. (30)

● 18년 2차 2문

甲은 조합설립인가처분취소소송 계속중에 도시 및 주거환경정비법 제16조 제2항과 동법 시행령 제72조 제1항 제3호에 대해 위헌법률심판제청을 신청하였으나, 법원이 각하자, 위 법률 조항과 시행령 조항에 대해 변호사를 선임하여 헌재법 제68조 제2항에 따라 헌법소원심판을 청구하였다. 적법한가? (20)

● 18년 3차 1문

동성커플인 甲과 乙은 A시 B구청에 혼인신고서를 접수하였으나 수리거부되었다. 이에 甲과 乙은 A가정법원에 불복신청을 제기하였으나 불복신청이 각하되었고, 항고하였다. 항고심 계속중 甲과 乙은 민법 807조 중 "혼인"을 남녀간의 결합으로 해석하는 한 위헌이라고 주장하며 위헌제청신청을 하였으나, 항고심 법원은 17. 4. 3. 기각하였고, 4. 6. 송달되었다. 甲과 乙은 헌법소원심판을 위해 17. 5. 8. 헌법재판소에 국선대리인 선임신청을 하였다. 헌법재판소는 17. 5. 16. 변호사 丙을 국선대리인으로 선정하는 결정을 하였고, 丙은 헌법소원심판청구서를 17. 5. 30. 헌법재판소에 제출하였다. 재판의 전제성, 청구기간, 한정위헌청구의 적법성을 논하시오. (30)

● 21년 2차 2문

재외동포 A는 법무부장관으로부터 사증발급거부처분을 받고 이에 대해 취소소송을 제기하며 근거조항에 대해 위헌법률심판제청신청을 했으나 기각결정을 받고 근거조항에 대해 헌재법 68조 2항 헌법소원심판을 청구하였다. 재판의 전제성 충족여부를 검토하시오. (10)

● 22년 1차 1문

甲은 한강수계법 제19조 제1항 및 시행령, 그리고 고시에 대하여 위헌법률심판제청신청을 하였으나 기각되자 한강수계법 제19조 제1항 및 제5항, 시행령, 고시에 대하여 헌법재판소법 68조 2항 헌법소원심판을 청구하였다. 심판 대상성과 재판의 전제성을 검토하시오. (10+10)

- **22년 2차 2문**

  질병의 예방·치료에 효능이 있는 것으로 인식할 우려가 있는 표시 또는 광고를 금지한 조항을 위반하여 약식기소 후 정식재판을 청구하여 벌금 100만원이 확정된 甲은 1심 재판 계속 중 제청신청을 하였으나 기각되었고, 이후 68조 2항 헌법소원심판을 청구하였다. 재판의 전제성을 판단하시오. (10)

- **24년 2차 1문**

  甲은 목사의 지위를 이용하여 선거운동을 하고 선거운동기간을 위반하여 공직선거법 위반으로 기소되었고, 이에 대해 위헌법률심판제청신청을 하였다. 형사재판계속 중 말로 하는 선거운동이 허용됨에 따라 甲은 더 이상 공선법 254조 2항의 선거운동기간 위반죄로 처벌받지 않게 되었다. 법원은 2024.7.4. 甲의 제청신청을 모두 기각하고, 공선법 254조 2항 위반부분에 대해 면소판결을 선고하였고 판결은 확정되었다. 甲이 68조 2항 헌법소원을 청구한 경우 재판의 전제성을 검토하시오. (15)

1. 위헌심사형 헌법소원심판의 의의

위헌법률심판제청신청이 기각된 때에는 그 신청을 한 당사자는 헌법재판소에 헌법소원심판을 청구할 수 있는데, 이를 위헌심사형 헌법소원심판이라 한다. 이 경우 그 당사자는 당해 사건의 소송절차에서 동일한 사유를 이유로 다시 위헌 여부 심판의 제청을 신청할 수 없다(헌법재판소법 제68조 제2항).

2. 요 건

위헌심사형 헌법소원심판청구가 적법하기 위해서는 ① 심판대상이 법률 또는 법률조항이어야 하고(심판의 대상성), ② 위헌제청신청에 대한 법원의 기각결정이 있어야 하며(법원의 제청신청기각결정), ③ 재판의 전제성을 갖추어야 한다(재판의 전제성). 또한 ④ 청구기간(헌법재판소법 제69조 제2항) 및 ⑤ 변호사강제주의(헌법재판소법 제25조 제3항)를 준수해야 한다.

가. 심판의 대상성

위헌법률심판에서의 논의와 같다.

나. 위헌제청신청에 대한 법원의 기각결정

1) 법원의 제청신청에 대한 기각결정이 있어야 한다. 헌재법 제68조 제2항 문언은 '기각된 때'라고만 규정하고 있으나, 제청신청을 법원이 각하한 경우도 이에 포함된다(92헌바36). 18.08.모의

2) 기각결정이 아닌 심판대상에 대한 청구 13.06.모의

   헌법재판소법 제68조 제2항의 헌법소원은 법률의 위헌여부심판의 제청신청을 하여 그 신청이 기각된 때에만 청구할 수 있는 것이므로, 청구인이 특정 법률조항에 대한 위헌여부심판의 제청신청을 하지 않았고 따라서 법원의 기각결정도 없었다면 그 부분 심판청구는 심판청구요건을 갖추지 못하여 부적법한 것이다.

다만, 당사자가 위헌법률심판 제청신청의 대상으로 삼지 않았고 또한 법원이 기각 또는 각하결정의 대상으로도 삼지 않았음이 명백한 법률조항이라 하더라도 예외적으로 위헌제청신청을 기각 또는 각하한 법원이 위 조항을 실질적으로 판단하였거나 위 조항이 명시적으로 위헌제청신청을 한 조항과 필연적 연관관계를 맺고 있어서 법원이 위 조항을 묵시적으로나마 위헌제청신청으로 판단을 하였을 경우에는 헌법재판소법 제68조 제2항의 헌법소원으로서 적법하다(2004헌바24).

다. 재판의 전제성

위헌법률심판에서의 논의와 비슷하다. 즉, ① 구체적인 사건이 법원에 계속중일 것, ② 당해 소송사건의 재판에 적용되는 것일 것, ③ 다른 내용의 재판을 하게 되는 경우일 것(당해 사건의 재판의 결론이나 주문이 달라지는 경우뿐 만 아니라 재판의 결론에 이르는 이유를 달리하거나 재판의 내용이나 효력에 관한 법률적 의미를 달라지는 경우도 포함)을 그 요건으로 한다.

다만 '① 구체적인 사건이 법원에 계속중일 것' 요건과 관련하여, 위헌심사형 헌법소원심판의 경우에는 법원이 청구인의 제청신청을 기각함으로 말미암아 재판이 정지되지 않으므로 당해 소송사건이 확정될 가능성이 있다. 따라서 이는 '위헌제청신청시'에 계속중이면 충분하다.

또한 헌법재판소법 제68조 제2항에 따른 헌법소원이 인용되는 경우에는 당해 사건 소송이 이미 확정된 때라도 당사자는 재심을 청구할 수 있으므로(헌법재판소법 제75조 제7항), 당해사건 소송의 판결이 확정되었다 하더라도 헌법소원심판에서 법률에 대한 위헌결정을 받게 되면 확정된 당해사건 소송에 대한 재심청구가 가능하므로 재판의 전제성이 소멸된다고 볼 수 없다(96헌바33).

라. 청구기간 준수 (헌법재판소법 제69조 제2항)

1) 원 칙

위헌심사형 헌법소원심판은 위헌 여부 심판의 제청신청을 기각하는 결정을 통지받은 날부터 30일 이내에 청구하여야 한다. 통지받은 날부터 기산하여 30일째 되는 날이 공휴일이라면 그 다음날이 청구기간의 마지막 날에 해당한다. 이 기간은 불변기간에 해당하지 않고, 따라서 그 기간의 준수에 대하여 추완이 허용되지 않는다.

2) 주문을 낭독하는 방식으로 재판의 선고를 한 경우 23.10.모의

공판정에서 청구인이 출석한 가운데 재판서에 의하여 위헌법률심판제청신청을 기각하는 취지의 주문을 낭독하는 방법으로 재판의 선고를 한 경우, 청구인은 이를 통하여 위헌법률심판제청신청에 대한 기각 결정을 통지받았다고 보아야 하므로 그로부터 30일이 경과한 후 제기된 헌법소원 심판청구는 청구기간을 경과한 것으로서 부적법하다(2023헌바60).

마. 변호사강제주의 준수 (헌법재판소법 제25조 제3항)

헌법소원심판을 청구하기 위해서는 변호사를 대리인으로 선임하여야 한다(변호사의 자격이 있는 경우에는 그러하지 아니하다). 헌법소원심판을 청구하려는 자가 변호사를 대리인으로 선임할 자력이 없는 경우에는 헌법재판소에 국선대리인을 선임하여 줄 것을 신청할 수 있다(동법 제70조 제1항).

바. 그 밖의 요건 (청구인)

위헌심사형 헌법소원심판 청구인은 기본권 주체에 한정되지 않고 모든 재판의 당사자가 청구인이 될 수 있다. 따라서 당해 사건의 당사자라면 행정소송의 피고나 그 보조참가인인 행정청도 헌법재판소법 제68조 제2항의 헌법소원을 제기할 수 있다.

> ※ 중복청구의 금지 및 일사부재리원칙
>
> 헌법재판소에 계속되어 있는 사건에 대하여 당사자는 다시 소를 제기하지 못하는데(헌재법 제40조, 민사소송법 제259조), 이를 중복제소금지라 한다. 따라서 이미 헌법재판소에 헌법소원심판이 계속중인 사건에 대하여는 당사자는 다시 동일한 헌법소원심판을 청구할 수 없다(2004헌마643).
>
> 한편 헌법재판소는 이미 심판을 거친 동일한 사건에 대하여는 다시 심판할 수 없는데(헌재법 제39조), 이를 일사부재리원칙이라고 한다.
>
> 중복제소금지와 일사부재리원칙에 해당하는 경우는 당사자와 심판대상, 당해사건이 모두 동일한 경우를 의미하므로, 당사자와 심판대상이 동일하더라도 당해사건이 다른 경우에는 여기에 해당하지 않는다(2003헌바115). 또한 헌재법 제68조 제1항 헌법소원과 헌재법 제68조 제2항 헌법소원심판청구는 그 유형이 상이하므로 두 사건이 동일한 사건이라고 할 수 없으므로 중복청구 내지 일사부재리원칙위반에 해당하지 않고(96헌가8), 같은 취지에서 하나의 헌법소원으로 헌법재판소법 제68조 제1항에 의한 청구와 헌법재판소법 제68조 제2항에 의한 청구를 함께 병합하여 제기하는 것도 가능하다(2007헌마933).

06 헌법재판소법 제68조 제1항 헌법소원

`변시 2회` `변시 5회` `변시 9회` `변시 11회` `변시 13회`

★ 1회 변시 2문

B주식회사는 안동시장에게 분뇨수집운반업 허가를 신청하였는데 건립기금 5억 납부 조건으로 허가를 받자 하수도법 제45조 제5항에 대하여 권리구제형 헌법소원심판청구를 하였다. 기본권 주체성, 자기관련성, 직접성, 보충성을 검토하시오. (30)

★ 4회 변시 1문의1

헌법재판관 후임자를 선출하지 않은 국회의 부작위에 대해 B헌법소원심판청구를 한 甲(A헌법소원심판청구했으나 이미 기각결정 받음)의 헌법소원심판청구에서 심판대상성, 청구기간, 권리보호이익을 논하시오. (20)

★ 5회 변시 2문

서울시 조례에 근거해 관할구청장으로부터 도로점용허가를 받아 포장마차를 운영하던 丙은 도로점용허가기간 만료에 임박하여 점용허가 갱신을 신청하려고 하던 중 해당 조례 3조 4항의 자산금액 요건(도로점용허가는 금융재산 합하여 2억원 미만인 자에 한하여 갱신허가한다)을 충족하지 못하여 갱신이 불가능하다는 것을 알게 되자, 위 조항이 자신의 재산권을 침해한다고 주장하며 헌법소원심판을 청구하려 한다. 적법요건 중 직접성을 충족하는지 여부를 논하시오. (10)

★ 7회 변시 1문

A도 의회는 2016. 12. 10. A도 학교설치조례 중 "다동 초등학교"란을 삭제하는 내용의 조례 개정안을 의결하였고 2016. 12. 31. 공포되었다. A도의 도민인 다동초등학교 학부모 丙과 丙의 자녀인 丁은 2017. 1. 10. 위 조례에 대하여 통학조건의 변화로 인한 기본권침해를 주장하며 헌법소원심판을 청구하였다. 적법여부를 논하시오. (30)

★ 10회 변시 1문의2

세차례 연속하여 A시의 시장으로 당선된 甲은 "지방자치단체의 장의 계속 재임(在任)은 3기에 한한다."고 규정한 지방자치법 조항에 대해 권리구제형 헌법소원심판을 청구하였다. 기본권침해의 직접성 및 현재성을 검토하시오. (10)

★ 12회 변시 1문

"전동킥보드는 25 km/h를 넘지 않아야 한다."고 정한 고시조항에 대한 헌법소원심판의 적법요건 중 헌법소원 대상성 및 보충성 요건에 대하여 판단하시오. (15)

● 11년 1문

2011. 2. 20. 결성된 전국치킨연합(중소치킨가게 경영자들 모임)은 2009. 4. 30. 제정되어 시행중인 정치자금법 제31조 제1항이 단체 정치자금 기부를 금지하고 있음을 알고 2011. 3. 10. 헌법소원심판 청구 적법여부를 논하시오. (15)

● 12년 2차 1문

변호사시험 합격자의 변호사시험 성적비공개 조항에 대한 권리구제형 헌법소원심판청구 적법여부를 논하시오. (20)

● 12년 3차 1문

A구치소장은 (2010. 6. 1. 미결수용자로 수용된) 甲을 포함한 미결수용자의 종교행사 참석을 일괄적으로 금지하였다. 甲은 2010. 8. 14. ① 이 사건 처우 및 ② '종교행사 제한할 수 있다'고 규정한 형집행법 조항에 대하여 헌법소원심판을 청구 한 경우 적법여부를 판단하시오.(헌법소원 결정 전, 甲은 형 집행 종료하여 출소하였다.) (30)

● 15년 3차 2문

보건복지부장관의 위반사실 공표행위의 근거 법률이 자신의 기본권을 침해하여 위헌이라고 주장하는 甲의 헌법소송수단 및 승소가능성을 논하시오. (30)

● 16년 2차 1문

A당 당내경선 패배 후 탈당하여 B당 후보자로 선관위에 등록신청했으나 거부당한 甲의 공직선거법 조항에 대한 권리구제형 헌법소원심판 청구 중 직접성, 권리보호이익 (10), B당의 청구인능력 및 자기관련성을 논하시오. (10)

● 16년 3차 1문

운영중인 외과의원이 요양기관으로 지정된 의사 및 의료소비자가 근거법률에 대해 권리구제형 헌법소원 심판청구를 한 경우 자기관련성 및 직접성을 논하시오. (10)

● 17년 2차 1문

퇴임한 경찰청장들의 친목단체인 청수회와 경찰청장 甲은 "경찰청장은 퇴직일로부터 2년 이내에는 정당의 발기인이 되거나 당원이 될 수 없도록" 규정한 경찰법 개정안이 정당설립의 자유를 침해한다고 주장하며 헌법소원을 청구하고자 한다. 법적관련성을 판단하시오. (20)

● 17년 3차 1문

2017. 6. 20. 수형자 甲이 작성한 서신을 봉함한 채로 교도소장 丙에게 제출하자, 丙은 무봉함이 아니란 이유로 발송을 거부하고 반환하였다. 수형자 甲은 민사소송 대리인 변호사 丁과 접견을 신청했으나 丙은 甲이 미결수가 아니란 이유로 변호인 접견실이 아닌 접촉차단시설이 설치된 일반 접견실에서 접견을 시켰다. ① 형집행법 시행령 제65조 제1항 (무봉함 편지 제출하여야 한다), ② 형집행법 시행령 제58조 제4항 (접촉차단시설 설치된 일반접견실에서 변호사 접견하게 한다)에 관하여 2017. 10. 10. 제기한 헌법소원심판청구에서 직접성과 권리보호이익을 검토하시오. (20)

● 18년 2차 1문

PC방은 기존에 자유업에서 2009. 6. 1. 국민건강보호법제정에 따라 등록제로 전환되었다. 甲은 2010. 4. PC방을 개업하면서 흡연구역과 금연구역을 분리하는 칸막이를 설치하여 운영해왔다. 그런데 2015. 10. 7. 개정법은 PC방 전체를 금연구역으로 지정하여 운영하도록 규정하였다. 동 개정조항은 부칙에서 2016. 1. 1.부터 시행하되 시행일 이전 PC방은 2년간 종전 법에 따른 시설로 영업을 할 수 있도록 규정되었다. 유예기간 경과가 다가오자 흡연고객 이탈에 따른 수입감소가 걱정되어 甲은 위 조항에 대해 헌재법 68조 1항 헌법소원심판을 청구하였다. 직접성, 현재성, 청구기간을 논하시오. (30)

● 19년 3차 1문

의료기관의 조제실에서 조제업무에 종사하는 약사는 처방전이 교부된 환자에게 의약품을 조제해서는 안 된다는 내용의 약사법 조항이 2019.1.1. 공포되어, 2019.7.1. 시행이 예정되자 병원을 운영하는 의료재단 乙이 2019. 3. 5. 헌법소원심판을 청구한 경우, 기본권침해의 법적관련성과 보충성 요건 충족 여부를 검토하시오. (20)

● 20년 1차 1문

"채증요원은 불법행위의 증거확보에 필요한 경우에 채증을 하며, 채증·판독 및 자료 관리 과정에서 대상자의 인권을 존중하여야 한다."고 규정한 채증활동규칙의 1) 심판대상성, 2) 직접성, 3) 권리보호이익 충족 여부를 검토하시오. (20)

● 20년 3차 1문

군법무관 甲은 불온도서 소지를 금지한 「군인복무규율」 제16조의2와 국방부장관 및 육군참모총장의 '불온서적 차단대책 강구 지시'가 읽고 싶은 책들을 읽지 못하게 하여 자신의 기본권을 침해한다고 주장하면서 변호사 丁을 대리인으로 선임하여 2019. 11. 22. 헌법소원심판을 청구하였다. 직접성과 보충성을 검토하시오. (20)

● 21년 2차 1문

학원 통학버스로 인한 어린이 안전사고가 급증하자 국회는 2018.7.18. 도로교통법을 개정하여 보호자 동승의무조항을 신설하며 2년의 유예기간을 두었다. 학원운영자 甲은 2021.4.28. 위 도로교통법 조항에 대해 헌법소원심판을 청구하였다. 직접성과 청구기간을 검토하시오. (5+15)

● 21년 1차 2문

누구든지 B산 인근지역에서 자연자원 및 자연생태계보호를 위하여 건물의 신축·증축 및 토지의 형질변경, 토석의 채취를 금지한 조례(2020.6.1. 시행)에 대해 인근주민 丙이 헌법소원심판청구를 위해 2021.5.24. 국선대리인 선임신청을 하였고, 국선대리인이 2021.6.3. 헌법소원심판을 청구한 경우, 보충성 및 청구기간의 충족여부를 검토하시오. (10+10)

● 21년 1차 1문

대통령은 공공기관과 지방공기업, 자산 2조원 이상이거나 사원수 5천명 이상인 기업은 매년 전체 사원의 10% 이상씩 15세 이상 34세 이하의 청년 미취업자를 고용하도록 하는 긴급재정경제명령을 발하였다. 이에 청년고용의무를 부담하는 주식회사 甲과 지방공기업 乙, 만 35세 미취업자 丙은 위 긴급재정경제명령에 대해 헌법소원심판을 청구하였다. 심판의 대상성(10), 甲, 乙의 청구인능력, 丙의 자기관련성을 검토하시오. (10+10)

● 22년 3차 1문

외국인 甲은 민사소송에서 사복착용을 금지하고 재소자용 의류를 입고 일반에게 공개된 재판에 출석하도록 하는 것은 재판을 받을 권리와 인격권을 침해한다고 주장하며 헌법소원심판을 청구하였다. 기본권 주체성과 직접성, 권리보호이익을 판단하시오. (20)

● 23년 1차 1문

2022.1.24. 있었던 A경찰서의 통신자료 취득행위와 그 근거조항인 전기통신사업법 83조 3항에 대해 2023.2.27. 헌재법 68조 1항 헌법소원심판을 청구한 경우, 심판대상성, 법적 관련성, 청구기간을 검토하시오. (30)

● 23년 2차 2문

재건축조합 A가 조합원 丁에게 청산금 부과처분을 하자 丁은 서울시 행심위에 행정심판을 청구하였고, 동 위원회는 무효확인 재결을 내렸다. A는 재결취소소송을 제기하였으나, A는 행정청이고 인용재결은 행심법 49조 1항에 따라 기속력이 있다는 이유로 각하판결을 받았다. A는 행심법 49조 1항이 ① 재건축조합이 공법인의 지위에 있어도 공권력행사의 상대방이 되는 경우 항고소송으로 다툴 수 있다고 보아야 하므로 재판청구권의 주체가 될 수 있고, 인용재결 불복을 금지하는 건 재판청구권을 침해한다. ②사인 또는 사법인과 달리 재건축조합이 재결에 대해 다툴 수 없도록 하는 것은 평등원칙에 위반된다고 주장하며 68조 1항 헌법소원을 청구하였다. A의 주장을 판단하시오. (20)

● 23년 3차 1문

육군훈련소장이 2022.6.5. 훈련병 甲에 대하여 한 육군훈련소 내 종교행사 참석조치에 대해 甲은 68조 1항 헌법소원심판을 청구하였다. 甲은 현재 훈련을 받은 뒤, B부대에 배치되었다. 심판의 대상성과 권리보호이익을 논하시오. (10+10)

■ 2014년 제56회 사법시험

당초 자동차운수사업법은 개인택시운송사업자가 사망한 경우 관할관청의 인가를 받으면 개인택시운송사업면허가 상속되도록 규정하였는데 법 개정으로 인가제에서 신고제로 변경되었다가 2009. 11. 27. 개정되고 2009. 11. 28. 시행된 같은법 시행령에서 상속을 금지하였다. 甲은 2009. 11. 26., 乙은 2009. 11. 30. 개인택시운송사업을 상속받은 자들로서 암말기 투병중인데, 이미 개인택시면허요건을 갖추고있는 자녀들에게 위 면허가 상속되기를 희망하고 있다. 위 법 조항 및 시행령이 자신의 기본권을 침해한다고 주장하며 甲과 乙이 제기한 헌법소원의 적법성을 법적관련성의 관점에서 논하시오. (20)

■ 2015년 제57회 사법시험

연예인 A의 안티카페를 운영하는 甲은 A의 집앞에서 대규모 집회를 개최하기로 계획하고 게시판에 알렸다. 중국 국적 乙은 방화를 시도하겠다는 취지의 댓글을 달고, 丙은 적극 동조하며 구체적 범죄실행계획을 담은 글을 게시하였다. 이에 방송통신위원회는 정통망법(범죄를 목적으로 하거나 교사 또는 방조하는 내용의 정보를 유통하여서는 아니된다. 방통위는 정보통신제공자로 하여금 그 취급을 거부·정지 또는 제한하도록 명할 수 있다.) 위반을 이유로 정보통신서비스 제공자 丁에게 위 게시글 및 댓글을 삭제하도록 명했고 丁은 이를 삭제하였다. 甲이 위 정통망법 조항에 대해 헌법소원심판을 청구하는 경우 적법한가. (20)

■ 2016년 제58회 사법시험

담배 제조자로 하여금 담뱃갑 포장지에 흡연경고그림을 인쇄하여 표기하도록 요구하는 담배사업법조항(2016. 12. 23. 시행)에 대하여 담배제조업자 甲과 담배소매업자 乙이 2015. 6. 30. 대리인을 선임하여 헌법소원심판을 청구한 경우 적법성을 논하시오. (30)

1. 권리구제형 헌법소원심판의 의의

공권력의 행사 또는 불행사로 인하여 헌법상 보장된 기본권을 침해받은 자는 법원의 재판을 제외하고는 헌법재판소에 헌법소원심판을 청구할 수 있다. 이를 권리구제형 헌법소원심판이라 한다.

2. 요 건

권리구제형 헌법소원심판청구가 적법하기 위해서는 ① 청구인능력을 의미하는 기본권주체성이 있어야 하고, ② 공권력의 행사 또는 불행사가 존재해야 하고, ③ 헌법상 보장된 기본권을 침해받았다는 주장이 있어야 하고, ④ 법적관련성으로서의 자기관련성, 현재성, 직접성이 있어야 하고, ⑤ 다른 법률의 구제절차를 모두 거친 후여야 하고(보충성의 원칙), ⑥ 권리보호이익 또는 심판이익이 존재해야 하고, ⑦ 청구기간(헌법재판소법 제69조 제1항)을 준수하고, ⑧ 변호사 강제주의(헌법재판소법 제25조 제3항)를 준수해야 한다.

가. 청구인능력(기본권주체성)

권리구제형 헌법소원심판을 청구하기 위해서는 기본권의 주체가 될 수 있는 자, 즉 기본권능력이 있는 자에 해당하여야 한다. 자연인, 특히 국민의 경우 기본권주체성이 인정된다는 점에 대하여는 이견이 없다. 그러나 미성년자, 태아와 배아, 사자(死者) 및 외국인, 사법인 기타 사적 결사, 공무원과 공법인, 정당의 경우 기본권주체성이 인정되는지에 대하여 헌법재판소의 입장을 알아둘 필요가 있다. (자세한 점에 관하여는 '기본권 주체' 부분에서 서술)

나. 공권력의 행사 또는 불행사의 존재

헌법소원심판의 대상이 되는 것은 헌법에 위반된 "공권력의 행사 또는 불행사"이다. 여기서 '공권력'이란 입법권·행정권·사법권을 행사하는 모든 국가기관·공공단체등의 고권적 작용을 의미하는데(99헌마39), 이는 공권력의 주체에 의한 권력의 발동으로서 국민의 권리의무에 대하여 직접적인 법률효과를 발생시키는 행위여야 한다(92헌마74).[5]

> **관련판례** ❶ 변호사 등록제도는 그 연혁이나 법적 성질에 비추어 보건대, 원래 국가의 공행정의 일부라 할 수 있으나, 국가가 행정상 필요에 의해 대한변호사협회(이하 '변협'이라 한다)에 관련 권한을 이관한 것이다. 따라서 변협은 변호사 등록에 관한 한 공법인으로서 공권력 행사의 주체이다. … 변협이 변호사 등록사무의 수행과 관련하여 정립한 규범인 심판대상조항들(변호사 등록을 신청하는 자에게 등록료 100만원을 납부하도록 정한 대한변협 규칙)은 헌법소원 대상인 공권력의 행사에 해당한다. (2017헌마759)
> ❷ 행정기관의 행위라도 사법(私法)상의 행위는 헌법소원 대상이 되지 않는다. (90헌마160)
> ❸ 정당은 국민의 자발적 조직으로 공권력 행사의 주체가 될 수 없다. (2007헌마1128)

1) 입법작용

헌법재판소법 제68조 제1항의 공권력에는 입법작용이 포함된다.

가) 법 률

(1) 법률 또는 법률조항 자체가 헌법소원의 대상이 될 수 있으려면 그 법률 또는 법률조항에 의하여 구체적인 집행행위를 기다리지 아니하고 직접, 현재, 자기의 기본권을 침해받아야 한다(91헌마192).

---

[5] 따라서 대통령의 법률안 제출행위는 국가기관간의 내부적 행위에 불과하고 국민에 대하여 직접적인 법률효과를 발생시키는 행위가 아니므로 헌법재판소법 제68조에서 말하는 공권력의 행사에 해당되지 않는다.

(2) ① 헌법소원의 대상인 '법률'은 원칙적으로 현재 유효하게 시행중인 것이어야 하나, 법률이 효력을 발생하기 이전이라도 이미 청구인들의 권리관계가 침해될 수도 있다고 보여지고 현재의 시점에서 청구인들이 불이익을 입게 될 수도 있다는 것을 충분히 예측할 수 있는 경우라면 헌법소원의 대상이 될 수 있다(94헌마201).6) ② 폐지된 법률조항의 경우에도, 위헌 여부에 관하여 아직 그 해명이 이루어진 바가 없고, 신법이 구법과 유사한 내용을 규정하는 등 여전히 청구인의 기본권을 침해하고 있다고 볼 수 있는 경우에는, 신규정의 개정을 촉진하여 위헌적인 법률에 의한 기본권침해의 위험을 사전에 제거하는 등 헌법질서의 수호·유지를 위하여 긴요한 사항이어서 헌법적으로 그 해명이 중대한 의미를 지닌다고 할 것이므로, 폐지된 법률규정에 대하여도 본안판단의 필요성이 인정된다(91헌마67). ③ 그러나 법률의 개폐는 입법기관의 소관사항이므로 헌법소원심판청구의 대상이 될 수 없다(89헌마132).

나) 조약과 국제법규

헌법 제6조 제1항은 "헌법에 의하여 체결·공포된 조약과 일반적으로 승인된 국제법규는 국내법과 같은 효력을 가진다"고 규정하고 있으므로 ① 조약과 국제법규도 별도의 국내입법 없이도 조약 그 자체가 자기집행적 성질을 갖는다면(자기집행적 조약) 헌법소원심판의 대상이 될 수 있다. 헌법재판소도 '한일 어업협정'은 우리나라 정부가 일본 정부와의 사이에서 어업에 관해 체결·공포한 조약으로서 고권적 행위에 해당하므로 헌법소원심판 대상이 된다고 하였다(99헌마139). ② 그러나 국내에서 별도의 입법조치가 필요한 비자기집행적 조약의 경우에는 헌법소원의 대상이 될 수 없고, 별도의 입법조치에 해당하는 법률 등을 대상으로 헌법소원심판을 청구하여야 한다.

다) 법규명령

헌법재판소는 "헌법 제107조 제2항이 규정한 명령·규칙에 대한 대법원의 최종심사권이란 구체적인 소송사건에서 명령·규칙의 위헌 여부가 재판의 전제가 되었을 경우 법률의 경우와는 달리 헌법재판소에 제청할 것 없이 대법원이 최종심사할 수 있다는 의미이며 명령·규칙 그 자체에 의하여 직접 기본권이 침해되었음을 이유로 하여 헌법소원심판을 청구하는 것은 위 헌법규정과는 아무런 상관이 없는 문제"라고 하면서 명령·규칙이 별도의 집행행위를 기다리지 않고 직접 기본권을 침해하는 것일 때에는 헌법소원심판의 대상이 될 수 있다고 한다(89헌마178).7) 한편 사법부에서 제정한 규칙도 대상이 될 수 있다(89헌마178).

---

6) 헌법재판소는, 아직 공포가 되지 않은 법률에 대한 헌법소원의 경우에도, 법률안이 대통령의 거부권 행사에 의하여 최종적으로 폐기되었다면 모르되, 그렇지 아니하고 공포되었다면 법률안은 그 동일성을 유지하여 법률로 확정되는 것이라고 보아야 하므로 심판청구 후에 유효하게 공포·시행되었고 그 법률로 인하여 평등권 등 기본권을 침해받게 되었다고 주장하는 이상 청구 당시의 공포 여부를 문제삼아 헌법소원의 대상성을 부인할 수는 없다는 입장이다(99헌마494).
7) 그러나 대법원은, "헌법 제107조 제2항은 '명령, 규칙 또는 처분이 헌법이나 법률에 위반되는 여부가 재판의 전제로 된 경우에는 대법원은 이를 최종적으로 심사할 권한을 가진다'라고 규정하여 행정입법의 심사는 일반적인 재판절차에 의하여 구체적 규범통제의 방법에 의하도록 명시하고 있으므로, 당사자는 구체적 사건에

라) 행정규칙 변시 2회

행정규칙(행정명령)은 대외적인 구속력이 없는 행정내규로서의 성질을 가지는 것에 불과하므로, 원칙적으로 헌법소원심판의 대상이 되지 않는다. 다만, ① 법령의 직접적인 위임에 따라 수임행정기관이 그 법령을 시행하는데 필요한 구체적 사항을 정한 것이면 그 제정형식은 비록 법규명령이 아닌 고시, 훈령, 예규 등과 같은 행정규칙이더라도, 그것이 상위법령의 위임한계를 벗어나지 아니하는 한, 상위법령과 결합하여 대외적인 구속력을 갖는 법규명령으로서 기능하게 되므로 헌법소원의 대상이 될 수 있고(91헌마25), ② 또는 재량권행사의 준칙인 규칙(재량준칙)이 그 정한 바에 따라 되풀이 시행되어 행정관행이 이룩되게 되면 평등의 원칙이나 신뢰보호의 원칙에 따라 행정기관은 그 상대방에 대한 관계에서 그 규칙에 따라야 할 자기구속을 당하게 되어 대외적인 구속력을 가지게 되므로 헌법소원의 대상이 될 수 있다(90헌마13).

마) 조 례 16.08.모의

헌법재판소는 「담배자동판매기 설치금지를 규정한 조례의 위헌확인사건」에서 "조례는 지방자치단체가 그 자치입법권에 근거하여 자주적으로 지방의회의 의결을 거쳐 제정한 법규이기 때문에 조례 자체로 인하여 기본권을 침해받은 자는 그 권리구제의 수단으로서 조례에 대한 헌법소원을 제기할 수 있다고 할 것이다. 다만 이 경우에 그 적법요건으로서 조례가 별도의 구체적인 집행행위를 기다리지 아니하고 직접 그리고 현재 자기의 기본권을 침해하는 것이어야 함을 요한다"라고 하였다(92헌마264).

바) 헌법규정

헌법규정이나 헌법개정작용까지도 공권력의 행사에 포함되는가가 문제되는데, 헌법재판소는 「헌법 제29조 제2항 등 위헌소원사건」에서 "헌법은 그 전체로서 주권자인 국민의 결단 내지 국민적 합의의 결과라고 보아야 할 것으로, 헌법의 개별규정을 헌법재판소법 제68조 제1항 소정의 공권력 행사의 결과라고 볼 수도 없다"고 하여 헌법규정은 헌법소원심판의 대상이 되지 않는다고 판시하였다(04헌바20).

2) 행정작용

가) 원행정처분

공권력의 행사 중 '처분'에 해당하는 것은 항고소송으로 다툴 수 있으므로 원칙적으로 헌법소원심판을 제기할 수 없다. 다만 행정처분에 해당한다 하더라도 보충성의 예외에 해당하여 항고소송을 제기할 수 없는 경우에는 헌법소원심판의 대상이 될 수 있다.

심판을 위한 선결문제로서 행정입법의 위법성을 주장하여 법원에 대하여 당해 사건에 대한 적용여부의 판단을 구할 수 있을 뿐 행정입법 자체의 합법성의 심사를 목적으로 하는 독립한 신청을 제기할 수는 없는 것이다(93부32)."라고 하여 명령·규칙에 대한 심사권은 대법원에 속한다는 입장이다.

나) 법원의 재판을 거친 행정처분

이에 대해, 다른 법률에 정하여진 권리구제절차를 모두 거치게 되면 헌법소원을 제기할 수 있다고 보는 견해가 있으나(긍정설, 반대의견), 헌법재판소는, 원행정처분에 대하여 법원에 행정소송을 제기하여 패소판결을 받고 그 판결이 확정된 경우에는 당사자는 그 판결의 기판력에 의한 기속을 받게 되므로, 별도의 절차에 의하여 위 판결의 기판력이 제거되지 아니하는 한, 행정처분의 위법성을 주장하는 것은 확정판결의 기판력에 어긋나므로 원행정처분은 헌법소원심판의 대상이 되지 아니한다고 할 것이며, 뿐만 아니라 원행정처분에 대한 헌법소원심판청구를 허용하는 것은, 헌법 제107조 제2항이나, 원칙적으로 헌법소원심판의 대상에서 법원의 재판을 제외하고 있는 헌법재판소법 제68조 제1항의 취지에도 어긋난다(91헌마98)고 하여 부정설의 입장이다.

다만 헌법재판소는, 헌법재판소가 위헌으로 결정한 법령을 적용함으로써 국민의 기본권을 침해한 법원의 재판은 예외적으로 헌법소원심판의 대상이 될 수 있음을 선언하면서, 그와 같은 법원의 재판을 취소함과 아울러, 그 재판의 대상이 되었던 원행정처분에 대한 헌법소원 심판청구까지 받아들여 이를 취소한 바 있다(96헌마172).

다) 권력적 사실행위 15.06.모의

권력적 사실행위란 행정청이 행정목적 달성을 위하여 우월적 지위에서 국민의 신체·재산 등에 직접적인 물리력을 일방적으로 강제하여 사실상의 효과를 발생시키는 공권력의 행사를 말하는 것으로, 대외적 구속력이 없는 비권력적 사실행위와 구별된다.

헌법재판소는「교도소장의 미결수용자의 서신검열행위(92헌마144)」,「교도소장이 수형자에게 소변을 제출하게 하는 행위(2005헌마277)」등과 같은 권력적 사실행위의 경우 헌법소원심판의 대상이 될 수 있다는 입장이다(96헌마398).

라) 행정계획

행정계획이라 함은 행정에 관한 전문적·기술적 판단을 기초로 하여 도시의 건설·정비·개량 등과 같은 특정한 행정목표를 달성하기 위하여 서로 관련되는 행정수단을 종합·조정함으로써 장래의 일정한 시점에 있어서 일정한 질서를 실현하기 위한 활동기준으로 설정된 것을 말한다(96누8567).

일반적으로 국민적 구속력을 갖는 행정계획(예컨대 도시계획결정)은 행정행위에 해당하지만, 구속력을 갖지 않고 행정기관 내부의 행동지침에 지나지 않는 행정계획은 행정행위가 될 수 없다. 그러나 비구속적 행정계획안이나 행정지침이라도 국민의 기본권에 직접적으로 영향을 끼치고, 앞으로 법령의 뒷받침에 의하여 그대로 실시될 것이 틀림없을 것으로 예상될 수 있을 때에는, 공권력행위로서 예외적으로 헌법소원의 대상이 된다(99헌마538).[8]

---

[8] 헌법재판소는, 서울대학교의 "'서울대학교입학고사 주요요강'은 교육부가 대학입시제도 개선안에 따른 대학입학방법을 규정하는 교육법시행령 규정이 교육부의 개선안을 뒷받침할 수 있는 내용으로 개정될 것을 전제로 하여 제정된 것이고 위 시행령이 아직 개정되지 아니한 현 시점에서는 법적 효력이 없는 행정계획안이어서 이를 제정한 것은 사실상의 준비행위에 불과하고 이를 발표한 행위는 앞으로 그와 같이 시행될 것이니 미리

마) 공 고

공고 등이 법령에 근거하여 법령의 내용을 구체적으로 보충하거나 세부적인 사항을 확정하는 것일 때에는 이는 공권력의 행사에 해당하지만, 그것이 법령에 정해지거나 이미 다른 공권력 행사를 통하여 결정된 사항을 단순히 알리는 것 또는 대외적 구속력이 없는 행정관청 내부의 해석지침에 불과한 것인 때에는 공권력의 행사에 해당하지 아니한다(2018헌마1208).

바) 통치행위

헌법재판소는 이라크파병 사건에서, "파견결정은 그 성격상 국방 및 외교에 관련된 고도의 정치적 결단을 요하는 문제로서, 헌법과 법률이 정한 절차를 지켜 이루어진 것임이 명백하므로, 대통령과 국회의 판단은 존중되어야 하고 헌법재판소가 사법적 기준만으로 이를 심판하는 것은 자제되어야 한다(2003헌마814)."판시하였다. 그러나 금융실명제 사건에서는 "비록 고도의 정치적 결단에 의하여 행해지는 국가작용이라고 할지라도 그것이 국민의 기본권 침해와 직접 관련되는 경우에는 당연히 헌법재판소의 심판대상이 된다"라고 판시하여 통치행위인 긴급재정경제명령에 대한 심사를 긍정하였다(93헌마186).

사) 검사의 처분

(1) 불기소처분

(가) 고소인, 고소하지 않은 피해자, 고발인

① 고소인은 검사의 불기소처분에 대하여 항고를 거쳐 재정신청을 할 수 있으므로(형사소송법 제260조) 보충성 요건을 결여하여 헌법소원을 청구할 수 없다. ② 그러나 고소하지 않은 피해자는 검사의 불기소처분을 다툴 수 있는 통상의 권리구제수단도 경유할 수 없으므로, 그 불기소처분의 취소를 구하는 헌법소원의 사전 권리구제절차라는 것은 형식적·실질적 측면에서 모두 존재하지 않을 뿐만 아니라, 별도의 고소 등은 그에 수반되는 비용과 권리구제가능성 등 현실적인 측면에서 볼 때에도 불필요한 우회절차를 강요함으로써 피해자에게 지나치게 가혹할 수 있으므로, 예외적으로 불기소처분의 취소를 구하는 헌법소원심판을 곧바로 청구할 수 있다(2008헌마716). ③ 범죄피해자가 아닌 고발인(형법 제123~126조 제외)의 경우에는 개인적 주관적인 권리나 재판절차에서의 진술권 등의 기본권이 허용될 수 없으므로 검사가 자의적으로 불기소처분을 하였다고 하여 달리 특별한 사정이 없으면 헌법소원심판청구의 요건인 자기관련성이 없어 헌법소원을 청구할 수 없다(89헌마145).

그에 대비하라는 일종의 사전안내에 불과하지만, 이러한 사실상의 준비행위나 사전안내라도 그 내용이 국민의 기본권에 직접 영향을 끼치는 내용이고 앞으로 법령의 뒷받침에 의하여 그대로 실시될 것이 틀림없을 것으로 예상될 수 있는 것일 때에는 그로 인하여 직접적으로 기본권침해를 받게되는 사람에게는 사실상의 규범작용으로 인한 위험성이 이미 발생하였다고 보아야 할 것"이므로, 서울대학교가 '서울대학입학고사 주요요강'을 제정·발표한 행위는 헌법소원의 대상이 된다고 판시하였다(92헌마68).

(나) 피의자

피의자는 '죄가 안됨'이나 '혐의 없음', '공소권 없음' 처분에 대하여는 헌법소원심판을 청구할 수 없으나, 범죄 혐의가 있음을 전제로 하는 기소유예 처분 및 기소중지 처분에 대하여는 헌법소원심판을 청구 할 수 있다. 즉 기소유예처분을 받은 피의자가 범죄혐의를 부인하면서 무고함을 주장하는 경우에는 검찰청법이나 다른 법률에 이에 대한 권리구제절차가 마련되어 있지 아니하므로, 검사의 기소유예처분의 취소를 구하는 헌법소원심판을 청구하는 경우에는 보충성원칙의 예외에 해당한다(2008헌마716).

(2) 그 외의 처분

① 검사의 공소제기기소처분(92헌마104), ② 검사의 약식명령청구(93헌마104)는 법원의 공판절차에서 그 처분의 위헌성 여부를 다툴 수 있으므로 이에 대한 헌법소원심판청구는 부적법하다. ③ 진정에 기하여 이루어진 내사사건의 종결처리는 진정사건에 대한 구속력이 없는 수사기관의 내부적 사건처리방식에 지나지 아니하므로 진정인의 고소 또는 고발의 권리행사에 아무런 영향을 미치는 것이 아니어서 헌법소원심판의 대상이 되는 공권력의 행사라고 할 수 없다(89헌마277). ④ 그러나, 고소를 고소사건으로 수리하지 아니하고 진정사건으로 수리하여 공람종결한 처분은 고소인의 법률상 권리행사에 영향을 미치는 것으로 헌법소원의 대상이 되는 공권력의 행사에 해당한다(98헌마85).

아) 거부처분

국민의 신청에 대한 행정청의 거부행위가 헌법소원심판의 대상인 공권력의 행사가 되기 위해서는 국민이 행정청에 대하여 신청에 따른 행위를 해 줄 것을 요구할 수 있는 권리(법규상 또는 조리상 신청권)가 있어야 한다(97헌마315). 그러나 거부처분의 경우 처분성이 인정되어 항고소송의 대상이 될 가능성이 높으므로, 보충성 요건이 결여되어 부적법한 경우가 많다.

3) 사법작용

헌법재판소법 제68조 제1항은 "공권력의 행사 또는 불행사로 인하여 헌법상 보장된 기본권을 침해받은 자는 법원의 재판을 제외하고는 헌법재판소에 헌법소원심판을 청구할 수 있다"고 하여 '법원의 재판'을 헌법소원심판의 대상에서 제외하고 있다.

다만 헌법재판소는 "헌법재판소법 제68조 제1항 본문 중 "법원의 재판을 제외하고는" 부분은, 헌법재판소가 위헌으로 결정한 법령을 적용함으로써 국민의 기본권을 침해한 재판이 포함되는 것으로 해석하는 한 헌법에 위반된다(96헌마172)."라고 하여 한정위헌결정을 하였다가, 최근에는 여기서 더 나아가 "헌법재판소법 제68조 제1항 본문 중 '법원의 재판' 가운데 '법률에 대한 위헌결정의 기속력에 반하는 재판' 부분은 헌법에 위반된다(2014헌마760)."고 판시하였다.

이에 대해 재판헌법소원 금지를 위헌으로 보는 견해도 있다. 그 논거로는 ① 우리 헌정사적 경험에 비추어 볼 때 법원의 재판에 의해 국민의 기본권이 침해될 수 있는 바, 재판소원을 금지하는 것은 헌법소원의 본질에 반한다는 점, ② 헌법소원의 대상이 되는 공권력에는 입법권과 행정권 및 사법권 즉, 법원의 재판이 모두 포함된다고 보아야 하는데 법원의 재판만 헌법소원의 대상에서 배제하는 것은 합리적 사유가 없어 평등권에 반한다는 점, ③ 법원의 재판에 의한 기본권 침해에 대해 구제수단 마련을 요구할 수 없으므로 재판청구권을 침해한다는 점, ④ 헌법재판소는 법원의 판결의 내용 중 헌법의 해석에 관련되는 부분에 대해서만 판단하는 헌법심이고, 법원은 사실심과 법률심을 주로 행하므로, 헌법재판소가 법원의 재판을 심사하더라도 권력분립원칙에 반하지 않는다는 점, ⑤ 재판소원을 허용해서 헌법소원이 폭주되어 발생하는 폐해는 재판소원의 인정범위와 심사기준에 대해 엄격한 해석 기준을 설정하고, 헌법 정책적인 여러 방안들을 마련하여 해결하면 되는 문제라는 점 등을 들고 있다.9)

4) 공권력의 불행사

가) 입법부작위

넓은 의미의 "입법부작위"에는, ① 입법자가 헌법상 입법의무가 있는 어떤 사항에 관하여 전혀 입법을 하지 아니함으로써 "입법행위의 흠결이 있는 경우"(즉, 입법권의 불행사)와, ② 입법자가 어떤 사항에 관하여 입법은 하였으나 그 입법의 내용·범위·절차 등이 당해 사항을 불완전, 불충분 또는 불공정하게 규율함으로써 "입법행위에 결함이 있는 경우"(즉, 결함이 있는 입법권의 행사)가 있는데, 일반적으로 전자를 진정입법부작위, 후자를 부진정입법부작위라고 부르고 있다(94헌마108).

(1) 진정입법부작위

"진정입법부작위" 즉 본래의 의미에서의 입법부작위를 대상으로 하여 헌법소원을 제기하려면 헌법에서 기본권보장을 위하여 법령에 명시적인 입법위임을 하였음에도 불구하고 입법자가 상당한 기간내에 이를 이행하지 아니하거나 또는 헌법의 해석상 특정인에게 구체적인 기본권이 생겨 이를 보장하기 위한 국가의 행위의무 내지 보호의무가 발생하였음이 명백함에도 불구하고 입법자가 아무런 입법조치를 취하지 않고 있는 경우이어야 한다(94헌마108).

한편 헌법재판소는 "공권력의 불행사로 인한 기본권침해는 그 불행사가 계속되는 한 기본권침해의 부작위가 계속된다 할 것이므로, 공권력의 불행사에 대한 헌법소원심판은 그 불행사가 계속되는 한 기간의 제약이 없이 적법하게 청구할 수 있다"며 입법부작위에 대한 헌법소원에서는 청구기간의 제한을 받지 아니한다고 한다(89헌마2).

(2) 부진정입법부작위

헌법재판소는 부진정입법부작위가 헌법소원의 대상이 되는지와 관련하여 "기본권 보장을 위한 법규정이 불완전하여 보충을 요하는 경우에는 그 불완전한 법규 자체를 대상으로 하여 그것이 헌법위반이라는 적극적인 헌법소원을 청구함은 별론으로 하고, 입법부작위를 헌법소원의 대상으로 삼을 수는 없다(97헌마9)."고 하여 부진정입법부작위

---

9) 이희훈, 헌법재판소법상 재판소원 금지규정에 대한 연구, 한국헌법학회, 423면

의 경우 공권력의 행사(법령)를 대상으로 헌법소원을 청구할 수는 있으나 공권력의 불행사를 대상으로 헌법소원심판청구를 하는 것은 부적법하다고 본다.

나) 행정(입법)부작위

행정권력의 부작위에 대한 헌법소원은 공권력의 주체에게 헌법에서 유래하는 작위의무가 특별히 구체적으로 규정되어 이에 의거하여 기본권의 주체가 행정행위를 청구할 수 있음에도 공권력의 주체가 그 의무를 해태하는 경우에 허용되고, 특히 행정입법의 부작위에 대한 헌법소원이 인정되기 위하여는 첫째, 행정청에게 헌법에서 유래하는 행정입법의 작위의무가 있어야 하고 둘째, 상당한 기간이 경과하였음에도 불구하고 셋째, 행정입법의 제정(개정)권이 행사되지 않아야 한다.

그런데 국회가 법률로써 행정입법에 특정한 사항에 대해 위임을 하였음에도 불구하고 행정입법을 제정하지 않는 부작위가 헌법상 작위의무의 부작위인지 아니면 단순한 법률상 부작위인지 문제된다. 헌법재판소는 "우리 헌법은 국가권력의 남용으로부터 국민의 자유와 권리를 보호하려는 법치국가의 실현을 기본이념으로 하고 있고, 자유민주주의 헌법의 원리에 따라 국가의 기능을 입법·행정·사법으로 분립하여 견제와 균형을 이루게 하는 권력분립제도를 채택하고 있어, 행정과 사법은 법률에 기속되므로, 국회가 특정한 사항에 대하여 행정부에 위임하였음에도 불구하고 행정부가 정당한 이유 없이 이를 이행하지 않는다면 권력분립의 원칙과 법치국가의 원칙에 위배되는 것이다(2001헌마718)."고 판시하여 이를 헌법상 작위의무로 보고 있다.

그러나 이 경우에도 만일 하위 행정입법의 제정 없이 상위 법령의 규정만으로도 집행이 이루어질 수 있는 경우라면 하위 행정입법을 하여야 할 헌법적 작위의무는 인정되지 아니한다(2004헌마66).

> **관련판례** 행정입법 부작위의 정당성 유무
>
> 행정부가 위임 입법에 따른 시행명령을 제정하지 않거나 개정하지 않은 것에 정당한 이유가 있었다면 그런 경우에는 헌법재판소가 위헌확인을 할 수는 없다. 그런데 그러한 정당한 이유가 인정되기 위해서는 그 위임입법 자체가 헌법에 위반된다는 것이 누가 보아도 명백하거나, 위임 입법에 따른 행정입법의 제정이나 개정이 당시 실시되고 있는 전체적인 법질서 체계와 조화되지 아니하여 그 위임입법에 따른 행정입법 의무의 이행이 오히려 헌법질서를 파괴하는 결과를 가져옴이 명백할 정도는 되어야 할 것이다(2001헌마718).

다. 헌법상 보장된 기본권의 침해 주장 및 침해 가능성

헌법소원은 '헌법상 보장된 기본권의 침해를 받은 자'가 그 침해를 구제받기 위한 제도이므로, 청구인으로서는 헌법상 보장된 기본권의 침해를 주장하여야 하고, 헌법소원의 적법요건으로서 '헌법상 보장된 기본권을 침해받은 자'라는 것은 '헌법상 보장된 기본권을 침해받았다고 주장하는 자'로 해석하여야 한다(2003헌마544). 따라서 헌법상 보장된 기본권에 대한 침해주장 없이 헌법의 기본원리가 훼손되었다거나 제도보장에 위배된다는 이유만으로 헌법소원심판을 청구할 수는 없다.

> comment
> 문제에서 '기본권 침해가능성'이 있는가를 묻고 있다면, ① 청구인이 기본권의 주체가 되는지, ② 청구인이 주장하는 것이 '헌법상 보장된 기본권'에 해당하는지를 묻고 있을 가능성이 높다. 이와 같은 형태의 질문에 대해서는 기본권이 침해되었는지에 관한 '본안 판단'을 해서는 아니되며, 위 ① 또는 ② 중 무엇을 묻고 있는지를 고민해보아야 한다.

라. 법적관련성

헌법소원의 법적관련성은 크게 '자기관련성', '직접성', '현재성'으로 구분하여 판단한다.

1) 자기관련성

가) 원 칙

기본권침해의 자기관련성이 인정되기 위해서는 청구인이 원칙적으로 공권력작용의 직접 상대방이어야 한다.

나) 제3자의 경우

다만 공권력 작용의 직접적인 상대방이 아닌 제3자라고 하더라도 직접적·법률적 이해관계가 있는 경우에는 그 제3자에게 자기관련성이 인정될 수 있다. 그렇지만 타인에 대한 공권력의 작용이 단지 간접적, 사실적 또는 경제적인 이해관계로만 관련되어 있는 제3자에게는 자기관련성이 인정되지 않는다(2004헌마744).

다) 시혜적 법률의 경우

비교집단에게 혜택을 부여하는 시혜적 법규정에 대하여 평등권의 침해를 주장하는 헌법소원사건에서는, 비교집단에게 혜택을 부여하는 법규정이 위헌이라고 선고되어 ① 그러한 혜택이 제거된다면 비교집단과의 관계에서 청구인들의 법적 지위가 상대적으로 향상된다고 볼 여지가 있는 때(2000헌마84) 또는 ② 그 결과로 혜택규정에 의하여 배제되었던 혜택에 참여할 가능성이 있는 경우(2002헌마312)에는 청구인들이 그 법규정의 직접적인 적용을 받는 자가 아니라고 할지라도 그들의 자기관련성을 인정할 수 있다.

> [관련판례] 단체는 원칙적으로 단체 자신의 기본권을 직접 침해당한 경우에만 그의 이름으로 헌법소원심판을 청구할 수 있을 뿐이고 그 구성원을 위하여 또는 구성원을 대신하여 헌법소원심판을 청구할 수 없다(2002헌마20).

2) 직접성

가) 원 칙

다른 공권력 작용의 매개 없이 심판 대상이 된 공권력작용으로 인하여 청구인의 기본권이 직접 침해되어야 한다.

나) 법령헌법소원의 경우

(1) 구체적인 집행행위를 매개하지 않는 경우

법률 또는 법률조항 자체가 헌법소원의 대상이 될 수 있으려면 구체적인 집행행위를 기다리지 아니하고 그 법률 또는 법률조항에 의하여 직접, 현재, 자기의 기본권을 침해받아야 하는바, 여기서 말하는 집행행위에는 입법행위도 포함된다.

(2) 구체적인 집행행위가 존재하는 경우

(가) 원 칙

법률 규정이 그 규정의 구체화를 위하여 하위규범의 시행을 예정하고 있는 경우에는 당해 법률 규정의 직접성은 부인된다(94헌마213).

(나) 예 외

① 법규범이 집행행위를 예정하고 있더라도 예외적으로 법령이 일의적이고 명백한 것이어서 집행기관의 심사와 재량의 여지없이 그 법령에 따라 일정한 집행행위를 하여야 하는 때(즉 기속행위)에는 그 법규범의 권리침해의 직접성이 인정된다(97헌마38).

② 또한 집행행위가 존재하는 경우라도 그 집행행위를 대상으로 하는 구제절차가 없거나 구제절차가 있다고 하더라도 권리구제의 기대가능성이 없고 다만 기본권침해를 당한 청구인에게 불필요한 우회절차를 강요하는 것밖에 되지 않는 경우에는 당해 법령을 직접 헌법소원의 대상으로 삼을 수 있다(96헌마48).

③ 한편 헌법재판소는 법령의 집행행위를 기다렸다가 그 집행행위에 대한 권리구제절차를 밟을 것을 국민에게 요구할 수 없는 경우에도 예외적으로 기본권침해의 직접성이 인정될 수 있다고 한다. "예컨대, 형법상의 법률조항은 엄밀한 의미에서 법률 그 자체에 의하여 국민의 신체의 자유를 제한하는 것이 아니라 넓은 의미의 재량행위(법관의 양형)의 하나인 형법조항의 적용행위라는 구체적인 집행행위를 통하여 비로소 국민의 기본권이 제한되는 것이지만, 국민에게 그 합헌성이 의심되는 형법조항에 대하여 위반행위를 우선 범하고 그 적용·집행행위인 법원의 판결을 기다려 헌법소원심판을 청구할 것을 요구할 수는 없다. 따라서 이러한 경우에는 예외적으로 집행행위가 재량행위임에도 불구하고 법령에 의한 기본권침해의 직접성을 인정할 수 있다"고 판시하였다(2003헌마3).

④ 집행행위 이전에 이미 권리관계가 확정된 상태인 경우에도 직접성이 인정된다.

> **관련판례** 법무사의 해고행위와 같이 공권력이 아닌 사인의 행위를 요건으로 하고 있다고 할지라도 법규범의 직접성을 부인할 수 없다. (95헌마331)

다) 벌칙조항의 경우

> ★ 6회 변시 1문
> 의료기기판매업자 乙은 의료기기 광고를 하려던 차에 경쟁업체 甲의 형사처벌 사실을 알게되었다. 근거법률(의료기기광고금지조항 + 처벌조항)에 대한 乙의 권리구제형 헌법소원심판청구 적법여부를 판단하시오. (30)

벌칙 조항의 전제가 되는 구성요건조항이 별도로 규정되어 있는 경우에 벌칙 조항에 대하여는 청구인들이 그 법정형이 체계정당성에 어긋난다거나 과다하다는 등 그 자체가 위헌임을 주장하지 않는 한 직접성을 인정할 수 없다(2011헌마659).[10]

3) 현재성

가) 원 칙

헌법소원은 원칙적으로 청구인이 현재 기본권을 침해당한 경우에만 제기할 수 있다. 따라서 이미 침해행위가 종료되었거나 장차 기본권이 침해가 예상된다는 이유만으로는 헌법소원심판을 청구할 수 없다.

나) 장 래 14.08.모의 17.08.모의

헌법재판소는 아직 기본권의 침해가 발생하지 않은 경우, 즉 기본권침해가 장래에 발생하더라도 "가까운 장래에 기본권침해가 있을 것이 확실히 예측되고 현실적인 침해를 기다려 헌법소원심판을 청구하면 그 구제가 곤란할 뿐만 아니라 법익침해가 중대한 경우, 기본권 침해의 실효성을 위하여 침해의 현재성을 인정한다"고 하여 현재성 요건과 관련하여 상황성숙성이론을 택하고 있다(92헌마68).

다) 과 거

기본권의 침해행위가 이미 종료되었지만 ① 침해행위의 반복위험이 있거나, ② 헌법적으로 긴요한 사항이어서 심판이익이 인정되는 경우에도 현재성의 예외가 인정된다.

마. 보충성

1) 원 칙

헌법소원은 다른 법률에 구제절차가 있는 경우에는 그 절차를 모두 거친 후에 심판청구를 하여야 한다. 이를 헌법소원의 보충성이라고 한다. 여기서 말하는 권리구제절차는 공권력의 행사 또는 불행사를 직접 대상으로 하여 그 효력을 다툴 수 있는 권리구제절차를 의미하는 것이지, 사후적·보충적 구제수단인 손해배상청구나 손실보상청구를 의미하는 것이 아니다(88헌마3).

---

10) 해당 사안에서는, 청구인들은 이 사건 처벌조항 그 자체의 고유한 위헌성을 다투는 것이 아니라 전제되는 이 사건 금지조항(구성요건 조항)이 위헌이어서 그 제재조항인 이 사건 처벌조항도 당연히 위헌이라는 취지로 주장하므로, 기본권 침해의 직접성이 인정되지 아니하여 이 사건 처벌조항에 대한 심판청구는 부적법하다고 판시하였다.

> **관련판례** 구체적 검토
> ❶ **행정처분의 경우** : 행정처분은 항고소송으로 다툴 수 있으므로 보충성 요건을 충족하지 못하여 원칙적으로 부적법하다.
> ❷ **조 례** : 조례가 별도의 구체적인 집행행위를 기다리지 아니하고 직접 현재 자신의 기본권을 침해하는 경우에는 보충성 요건을 충족한다.
> ❸ **처분적 조례** : 처분적 조례의 경우 항고소송의 대상으로 인정될 것이므로 헌법소원을 청구하는 경우 보충성 요건을 충족하지 못하여 부적법 각하될 것이다.
> ❹ **권력적 사실행위** : 권력적 사실행위의의 경우 행정심판이나 행정소송의 대상이 된다고 단정하기 어렵거나 설사 대상이 된다고 하더라도 이미 종료된 행위로서 소의 이익이 부정될 가능성이 많아 헌법소원심판을 청구하는 외에 달리 효과적인 구제방법이 있다고 보기 어려우므로 보충성의 예외가 인정이 된다. 15.06.모의
> ❺ 행정심판이나 행정소송 등의 사전구제절차를 거치지 아니하고 청구한 국가인권위원회의 진정에 대한 각하 또는 기각결정의 취소를 구하는 헌법소원심판이 보충성 요건을 충족하는지 여부(소극) (2013헌마214)

2) 예 외

일정한 경우 헌법재판소는 보충성의 예외를 인정하고 있다. 보충성의 예외는 명문규정이 아닌 헌법재판소의 판례에 의해 인정되고 있다.

이를 살펴보면, ① 법률에 대해서는 헌법소원 외에 달리 다툴 길이 없으므로 바로 헌법소원을 청구할 수 있다. 또한 ② 헌법소원청구인의 불이익으로 돌릴 수 없는 정당한 이유가 있는 착오로 전심절차를 밟지 않은 경우, ③ 전심절차로 권리가 구제될 가능성이 거의 없거나 권리구제절차가 허용되는지 여부가 객관적으로 불확실하거나 아니면 헌법소원심판청구인에게 불필요한 우회절차를 강요하는 것밖에 되지 않는 등 전심절차이행의 기대가능성이 없는 경우에도 보충성의 예외가 인정되어 바로 헌법소원을 청구할 수 있다.

바. 권리보호이익 또는 심판이익

1) 원 칙

헌법소원심판제도는 국민의 기본권침해를 구제해 주는 제도이므로 그 제도의 목적상 권리보호의 이익이 없는 헌법소원심판청구는 부적법하여 각하를 면할 수 없다. 그러므로 기본권의 침해를 받은 자가 그 구제를 받기 위한 헌법소원심판을 청구한 뒤 기본권침해의 원인이 된 공권력의 행사가 취소되거나 새로운 공권력의 행사 등 사정변경으로 말미암아 기본권 침해행위가 배제되어 청구인이 더 이상 기본권을 침해받고 있지 아니하게 된 때에는 특별한 사정이 없는 한 그 헌법소원심판청구는 더 이상 권리보호의 이익이 없게 되어 부적법하다.

2) 예 외

헌법소원은 주관적 권리구제 뿐만 아니라 객관적인 헌법질서의 보장의 기능도 겸하고 있다. 그리하여 헌법재판소는 "헌법소원의 대상이 된 침해행위가 이미 종료하여서 이를 취소할 여지가 없기 때문에 헌법소원이 주관적 권리구제에는 별 도움이 안되는 경우라도 그러

한 침해행위가 앞으로도 ① 반복될 위험이 있거나, ② 당해분쟁의 해결이 헌법질서의 수호·유지를 위하여 긴요한 사항이어서 헌법적으로 그 해명이 중대한 의미를 지니고 있는 경우에는 심판청구의 이익을 인정하여 이미 종료한 침해행위가 위헌이었음을 선언적 의미에서 확인할 필요가 있다"며 심판청구의 이익을 인정하는 입장이다(91헌마111).

사. 청구기간 준수

1) 원 칙

가) 다른 법률에 의한 구제절차를 거친 경우

다른 법률에 의한 구제절차를 거친 경우, 헌법소원심판의 청구는 그 최종결정을 통지받은 날로부터 30일 이내에 청구하여야 한다(헌법재판소법 제69조 제1항 단서).

나) 다른 법률에 의한 구제절차가 없는 경우

다른 법률에 의한 구제절차가 없거나 보충성요건에 대한 예외가 인정되어 다른 법률에 의한 구제절차를 거칠 필요가 없는 경우에는 그 사유가 있음을 안 날로부터 90일 이내에, 그 사유가 있은 날로부터 1년 이내에 청구하여야 하며(헌법재판소법 제69조 제1항 본문), "헌법소원의 사유가 있음을 안 날부터 90일 이내의 기간과 헌법소원의 사유가 있은 날부터 1년 이내의 기간을 모두 준수하여야 적법한 청구가 되는 것이고 그 중 어느 하나라도 경과하면 부적법한 청구가 된다(2004헌마93)."

헌법재판소법 제69조 제1항의 '사유가 있음을 안 날'이란 '법령의 제정 등 공권력 행사에 의한 기본권 침해의 사실관계를 안 날' 의미하며, '사유가 있은 날'이란 '공권력 행사에 의하여 기본권 침해가 현실적으로 발생한 날'을 의미한다.

> **관련판례** 청구기간의 도과와 '정당한 사유'
> 헌법재판소법 제40조 제1항에 의하여 준용되는 행정소송법 제20조 제2항에 의하여 '정당한 사유'가 있는 경우에는 청구기간의 경과에도 불구하고 헌법소원 심판청구는 적법하다. 여기에서 정당한 사유라 함은 청구기간 도과의 원인 등 여러 가지 사정을 종합하여 지연된 심판청구를 허용하는 것이 사회통념상으로 보아 상당한 경우를 뜻하는 것으로, 일반적으로 천재지변 기타 피할 수 없는 사정과 같은 객관적 불능의 사유와 이에 준할 수 있는 사유뿐만 아니라 일반적 주의를 다하여도 그 기간을 준수할 수 없는 사유를 포함한다(2020헌마1112).

2) 구체적 검토

가) 법령헌법소원의 경우

법령에 대한 헌법소원심판의 경우에는, ① 법령의 시행과 동시에 기본권을 침해 당한 경우에는, 법령이 시행된 사실을 안 날부터 90일 이내에, 법령이 시행된 날부터 1년 이내에 청구하여야 하고, ② 법령의 시행 후에 비로소 그 법령에 해당하는 사유가 발생하여 기본권 침해를 받게 된 경우에는, 그 사유 발생을 안 날부터 90일, 그 사유가 발생한 날로부터 1년 이내에 청구하여야 한다. 이 경우에도 마찬가지로 90일과 1년 중 어느 하나라도 경과하면 부적법한 청구가 된다.

나) 유예기간이 있는 경우

만약 법령 적용에 유예기간규정이 있는 경우, 청구기간의 기산점이 되는 기본권 제한이 발생한 시기를 법 시행일로 볼지 아니면 유예기간이 경과한 후로 볼지가 문제된다. 종전 헌법재판소는 법령 적용의 유예기간이 있는 경우에도 기본권 제한이 발생한 시기를 유예기간 경과 후가 아닌 법 시행일로 보는 입장이었으나(2011헌마372), 이후 입장을 변경하여 ① 시행유예기간 동안에는 청구인들은 기본권 행사에 있어 어떠한 구체적, 현실적 제약도 받지 않는 점, ② 시행유예기간이 아니라 시행일을 청구기간의 기산점으로 본다면 시행유예기간이 경과하여 정작 기본권 침해가 실제로 발생한 때에는 이미 청구기간이 지나버려 위헌성을 다툴 기회가 부여되지 않는 불합리한 결과가 초래될 위험이 있는 점, ③ 일반국민에 대해 법규정의 개폐에 적시에 대처할 것을 기대하기가 사실상 어려운 점, ④ 헌법소원의 본질은 국민의 기본권을 충실히 보장하는 데에 있으므로 법적 안정성을 해하지 않는 범위 내에서 청구기간에 관한 규정을 기본권보장이 강화되는 방향으로 해석하는 것이 바람직한 점을 종합하여, 시행유예기간 경과일을 청구기간의 기산점으로 봐야한다고 판시하였다(2017헌마479). 17.06.모의

다) 부작위에 대한 헌법소원의 경우

공권력의 불행사로 인한 기본권침해는 그 불행사가 계속되는 한 기본권침해의 부작위가 계속된다. 그러므로 진정입법부작위에 대한 헌법소원심판은 그 불행사가 계속되는 한 기간의 제약 없이 적법하게 청구할 수 있다.

그러나 부진정입법부작위, 즉 결함이 있는 입법권의 행사에 대하여 재판상 다툴 경우에는 입법부작위 위헌확인의 심판청구가 아니라 그 불완전한 입법규정 자체가 헌법위반이라는 적극적인 헌법소원을 제기하여야 할 것이므로 이때에는 법 제69조 제1항 소정의 청구기간의 적용을 받는다(94헌마204).

라) 장래 기본권침해가 있을 것으로 예상되는 경우

청구인이 아직 구체적으로 그 기본권을 현실적으로 침해받지 아니한 경우에도 그 침해가 확실히 예상되는 경우라면 현재성 요건이 충족되어 헌법소원심판청구를 할 수 있다. 그리고 이때에는 청구기간이 문제되지 않는다는 것이 헌법재판소의 입장이다.

마) 국선대리인이 선임된 경우 변시 2회 변시 10회

국선대리인 선임신청이 있는 경우 헌법소원심판청구의 청구기간 준수여부는, 헌법소원심판청구를 한 날이 아닌 국선대리인 선임신청이 있는 날을 기준으로 판단한다(헌법재판소법 제70조 제1항). 국선대리인은 선정된 날부터 60일 이내에 헌법소원심판청구서를 헌법재판소에 제출하여야 한다(동조 제5항).

국선대리인 선임신청을 하였으나 헌법재판소가 국선대리인을 선정하지 아니한다는 결정을 한 때에는, 신청인이 선임신청을 한 날부터 그 통지를 받은 날까지의 기간은 청구기간에 산입하지 아니한다(동조 제4항).

바) 심판청구서 제출 후 대리인이 선임된 경우

대리인의 선임 없이 심판청구서를 먼저 제출한 후 헌법재판소의 보정명령으로 대리인을 선임하여 대리인의 명의로 다시 심판청구를 한 경우 청구기간은 본인의 심판청구서가 접수된 날을 기준으로 정한다.

사) 청구취지를 변경하는 경우

청구취지를 변경하는 경우에는, 처음 헌법소원심판청구를 한 날이 기준이 아니라 청구취지를 변경하는 청구서를 제출한 시점을 기준으로 판단한다. 예를 들어, 사유가 있는 날로부터 1년이 경과하여 청구취지를 추가한 경우에는 추가한 부분은 청구기간 경과로 부적법하다.

아) 계속되는 공권력행사의 경우

계속되는 공권력행사의 경우 청구기간의 기산점을 기본권침해가 발생한 시점을 기준으로 볼 것인지, 기본권침해가 종료된 시점을 기준으로 볼 것인지 문제된다.

헌법재판소는 경찰청장의 지문정보 보관 등에 대한 헌법소원심판청구에서, "경찰청장의 보관 등 행위는 위와 같이 각 보관 또는 전산화한 날 이후 청구인의 헌법소원심판 청구시점까지 계속되고 있었다고 할 것이므로, 이와 같이 계속되는 권력적 사실행위를 대상으로 하는 이 부분 심판청구의 경우 청구기간 도과의 문제는 발생하지 아니한다고 할 것이다(99헌마513)."라고 하였다.

아. 변호사 강제주의

헌법소원을 제기하는 사인은 변호사를 대리인으로 선임하지 아니하면 심판청구를 하거나 심판수행을 하지 못한다(헌법재판소법 제25조 제3항). 헌법소원심판을 청구하는 자가 변호사를 대리인으로 선임할 자력이 없는 경우에는 헌법재판소에 국선대리인을 선임하여 줄 것을 신청할 수 있고, 헌법소원심판을 청구하는 자가 무자력요건에 해당하지 않더라도 헌법재판소가 공익상 필요하다고 인정할 때에는 국선대리인을 선임할 수 있다(헌법재판소법 70조).

※ 가처분 변시 13회 22.08.모의 23.06.모의

★ 10회 변시 1문의1

서울구치소에 수용 중인 甲은 민사소송 대리인인 변호사 丙과의 접견시간은 일반 접견과 동일하게 회당 30분 이내로, 접견횟수는 다른 일반 접견과 합하여 월 4회로 제한하는 것은 위헌이라고 주장하며 권리구제형 헌법소원심판청구를 하면서 이 사건 접견제한규정에 대한 효력정지가처분을 신청하였다. 甲이 제기한 가처분신청의 타당성을 검토하시오. (15)

● 23년 2차 1문의2

국회의원 甲이 법사위 회의장에서 위원장석을 점거하여 회의장 질서를 어지럽히고 의사진행을 방해했다는 이유로 30일 출석정지 징계안이 발의되었고, 본회의에서 가결되어 국회의장 乙이 가결선포하였다. 甲은 권한쟁의심판을 청구하며 동시에 위 징계의 효력정지를 구하는 가처분신청을 하였다. 가처분신청의 인용여부를 판단하시오. (20)

1. 법률의 위헌확인을 구하는 헌법소원심판에서 법률의 효력을 정지시키는 가처분이 허용되는지 여부

헌법재판소법은 정당해산심판과 권한쟁의심판에 관해서만 가처분에 관한 규정을 두고 있으므로(제57조, 제65조), 헌법소원심판절차에서도 가처분이 허용되는지가 문제된다. 헌법재판소는 "헌법재판소법 제68조 제1항에 의한 헌법소원심판절차에 있어서도 가처분의 필요성은 있을 수 있고, 달리 가처분을 허용하지 아니할 상당한 이유를 찾아볼 수 없으므로 헌법소원심판청구사건에서도 가처분은 허용된다(2005헌라754)."는 입장이다.

2. 가처분의 요건

가. 적법요건 : ① 가처분의 당사자는 당사자능력이 있어야 할 뿐만 아니라 본안인 헌법재판의 당사자적격이 있어야 하고(당사자 요건), ② i) 본안사건이 헌법재판소의 관할에 속하는 것이어야 하고, ii) 원칙적으로 본안심판이 헌법재판소에 계속중이어야 하나, 본안심판이 계속되기 전이라 하더라도 신청할 수 있다(본안심판과의 관계 요건). ③ 한편 본안결정이 적시에 선고될 수 있다거나 다른 방법으로 가처분의 신청 목적을 달성할 수 있는 경우에는 권리보호이익이 없다고 본다(권리보호이익 요건).

나. 인용요건 : 헌법재판소법 제40조 제1항이 준용하는 행정소송법 제23조 제2항의 집행정지규정과 민사집행법 제300조의 가처분규정에 따를 때, ① 본안심판이 부적법하거나 이유 없음이 명백하지 않고, ② 헌법소원심판에서 문제된 '공권력 행사 또는 불행사'를 그대로 유지할 경우 발생할 회복하기 어려운 손해를 예방할 필요와 ③ 그 효력을 정지시켜야 할 긴급한 필요가 있으며, ④ 가처분을 인용한 뒤 종국결정에서 청구가 기각되었을 때 발생하게 될 불이익과 가처분을 기각한 뒤 청구가 인용되었을 때 발생하게 될 불이익을 비교형량 하여 후자의 불이익이 전자의 불이익보다 클 경우 가처분을 인용할 수 있다. 본안심판의 승소가능성은 원칙적으로 고려대상이 되지 않는다. (2000헌사471)

3. 변호사시험 합격자명단공고 효력정지 가처분 사건(인용) (2018헌사242)

※ 헌법재판소결정에 대한 재심의 허용여부

헌법재판소법은 헌법재판소의 결정에 대한 재심의 허용 여부에 관하여 별도의 명문규정을 두고 있지 않기 때문에 헌법재판소의 결정에 대하여 재심을 허용할 수 있는가 하는 점에 관하여 논의가 있다. 이에 대해 심판절차의 종류에 따라 개별적으로 판단하여야 한다는 견해와, 일반적으로 민사소송법의 재심규정이 준용된다고 보는 견해가 대립한다. 헌법재판소는 "헌법재판은 그 심판의 종류에 따라 그 절차의 내용과 결정의 효과가 한결같지 아니하기 때문에 재심의 허용여부 내지 허용정도 등은 심판절차의 종류에 따라서 개별적으로 판단될 수밖에 없다고 할 것이다(93헌아)."는 입장이다.

① 위헌법률심판, 위헌심사형 헌법소원 : 재심을 허용하지 아니함으로써 얻을 수 있는 법적 안정성의 이익이 재심을 허용함으로써 얻을 수 있는 구체적 타당성의 이익보다 훨씬 높으므로, 헌법재판소의 이러한 결정에 대하여는 재심에 의한 불복방법이 성질상 허용될 수 없다(90헌아).

② 권리구제형 헌법소원 : ㉠ 법령에 관한 헌법소원도 그 인용결정은 일반적 기속력과 대세적·법규적 효력을 가지므로 위헌법률심판에서와 같은 이유로 법적 안정성의 이익으로 인해 성질상 재심이 허용되지 않는다(2006헌아37). ㉡ 그러나 공권력의 작용을 대상으로 하는 헌법소원절차에 있어서는, 그 결정의 효력이 원칙적으로 당사자에게만 미치기 때문에 법령에 대한 헌법소원과는 달리 일반법원의 재판과 같이 민사소송법의 재심에 관한 규정을 준용하여 재심을 허용하고 있다(2001헌아3).

③ 정당해산심판 : 정당해산심판은 원칙적으로 해당 정당에게만 그 효력이 미치며, 재심을 허용함으로써 얻을 수 있는 구체적 타당성의 이익이 더 크므로 재심을 허용하여야 한다(2015헌아20).

④ 탄핵심판, 권한쟁의심판 : 그 결정의 효력이 원칙적으로 당사자에게만 미치기 때문에 재심을 허용하여야 한다고 보는 것이 타당하다.

07 권한쟁의심판

★ 4회 변시 1문의2

S구 선관위는 2014. 6. 4. 전국지방선거에 대비해 2013. 7. 29. 공직선거법 제277조 등에 따라 계산된 지방선거비용 50억원을 2014년 S구 본예산에 편성하도록 S구에 통보하였다. S구청장과 S구는 위 통보행위가 자신들의 자치재정권을 침해한다는 이유로 2013. 9. 25. 권한쟁의심판청구를 하였다. 적법여부를 판단하시오. (청구기간 검토 제외)[11] (20)

★ 7회 변시 1문

A도 교육감 甲은 재학생 수가 적은 초등학교 통폐합 또는 폐지하기로 하였다. A도 의회는 2016. 12. 10. A도 학교설치조례 중 "다동 초등학교"란을 삭제하는 내용의 조례 개정안을 의결하였고 2016. 12. 31. 공포되었고, 어떠한 재의요구도 없었다. 조례 공포후 A도지사 乙은 교육행정의 최종권한은 A도가 보유하는 것이라 주장하며 A도 교육청에 대해 '재학생 10명 미만 재적 초등학교의 폐지에 관한 업무 추진 실태'에 관한 감사실시계획을 통보하였다. 교육감 甲은 A도의 감사계획 통보는 甲의 학교폐지에 관한 권한을 침해하였다고 주장하면서 2017. 2. 28. 헌법재판소에 A도를 상대로 권한쟁의심판을 청구하였다. 적법여부를 판단하시오. (15)

★ 9회 변시 1문의1

대통령 A는 국정조사 요구 및 조사계획서 승인 요건의 정족수 규정을 강화하는 국정감사및국정조사에관한법률 개정안을 국회에 제출하였고, 이 개정안은 2019. 8. 27. 국회에서 의결되었다. 국회의 과반수를 차지하는 여당의원들은 2019. 9. 2. (야당출신) 국무총리 甲에 대한 해임건의안을 상정하였고, 동 상정안에 반대하는 야당의원들은 본회의장 문을 폐쇄하고 그 앞 복도에 누워 폭력적인 방법으로 저지하였다. 이후 여당은 국회의 제3자의 장소로 회의장소를 변경하고 본회의 개의일시도 야당의원들에게 통지하지 않은 채 본회의를 개의하였고, 2019. 9. 17. 국무총리 甲에 대한 해임건의안을 의결하여 통과시켰다. 야당의원 乙 등은 2019. 11. 15. 국회의장을 상대로 하여, 위 해임건의안 가결선포행위와 위 국감국조법 개정행위에 대하여 권한침해의 확인 및 무효의 확인을 구하는 권한쟁의심판을 청구하였다. 적법성 판단을 포함하여 권한침해 여부 등에 대하여 판단하시오. (30)

● 11년 1문

정부가 제출한 '한일원자력의 평화적 이용에 관한 조약'은 원자력에 대한 상호교류 및 평화적 이용을 방해하는 행위에 대한 형사처벌을 담고 있다. 소수당 C당은 조약반대시위를 하였고, 조약 국회투표 결과 재적 294, 재석 141, 찬성 135, 반대2, 기권 4로 국회의장은 조약동의안 부결을 선포하였다. 대통령 乙은 부결된 것 아니므로 재투표 의견을 제시하였으나 받아들여지지 않자, 2015. 12. 19. 위 조약은 국회동의 대상 아니라고 주장하며 조약을 비준하였다. C당 대표 국회의원 丙은 2016. 1. 11. 乙에 의한 조약비준은 국회의 동의권, 丙의 심의·표결권을 침해하였다고 주장하며 권한쟁의심판을 청구하였다. 적법여부를 판단하시오. (40)

● 14년 3차 1문

과반수 야당 시민민주당은 보건복지위원회 소관인 노인최저생계보장법을 통과시킨다는 방침을 정했다. 시민민주당 소속 국회의원 甲은 유일하게 당론에 반대하였다. 2013. 6. 24. 교섭단체대표의원 乙은 국회의장 丙에게 甲 보건복지위 사임 및 환경위 소속인 丁의 보임을 요청하였고, 丙은 당일 결재하였다. 그 후 법안의 심의표결 이루어지고, 2013. 6. 29. 압도적 찬성으로 본회의에 통과되었다. 국회의원 4년 임기 중 후반기를 맞아 2013. 7. 4. 甲은 다시 보건복지위원회에 배정되어 현재 활동 중이다. 丙이 乙의사보임 요청서를 결재함으로써 甲을 국회 보건복지위원회에서 강제사임시킨 것은 국회의원으로서의 법률안·심의 표결권을 침해하였으므로, 결재행위는 무효라고 주장한다. 2013. 7. 24. 청구한 甲의 권한쟁의심판의 적법성을 논하시오. (30)[12]

● 15년 2차 1문

대통령 甲은 A국과 2014. 5. 20. 중동 전쟁 파병에 관한 협정을 체결하였다. 2014. 8. 18. 국회에 파병협정에 대한 비준동의안을 제출했으나 표결 하지 못하자, 甲은 시간적 여유 없다고 판단하고 국회 동의 없이 2014. 8. 30. 파병결정을 내렸다. ① 국회의원 丁이 국회를 위하여 甲을 상대로 권한쟁의심판 청구를 할 수 있는가? (30), ② 대통령 甲의 파병결정이 항고소송의 대상이 되는가? (20)

● 17년 1차 1문

국회의원 丁은 국회의장으로부터 의사진행을 위임받은 국회부의장 丙이 자신에게 반대토론을 허가하지 않고 법률개정안에 대한 가결을 선포함으로써 국회의원의 권한을 침해하였다고 주장하며, 丙을 피청구인으로 하여 권한쟁의심판을 청구하고자 한다. 적법성을 논하시오. (30)

● 19년 1차 1문

국회의원 甲은 국회의장 乙에게 공직선거법 개정안에 대하여 심사기간 지정 및 본회의 부의 요청을 했으나 乙은 국회법 제85조 제1항의 심사기간 지정요건을 충족하지 못했다는 이유로 거부하였다. 甲은 국회의장 乙의 심사기간 지정 및 본회의 부의 거부행위가 자신의 법률안 심의·표결권을 침해한다고 주장하면서 권한쟁의심판을 청구하였다. 적법성을 논하시오. (20)

● 21년 3차 1문

공정거래위원회가 대통령 권한대행인 국무총리가 「정부조직법」 개정안을 국회에 제출하지 않은 것이 공정거래위원회의 권한을 침해한다고 주장하며 권한쟁의심판을 청구한 경우 청구인능력과 피청구인의 특정과 피청구인 적격을 검토하시오. (10+10)

● 22년 2차 1문

국회부의장의 법률안 가결선포행위에 대해, ① 국회의원 甲과 교섭단체의 청구인능력(10), ② 국회부의장의 피청구인적격(5), ③ 권리보호이익(5)을 검토하시오. (20)

● 24년 1차 1문의1

A도는 B시에 대하여 감사계획통보 및 자료제출요구를 하였다. B시는 위 자료제출요구가 B시의 지방자치권을 침해한다고 주장하며 권한쟁의심판을 청구하였다. B시가 자료제출을 거부하자 A도는 종합감사 진행연기를 통보하였다. B시의 청구인능력(5), A도의 피청구인적격(5), 권리보호이익(10)

■ 2014년 제56회 사법시험

도시계획사업법은 사업실시계획 인가사무를 국토교통부장관이 광역자치단체장인 시·도지사에게 위임할 수 있고, 시·도지사는 이를 기초자치단체장인 시장·군수에게 재위임할 수 있도록 규정하고, 쓰레기처리법은 쓰레기처리 관할권을 광역자치단체인 시·도가 가지며, 시·도는 필요에 따라 기조자치단체인 시·군의 신청에 의해 업무의 전부 또는 일부를 위임할 수 있도록 하였다. 기초자치단체A시는 '광역자치단체장인 B도지사의 도시계획사업실시계획 인가처분'과 '쓰레기처리법 조항'이 헌법 제117조 제1항에 의해 보장되는 A시의 지방자치권을 침해하였다는 이유로 권한쟁의심판을 청구하고자 한다. 위 인가처분과 쓰레기처리법 조항이 대상이 될 수 있는가? (36)

1. 의 의

권한쟁의심판제도는 국가기관 사이, 국가기관과 지방자치단체 사이 또는 지방자치단체 사이에 권한의 존부 또는 범위에 관하여 다툼이 발생한 경우에, 헌법재판소가 이를 유권적으로 심판함으로써 각 기관에게 주어진 권한을 보호함과 동시에 객관적 권한질서의 유지를 통해서 국가기능의 수행을 원활히 하고, 수평적·수직적 권력 상호간의 견제와 균형을 유지하는 제도이다(2011헌라1).

※ 소극적 권한쟁의 인정여부

1. 의 의

소극적 권한쟁의란 국가기관 또는 지방자치단체의 권한의 존부 또는 범위에 관하여 다툼이 발생한 경우에 청구인에게 권한이 없다고 주장하며 청구하는 형태의 권한쟁의심판을 이야기한다. 이러한 형태의 권한쟁의가 허용될 수 있는지 견해가 대립한다.

2. 학 설

① 긍정설은 헌법질서유지와 국가작용 보호를 위해 소극적 권한쟁의도 허용되어야 한다는 입장이고, ② 부정설은 헌법재판소법 제61조 제2항의 문언 취지상 우리 헌법상 권한쟁의는 적극적 권한쟁의만을 의미한다고 보는 입장이다.

3. 헌법재판소의 입장

헌법재판소는 "공공시설의 관리권자가 피청구인(정부)임에도 불구하고 피청구인이 이 사건 공공시설을 관리하지 아니함으로 인하여 청구인(시흥시)의 권한을 침해하였는지 여부"가 문제된 사건에서 "청구인이 이 사건 공공시설의 관리권자이므로 피청구인이 이 사건 공공시설을 관리하지 아니하고 있다고 하여 청구인의 권한이 침해되거나 침해될 위험이 있다고 할 수 없을 것이다."라고 판단하여 심판청구를 기각하였다(96헌라1). 즉 헌법재판소는 본 사안을 소극적 권한쟁의가 아닌 부작위에 의한 권한침해 문제라고 보았는바, 소극적 권한쟁의의 허용 여부에 대해 명확한 입장을 밝히고 있진 않고 있다.

4. 검 토

생각건대 권한쟁의심판은 법문상 '피청구인의 처분 또는 부작위'를 전제로 하고 있고 '청구인의 권한 없음'은 법문의 해석으로 이끌어내는데는 어려움이 있으므로 현행법상 소극적 권한쟁의를 인정하기는 어렵다고 봄이 타당하다.

---

11) 통보행위가 위 처분에 해당하기 위해서는 이것이 청구인에게 새로운 의무를 부과한다거나 법적 지위에 어떤 변화를 초래하여야 하는데 청구인 서울특별시 강남구의 선거비용 부담은 공직선거법에서 그렇게 정하고 있기 때문에 발생하는 것이지 피청구인 강남구선거관리위원회가 이 사건 통보행위를 하였기 때문에 새롭게 발생한 것은 아니고, 피청구인 강남구선거관리위원회의 선거비용 통보행위는 미래에 발생할 선거비용을 다음 연도 예산에 반영하도록 하기 위해 미리 안내한 것에 불과하며, 이 통보행위 자체만으로 청구인의 법적 지위에 어떤 변화도 가져오지 않으므로 피청구인의 이 사건 통보행위는 권한쟁의 심판의 대상이 되는 처분에 해당한다고 볼 수 없다. (2005헌라7)

12) "국회의 자율권에 대한 사법심사 가능성"에 대한 쟁점도 포함

2. 요 건

권한쟁의심판청구가 적법하기 위해서는 ① 당사자능력, ② 당사자적격, ③ 피청구인의 처분 또는 부작위의 존재, ④ 헌법 또는 법률에 의하여 부여받은 권한의 침해가능성, ⑤ 권리보호이익의 존재, ⑥ 청구기간의 준수의 요건을 갖추어야 한다.

가. 당사자능력

1) 국가기관 상호간의 권한쟁의

가) '국가기관'의 의미

헌법 제111조 제1항 제4호에서 헌법재판소의 관장사항의 하나로 "국가기관 상호간, 국가기관과 지방자치단체간 및 지방자치단체 상호간의 권한쟁의에 관한 심판"이라고 규정하고 있을 뿐 권한쟁의심판의 당사자가 될 수 있는 국가기관의 종류나 범위에 관하여는 아무런 규정을 두고 있지 않고, 이에 관하여 특별히 법률로 정하도록 위임하고 있지도 않다. 따라서 입법자인 국회는 권한쟁의심판의 종류나 당사자를 제한할 입법형성의 자유가 있다고 할 수 없고, 헌법 제111조 제1항 제4호에서 말하는 국가기관의 의미와 권한쟁의심판의 당사자가 될 수 있는 국가기관의 범위는 결국 헌법해석을 통하여 확정하여야 할 문제이다.

따라서 헌법재판소법 제62조 제1항 제1호가 비록 국가기관 상호간의 권한쟁의심판을 "국회, 정부, 법원, 중앙선거관리위원회"로 규정하고 있다 하더라도 이들 기관 외에는 권한쟁의심판의 당사자가 될 수 없다고 단정할 수는 없다.

과거 헌법재판소도 이를 열거규정으로 보았으나 이후 입장을 바꾸어 이를 예시규정으로 해석하여 당사자의 범위를 확대하였다. 즉, 헌법재판소법 제62조 제1항에 열거되어 있지 않은 국가기관이더라도 ① 그 국가기관이 헌법에 의하여 설치되고, ② 헌법과 법률에 의하여 독자적인 권한을 부여받고 있으며, ③ 헌법에 의하여 설치된 국가기관 상호간의 권한쟁의를 해결할 수 있는 적당한 기관이나 방법이 없는 경우에는 권한쟁의심판의 당사자능력이 인정된다(96헌라2).

※ 판례에 의해 당사자능력이 인정되는 경우

1. 국 회

① 국회의원, ② 국회의장 (96헌라2)
(∵ 국회의원은 헌법 제41조 제1항에 따라 국민의 선거에 의하여 선출된 헌법상의 국가기관으로서 헌법과 법률에 의하여 법률안제출권, 법률안 심의·표결권 등 여러 가지 독자적인 권한을 부여받고 있으며, 피청구인인 국회의장도 헌법 제48조에 따라 국회에서 선출되는 헌법상의 국가기관으로서 헌법과 법률에 의하여 국회를 대표하고 의사를 정리하며, 질서를 유지하고 사무를 감독할 지위에 있고, 이러한 지위에서 본회의 개의시의 변경, 의사일정의 작성과 변경, 의안의 상정, 의안의 가결선포 등의 권한을 행사하게 되어 있다. … 이와 같은 분쟁을 행정소송법상의 기관소송으로 해결할 수 없고 권한쟁의심판이외에 달리 해결할 적당한 기관이나 방법이 없으므로 권한쟁의심판의 당사자가 될 수 있다고 보아야 할 것이다.)

③ 국회의 상임위 위원장 (2008헌라7)
(∵ 상임위원회는 그 소관에 속하는 의안, 청원 등을 심사하므로, 국회의장이 안건을 위원회에 회부함으로써 상임위원회에 심사권이 부여되는 것이 아니라, 심사권 자체는 법률상 부여된 위원회의 고유한 권한으로 볼 수 있다.)

2. 정 부
① 전체로서의 정부(법무부 장관이 대표함), ② 대통령, ③ 총리, ④ 국무위원, ⑤ 행정각부의 장, ⑥ 감사원
⑦ 각 급 선관위(2005헌라7)
(∵ 우리 헌법은 제114조 제7항에서 각급 선거관리위원회의 조직·직무범위 기타 필요한 사항은 법률로 정한다고 규정하여 각급 선거관리위원회의 헌법적 근거 규정을 마련하고 있다. … 중앙선거관리위원회 외에 각급 구·시·군 선거관리위원회도 헌법에 의하여 설치된 기관으로서 헌법과 법률에 의하여 독자적인 권한을 부여받은 기관에 해당하고, 따라서 피청구인 강남구선거관리위원회도 당사자 능력이 인정된다.)

※ 판례에 의해 당사자능력이 부정되는 경우

① 국가인권위원회(2009헌라6), 문화재청장(2023헌라1), 국가경찰위원회(2022헌라5)
  (∵ 오로지 법률에 설치근거를 둔 국가기관이라면 국회의 입법행위에 의하여 존폐 및 권한범위가 결정될 수 있으므로 이러한 국가기관은 '헌법에 의하여 설치되고 헌법과 법률에 의하여 독자적인 권한을 부여받은 국가기관'이라고 할 수 없다.)
② 소위원회 및 그 위원장(2019헌라4), 안건조정위원회 위원장(2019헌라5)
  (∵ 소위원회는 국회법 제57조에 설치근거를 두고 있는데, 소위원회 및 그 위원장은 헌법에 의하여 설치된 국가기관에 해당한다고 볼 수 없다. 안건조정위원회의 위원장은 국회법 제57조의 소위원회 위원장과 마찬가지로 헌법에 의하여 설치된 국가기관에 해당한다고 볼 수 없다.)
③ 정당, 교섭단체(2019헌라6)
  (∵ 정당은 국민의 자발적 조직으로, 그 법적 성격은 일반적으로 사적·정치적 결사 내지는 법인격 없는 사단으로서 공권력의 행사 주체로서 국가기관의 지위를 갖는다고 볼 수 없다. 정당이 국회 내에서 교섭단체를 구성하고 있다고 하더라도, 헌법은 권한쟁의심판청구의 당사자로서 국회의원들의 모임인 교섭단체에 대해서 규정하고 있지 않고, 교섭단체의 권한 침해는 교섭단체에 속한 국회의원 개개인의 심의·표결권 등 권한 침해로 이어질 가능성이 높아 그 분쟁을 해결할 적당한 기관이나 방법이 없다고 할 수 없다. 이러한 점을 종합하면, 교섭단체는 그 권한침해를 이유로 권한쟁의심판을 청구할 수 없다.)
④ (지방자치단체 상호간의 권한쟁의심판의 경우) 지방자치단체장, 지방의회의원, 지방의회의장
⑤ 헌법재판소[13]

※ 정부 내 부분기관의 권한쟁의심판에서 당사자능력 인정여부

정부조직법상 합의제 행정기관을 포함한 정부의 부분기관 사이의 권한에 관한 다툼은 정부조직법상의 상하 위계질서나 국무회의, 대통령에 의한 조정 등을 통하여 자체적으로 해결될 가능성이 있고 정부 내의 상하관계에 의한 권한질서에 의하여 권한쟁의를 해결하는 것이 불가능하지 않다(2022헌라5).
따라서 정부 내 부분기관의 권한쟁의심판에서는 당사자능력을 인정할 필요성이 없다.

2) 국가기관과 지방자치단체 간의 권한쟁의

헌법재판소법 제62조 제1항 제2호는 권한쟁의의 당사자인 국가기관으로서 '정부'만을 규정하고 있으나, 앞서 본 바와 마찬가지로 이는 예시적인 것으로서 정부의 부분기관이나 국회·법원 등 여타 국가기관도 당사자가 될 수 있다(2006헌라1).
한편, 시장·군수 등에게 위임된 기관위임사무는 국가사무라고 할 것이므로 지방자치단체의 권한에 속하지 아니하는 사무에 관한 것에 해당한다. 따라서 기관위임사무에 관하여는 사무를 위임받은 지방자치단체의 장을 '국가기관'으로 보아야 할 것이지 '지방자치단체'의 권한쟁의라 볼 것은 아니다(98헌라4).

3) 지방자치단체 상호간의 권한쟁의

헌법 및 헌법재판소법 제62조 제1항 제3호는 명시적으로 지방자치단체 '상호간'의 권한쟁의에 관한 심판을 헌법재판소가 관장하는 것으로 규정하고 있는바, 이 규정이 예시규정인지 여부가 문제된다. 헌법재판소는 "헌법은 국가기관과는 달리 지방자치단체의 경우에는 그 종류를 법률로 정하도록 규정하고 있으며(헌법 제117조 제2항), 지방자치법 제2조 제1항은 헌법의 위임을 받아 지방자치단체의 종류를 규정하고 있으므로 헌법재판소가 헌법해석을 통하여 권한쟁의심판의 당사자가 될 지방자치단체의 범위를 새로이 확정하여야 할 필요가 없다. 따라서 지방자치단체 상호간의 권한쟁의심판을 규정하고 있는 헌법재판소법 제62조 제1항 제3호를 예시적으로 해석할 필요성 및 법적 근거가 없다(2009헌라11)."고 판시하고 있다.
이처럼 헌법재판소가 담당하는 지방자치단체 상호간의 권한쟁의심판의 종류는 헌법 및 법률에 의하여 명확하게 규정되어 있는바, 지방자치단체 '상호간'의 권한쟁의심판에서 말하는 '상호간'이란 '서로 상이한 권리주체 간'을 의미한다(2009헌라11).[14]

---

13) 과거 헌법재판소는 권한쟁의심판의 당사자능력을 열거규정으로 해석하며 "헌법재판소법 제62조 제1항 제1호가 '국가기관 상호간의 권한쟁의심판'을 '국회, 정부, 법원 및 중앙선거관리위원회 상호간의 권한쟁의심판'이라고 규정한 것은 그 심판을 담당하는 국가기관으로서 스스로 당사자가 될 수 없는 헌법재판소를 제외하고 국가의 입법권, 행정권 및 사법권을 행사하는 국회, 정부 및 법원과 선거관리사무를 담당하는 중앙의 국가기관인 중앙선거관리위원회를 열거하여 헌법의 위 규정을 명확하게 구체화한 것이라고 할 것이다.(90헌라1)"라고 하였으나, 이후 권한쟁의심판의 당사자를 예시규정으로 보며 의견을 변경하였으므로(96헌라2) 종전의 입장이 현재까지 유지되고 있는지는 명확하지 않다.
14) 따라서 지방자치단체의 의결기관인 지방의회를 구성하는 지방의회 의원과 그 지방의회의 대표자인 지방의

> **관련판례** 시·도의 교육·학예에 관한 집행기관인 교육감과 해당 지방자치단체 사이의 내부적 분쟁과 관련된 심판청구는 헌법재판소가 관장하는 권한쟁의심판에 속하지 아니한다(2014헌라1).

나. 당사자적격

1) 의 의

권한쟁의심판의 당사자적격은 헌법 또는 법률에 의하여 부여받은 「자신」의 권한이 침해되었거나 침해될 위험이 있어 권한쟁의심판을 청구할 구체적인 보호이익이 있는 경우에 인정된다. 이러한 권한관련성이 인정되는지 여부는 청구인이 주장하는 바와 같은 권한이 헌법과 법률에 의할 때 과연 당사자에게 부여되어 있는지 혹은 부여된 권한의 범위 내에 포함되는지에 따라 판단하여야 할 것이다.

2) 제3자 소송담당의 허용여부

가) 문제점

소위 '제3자 소송담당'이라고 하는 것은 권리주체가 아닌 제3자가 자신의 이름으로 권리주체를 위하여 소송을 수행할 수 있는 권능이다. 권한쟁의심판에서도 이러한 제3자 소송담당이 허용될 수 있는지에 대하여 견해가 대립한다.

나) 견해의 대립

① 정부와 의회가 다수당에 의해 지배되어 의회의 헌법상 권한이 행정부에 의해 침해되었거나 침해될 위험에 처하였음에도 불구하고 의회의 다수파 또는 특정 안건에 관한 다수세력이 의회의 권한을 수호하기 위한 권한쟁의심판 등 견제수단을 취하지 않음으로써 의회의 헌법적 권한이 제대로 수호되지 못하고 헌법의 권력분립 질서가 왜곡되는 상황하에서는, 의회 내 소수파 의원들의 권능을 보호하는 것을 통하여 궁극적으로는 의회의 헌법적 권한을 수호하기 위하여, 그들에게 일정한 요건하에 국회를 대신하여 국회의 권한침해를 다툴 수 있도록 하는 법적 지위를 인정할 필요가 있고, 그 구체적 방안으로서 이른바 '제3자 소송담당'을 인정할 필요가 있다는 긍정설과,
② 권리는 원칙적으로 권리주체가 주장하여 소송수행을 하도록 하는 것이 자기책임의 원칙에 부합하므로, '제3자 소송담당'은 예외적으로 법률의 규정이 있는 경우에만 인정된다는 입장에서 명문의 규정이 없는 이상 허용되지 않는다는 부정설이 대립한다.

다) 헌법재판소의 입장

헌법재판소는 "국회의 의사가 다수결에 의하여 결정되었음에도 다수결의 결과에 반대하는 소수의 국회의원에게 권한쟁의심판을 청구할 수 있게 하는 것은 다수결의 원리와 의회주의의 본질에 어긋날 뿐만 아니라, 국가기관이 기관 내부에서 민주적인 방법으로 토론과

회 의장 간의 권한쟁의심판은 헌법 및 헌법재판소법에 의하여 헌법재판소가 관장하는 지방자치단체 상호간의 권한쟁의 심판의 범위에 속한다고 볼 수 없다(2009헌라11).

대화에 의하여 기관의 의사를 결정하려는 노력 대신 모든 문제를 사법적 수단에 의해 해결하려는 방향으로 남용될 우려도 있다(2005헌라8).15)"고 하여 <u>명문의 규정이 없는 제3자 소송담당을 부적법하다고 보는 입장이다.</u>

> **관련판례** ❶ 권한쟁의심판에서는 처분 또는 부작위를 야기한 기관으로서 법적 책임을 지는 기관만이 피청구인적격을 가진다. 국회부의장은 국회의장의 직무를 대리하여 법률안을 가결선포할 수 있을뿐, 법률안 가결선포행위에 따른 법적 책임을 지는 주체가 될 수 없으므로, 국회부의장에 대한 이 사건 심판청구는 피청구인 적격이 인정되지 아니한 자를 상대로 제기되어 부적법하다 (2009헌라8)
> ❷ 법률의 제·개정 행위를 다투는 권한쟁의심판의 경우에는 국회가 피청구인적격을 가지므로, 청구인들이 국회의장 및 기재위 위원장에 대하여 제기한 이 사건 국회법 개정행위에 대한 심판청구는 피청구인적격이 없는 자를 상대로 한 청구로서 부적법하다. (2015헌라1)

다. 피청구인의 처분 또는 부작위의 존재

1) 처 분

권한쟁의심판의 대상이 되는 "처분"은 입법행위와 같은 법률의 제정과 관련된 권한의 존부 및 행사상의 다툼, 행정처분은 물론 행정입법과 같은 모든 행정작용 그리고 법원의 재판 및 사법행정작용 등을 포함하는 넓은 의미의 공권력 처분을 의미한다. 이때 "처분"이란 법적 중요성을 지닌 것에 한하므로, 청구인의 법적 지위에 구체적으로 영향을 미칠 가능성이 없는 행위는 "처분"이라 할 수 없어 이를 대상으로 하는 권한쟁의심판청구는 허용되지 않는다.
한편 법률에 대한 권한쟁의심판도 허용되지만, '법률 그 자체'가 아니라 '법률제정행위'를 그 심판대상으로 하여야 한다.

> **관련판례** ❶ 정부가 법률안을 제출하였다 하더라도 그것이 법률로 성립되기 위해서는 국회의 많은 절차를 거쳐야 하고, 법률안을 받아들일지 여부는 전적으로 헌법상 입법권을 독점하고 있는 의회의 권한이다. 따라서 정부가 법률안을 제출하는 행위는 입법을 위한 하나의 사전 준비행위에 불과하고, 권한쟁의심판의 독자적 대상이 되기 위한 법적 중요성을 지닌 행위로 볼 수 없다. (2004헌라3)
> ❷ 청구인 서울특별시 강남구의 선거비용 부담은 공직선거법에서 그렇게 정하고 있기 때문에 발생하는 것이지 피청구인 강남구선거관리위원회가 이 사건 통보행위를 하였기 때문에 새롭게 발생한 것은 아니다. 따라서 피청구인 강남구선거관리위원회가 2006년 지방선거를 앞두고 강남구의회가 다음해 예산을 편성할 때 지방선거에 소요되는 비용을 산입하도록 예상되는 비용을 미리 통보한 행위는 청구인 서울특별시 강남구의 법적 지위에 어떤 변화도 가져온다고 볼 수 없으므로 권한쟁의 심판의 대상이 되는 처분에 해당한다고 볼 수 없다. (2005헌라7)

2) 장래처분

피청구인의 장래처분을 대상으로 하는 심판청구는 원칙적으로 허용되지 아니하지만, ① 피청구인의 장래처분이 확실하게 예정되어 있고, ② 피청구인의 장래처분에 의해서 청구인의

---

15) 따라서 권한쟁의심판에 있어 '제3자 소송담당'을 허용하는 법률의 규정이 없는 현행법 체계하에서 국회의 구성원인 청구인들은 국회의 조약에 대한 체결·비준 동의권의 침해를 주장하는 권한쟁의심판을 청구할 수 없다 할 것이므로, 청구인들의 이 부분 심판청구는 청구인적격이 없어 부적법하다.

권한이 침해될 위험성이 있어서 청구인의 권한을 사전에 보호해 주어야 할 필요성이 매우 큰 예외적인 경우에는 피청구인의 장래처분에 대해서도 헌법재판소법 제61조 제2항에 의거하여 권한쟁의심판을 청구할 수 있다(2000헌라2).

3) 부작위

권한쟁의심판의 대상이 되는 '부작위'는 단순한 사실상의 부작위가 아니고 헌법상 또는 법률상 작위의무가 있음에도 불구하고 이를 이행하지 아니하는 부작위를 말한다(98헌라3).

라. 헌법 또는 법률에 의하여 부여받은 권한의 침해가능성

1) 권한쟁의심판에서 다툼의 대상이 되는 권한이란 헌법 또는 법률이 특정한 국가기관에 대하여 부여한 독자적인 권능을 의미하므로, 국가기관의 모든 행위가 권한쟁의심판에서 의미하는 권한의 행사가 될 수는 없으며, 국가기관의 행위라 할지라도 헌법과 법률에 의해 그 국가기관에게 부여된 독자적인 권능을 행사하는 경우가 아닌 때에는 비록 그 행위가 제한을 받더라도 권한쟁의심판에서 말하는 권한이 침해될 가능성은 없다(2010헌라1).
2) '권한의 침해'란 피청구인의 처분 또는 부작위로 인한 청구인의 권한침해가 과거에 발생하였거나 현재까지 지속되는 경우를 의미하고, '권한을 침해할 현저한 위험'이란 아직 침해라고는 할 수 없으나 조만간 권한침해에 이르게 될 개연성이 상당히 높은 상황, 즉 현재와 같은 상황의 발전이 중단되지 않는다면 조만간에 권한침해가 발생할 것이 거의 확실하게 예상되며, 이미 구체적인 법적 분쟁의 존재를 인정할 수 있을 정도로 권한침해가 그 내용에 있어서나 시간적으로 충분히 구체화된 경우를 말한다(2016헌라3). 적법요건 단계에서 요구되는 「침해」 요건은 청구인의 권한이 구체적으로 관련되어 이에 대한 침해가능성이 존재할 경우 충족된다. 권한의 침해가 현실적으로 존재하고 위헌 내지 위법한지 여부는 본안결정에서 판단하게 된다.

> **관련판례** ❶ 국회의원의 심의·표결권은 국회의 대내적인 관계에서 행사되고 침해될 수 있을 뿐 다른 국가기관과의 대외적인 관계에서는 침해될 수 없는 것이므로, 피청구인인 대통령이 국회의 동의 없이 조약을 체결·비준하였다 하더라도 국회의원인 청구인들의 심의·표결권이 침해될 가능성은 없다(2005헌라8).
> ❷ 지방자치단체는 헌법 또는 법률에 의하여 부여받은 그의 권한, 즉 지방자치단체의 사무에 관한 권한이 침해되거나 침해될 우려가 있는 때에 한하여 권한쟁의심판을 청구할 수 있다고 할 것인데, 기관위임사무는 국가사무라고 할 것이므로 지방자치단체의 권한에 속하지 아니하는 사무이므로 이에 대한 권한쟁의심판청구는 부적법하다(98헌라4).

3) 국회의 입법행위에 의한 권한의 침해가능성

국가기관의 '헌법상 권한'은 국회의 입법행위를 비롯한 다양한 국가기관의 행위로 침해될 수 있다. 그러나 국가기관의 '법률상 권한'은, 다른 국가기관의 행위로 침해될 수 있음은 별론으로 하고, 국회의 입법행위로는 침해될 수 없다. 국가기관의 '법률상 권한'은 국회의 입법행위에 의해 비로소 형성·부여된 권한일뿐, 역으로 국회의 입법행위를 구속하는 기준이 될 수 없기 때문이다. 따라서 문제된 침해의 원인이 '국회의 입법행위'인 경우에는 '법률상 권한'을 침해의 대상으로 삼는 심판청구는 권한침해가능성을 인정할 수 없다(2022헌라4).

관련판례 ❶ 수사 및 소추는 원칙적으로 입법권·사법권에 포함되지 않는 국가기능으로 우리 헌법상 본질적으로 행정에 속하는 사무이므로, 특별한 사정이 없는 한 입법부·사법부가 아닌 '대통령을 수반으로 하는 행정부'에 부여된 '헌법상 권한'이다. 그러나 수사권 및 소추권이 행정부 중 어느 '특정 국가기관'에 전속적으로 부여된 것으로 해석할 헌법상 근거는 없다. 결국 국회가 2022.5.9. 검찰청법 및 형사소송법을 개정한 행위는 검사의 '헌법상 권한'(영장신청권)을 제한하지 아니하고, 국회의 입법행위로 그 내용과 범위가 형성된 검사의 '법률상 권한'(수사권·소추권)이 법률개정행위로 침해될 가능성이 있다고 볼 수 없으므로, 청구인 검사의 심판청구는 권한침해 가능성이 없어 부적법하다(2022헌라4).

마. 권리보호이익

권한쟁의심판은 비록 객관소송이라 하더라도 국가기관과 지방자치단체 간의 권한쟁의로써 해결해야 할 구체적인 보호이익이 있어야 하고, 그 청구인에 대한 권한침해의 상태가 이미 종료된 경우에는 권리보호의 이익이 없으므로, 이에 관한 권한쟁의심판 청구는 부적법하다. 다만, 청구인에 대한 권한침해의 상태가 이미 종료하여 권리보호의 이익을 인정할 수 없다 하더라도, 같은 유형의 침해행위가 앞으로도 계속 반복될 위험이 있고, 헌법질서의 수호·유지를 위해 그에 대한 헌법적 해명이 긴요한 사항에 대해서는 심판청구의 이익을 인정할 수는 있다(2010헌라4).

관련판례 ❶ 권한쟁의심판의 경우는 헌법상의 권한질서 및 국회의 의사결정체제와 기능을 수호·유지하기 위한 공익적 쟁송으로서의 성격이 강하므로, 청구인들 중 일부가 자신들의 정치적 의사를 관철하려는 과정에서 피청구인의 의사진행을 방해하거나 다른 국회의원들의 투표를 방해하였다 하더라도, 그러한 사정만으로 이 사건 심판청구 자체가 소권의 남용에 해당하여 부적법하다고 볼 수는 없다. (2009헌라8)

바. 청구기간 준수

권한쟁의심판은 그 사유가 있음을 안 날로부터 60일, 그 사유가 있은 날로부터 180일 이내에 청구하여야 한다(헌법재판소법 제63조 제1항). 이때 '그 사유가 있음을 안 날'은 다른 국가기관 등의 처분에 의하여 자신의 권한이 침해되었다는 사실을 특정할 수 있을 정도로 현실적으로 인식하고 이에 대하여 심판청구를 할 수 있게 된 때를 말하고, 그 처분의 내용이 확성적으로 변경될 수 없게 된 것까지를 요하는 것은 아니다(2006헌라7).
법률의 제정에 대한 권한쟁의심판의 경우, 청구기간은 법률이 공포되거나 이와 유사한 방법으로 일반에게 알려진 것으로 간주된 때부터 기산되는 것이 일반적이다. 일정한 법률안이 법률로 성립하기 위해서는 국회의 의결을 거쳐 관보에 게재·공포되어야 하고, 이로써 이해당사자 및 국민에게 널리 알려지는 것이기 때문이다(2005헌라4).
한편 피청구인의 장래처분에 의한 권한침해 위험성이 발생하는 경우에는 장래처분이 내려지지 않은 상태이므로 청구기간의 제한이 없다(2000헌라2).
권한쟁의심판의 청구기간은 불변기간이므로(제63조 제2항) 기간을 도과한 이유가 당사자에게 책임을 돌릴 수 없는 사유인 경우에는 기간도과 후에도 심판을 청구할 수 있다(추완 가능).

3. 가처분

헌법재판소가 권한쟁의심판의 청구를 받았을 때에는 직권 또는 청구인의 신청에 의하여 종국결정의 선고 시까지 심판 대상이 된 피청구인의 처분의 효력을 정지하는 결정을 할 수 있다(헌법재판소법 제65조).

4. 결 정

가. 심판정족수

권한쟁의심판은 9인의 재판관 전원으로 구성되는 재판부에서(헌법재판소법 제22조 제1항) 재판관 7명 이상의 출석으로 심리하며(동법 제23조 제1항), 재판부는 종국심리에 관여한 재판관 과반수의 찬성으로 사건에 관한 결정을 한다(동조 제2항). 위헌결정, 헌법소원 인용결정, 탄핵결정, 정당해산결정의 경우에는 재판관 6명 이상의 찬성이 있어야 하나, 권한쟁의심판 인용결정의 경우에는 이에 관한 규정이 따로 존재하지 않는다.

나. 결정 내용 및 결정 주문

종국결정으로는 각하결정, 기각결정, 인용결정, 심판절차종료선언이 있다. 헌법재판소는 심판의 대상이 된 국가기관 또는 지방자치단체의 권한의 유무 또는 범위에 관하여 판단한다(동법 제66조 제1항). 또한 이때 헌법재판소는 권한침해의 원인이 된 피청구인의 처분을 취소하거나 그 무효를 확인할 수 있고, 헌법재판소가 부작위에 대한 심판청구를 인용하는 결정을 한 때에는 피청구인은 결정 취지에 따른 처분을 하여야 한다(동조 제2항).

※ **무효확인결정의 요건**

피청구인이 청구인의 권한을 침해하였음이 인정되는 경우, 헌법재판소로서는 단순히 권한의 침해행위를 확인하는데만 그쳐야하는지 아니면 권한침해행위가 무효임을 확인하는 결정을 내릴 수 있는지 문제된다.

학설은 ① 권한침해 결과의 제거를 위해 원칙적으로 무효선언을 해야한다는 견해와, ② 권력분립에 따라 원칙적으로 침해확인에 그쳐야 하고 다만 예외적으로 중대명백한 흠이 있는 경우 등에는 무효선언을 할 수 있다는 견해 등이 대립한다.

헌법재판소는, "피청구인이 청구인이 인용재결의 취지에 따른 처분을 하지 않았다는 이유로 이 사건 진입도로에 대하여 지정처분을 한 것은 그 처분에 중대하고도 명백한 흠이 있어 무효라고 할 것이다(98헌라4)."고 하거나 "국회의 입법과 관련하여 일부 국회의원들의 권한이 침해되었다 하더라도 그것이 입법절차에 관한 헌법의 규정을 명백히 위반한 흠에 해당하는 것이 아니라면 그 법률안의 가결선포행위를 무효로 볼 것은 아니다(96헌라2)."고 판시하여 ① 권한의 침해가 확인이 된 경우에도 ② 피청구인의 처분에 중대·명백한 흠이 있거나 헌법 규정을 명백히 위반한 흠이 있어야만 무효선언을 할 수 있다는 입장이다.

다. 결정의 효력

헌법재판소의 권한쟁의심판의 결정은 모든 국가기관과 지방자치단체를 기속한다(동법 제67조 제1항). 헌법소원은 인용결정에 한하여 다른 국가기관에 대해 기속력을 가지지만(동법 제75조 제1항), 권한쟁의심판의 경우 모든 결정이 기속력을 가진다.

> **관련판례** 권한쟁의심판 결정의 기속력의 범위 (2009헌라12)
> 모든 국가기관과 지방자치단체는 헌법재판소의 권한쟁의심판에 관한 결정에 기속되는바, 헌법재판소가 국가기관 상호간의 권한쟁의심판을 관장하는 점, 권한쟁의심판의 제도적 취지, 국가작용의 합헌적 행사를 통제하는 헌법재판소의 기능을 종합하면, 권한침해확인결정의 기속력을 직접 받는 피청구인은 그 결정을 존중하고 헌법재판소가 그 결정에서 명시한 위헌·위법성을 제거할 헌법상의 의무를 부담한다.
> 그러나 권한쟁의심판은 본래 청구인의 「권한의 존부 또는 범위」에 관하여 판단하는 것이므로, 입법절차상의 하자에 대한 종전 권한침해확인결정이 갖는 기속력의 본래적 효력은 피청구인의 이 사건 각 법률안 가결선포행위가 청구인들의 법률안 심의·표결권을 위헌·위법하게 침해하였음을 확인하는 데 그친다. 그 결정의 기속력에 의하여 법률안 가결선포행위에 내재하는 위헌·위법성을 어떤 방법으로 제거할 것인지는 전적으로 국회의 자율에 맡겨져 있다. 따라서 헌법재판소가 「권한의 존부 또는 범위」의 확인을 넘어 그 구체적 실현방법까지 임의로 선택하여 가결선포행위의 효력을 무효확인 또는 취소하거나 부작위의 위법을 확인하는 등 기속력의 구체적 실현을 직접 도모할 수는 없다.
> 일반적인 권한쟁의심판과는 달리, 국회나 국회의장을 상대로 국회의 입법과정에서의 의사절차의 하자를 다투는 이 사건과 같은 특수한 유형의 권한쟁의심판에 있어서는, 「처분」이 본래 행정행위의 범주에 속하는 개념으로 입법행위를 포함하지 아니하는 점, 권한침해확인결정의 구체적 실현방법에 관하여 국회법이나 국회규칙에 국회의 자율권을 제한하는 규정이 없는 점, 법률안 가결선포행위를 무효확인하거나 취소하는 것은 해당 법률 전체를 무효화하여 헌법 제113조 제1항의 취지에도 반하는 점 때문에 헌법재판소법 제66조 제2항을 적용할 수 없다. 이러한 권한침해확인결정의 기속력의 한계로 인하여 이 사건 심판청구는 이를 기각함이 상당하다.

> **관련판례** 권한쟁의심판청구에서 소의 취하가 허용되는지 여부
> ① 권한쟁의심판은 개인의 주관적 권리구제를 목적으로 삼는 것이 아니라 헌법적 가치질서를 보호하는 객관적 기능을 수행하는 것이고, 분쟁의 대상 자체가 사적자치의 원칙이 적용되는 재산관계가 아니므로 민사소송법상 소의 취하 규정을 준용할 수 없다는 부정설이 있으나,
> ② 헌법재판수는 헌법재판소법 제40조 제1항, 제2항에 따라 "헌법재판소법이나 행정소송법에 권한쟁의심판청구의 취하와 이에 대한 피청구인의 동의나 그 효력에 관하여 특별한 규정이 없으므로, 소의 취하에 관한 민사소송법 제239조는 이 사건과 같은 권한쟁의심판절차에 준용된다고 보아야 한다."고 보아 소의 취하가 허용된다는 입장이다. 이에 따라 청구인의 소의 취하가 있는 경우 헌법재판소는 심판절차종료선언을 하고 있다(2000헌라1).
> 생각건대 권한쟁의심판의 공익적 성격만을 이유로 이미 제기한 심판청구를 스스로의 의사에 기하여 자유롭게 철회할 수 있는 심판청구의 취하를 배제하는 것은 타당하지 않으므로 헌법재판소의 입장이 타당하다.

> **관련판례** 청구인이 법률안 심의·표결권의 주체인 국가기관으로서의 국회의원 자격으로 권한쟁의심판을 청구하였다가 심판절차 계속 중 사망한 경우, 국회의원의 법률안 심의·표결권은 성질상 일신전속적인 것으로 당사자가 사망한 경우 승계되거나 상속될 수 없어 그에 관련된 권한쟁의심판절차 또한 수계될 수 없으므로, 권한쟁의 심판청구는 청구인의 사망과 동시에 당연히 그 심판절차가 종료된다(2009헌라12).

제2편 기본권론

제1장 기본권총론

08 기본권의 이중적 성격

기본권은 주관적 권리인 동시에 객관적 법질서의 성격을 지니는데 이를 기본권의 이중적 성격이라 한다.
기본권의 주관적 공권성에 대해서는 이견이 없지만, 객관적 법질서의 성격을 지니는지에 관하여 견해가 대립한다. 이에 대해 ① 기본권은 객관적 가치질서로서 모든 국가권력을 구속하여 국가권력의 정당성의 원천이 된다는 긍정설과, ② 기본권은 천부인권으로서 자연권이므로 주관적 공권일 뿐이라는 부정설이 대립한다.
헌법재판소는 "국민의 기본권은 국가권력에 의하여 침해되어서는 아니된다는 의미에서 소극적 방어권으로서의 의미를 가지고 있을 뿐만 아니라, 국가권력에 대한 객관적 규범 내지 가치질서로서의 의미를 함께 갖는다(93헌바45)."라고 하여 기본권의 이중적 성격을 긍정하고 있다.

09 기본권과 제도보장

1. 제도보장의 의의

제도적 보장은 객관적 제도를 헌법에 규정하여 당해 제도의 본질을 유지하려는 것으로서, 헌법에 의하여 일정한 제도가 보장되면 입법자는 그 제도를 설정하고 유지할 입법의무를 지게 될 뿐만 아니라 헌법에 규정되어 있기 때문에 법률로써 이를 폐지할 수 없고, 비록 내용을 제한한다고 하더라도 그 본질적 내용을 침해할 수는 없다.

2. 제도보장의 법적 성격

① 제도보장은 주관적 권리가 아닌, 국법질서에 의하여 국가 내에서 인정되는 객관적 법규범이다. ② 기본권의 보장은 헌법이 헌법 제10조, 제37조에 따라 '최대한 보장의 원칙'이 적용되는 것임에 반하여, 제도적 보장은 기본권 보장의 경우와는 달리 그 본질적 내용을 침해하지 아니하는 범위 안에서 입법자에게 제도의 구체적인 내용과 형태의 형성권을 폭넓게 인정한다는 의미에서 '최소한 보장의 원칙'이 적용된다(95헌바48). ③ 제도보장은 입법 · 행정 · 사법 등 국가권력을 직접적으로 구속하는 법규범으로서의 기능을 한다. 따라서 재판규범으로서의 성격을 가지지만, 기본권의 침해주장 없이 단순히 제도보장의 침해만을 이유로 헌법소원을 제기할 수는 없다.

10 기본권의 주체

- **13년 3차 1문**
  공무원의 정치적중립의무를 규정한 공직선거법 제9조 제1항이 정치적 표현의 자유를 침해하고 있다고 주장하는 대통령 甲의 기본권주체성을 논하시오. (5)

- **15년 1차 2문**
  재산권 침해를 주장하는 S수녀원(재단법인)의 헌법소원심판 청구인능력 인정여부를 논하시오. (20)

- **18년 3차 2문**
  단기방문 목적으로 대한민국에 체류하던 외국인 甲이 체류자격과 다른 체류자격에 해당하는 활동을 하려면 미리 법무부장관의 체류자격 변경허가를 받아야한다고 규정한 출입국 관리법 조항에 대해 헌재법 68조 1항 헌법소원을 제기한다면 청구인능력이 인정되는가? (20)

- **21년 2차 1문**
  외국인 근로자 乙은 출국만기보험금의 지급시기를 출국 후 14일 이내로 제한하는 것이 자신의 근로의 권리를 침해한다고 주장한다. 乙의 근로의 권리 주체성을 검토하시오 (10)

- **2015년 제57회 사법시험**
  연예인 A의 안티카페를 운영하는 甲은 A의 집앞에서 대규모 집회를 개최하기로 계획하고 게시판에 알렸다. 중국 국적 乙은 방화를 시도하겠다는 취지의 댓글을 달고, 丙은 적극 동조하며 구체적 범죄 실행계획을 담은 글을 게시하였다. 이에 방송통신위원회는 정통망법(범죄를 목적으로 하거나 교사 또는 방조하는 내용의 정보를 유통하여서는 아니된다. 방통위는 정보통신제공자로 하여금 그 취급을 거부·정지 또는 제한하도록 명할 수 있다.) 위반을 이유로 정보통신서비스 제공자 丁에게 위 게시글 및 댓글을 삭제하도록 명했고 丁은 이를 삭제하였다. 사안에서 문제되는 乙의 기본권주체성을 논하시오. (20)

1. 의 의

기본권의 주체란 헌법이 보장하는 권리를 누리는 사를 말한다.
① 기본권 주체가 헌법상 보장된 기본권을 보유 내지 향유할 수 있는 능력을 기본권 보유능력이라 하고 ② 기본권의 주체가 특정한 기본권을 구체적으로 행사할 수 있는 능력을 기본권 행위능력이라 한다. 기본권 보유능력을 가졌다고 하여 모두 기본권행사능력을 가지는 것은 아니다. 예를 들어 선거권은 국민의 권리이므로 모든 국민이 선거권을 보유하지만, 현행법상 만18세가 된 자만이 선거권을 행사할 수 있다. 기본권의 주체가 될 수 있는 자, 즉 기본권능력이 있는 자에 한하여 권리구제형 헌법소원심판을 청구할 수 있다.

2. 초기배아

초기배아는 아직 모체에 착상되거나 원시선이 나타나지 않은 이상 현재의 자연과학적 인식 수준에서 독립된 인간과 배아 간의 개체적 연속성을 확정하기 어려우므로 기본권 주체성을 인정하지 않는 것이 헌법재판소의 입장이다(2005헌마346).

3. 태 아

모든 인간은 헌법상 생명권의 주체가 되며, 형성 중의 생명인 태아에게도 생명에 대한 권리가 인정되어야 한다. 따라서 태아도 헌법상 생명권의 주체가 되며, 국가는 헌법 제10조에 따라 태아의 생명을 보호할 의무가 있다(2004헌바81).

4. 미성년자

아동과 청소년은 인격의 발전을 위하여 어느 정도 부모와 학교의 교사 등 타인에 의한 결정을 필요로 하는 아직 성숙하지 못한 인격체이지만, 부모와 국가에 의한 단순한 보호의 대상이 아닌 독자적인 인격체이므로 헌법이 보장하는 인간의 존엄성 및 행복추구권은 국가의 교육권한과 부모의 교육권의 범주 내에서 아동에게도 자신의 교육환경에 관하여 스스로 결정할 권리, 그리고 자유롭게 문화를 향유할 권리를 부여한다고 할 것이다(2003헌가1).

5. 사 자(死者)

사자의 경우에도 인격적 가치에 대한 중대한 왜곡으로부터 보호되어야 하고, 사자에 대한 사회적 명예와 평가의 훼손은 사자와의 관계를 통하여 스스로의 인격상을 형성하고 명예를 지켜온 그들의 후손의 인격권, 즉 유족의 명예 또는 유족의 사자에 대한 경애추모의 정을 침해하는 것에 해당한다(2007헌가23).

6. 외국인 변시 2회 변시 5회 13,10,모의

외국인에게도 기본권주체성을 인정할 수 있는지에 관하여 ① 헌법 제2장에서 명시적으로 '국민'의 권리와 의무라고 규정을 하고 있으므로 외국인은 국민의 개념에 포함될 수 없다는 점(법실증주의), 기본권은 국가질서를 형성하는 가치질서의 성격을 지닌다는 점(통합주의)을 근거로 외국인의 기본권 주체성을 부정하는 견해와 ② 기본권은 국가가 성립되기 이전에 선험적으로 존재하는 것이므로 외국인에게도 당연히 인정된다고 보는 견해(결단주의)가 대립하는데, 헌법재판소는 '인간'의 권리라고 볼 수 있는 기본권에 대하여는 외국인도 기본권주체성이 인정된다는 입장이다. 또한 불법체류 중인 외국인들이라 하더라도, 불법체류라는 것은 관련 법령에 의하여 체류자격이 인정되지 않는다는 것일 뿐이므로, '인간의 권리'로서 외국인에게도 주체성이 인정되는 일정한 기본권에 관하여 불법체류 여부에 따라 그 인정 여부가 달라지는 것은 아니다(2008헌마430).

> **관련판례** ❶ 외국인의 직장 선택의 자유
> 직업의 자유 중 직장선택의 자유는 인간의 존엄과 가치 및 행복추구권과도 밀접한 관련을 가지는 만큼 단순히 국민의 권리가 아닌 인간의 권리로 보아야 할 것이므로 외국인도 제한적으로라도 직장 선택의 자유를 향유할 수 있다고 보아야 한다. 청구인들이 이미 적법하게 고용허가를 받아 적법하게 우리나라에 입국하여 우리나라에서 일정한 생활관계를 형성, 유지하는 등, 우리 사회에서 정당한 노동인력으로서의 지위를 부여받은 상황임을 전제로 하는 이상, 이 사건 청구인들에게 직장 선택의 자유에 대한 기본권 주체성을 인정할 수 있다 할 것이다. (2007헌마1083)
>
> ❷ 외국인의 근로의 권리
> 근로의 권리가 " 일할 자리에 관한 권리"만이 아니라 "일할 환경에 관한 권리"도 함께 내포하고 있는바, 후자는 인간의 존엄성에 대한 침해를 방어하기 위한 자유권적 기본권의 성격도 갖고 있어 건강한 작업환경, 일에 대한 정당한 보수, 합리적인 근로조건의 보장 등을 요구할 수 있는 권리 등을 포함한다고 할 것이므로 외국인 근로자라고 하여 이 부분에까지 기본권 주체성을 부인할 수는 없다. (2004헌마670)
>
> ❸ 외국인의 직업의 자유
> 헌법에서 인정하는 직업의 자유는 원칙적으로 대한민국 국민에게 인정되는 기본권이지, 외국인에게 인정되는 기본권은 아니다. 국가 정책에 따라 정부의 허가를 받은 외국인은 정부가 허가한 범위 내에서 소득활동을 할 수 있는 것이므로, 외국인이 국내에서 누리는 직업의 자유는 법률 이전에 헌법에 의해서 부여된 기본권이라고 할 수는 없고, 법률에 따른 정부의 허가에 의해 비로소 발생하는 권리이다. (2013헌마359)

> **comment**
> 외국인의 기본권 주체성을 논증할 때에는 ① '인간의 권리'에 대해 주체성이 인정될 수 있다고 검토한 뒤 ② 사안에서 어떤 기본권이 '인간의 권리'이고 '국민의 권리'인지에 대해 추가로 논증을 해주어야 한다. '법인'의 기본권 주체성 논증의 경우에도 마찬가지이다.

7. 사법인 기타 사적 결사 [17.08.모의]

① 우리 헌법은 법인의 기본권향유능력을 인정하는 명문의 규정을 두고 있지 않지만, 본래 자연인에게 적용되는 기본권규정이라도 성질상 법인이 누릴 수 있는 기본권을 당연히 법인에게도 적용하여야 한 것으로 본다. 따라서 법인도 사단법인·재단법인 또는 영리법인·비영리법인을 가리지 아니하고 위 한계 내에서는 헌법상 보장된 기본권이 침해되었음을 이유로 헌법소원심판을 청구할 수 있다.
② 또한, 법인 아닌 사단·재단이라고 하더라도 대표자의 정함이 있고 독립된 사회적 조직체로서 활동하는 때에는 성질상 법인이 누릴 수 있는 기본권을 침해당하게 되면 그의 이름으로 헌법소원심판을 청구할 수 있다.
③ 그러나 단체는 원칙적으로 단체자신의 기본권을 직접 침해당한 경우에만 그의 이름으로 헌법소원심판을 청구할 수 있을 뿐이고 그 구성원을 위하여 또는 구성원을 대신하여 헌법소원심판을 청구하는 경우에는 자기관련성이 없어 부적법하다(90헌마56).

> **관련판례** 법인의 인격권
> 법인도 법인의 목적과 사회적 기능에 비추어 볼 때 그 성질에 반하지 않는 범위 내에서 인격권의 한 내용이 사회적 신용이나 명예 등의 주체가 될 수 있고 법인이 이러한 사회적 신용이나 명예 유지 내지 법인격의 자유로운 발현을 위하여 의사결정이나 행동을 어떻게 할 것인지를 자율적으로 결정하는 것도 법인의 인격권의 한 내용을 이룬다고 할 것이다. (2009헌가27)

8. 국가기관, 공법인 14.08.모의

가. 공법인의 경우

기본권의 보장에 관한 각 헌법규정의 해석상 국민만이 기본권의 주체라 할 것이고, 공권력의 행사자인 국가, 지방자치단체나 그 기관 또는 국가조직의 일부나 공법인은 기본권의 "수범자"이지 기본권의 주체가 아니고 오히려 국민의 기본권을 보호 내지 실현해야 할 "책임"과 "의무"를 지니고 있을 뿐이다. 다만, 공법인이나 이에 준하는 지위를 가진 자라 하더라도 공무를 수행하거나 고권적 행위를 하는 경우가 아닌 사경제 주체로서 활동하는 경우나 조직법상 국가로부터 독립한 고유 업무를 수행하는 경우, 그리고 <u>다른 공권력 주체와의 관계에서 지배복종관계가 성립되어 일반 사인처럼 그 지배하에 있는 경우</u> 등에는 기본권 주체가 될 수 있다(2012헌마271). 이러한 경우에는 이들이 기본권을 보호해야 하는 국가적 기능을 담당하고 있다고 볼 수 없기 때문이다.

나. 국가기관의 경우

<u>국가기관</u>이 개인의 지위를 겸하는 경우에는 기본권주체성이 인정될 수 있다. 헌법재판소는 "대통령도 국민의 한사람으로서 제한적으로나마 기본권의 주체가 될 수 있는바, 대통령은 소속 정당을 위하여 정당활동을 할 수 있는 <u>사인으로서의 지위</u>와 국민 모두에 대한 봉사자로서 공익실현의 의무가 있는 헌법기관으로서의 지위를 동시에 갖는데 최소한 전자의 지위와 관련하여는 기본권 주체성을 갖는다(2007헌마700)."고 판시하였다.

> **comment**
> 국가기관의 경우에도 원칙적으로 기본권의 주체성이 인정되지 않는다는 논증을 한 후, (위 기재된 표현처럼) 예외적으로 기본권의 주체가 될 수 있음을 논증하면 된다. 참고할 판례의 표현은 아래와 같다.
> 1) 교육의 자주성이나 대학의 자율성은 헌법 제22조 제1항이 보장하고 있는 학문의 자유의 확실한 보장수단으로 꼭 필요한 것으로서 이는 대학에게 부여된 헌법상의 기본권이다. 따라서 국립대학인 서울대학교는 다른 국가기관 내지 행정기관과는 달리 공권력의 행사자의 지위와 함께 기본권의 주체라는 점도 중요하게 다루어져야 한다. 따라서 국립서울대학교의 학문의 자유와 대학의 자율권의 주체성이 인정될 수 있다(92헌마68).
> 2) 청구인은 공법상 재단법인인 방송문화진흥회가 최다출자자인 방송사업자로서 방송법 등 관련 규정에 의하여 공법상의 의무를 부담하고 있지만, 그 설립목적이 언론의 자유의 핵심 영역인 방송 사업이므로 이러한 업무 수행과 관련해서는 기본권 주체가 될 수 있고, 그 운영을 광고수익에 전적으로 의존하고 있는 만큼 이를 위해 사경제 주체로서 활동하는 경우에도 기본권 주체가 될 수 있다. 이 사건 심판청구는 청구인이 그 운영을 위한 영업활동의 일환으로 방송광고를 판매하는 지위에서 그 제한과 관련하여 이루어진 것이므로 그 기본권 주체성이 인정된다(2012헌마271).

9. 정 당 16.06.모의

정당설립의 자유는 그 성질상 등록된 정당뿐만 아니라 등록된 정당은 아니지만 권리능력 없는 사단의 실체를 갖춘 정치적 결사에게도 인정되는 기본권이고, 정당이 등록취소된 경우라 하더라도 '권리능력 없는 사단'으로서의 실질을 유지하고 있는 경우에는 청구인능력을 인정할 수 있다(2004헌마246).

기본권의 대사인적 효력

● 24년 3차 1문
항공운송업을 영위하는 甲회사의 취업규칙은 임직원이 면도가 된 청결한 상태를 유지하며 수염을 길러서는 안된다고 규정하고 있다. 기장 乙이 턱수염을 기르자 甲은 면도지시를 하였으나 乙은 불응하였다. 甲은 乙에 감급 1월 징계처분을 하였고, 乙은 전심절차를 거쳐 서울행정법원에 중노위 재심판정을 취소해달라는 소를 제기했다. 甲회사는 "사인간 법률관계와 관련하여 기본권 침해를 논하는 것은 적절하지 않다"고 주장한다. 타당한지 여부(20)

1. 대사인적 효력의 의의 및 배경

헌법은 전통적으로 대국가적 방어권으로서의 성격을 가졌으나 오늘날에 이르러서는 국가권력뿐만 아니라 개인 내지 사회적 조직체들에 의해서도 기본권이 침해되는 경우가 빈번히 발생하고 있다. 이에 따라 사인간의 관계에서도 기본권의 효력을 인정할 필요가 있게 되었는데, 이를 기본권의 대사인적 효력이라 한다. 기본권의 대사인적 효력은 기본권의 객관적 법질서성에 기인하므로 기본권의 이중적 성격이 개념필연적으로 요구된다.

> comment
> 기본권의 대사인적 효력을 논증하기 위해서는 먼저 기본권의 이중적 성격에 대한 논증이 필요하다.

2. 외국의 이론

기본권의 대사인적 효력에 관하여 독일에서는 ① 기본권이 사인의 관계에서도 직접 적용된다는 직접적용설, ② 헌법상 기본권 규정이 직접 적용되는 것이 아니라 사법의 일반규정에 의해 적용되는 간접적용설, ③ 기본권은 대국가적 권리일 뿐이므로 대사인적 효력을 가지지 않는다는 효력부인설 등의 논의가 전개되어 왔다.
한편 미국에서는 흑인에 대한 인종차별의 문제를 해결하기 위한 방책으로서 대사인적 효력이 발전해왔다. 미국 수정헌법 제14조 제1항은 모든 국민이 법 앞에 평등한 보호를 받는다고 규정하고 있는데, 연방대법원은 이 규정의 해석을 통해 사인의 행위를 국가의 행위로 의제 하는 이른바 국가행위의제론(state action theory)을 구체적으로 확립하였다. 구체적으로는 국가재산이론, 국가원조이론, 통치기능이론, 사법집행이론 등이 있다.

3. 우리나라에서의 대사인적 효력

우리나라의 대사인적 효력에 대한 논의는 독일의 논의와 유사하다. 대법원 역시 "헌법상의 기본권은 제1차적으로 개인의 자유로운 영역을 공권력의 침해로부터 보호하기 위한 방어적 권리이지만 다른 한편으로 헌법의 기본적인 결단인 객관적인 가치질서를 구체화한 것으로서, 사법(私法)을 포함한 모든 법 영역에 그 영향을 미치는 것이므로 사인간의 사적인 법률관계도 헌법상의 기본권 규정에 적합하게 규율되어야 한다. 다만 기본권 규정은 그 성질상 사법관계에 직접 적용될 수 있는 예외적인 것을 제외하고는 사법상의 일반원칙을 규정한 민법 제2조, 제103조, 제750조, 제751조 등의 내용을 형성하고 그 해석 기준이 되어 간접적으로 사법관계에 효력을 미치게 된다(2008다38288)."고 판시하여 ① 직접적용될 수 있는 것은 직접 적용이 되고, ② 그 외의 것들은 간접적용된다는 입장을 취하여 주로 독일의 이론을 수용하고 있는 듯한 입장이다.

※ 국고작용에도 기본권의 효력이 미치는지 여부

행정작용 중 비권력작용에는 관리작용(국가가 공권력의 주체로서가 아니라 사업이나 재산의 관리주체의 지위에서 행하는 작용), 국고작용(국가가 사인과 동등한 지위에서 사경제주체로서 행하는 경제적 작용)이 존재하는 바, 관리작용은 기본권에 기속된다는데 이견이 없으나, 국고작용에도 기본권의 효력이 미치는지 문제된다.

이에 대해 국고작용에는 사법(私法)이 적용되어야 한다는 부정설, 국고작용에도 기본권의 효력이 미친다는 긍정설, 순수한 국고작용이 아닌 행정사법의 영역에만 기본권의 효력이 미친다는 견해 등이 대립한다.

헌법재판소는 "행정청이 공법상의 행정처분이 아니라 사경제주체로서 행하는 사법상의 법률행위는 헌법소원의 대상이 되지 않는다(1992.11.12. 90헌마160)."는 입장이다.

생각건대 국고작용은 국가가 사경제주체로서 행하는 작용으로서 사인과의 관계와 다를 바 없으므로 기본권의 효력이 미치지 않고, 헌법소원의 대상이 되는 공권력의 행사라고 볼 수도 없다고 봄이 타당하다.

12 기본권의 경합

● 12년 3차 1문

A구치소장의 미결수용자의 종교행사 참석 금지처우(수형자는 허용) 및 근거법 45조 제3항이 청구인(미결수용자)의 어떠한 기본권을 제한하는지, 제한되는 기본권이 두 개 이상인 경우, 어떤 방법으로 심사되어야 하는지 논하시오. (10+10)

■ 2017년 제59회 사법시험

청소년 보호·선도를 방해할 우려 있는 옥외광고물 금지조항에 따른 옥외광고신청에 대한 불허가처분 취소소송 및 위헌법률심판제청신청시, 주류제조업자 甲의 제한되는 기본권 및 경합상태를 처리하시오. (30)

1. 기본권 경합의 의의

기본권의 경합이란 단일한 기본권 주체가 하나의 규제로 인해 여러 기본권이 동시에 제약을 받는 경우를 말한다.

2. 기본권 경합의 해결이론

① 최강효력설은 경합하는 기본권 중 헌법상 제한의 가능성과 정도가 가장 적은 기본권, 즉 가장 강한 효력을 가진 기본권이 우선되어야 한다는 견해이고, ② 최약효력설은 경합하는 기본권 중 헌법상 제한의 가능성과 정도가 가장 큰 기본권, 즉 가장 약한 효력을 가진 기본권이 우선되어야 한다는 입장이다.

3. 기본권 경합의 해결에 관한 헌법재판소의 입장

가. 개별(특별) 기본권 우선의 원칙

헌법재판소는 "행복추구권은 다른 기본권에 대한 보충적 기본권으로서의 성격을 지니므로, 행복추구권침해 여부를 독자적으로 판단할 필요가 없다."고 하거나 "공직의 경우 공무담임권은 직업선택의 자유에 대하여 특별기본권이어서 후자의 적용을 배제한다(99헌마112)."와 같이 판시하여, 개별기본권이 문제되는 경우 보충적 기본권은 적용을 배제하거나, 일반법의 지위와 특별법의 지위에 있는 기본권이 문제되는 경우 특별기본권을 적용하고 있다.

나. 사안의 밀접성과 침해의 정도

헌법재판소는 "하나의 규제로 인해 여러 기본권이 동시에 제약을 받는다고 주장하는 경우에는 기본권침해를 주장하는 청구인의 의도 및 기본권을 제한하는 입법자의 객관적 동기

등을 참작하여 먼저 사안과 가장 밀접한 관계에 있고 또 침해의 정도가 큰 주된 기본권을 중심으로 해서 그 제한의 한계를 따져 보아야 한다(95헌가6)."고 판시하고 있다.

> **관련판례 ❶ 양심적 병역거부 사건** (2011헌바379) **17.10.모의**
> 종교적 신앙에 의한 행위라도 개인의 주관적·윤리적 판단을 동반하는 것인 한 양심의 자유에 포함시켜 고찰할 수 있고, 양심적 병역거부의 바탕이 되는 양심상의 결정은 종교적 동기뿐만 아니라 윤리적·철학적 또는 이와 유사한 동기로부터도 형성될 수 있는 것이므로, 이 사건에서는 양심의 자유를 중심으로 기본권 침해 여부를 판단하기로 한다.
>
> **❷ 인터넷신문의 고용 요건을 규정한 신문법 시행령 등 위헌확인 사건** (2015헌마1206)
> 언론의 자유에 의하여 보호되는 것은 정보의 획득에서부터 뉴스와 의견의 전파에 이르기까지 언론의 기능과 본질적으로 관련되는 모든 활동이다. 이런 측면에서 고용조항과 확인조항은 인터넷신문의 발행을 제한하는 효과를 가지고 있으므로 언론의 자유를 제한하는 규정에 해당한다. 청구인들은 고용조항으로 인하여 언론의 자유 이외에 직업수행의 자유도 침해된다고 주장한다. 그런데 고용조항의 입법목적이 인터넷신문의 신뢰성 제고이고, 신문법 규정들은 언론사로서의 인터넷신문의 규율 및 보호를 위한 규정들이다. 따라서 고용조항으로 인하여 청구인들의 직업수행의 자유보다는 언론의 자유가 보다 직접적으로 제한된다고 보이므로 언론의 자유 제한 여부를 중심으로 살펴본다.

다. 그 외의 경우

헌법재판소는 사안과 가장 밀접한 관계가 있고 침해의 정도가 가장 큰 주된 기본권의 침해 여부를 살피는 가운데 그 외의 부가적인 기본권도 함께 심사하거나(2003헌가1), 사안과의 관련성이나 침해의 정도를 확정할 수 없는 경우에는 문제되는 기본권을 모두 적용하고 있다.

라. 검 토

헌법재판소의 입장과 같이 ① 특별기본권이 있는 경우에는 특별기본권을 우선적으로 적용하고 ② 사안과 가장 밀접한 관계에 있고 침해의 정도가 큰 주된 기본권이 있다면 이를 적용하며, ③ 만약 전자의 경우를 확정할 수 없는 경우라면 모든 기본권의 침해여부를 검토하는 것이 타당하다.

13 기본권의 충돌

★ 5회 변시 1문
PC방 등의 금연구역에서 흡연을 금지하는 국민건강증진법 제9조 제6항과 제34조 제3항이 만20세 甲의 기본권을 침해하고 있는지 여부를 논하시오(2003헌마457). (30)

● 24년 3차 1문
항공운송업을 영위하는 甲회사의 취업규칙은 임직원은 면도가 된 청결한 상태를 유지하며 수염을 길러서는 안된다고 규정하고 있다. 기장 乙이 턱수염을 기르자 甲은 면도지시를 하였으나 乙은 불응하였다. 甲은 乙에 감급 1월 징계처분을 하였고, 乙은 전심절차를 거쳐 서울행정법원에 중노위 재심판정을 취소해달라는 소를 제기했다. (1) 甲회사와 乙이 각각 침해되었다고 주장할 여지가 있는 기본권 (15), (2) 乙의 청구가 이유있는지 여부 (35)

■ 2014년 제56회 사법시험
피의자 甲은 A사건 살인혐의에 대해서는 인정하나 B사건 살인혐의를 부인하고 있다. 경찰은 현장검증 때도 甲에게 모자와 마스크를 씌웠으나 더운 날씨 탓인지 甲은 수시로 벗었다. 마침 현장에 있던 신문사 기자 乙은 甲의 맨얼굴을 찍어 신문에 공개하였다. 甲과 乙이 주장하는 기본권에 관한 헌법적 해결방안을 논하시오. (20)

1. 의 의

기본권의 충돌이란 상이한 기본권 주체가 동일 사안에서 서로 충돌하는 권익을 실현하기 위해 국가에 대하여 서로 대립되는 기본권의 효력을 각기 주장하는 경우를 의미한다.

2. 기본권 충돌의 해결기준

기본권 충돌의 해결기준으로는 ① 이익형량에 의한 방법과 ② 규범조화적 해식에 의한 방법 등이 있다.

가. 이익형량에 의한 방법

상하의 위계질서가 있는 기본권끼리 충돌하는 경우에는 상위기본권우선의 원칙에 따라 하위기본권이 제한될 수 있다는 방법이다. 기본권의 위계질서를 바탕으로 한 기준으로는 ① 상위기본권 우선의 원칙, ② 인격적 가치 우선의 원칙, ③ 자유우선의 원칙 등이 있다.

나. 규범조화적 해석에 의한 방법

두 기본권이 서로 충돌하는 경우에는 헌법의 통일성을 유지하기 위하여 상충하는 기본권 모두가 최대한으로 그 기능과 효력을 나타낼 수 있도록 하는 조화로운 방법이 모색되어야 할 것인데, 이를 규범조화적 해석에 의한 방법이라 한다. 규범조화적 해석에 의한 방법으로는 ① 충돌하는 기본권 모두에게 일정한 제약을 가하되 두 기본권 모두의 제약을 필요최소한에 그치도록 하는 과잉금지의 방법, ② 충돌하는 기본권 간에 일종의 대안을 찾아내서 기본권의 충돌을 해결하는 대안식 해결방법, ③ 유리한 위치에 있는 기본권의 보호를 위해서 가능하고 필요한 수단일지라도 그 모든 수단을 최후의 선까지 동원하는 것만은 삼가는 최후수단의 억제방법 등이 있다.

다. 헌법재판소의 입장

헌법재판소는 "두 기본권이 충돌하는 경우 그 해법으로는 기본권의 서열이론, 법익형량의 원리, 실제적 조화의 원리(= 규범조화적 해석) 등을 들 수 있다. 헌법재판소는 기본권 충돌의 문제에 관하여 충돌하는 기본권의 성격과 태양에 따라 그때그때마다 적절한 해결방법을 선택, 종합하여 이를 해결하여 왔다(2002헌바95)."고 하여 사안에 따라 이익형량에 의한 방법과 규범조화적 해석에 의한 방법을 개별적으로 선택하여 해결하고 있다.

> **관련판례** 이익형량에 의한 해결
> **❶ 혐연권과 흡연권**
> 흡연권은 헌법 제10조, 제17조에서 그 헌법적 근거를 찾을 수 있고 혐연권은 헌법 제10조, 제17조 뿐만 아니라 헌법이 보장하는 건강권과 생명권에 기하여서도 인정된다. 그런데 흡연권은 위와 같이 사생활의 자유를 실질적 핵으로 하는 것이고 혐연권은 사생활의 자유뿐만 아니라 생명권에까지 연결되는 것이므로 혐연권이 흡연권보다 상위의 기본권이라 할 수 있다(2003헌마457).
> **❷ 적극적 단결권과 소극적 단결권**
> 헌법 제33조 제1항은 "근로자는 근로조건의 향상을 위하여 자주적인 단결권·단체교섭권 및 단체행동권을 가진다."고 규정하고 있다. 여기서 헌법상 보장된 근로자의 단결권은 단결할 자유만을 가리킬 뿐이고, 단결하지 아니할 자유 이른바 소극적 단결권은 이에 포함되지 않는다. 근로자가 노동조합을 결성하지 아니할 자유나 노동조합에 가입을 강제당하지 아니할 자유, 그리고 가입한 노동조합을 탈퇴할 자유는 근로자에게 보장된 단결권의 내용에 포섭되는 권리로서가 아니라 헌법 제10조의 행복추구권에서 파생되는 일반적 행동의 자유 또는 제21조 제1항의 결사의 자유에서 그 근거를 찾을 수 있다. 단결하지 아니할 자유와 적극적 단결권이 충돌하게 되더라도, 근로자에게 보장되는 적극적 단결권이 단결하지 아니할 자유보다 특별한 의미를 갖고 있다고 볼 수 있고, 노동조합의 조직강제권도 이른바 자유권을 수정하는 의미의 생존권(사회권)적 성격을 함께 가지는 만큼 근로자 개인의 자유권에 비하여 보다 특별한 가치로 보장되는 점 등을 고려하면, 노동조합의 적극적 단결권은 근로자 개인의 단결하지 않을 자유보다 중시된다(2002헌바95).
> **❸ 학생의 학습권과 교원의 수업권**
> 학교교육에 있어서 교원의 가르치는 권리를 수업권이라고 한다면, 이것은 교원의 지위에서 생기는 학생에 대한 일차적인 교육상의 직무권한이지만 어디까지나 학생의 학습권 실현을 위하여 인정되는 것이므로, 학생의 학습권은 교원의 수업권에 대하여 우월한 지위에 있다. 따라서 교원이 고의로 수업을 거부할 자유는 어떠한 경우에도 인정되지 아니하며, 교원은 계획된 수업을 지속적으로 성실히 이행할 의무가 있다(2005다25298).

관련판례 규범조화적 해석에 의한 해결

❶ 개인적 단결권과 집단적 단결권
개인적 단결권과 집단적 단결권이 충돌하는 경우 기본권의 서열이론이나 법익형량의 원리에 입각하여 어느 기본권이 더 상위기본권이라고 단정할 수는 없다. 왜냐하면 개인적 단결권은 헌법상 단결권의 기초이자 집단적 단결권의 전제가 되는 반면에, 집단적 단결권은 개인적 단결권을 바탕으로 조직·강화된 단결체를 통하여 사용자와 사이에 실질적으로 대등한 관계를 유지하기 위하여 필수불가결한 것이기 때문이다. 즉 개인적 단결권이든 집단적 단결권이든 기본권의 서열이나 법익의 형량을 통하여 어느 쪽을 우선시키고 다른 쪽을 후퇴시킬 수는 없다고 할 것이다(2002헌바95).

❷ 반론권과 언론의 자유
정정보도청구권(반론권)과 보도기관의 언론의 자유가 충돌하는 경우에는 헌법의 통일성을 유지하기 위하여 상충하는 기본권 모두가 최대한으로 그 기능과 효력을 발휘할 수 있도록 하는 조화로운 방법이 모색되어야 한다고 보고, 결국은 정정보도청구제도가 과잉금지의 원칙에 따라 그 목적이 정당한 것인가 그러한 목적을 달성하기 위하여 마련된 수단 또한 언론의 자유를 제한하는 정도에 인격권과의 사이에 적정한 비례를 유지하는 것인가의 관점에서 심사를 한 바 있다(89헌마165).

❸ 학부모들의 알 권리와 교원의 개인정보자기결정권
교원의 교원단체 및 노동조합 가입에 관한 정보의 공개를 요구하는 학부모들의 알 권리와 그 정보의 비공개를 요청하는 정보주체인 교원의 개인정보 자기결정권이 충돌하는 경우로서, 이와 같이 두 기본권이 충돌하는 경우에는 헌법의 통일성을 유지하기 위하여 상충하는 기본권 모두가 최대한으로 그 기능과 효력을 발휘할 수 있도록 조화로운 방법이 모색되어야 한다(2010헌마293).

❹ 명예권과 표현의 자유
형법 제311조가 공연히 타인을 모욕한 경우에 이를 처벌하는 것은 헌법 제10조에 의하여 보장되는 외부적 명예를 보호하기 위한 반면, 위 조항은 표현의 자유를 제한하고 있으므로 결국 위 조항에 의하여 명예권과 표현의 자유라는 두 기본권이 충돌하게 된다. 이와 같이 두 기본권이 충돌하는 경우 헌법의 통일성을 유지하기 위하여 상충하는 기본권 모두 최대한으로 그 기능과 효력을 발휘할 수 있도록 조화로운 방법이 모색되어야 할 것이고, 결국은 과잉금지원칙에 따라서 심판대상조항의 목적이 정당한 것인가, 그러한 목적을 달성하기 위하여 마련된 수단이 표현의 자유를 제한하는 정도와 명예를 보호하는 정도 사이에 적정한 비례를 유지하고 있는가의 관점에서 심사하기로 한다(2012헌바37).

※ 기본권 포기[16]

　기본권포기는 기본권주체가 국가나 다른 기본권주체가 자신의 기본권을 제약하는 구체적 행위에 대해서 사전에 동의하는 것을 말한다. 기본권의 포기는 스스로 기본권을 처분한다는 점에서 기본권의 행사이지만 기본권이 제약되는 이중적 성격이 있으므로 그 한계는 엄격하게 설정되어야 한다.
　기본권의 포기의 한계로는, 기본권 주체의 자발성이 전제되어야 유효하고, 기본권 포기의사가 표시되어 도달되어야 하며, 헌법과 법률에 위반되어서는 안된다. 또한 기본권 전체를 포기하는 것도 허용되지 않는다.

---

[16] 허완중, 기본권포기, 헌법학연구 제15권 제3호, 517~542쪽

14 기본권의 내재적 한계

1. 기본권의 내재적 한계 인정여부

가. 의 의

기본권의 내재적 한계란, 기본권 자체에 내재되어 있는 한계가 존재하기 때문에 특정 영역에 있어서의 기본권 제한은 불가피하므로 정당화 된다는 것으로서 독일 연방헌법재판소가 최초로 사용한 개념이다.

나. 우리 헌법에서 내재적 한계 인정가능성 여부

1) 견해의 대립

① 헌법 제21조 제4항은 "언론·출판은 타인의 명예나 권리 또는 공중도덕이나 사회윤리를 침해하여서는 아니된다."라고 규정하고 있는 바, 타인의 명예나 권리, 공중도덕, 사회윤리와 같은 기본권의 내재적 한계가 존재한다는 내재적 한계 긍정설, ② 우리 헌법은 제37조 제2항에서 일반적 법률유보조항을 두고 있기 때문에 절대적 기본권을 제한하기 위한 기본권의 내재적 한계를 논의할 실익이 없다는 내재적 한계 부정설이 대립한다.

2) 헌법재판소의 입장

헌법재판소는 과거 간통죄 합헌 사건에서 "개인의 성적자기결정권도 국가적·사회적·공공복리 등의 존중에 의한 내재적 한계가 있는 것(89헌마82)"이라고 판시하여 기본권의 내재적 한계를 인정하는 듯한 결정을 내린 적이 있다. 그러나 최근 "성적 자기결정권을 보다 중요시하는 인식이 확산됨에 따라 간통행위를 국가가 형벌로 다스리는 것이 적정한지에 대해서는 이제 더 이상 국민의 인식이 일치한다고 보기 어렵다."고 판시하여 간통죄 조항은 과잉금지원칙에 위배하여 국민의 성적 자기결정권 및 사생활의 비밀과 자유를 침해하는 것으로서 헌법에 위반된다고 판시하였다(2009헌바17).

3) 검 토

앞서 살펴본 바와 같이, 기본권의 내재적 한계에 관한 이론은 일반적 법률유보조항이 없는 독일에서 절대적 기본권을 제한하기 위해 대두된 이론에 불과하다.

우리 헌법은 제37조 제2항에서 일반적 법률유보 조항을 두고 있는 점, 기본권의 내재적 한계를 인정하는 경우 기본권에 대한 침해가 정당화될 가능성이 높은 점 등을 고려하였을 때, 현행 헌법상 기본권의 내재적 한계를 인정할 실익은 없다고 봄이 타당하다.

15. 기본권 제한의 일반원칙

★ 12회 변시 2문
목욕장업자는 음주 등으로 목욕장의 정상적인 이용이 곤란하다고 인정되는 사람을 출입시켜서는 안된다고 규정한 공중위생관리법 시행규칙은 헌법상 법률유보원칙에 위반되는가? (10)

● 20년 1차 1문
채증요원은 불법행위의 증거확보에 필요한 경우에 채증을 하며, 채증·판독 및 자료 관리 과정에서 대상자의 인권을 존중하여야 한다고 규정한 채증활동규칙이 명확성원칙과 법률유보원칙에 위반되는지 여부를 검토하시오. (25)

1. 의 의

헌법 제37조 제2항에 의하면 국민의 자유와 권리는 국가안전보장 질서유지 또는 공공복리를 위하여 필요한 경우에 한하여 법률로써 제한할 수 있으며 그 경우에도 자유와 권리의 본질적인 내용을 침해할 수 없다고 규정하여 국가가 국민의 기본권을 제한하는 내용의 입법을 함에 있어서 준수하여야 할 기본원칙을 천명하고 있다(89헌가95).

2. 형식상 한계 – '법률로써'

기본권 제한은 ① '법률'에 의하여야 하고(법률유보원칙), 기본권을 제한하는 법률은 ② 일반적(추상적)이어야 하고, ③ 명확해야 한다.

가. 법률유보원칙 〔모의시험 다수 출제〕

1) 내 용

기본권의 제한은 '법률로써' 할 수 있다. 헌법 제37조 제2항은 기본권제한에 관한 일반적 법률유보조항이라고 할 수 있는데 이때의 법률은 반드시 국회가 제정한 형식적 의미의 법률에 한정되지 않고, 법률과 동일한 효력을 갖는 긴급재정경제명령(헌법 제76조 제1항), 긴급명령(헌법 제76조 제2항), 조약 및 일반적으로 승인된 국제법규(헌법 제6조 제1항)도 합헌적 기본권 제한의 형식으로 인정된다.

또한 법률유보의 원칙은 '법률에 의한 규율'만을 요청하는 것이 아니라 '법률에 근거한 규율'을 요청하는 것이기 때문에 기본권의 제한에는 법률의 근거가 필요할 뿐이고 기본권 제한의 형식이 반드시 법률의 형식일 필요는 없으므로 법규명령, 규칙, 조례 등 실질적 의미의 법률을 통해서도 기본권 제한이 가능하다(2012헌마167). 즉 법률유보원칙은 직접 법률에 의하지 아니하는 예외적인 경우라 하더라도 엄격히 법률에 근거하여야 한다는 것을 의미한다(2000헌마659).

2) 의회유보원칙 `변시 14회` `모의시험 다수 출제`

★ 11회 변시 1문

전기판매사업자는 대통령령으로 정하는 바에 따라 전기요금과 그 밖의 공급조건에 관한 약관을 작성하여 산업통상자원부장관의 인가를 받아야 한다고 규정한 전기사업법 조항의 의회유보원칙 위반 여부 (10)

● 12년 3차 2문

국가 또는 지자체가 아닌 일개 영리기업에게 타인의 토지를 수용할 수 있도록 한 '산업입지 및 개발에 관한 법률'은 헌법에 반한다는 甲의 주장의 헌법적 논거를 제시하시오. (30) (2007헌바114)

오늘날의 법률유보원칙은 단순히 행정작용이 법률에 근거를 두기만 하면 충분한 것이 아니라, 국가공동체와 그 구성원에게 기본적이고도 중요한 의미를 갖는 영역, 특히 국민의 기본권 실현에 관련된 영역에 있어서는 행정에 맡길 것이 아니라 국민의 대표자인 입법자 스스로 그 본질적 사항에 대하여 결정하여야 한다는 요구, 즉 의회유보원칙까지 내포하는 것으로 이해되고 있다. 이때 입법자가 형식적 법률로 스스로 규율하여야 하는 사항이 어떤 것인지는 일률적으로 확정할 수 없고 구체적인 사례에서 관련된 이익 내지 가치의 중요성 등을 고려하여 개별적으로 정할 수 있다고 할 것이다(2013헌가6).

나. **명확성의 원칙** `변시 3회` `변시 5회` `변시 7회` `변시 8회` `변시 10회` `변시 13회` `변시 14회` `모의시험 다수 출제`

- 명확성의 원칙에 위배되지 않는 판례

● 11년 1문 : 단체와 관련된 자금으로 정치자금 수수 금지 (2011헌바254)
● 13년 2차 2문 : 시정명령 이행기간 내 불이행시 "상당한 이행기한을 정하여 그 기한까지 시정명령을 이행하지 아니하면" 이행강제금을 부과할 수 있도록 하고 있는 건축법 조항
● 13년 3차 1문 : 후보자를 사퇴한데 대한 대가를 목적으로 후보자였던자에게 금전, 물품, 차마, 향응 그밖에 재산상 이익이나 공사의 직을 제공하거나 제공 의사표시, 제공을 약속한자 및 그 상대방을 처벌 (2012헌바47)
● 13년 3차 1문 : 공무원은 선거에 대한 부당한 영향력의 행사 기타 선거결과에 영향력을 미치는 행위를 하여서는 안된다는 공직선거법 조항
● 14년 2차 2문 : "가축전염병이 퍼지거나 퍼질 것으로 우려되는 지역"을 살처분명령 대상지역으로 규정한 것
● 15년 3차 1문 : 법관이 그 품위를 손상하거나 법원의 위신을 떨어뜨린 경우를 징계사유로 규정하고 있는 법관징계법 (2009헌바34)
● 16년 3차 2문 : "개발사업의 시행에 필요한 토지 등을 제공함으로 인하여 생활의 근거를 상실하게 되는 자"를 이주대책대상자로 규정한 것
● 17년 1차 2문 : 주택재건축사업에 있어 사업시행자가 "너무 좁은 토지를 취득한 자에 대하여는 분양대상자에서 제외하고 현금으로 청산할 수 있다." 하고 있는 법률조항
● 19년 1차 2문 : '거짓이나 그 밖의 부정한 방법'으로 보조금을 교부받은 자
● 21년 2차 2문 : 법무부장관은 대한민국의 안전보장, 질서유지, 공공복리, 외교관계 등 대한민국의

> 이익을 해칠 우려가 있는 경우 외국국적동포에게 재외동포체류자격을 부여하지 않는다고 규정한 재외동포법
>
> ■ 2015년 제57회 사법시험 : '범죄를 목적으로 하거나 교사 또는 방조하는 내용의 정보를 유통하여서는 아니된다. 방통위는 정보통신제공자로 하여금 그 취급을 거부·정지 또는 제한하도록 명할 수 있다.' 는 조항

1) 의 의

법치국가원리의 한 표현인 명확성의 원칙은 규범의 의미내용으로부터 무엇이 금지되는 행위이고 무엇이 허용되는 행위인지를 수범자가 알 수 있도록 규정하여야 한다는 원칙으로서 기본적으로 모든 기본권제한입법에 대하여 요구된다. 규범의 의미내용으로부터 무엇이 금지되는 행위이고 무엇이 허용되는 행위인지를 수범자가 알 수 없다면 법적 안정성과 예측가능성은 확보될 수 없게 될 것이고, 또한 법집행 당국에 의한 자의적 집행을 가능하게 할 것이기 때문이다(89헌가113).

2) 판단기준

모든 법규범의 문언을 순수하게 기술적 개념만으로 구성하는 것은 입법기술적으로 불가능하고 또 바람직하지도 않기 때문에 어느 정도 가치개념을 포함한 일반적, 규범적 개념을 사용하지 않을 수 없다. 따라서 명확성의 원칙이란 기본적으로 최대한이 아닌 최소한의 명확성을 요구하는 것이다. 그러므로 법문언이 해석을 통해서, 즉 법관의 보충적인 가치판단을 통해서 그 의미내용을 확인해낼 수 있고, 그러한 보충적 해석이 해석자의 개인적인 취향에 따라 좌우될 가능성이 없다면 명확성의 원칙에 반한다고 할 수 없다 할 것이다.

> **관련판례** 수범자에 대한 행위규범으로서의 법령이 명확하여야 한다는 것은 일반 국민 누구나 그 뜻을 명확히 알게 하여야 한다는 것을 의미하지는 않고, 사회의 평균인이 그 뜻을 이해하고 위반에 대한 위험을 고지받을 수 있을 정도면 충분하며, 일정한 신분 내지 직업 또는 지역에 거주하는 사람들에게만 적용되는 법령의 경우에는 그 사람들 중의 평균인을 기준으로 하여 판단하여야 한다. (2009헌바34)

3) 명확성의 정도

명확성의 원칙에서 명확성의 정도는 모든 법률에 있어서 동일한 정도로 요구되는 것은 아니다. 어떠한 규정이 부담적 성격을 가지는 경우에는 수익적 성격을 가지는 경우에 비하여 명확성의 원칙이 더욱 엄격하게 요구되고, 죄형법정주의가 지배하는 형사관련 법률에서는 명확성의 정도가 강화되어 더 엄격한 기준이 적용되지만, 일반적인 법률에서는 명확성의 정도가 그리 강하게 요구되지 않기 때문에 상대적으로 완화된 기준이 적용된다(2003헌바4).

3. 방법상 한계 - '필요한 경우에 한하여' (과잉금지원칙)

과잉금지의 원칙이란 국가가 국민의 기본권을 제한하는 경우에도 그 정당한 목적을 달성하기 위해서 필요한 범위 내에서만 이루어져야 한다는 원칙이다. ① 국민의 기본권을 제한하려는 입

법의 목적이 헌법 및 법률의 체제상 그 정당성이 인정되어야 하고(목적의 정당성), ② 그 목적의 달성을 위하여 그 방법이 효과적이고 적절하여야 하며(방법의 적정성), ③ 입법권자가 선택한 기본권제한의 조치가 입법목적달성을 위하여 설사 적절하다 할지라도 보다 완화된 형태나 방법을 모색함으로써 기본권의 제한은 필요한 최소한도에 그치도록 하여야 하며(피해의 최소성), ④ 그 입법에 의하여 보호하려는 공익과 침해되는 사익을 비교형량할 때 보호되는 공익이 더 커야한다(법익의 균형성)는 법치국가의 원리에서 당연히 파생되는 헌법상의 기본원리의 하나인 비례의 원칙을 말하는 것이다.

이를 우리 헌법은 제37조 제1항에서 "국민의 자유와 권리는 헌법에 열거되지 아니한 이유로 경시되지 아니한다." 제2항에서 "국민의 모든 자유와 권리는 국가안전보장, 질서유지 또는 공공복리를 위하여 필요한 경우에 한하여 법률로써 제한할 수 있으며, 제한하는 경우에도 자유와 권리의 본질적인 내용을 침해할 수 없다."라고 선언하여 입법권의 한계로서 과잉입법금지의 원칙을 명문으로 인정하고 있다(92헌가8).

> ※ **임의적 규정과 필요적 규정**
>
> 입법자가 임의적 규정으로도 법의 목적을 실현할 수 있는 경우에 구체적 사안의 개별성과 특수성을 고려할 수 있는 가능성을 일체 배제하는 필요적 규정을 둔다면, 이는 비례의 원칙의 한 요소인 '최소침해성의 원칙'에 위배된다(96헌가12). 그러나 필요적 규정이라 하더라도 공익적 목적을 달성하기 위하여 필요적 규정이 불가피한 경우, 임의적 규정으로는 목적을 달성할 수 없는 경우 등에는 침해의 최소성에 위반되지 않는다.

4. 내용상 한계 - 본질내용침해금지

> ● 18년 2차 1문
>
> 2015. 10. 7. 개정 국민건강보호법은 기존 절반을 금연구역으로 지정하던 내용을 변경하여 PC방 전체를 금연구역으로 지정하여 운영하도록 규정하였다. 동 개정조항은 부칙에서 2016. 1. 1.부터 시행하되 시행일 이전 PC방은 2년간 종전 법에 따른 시설로 영업을 할 수 있도록 규정되었다. 위 조항은 2010. 4.부터 PC방을 운영해온 甲의 기본권의 본질적 내용을 침해하는가? (5)

가. 의 의

기본권의 본질적 내용은 만약 이를 제한하는 경우에는 기본권 그 자체가 무의미하여지는 경우를 말한다(92헌바29).

나. '본질적 내용'의 의미

절대설은 ① 기본권에는 어떠한 이유로도 침해할 수 없는 기본권의 근본요소 내지 핵심영역이 있는데 그것이 본질적 내용이라는 핵심영역설(김철수)과 ② 인간의 존엄성과 같이 모든 기본권에 공통된 것이 본질적인 것이라고 보는 견해로 나누어진다.

상대설은 본질적 내용은 개별적 기본권에 있어서 이익과 가치의 형량을 통해 구체적으로 확정되고 필요에 따라 제한도 가능하다는 입장이다(성낙인).

절충설은 기본권의 본질적 내용이 되는 것은 모든 기본권에 공통된 최소한의 어떤 가치(예컨대 인간으로서의 존엄성)에다 각 기본권에 특유한 어떤 고유가치를 더한 것이라는 입장이다(권영성).

다. 헌법재판소의 입장

우리 헌법재판소는 "생명권에 대한 제한은 곧 생명권의 완전한 박탈을 의미한다 할 것이므로, 사형이 비례의 원칙에 따라서 최소한 동등한 가치가 있는 다른 생명 또는 그에 못지 아니한 공공의 이익을 보호하기 위한 불가피성이 충족되는 예외적인 경우에 적용되는 한, 그것이 비록 생명을 빼앗는 형벌이라고 하더라도 헌법 제37조 제2항 단서에 위반되는 것으로 볼 수는 없다 할 것이다."라고 하여 상대설의 입장을 취하고 있다(95헌바1).

> 다만 재산권과 관련해서는 "토지재산권의 본질적인 내용이라는 것은 토지재산권의 핵이 되는 실질적 요소 내지 근본요소를 뜻하며, 따라서 재산권의 본질적인 내용을 침해하는 경우라고 하는 것은 그 침해로 사유재산권이 유명무실해지고 사유재산제도가 형해화되어 헌법이 재산권을 보장하는 궁극적인 목적을 달성할 수 없게 되는 지경에 이르는 경우라고 할 것이다(88헌가13)."와 같이 판시하여 절대설을 취하고 있는 경우들이 있다.

라. 검토

생각건대 절대설을 따를 경우 각 기본권마다 본질적 내용이 무엇인지를 검토해야만 규범적 심사가 가능한데 이에 대한 확정은 사실상 불가능하다. 공권력행사의 위헌성심사에서 과잉금지원칙이 준수되었다면 이는 개인의 자유를 가장 적게 제한하는 수단을 선택했다는 의미가 되고, 과잉금지원칙에 위반되는 경우 비로소 본질적 내용이 침해되었는지를 판단해야할 필요성이 있는데 이미 과잉금지원칙 위반을 확인한 마당에 더 이상 본질적 내용의 침해여부를 밝힐 실익이 없다(한수웅). 따라서 상대설이 타당하다.

5. 목적상 한계

헌법 제37조 제2항은 '국가안전보장, 질서유지, 공공복리'를 기본권 제한의 목적상 한계로 들고 있다.

16 위임입법의 한계와 통제

변시 1회 변시 2회 변시 10회

1. 행정입법의 의의

행정입법은 행정권이 법조문의 형식으로 일반적·추상적 규율을 제정하는 작용 또는 그에 의하여 제정된 법규정을 의미한다. 이는 행정주체와 국민과의 관계를 규율하여 대외적인 효력을 갖는 법규명령과 원칙적으로 행정 내부의 영역에서만 효력을 갖는 행정규칙으로 구별된다.

2. 행정입법(위임입법)의 한계

법률이 하위명령에 위임을 할 때에도 ① 국민의 기본권 실현에 있어서 본질적이고 중요한 영역은 국민의 대표자인 입법자가 스스로 형식적 의미의 법률로 정하여야 하고(의회유보원칙), ② 의회유보의 영역이 아닌 경우에도 "구체적으로 범위를 정하여" 위임하여야 한다(포괄위임금지원칙). 또한 ③ 행정입법과 같은 일정한 행정작용은 법률에 근거하여 행하여져야 하고(법률유보 원칙), ④ 모법의 취지를 준수하여 그 목적과 범위 내에서만 규정하여야 하고 모법의 위임의 범위를 일탈해서는 안된다(법률우위 원칙).

> **관련판례** 대통령령으로 규정한 내용이 헌법에 위반될 경우라도 그 대통령령의 규정이 위헌으로 되는 것은 별론으로 하고, 그로 인하여 정당하고 적법하게 입법권을 위임한 수권법률조항까지도 위헌으로 되는 것은 아니다(96헌바22).

> **comment**
> 위 논의 중 법률우위 원칙은 법률유보원칙과 결합하여 작성하면 된다. 즉 법률유보원칙의 내용을 ① 상위법의 위임이 있는지, ② 위임범위 내인지의 2단계로 나누어 검토하면 된다.

3. 행정입법의 통제

가. 행정부 내부의 통제

① 대통령령의 제정은 국무회의의 심의를 거쳐야 하고(헌법 제89조 제3호), 그 공포에는 국무총리와 관계국무위원의 부서가 있어야 한다(헌법 제82조).
② 행정심판이 제기된 경우 중앙행정심판위원회는 처분 또는 부작위의 근거가 되는 명령 등이 법령에 근거가 없거나 상위법령에 위배되거나 국민에게 과도한 부담을 주는 등 현저하게 불리하다고 인정되는 경우에는 관계 행정기관에 대하여 당해 명령 등의 개정·폐지 등의 적절한 시정조치를 요청할 수 있다(행정심판법 제59조 제1항).

나. 국회에 의한 통제

국회는 법률을 개정하여 행정입법에 관한 수권을 제한하거나, 행정입법의 내용과 저촉되는 법률을 제정하는 방법으로 직접적 통제를 할 수 있고, 그 외에도 국정감사·조사, 탄핵소추와 같은 간접적 통제 방법을 사용할 수 있다.

다. 법원에 의한 통제

명령·규칙 또는 처분이 헌법이나 법률에 위반되는 여부가 재판의 전제가 된 경우에는 대법원이 이를 심사할 수 있다(헌법 제107조 제2항, 명령·규칙 심사제도).
만약 당해 행정입법이 개별적·구체적 규율에 해당하여 처분적 성격을 지닌다면 그 행정입법을 대상으로 직접 항고소송을 제기할 수 있다.

라. 헌법재판소에 의한 통제

행정입법이 집행행위 매개 없이 국민의 기본권을 직접 침해하는 경우에는 헌법소원심판을 통하여 다툴 수 있다.

17 위임의 형식

`18.10.모의` `21.08.모의`

> ★ 4회 변시 2문의1
> 「식품위생법」 제10조 제1항에서 '판매를 목적으로 하는 식품 또는 식품첨가물의 표시'에 관한 기준을 고시로 정하도록 위임하는 것은 헌법상 허용되는가? (10)

1. 문제점

법령이 입법사항에 관하여 헌법조항에서 규정한 대통령령, 총리령, 부령이 아닌 형식 즉 고시·훈령 등으로 위임이 가능한지 문제된다.

2. 견해의 대립 및 헌법재판소의 입장

가. 반대하는 견해 (헌법재판소 반대의견)

우리 헌법은 제40조에서 국회입법의 원칙을 천명하면서 예외적으로 법규명령으로 대통령령, 총리령과 부령, 대법원규칙, 헌법재판소규칙, 중앙선거관리위원회규칙을 한정적으로 열거하고 있는 한편 우리 헌법은 그것에 저촉되는 법률을 포함한 일체의 국가의사가 유효하게 존립될 수 없는 경성헌법이므로, 법률 또는 그 이하의 입법형식으로써 헌법상 원칙에 대한 예외를 인정하여 고시와 같은 행정규칙에 입법사항을 위임할 수는 없다. 우리 헌법을 이렇게 해석한다면 위임에 따른 행정규칙은 법률의 위임 없이도 제정될 수 있는 집행명령 (헌법 제75조 후단)에 의하여 규정할 수 있는 사항 또는 법률의 의미를 구체화하는 내용만을 규정할 수 있다고 보아야 하는 것이고 새로운 입법사항을 규정하거나 국민의 새로운 권리·의무를 규정할 수는 없다.

나. 헌법재판소의 입장

오늘날 의회의 입법독점주의에서 입법중심주의로 전환하여 일정한 범위 내에서 행정입법을 허용하게 된 동기가 사회적 변화에 대응한 입법수요의 급증과 종래의 형식적 권력분립주의로는 현대사회에 대응할 수 없다는 기능적 권력분립론에 있다는 점 등을 감안하여 헌법 제40조와 헌법 제75조, 제95조의 의미를 살펴보면, 국회입법에 의한 수권이 입법기관이 아닌 행정기관에게 법률 등으로 구체적인 범위를 정하여 위임한 사항에 관하여는 당해 행정기관에게 법정립의 권한을 갖게 되고, 입법자가 규율의 형식도 선택할 수도 있다 할 것이므로, <u>헌법이 인정하고 있는 위임입법의 형식은 예시적인 것으로 보아야 할 것이고, 그것은 법률이 행정규칙에 위임하더라도 그 행정규칙은 위임된 사항만을 규율할 수 있으므로, 국회입법의 원칙과 상치되지도 않는다.</u> 다만, 형식의 선택에 있어서 규율의 밀도와 규율영역의 특성이 개별적으로 고찰되어야 할 것이고, 그에 따라 입법자에게 상세한 규율이 불가능한 것으로 보이는 영역이라면 행정부에게 필요한 보충을 할 책임이 인정되고 극히 전문적인 식견에 좌우되는 영역에서는 행정기관에 의한 구체화의 우위가 불가피하게 있을 수 있다. 그러한 영역에서 행정규칙에 대한 위임입법이 제한적으로 인정될 수 있다(99헌바91).

3. 위헌성 판단방법

행정규칙은 법규명령과 같은 엄격한 제정 및 개정절차를 요하지 아니하므로, 재산권 등과 같은 기본권을 제한하는 작용을 하는 법률이 입법위임을 할 때에는 "대통령령", "총리령", "부령" 등 법규명령에 위임함이 바람직하고, 고시와 같은 형식으로 입법위임을 할 때에는 적어도 행정규제기본법 제4조 제2항 단서에서 정한 바와 같이 <u>법령이 전문적·기술적 사항이나 경미한 사항으로서 업무의 성질상 위임이 불가피한 사항에 한정된다</u> 할 것이고, 그러한 사항이라 하더라도 포괄위임금지의 원칙상 법률의 위임은 반드시 구체적·개별적으로 한정된 사항에 대하여 행하여져야 한다.

18 포괄위임금지원칙

`변시 5회` `변시 10회` `변시 14회` `모의시험 다수 출제`

★ **3회 변시 2문**

운전면허를 받은 사람이 자동차등을 이용하여 행정안전부령이 정하는 범죄행위를 한 때 운전면허를 취소하도록 하는 조항의 위헌성에 대해 판단하시오. (30)

★ **11회 변시 1문**

전기판매사업자는 대통령령으로 정하는 바에 따라 전기요금과 그 밖의 공급조건에 관한 약관을 작성하여 산업통상자원부장관의 인가를 받아야 한다고 규정한 전기사업법 조항의 포괄위임금지원칙 위반 여부 (20)

★ **11회 변시 1문**

가축분뇨법 8조가 가축사육 제한에 관하여 조례에 위임한 것이 위임입법의 한계를 일탈한 것인지 검토하시오. (30점 중 일부)

★ **13회 변시 2문**

甲은 국토계획법 56조 1항 2호(토지형질변경으로서 대통령령으로 정하는 행위를 하려는 자는 지자체장의 허가를 받아야 한다)가 포괄위임금지원칙에 위반되고 재산권을 침해한다고 주장한다. 甲의 주장에 대해 판단하시오. (30)

● **13년 1차 1문**

고용허가를 받아 근무하다가 사업장을 3회 변경한 뒤, 해고당한 후 사업장변경 문의를 했으나 관련법 제25조 4항(외국인근로자 사업장 변경은 3회 초과할 수 없다. 다만 대통령령으로 정하는 부득이한 사유가 있는 경우에는 그러하지 아니하다)에 의해 사업장 변경 불가통보를 받은 네팔인 찬드라는 위 조항이 포괄위임금지원칙에 위배된다고 주장한다. 당부를 논하시오.

● **13년 2차 2문**

건축법 위반 건축물에 해당하는 경우 지방세법에 따라 그 건축물에 적용되는 시가표준액에 해당하는 금액의 100분의 10의 범위에서 위반내용에 따라 대통령령으로 정하는 금액의 이행강제금은 부과할 수 있도록 한 건축법 제80조 제1항 제2호의 위헌 여부를 논하시오. (30)

● **17년 3차 1문**

"수용자의 서신발송의 횟수, 서신 내용물의 확인 및 서신내용의 검열방법 등에 관하여 필요한 사항은 대통령령으로 정한다." 고 규정하고 있는 형집행법 조항이 포괄위임금지원칙에 위반되는지 검토하시오. (10)

● **19년 3차 2문**

폐기물처리업을 하려는 자는 환경부령으로 정하는 바에 따라 지정폐기물을 대상으로 하는 경우에는 폐기물처리사업계획서를 환경부장관에게 제출하도록 한 폐기물관리법이 포괄위임금지원칙에 위반되는가 (20)

1. 의 의

법률은 규율하고자 하는 사항을 직접 규정하지 않고 대통령령 기타 하위 법령이 규정하도록 위임할 수 있으므로(헌법 제75조, 제95조) 개인의 자유를 제한하는 입법에 있어서도 그 내용의 일부를 하위 법령에 위임하는 것은 허용된다. 다만 법률이 하위법령에 입법을 위임할 때에는 반드시 "구체적으로 범위를 정하여" 위임하여야 하고 법률이 규정할 사항을 포괄적으로 하위법령에 위임하는 것은 허용되지 않는바(헌법 제75조), 만약 하위법령에 대한 포괄적 입법위임을 허용한다면 이는 곧 대통령령 등 하위법령이 실질적인 입법을 하게 되는 것이어서, 결국 개인의 자유에 대한 제한은 법률에 의해서만 할 수 있도록 한 헌법 제37조 제2항에 반하는 것일 뿐 아니라 입법권을 국회에 속하는 것으로 규정한 헌법 제40조의 취지에도 위반되는 것이 되기 때문이다(2004헌바48).

2. 심사기준

헌법재판소는 포괄위임금지원칙 위반여부의 판단기준을 ① 위임의 필요성이 인정되는지, ② 예측가능성이 인정되는지를 기준으로 제시하고 있다.

가. 위임의 필요성

위임의 필요성은 ① 규율하는 내용의 특성상 급변하는 사회·경제 환경에 맞추어 규율하여야 할 필요성이 크므로, 국회제정의 법률보다 탄력적으로 대응할 수 있는 행정입법에 위임할 필요가 있는지(2019헌바536), ② 세부적인 절차 및 내역을 모두 예상하여 법률에 일일이 규정하는 것에는 입법기술상 상당한 어려움이 있는지(2018헌바356), ③ 전문적·기술적 사항에 해당하는지 등을 그 기준으로 판단하고 있다.

나. 예측가능성

헌법 제75조는 "대통령은 법률에서 구체적으로 범위를 정하여 위임받은 사항과 법률을 집행하기 위하여 필요한 사항에 관하여 대통령령을 발할 수 있다."라고 규정하고 있다. 여기서 '법률에서 구체적으로 범위를 정하여 위임받은 사항'이란 법률에 이미 대통령령으로 규정될 내용 및 범위의 기본사항이 구체적이고도 명확하게 규정되어 있어서 누구라도 당해 법률로부터 대통령령에 규정될 내용의 대강을 예측할 수 있어야 함을 의미한다. 그리고 이러한 위임의 구체성·명확성 내지 예측가능성의 유무는 당해조항 하나만을 가지고 판단할 것이 아니라 관련조항 전체를 유기적·체계적으로 종합하여 판단하여야 한다.

3. 입법사항을 총리령·부령에 위임할 수 있는지 여부

헌법 제75조는 대통령에 대한 입법권한의 위임에 관한 규정이지만, 국무총리나 행정각부의 장으로 하여금 법률의 위임에 따라 총리령 또는 부령을 발할 수 있도록 하고 있는 헌법 제95조의 취지에 비추어 볼 때, 입법자는 법률에서 구체적으로 범위를 정하기만 한다면 대통령령뿐만 아니라 부령에 입법사항을 위임할 수도 있다(97헌마64).

4. 재위임의 한계

법률에서 위임받은 사항을 전혀 규정하지 않고 재위임하는 것은 복위임금지의 법리에 반할 뿐 아니라 수권법의 내용변경을 초래하는 것이 되고, 부령의 제정·개정절차가 대통령령에 비하여 보다 용이한 점을 고려할 때 재위임에 의한 부령의 경우에도 위임에 의한 대통령령에 가해지는 헌법상의 제한이 당연히 적용되어야 할 것이므로 법률에서 위임받은 사항을 전혀 규정하지 아니하고 그대로 재위임하는 것은 허용되지 않으며 위임받은 사항에 관하여 대강을 정하고 그 중의 특정사항을 범위를 정하여 하위 법령에 다시 위임하는 경우에만 재위임이 허용된다(94헌마213).

5. 명확성의 원칙과의 관계

포괄위임금지의 원칙은 행정부에 입법을 위임하는 수권법률의 명확성원칙에 관한 것으로서 법률의 명확성 원칙이 위임입법에 관하여 구체화된 특별규정이라고 할 수 있다. 따라서 수권법률조항의 명확성원칙 위배 여부는 헌법 제75조의 포괄위임금지의 원칙의 위반 여부에 대한 심사로써 충족된다(2004헌가29).

> ※ 법률이 정관에 위임을 한 경우의 문제 (2000헌마22)
>
> 1. 포괄위임금지원칙 적용여부
>
> 법률이 행정부가 아니거나 행정부에 속하지 않는 공법적 기관의 정관에 특정 사항을 정할 수 있다고 위임하는 경우에는 권력분립의 원칙을 훼손할 여지가 없다. 이는 자치입법에 해당되는 영역이므로 자치적으로 정하는 것이 바람직하다. 따라서 법률이 정관에 자치법적 사항을 위임한 경우에는 헌법 제75조, 제95조가 정하는 포괄적인 위임입법의 금지는 원칙적으로 적용되지 않는다. 그러나 공법적 기관의 정관 규율사항이라도 그러한 정관의 제정주체가 사실상 행정부에 해당하거나, 기타 권력분립의 원칙에서 엄격한 위임입법의 한계가 준수될 필요가 있는 경우에는 헌법 제75조, 제95조의 포괄위임입법금지 원칙이 적용되어야 한다.
>
> 2. 법률유보원칙 적용여부
>
> 법률이 자치적인 사항을 정관에 위임힐 경우 원칙적으로 헌법상의 포괄위임입법금지 원칙이 적용되지 않는다 하더라도, 그 사항이 국민의 권리 의무에 관련되는 것일 경우에는, 적어도 국민의 권리와 의무의 형성에 관한 사항을 비롯하여 국가의 통치조직과 작용에 관한 기본적이고 본질적인 사항은 반드시 국회가 정하여야 한다는 법률유보 내지 의회유보의 원칙이 지켜져야 한다.

19 특별권력관계

1. 의 의

특별권력관계란 일반권력관계에 대비되는 개념으로서, 법률규정이나 당사자의 동의와 같은 특별한 법적 원인에 의해 공법상의 특정한 목적달성에 필요한 한도 내에서 특정한 자에게 포괄적 지배권이 부여되고 상대방은 이에 복종하는 것을 내용으로 하는 관계를 말한다.

2. 특별권력관계에서 기본권 제한 허용여부

가. 전통적 특별권력관계이론

고전적인 특별권력관계 이론에 따르면, 일반권력관계와는 달리 공무원, 수형자와 같은 이른바 특별권력관계는 ① "법으로부터 자유로운 영역"에 해당하며 법치국가원리가 적용되지 않으므로 법률에 의하지 않은 기본권 제한이 가능하고, ② 비례의 원칙이 적용되지 않으며, ③ 기본권 침해가 있는 경우에도 사법심사가 배제된다고 보았다.

나. 오늘날의 특별권력관계이론

전통적 특별권력관계이론과 달리 오늘날에는 특별권력관계에 해당하더라도 법치주의원칙이 그대로 적용되어야 한다고 본다. 따라서 특별권력관계에 있는 자의 기본권을 제한하기 위해서는 헌법 또는 법률에 근거가 있어야 하며 그 경우에도 기본권 제한의 한계가 준수되어야 한다.

헌법재판소도 "수형자의 기본권 제한에 대한 구체적인 한계는 헌법 제37조 제2항에 따라 법률에 의하여, 구체적인 자유·권리의 내용과 성질, 그 제한의 태양과 정도 등을 교량하여 설정하게 되며, 수용 시설 내의 안전과 질서를 유지하기 위하여 이들 기본권의 일부 제한이 불가피하다 하더라도 그 본질적인 내용을 침해하거나, 목적의 정당성, 방법의 적정성, 피해의 최소성 및 법익의 균형성 등을 의미하는 과잉금지의 원칙에 위배되어서는 안 된다."는 입장이다(2002헌마478).

3. 특별권력관계와 사법적 구제

특별권력관계에 있는 자에 대한 처분이 사법심사의 대상이 될 수 있는지에 관하여 학설은 긍정설과 부정설, 제한적 긍정설이 있으나 헌법재판소는 "경찰공무원을 비롯한 공무원의 근무관계인 이른바 특별권력관계에 있어서도 일반행정법관계에 있어서와 마찬가지로 행정청의 위법한 처분 또는 공권력의 행사·불행사 등으로 인하여 권리 또는 법적 이익을 침해당한 자는 행정소송 등에 의하여 그 위법한 처분 등의 취소를 구할 수 있다고 보아야 할 것이다(91헌마80)."라고 하여 전면적 긍정설의 입장이다.

20. 기본권보호의무

● 18년 1차 2문

소비자 丁은 甲의 정육점에서 상한 육류를 구입하여 섭취한 후, 이로 인하여 식중독에 걸렸다. 丁은 정육점 영업시설기준의 미흡함으로 인하여 식중독의 원인인 상한 육류의 유통이 가능하게 되었다고 생각하였다. 이에 丁은 "축산물위생관리법 시행규칙 심판대상조항"이 미비하여 자신의 생명·신체의 안전을 침해하였다고 주장하며 헌법재판소에 헌법소원심판을 청구하였다. 기본권보호의무 위반여부를 검토하시오. (20)

1. 의 의

기본권 보호의무란 기본권적 법익을 기본권 주체인 사인에 의한 위법한 침해 또는 침해의 위험으로부터 보호하여야 하는 국가의 의무를 말하며, 주로 사인인 제3자에 의한 개인의 생명이나 신체의 훼손에서 문제되는데, 이는 타인에 의하여 개인의 신체나 생명 등 법익이 국가의 보호의무 없이는 무력화될 정도의 상황에서만 적용될 수 있다(2005헌마764). 방어권적 기본권은 국가의 침해로부터 기본권이 침해당하지 않도록 보호되어야 할 국민의 자유를 말하는 것인데 반해, 기본권 보호의무는 주로 사인에 의한 기본권 침해행위에 대해 국가의 적극적인 기본권 보호활동을 요구하는 것을 말하는 것이라는 점에 차이가 있다. 헌법 제10조 제2문은 소극적으로 국가권력이 국민의 기본권을 침해하는 것을 금지하는데 그치지 아니하고 나아가 적극적으로 국민의 기본권을 타인의 침해로부터 보호할 의무를 부과하고 있다(2002헌마358).

2. 심사기준 - 과소보호금지원칙

국가가 국민의 생명·신체의 안전에 대한 보호의무를 다하지 않았는지 여부를 헌법재판소가 심사할 때에는 국가가 이를 보호하기 위하여 적어도 적절하고 효율적인 최소한의 보호조치를 취하였는가 하는 이른바 '과소보호금지원칙'의 위반 여부를 기준으로 삼아, 국민의 생명·신체의 안전을 보호하기 위한 조치가 필요한 상황인데도 국가가 아무런 보호조치를 취하지 않았든지 아니면 취한 조치가 법익을 보호하기에 전적으로 부적합하거나 매우 불충분한 것임이 명백한 경우에 한하여 국가의 보호의무의 위반을 확인하게 된다(90헌마10).

> **관련판례** 형벌은 국가가 취할 수 있는 유효적절한 수많은 수단 중의 하나일 뿐이지, 결코 형벌까지 동원해야만 보호법익을 유효적절하게 보호할 수 있다는 의미의 최종적인 유일한 수단이 될 수는 없다. … 업무상과실 또는 중대한 과실로 인한 교통사고로 말미암아 피해자로 하여금 상해에 이르게 한 경우 공소를 제기할 수 없도록 한 교통사고처리특례법 조항은 교통사고 피해자에 대한 국가의 기본권보호의무에 위반되지 않는다. (2005헌마764)

제2장 인간의 존엄과 가치·행복추구권

제1절 인간의 존엄과 가치

21 인간의 존엄과 가치

인간의 존엄과 가치는 모든 인간을 그 자체로서 목적으로 존중하고 독자적인 인격적 대우 및 평가를 하여야 한다는 의미이다. 인간은 그 자체로 존엄하고 가치 있는 존재이므로 어떠한 경우에도 인간을 물적 대우해서는 안되고, 다른 어떤 가치보다 우선시 되어야 한다. 헌법 제10조 인간의 존엄과 가치는 헌법이념의 핵심으로 모든 국가권력을 구속하고(객관적 헌법원리성), 모든 법령의 내용과 효력을 해석하는 기준이 되며(국법체계상 최고규범성), 국가의 근본질서로서 헌법개정의 한계의 역할을 할 뿐만 아니라, 주관적 공권으로서 기본권의 성격도 지니고 있다.

22 인격권

14.06.모의 20.10.모의

■ 2014년 제56회 사법시험
> 피의자 甲은 A사건 살인혐의에 대해서는 인정하나 B사건 살인혐의를 부인하고 있다. 경찰은 현장검증 때도 甲에게 모자와 마스크를 씌웠으나 더운 날씨 탓인지 甲은 수시로 벗었다. 마침 현장에 있던 신문사 기자 乙은 甲의 맨얼굴을 찍어 신문에 공개하였다. 甲과 乙이 주장할 수 있는 기본권을 제시하시오. (20)

1. 의 의

일반적으로 인격권이란 권리주체와 분리될 수 없는 인격적 이익의 향유를 내용으로 하는 권리를 말한다.

2. 헌법적 근거

일반적 인격권의 헌법적 근거를 ① 헌법 제10조에서 찾는 견해, ② 헌법 제10조, 제17조(사생활의 비밀과 자유), 제37조 제1항에서 찾는 견해가 대립한다. 우리 헌법재판소는 인격권의 헌법적 근거에 대하여 헌법 제10조를 그 근거로 보고 있다(89헌마82).

3. 주 체

일반적 인격권은 '인간'의 권리이므로 국민뿐만 아니라 외국인도 인격권의 주체가 된다. 법인이 인격권의 주체가 될 수 있는지에 대하여 견해가 대립하나, 헌법재판소는 <u>법인의 인격권주체성을 긍정하는 입장이다</u>(기본권주체성에서 전술).17)

4. 내 용

사람의 성명, 초상, 명예 등은 한 개인의 인격적 상징이므로 당해 개인은 인격권에서 유래하는 성명, 초상 등을 함부로 이용당하지 않을 권리 및 명예를 침해당하지 않을 권리를 가진다.

가. 명예권

헌법 제10조로부터 도출되는 일반적 인격권에는 개인의 명예에 관한 권리도 포함되는데, '명예'는 사람이나 그 인격에 대한 '사회적 평가', 즉 객관적·외부적 가치평가를 말하는 것이지 단순히 주관적·내면적인 명예감정은 포함되지 않는다(2002헌마425).

나. 초상권

사람은 누구나 자신의 얼굴 기타 사회통념상 특정인임을 식별할 수 있는 신체적 특징에 관하여 함부로 촬영 또는 그림묘사되거나 공표되지 아니하며 영리적으로 이용당하지 않을 권리를 가지는데, 이러한 초상권은 우리 헌법 제10조 제1문에 의하여 헌법적으로 보장되는 권리이다(2004다16280).

다. 성명권

개인은 자신의 성명의 표시 여부에 관하여 스스로 결정할 권리를 가진다. 성명은 개인의 정체성과 개별성을 나타내는 인격의 상징으로서 개인이 사회 속에서 자신의 생활영역을 형성하고 발현하는 기초가 되는 것이라 할 것이므로 자유로운 성의 사용 역시 헌법상 인격권으로부터 보호된다고 할 수 있다(2003헌가5).

라. 배아생성자의 배아의 관리 또는 처분에 대한 결정권

배아생성자는 배아에 대해 자신의 유전자정보가 담긴 신체의 일부를 제공하고, 또 배아가 모체에 성공적으로 착상하여 인간으로 출생할 경우 생물학적 부모로서의 지위를 갖게 되므로, 배아의 관리 또는 처분에 대한 결정권을 가진다. 이러한 배아생성자의 배아에 대한 결정권은 헌법상 명문으로 규정되어 있지는 아니하지만, 헌법 제10조로부터 도출되는 일반적

---

17) 반대의견(재판관 김종대) 자연적 생명체인 사람의 존재를 전제로 하는 기본권이나 인간의 감성과 관련된 기본권처럼 개인이 자연인으로서 향유하게 되는 기본권은 그 성질상 당연히 법인에게 적용될 수 없다. 즉, 법인은 인간의 존엄, 생명권, 신체의 자유, 혼인의 자유, 양심의 자유 등의 주체가 될 수 없다.

인격권의 한 유형으로서의 헌법상 권리에 해당한다(2005헌마346).

마. 부모의 태아 성별 정보에 대한 접근을 방해받지 않을 권리 (2004헌마1010)

헌법 제10조로부터 도출되는 일반적 인격권에는 각 개인이 그 삶을 사적으로 형성할 수 있는 자율영역에 대한 보장이 포함되어 있음을 감안할 때, 장래 가족의 구성원이 될 태아의 성별 정보에 대한 접근을 국가로부터 방해받지 않을 부모의 권리는 이와 같은 일반적 인격권에 의하여 보호된다.

> **관련판례 ❶ 방송법상 시청자에 대한 사과명령은 방송사업자의 인격권을 침해한다.** (2009헌가27)
> 심의규정을 위반한 방송사업자에게 '주의 또는 경고'만으로도 반성을 촉구하고 언론사로서의 공적 책무에 대한 인식을 제고시킬 수 있고, 위 조치만으로도 심의규정에 위반하여 '주의 또는 경고'의 제재조치를 받은 사실을 공표하게 되어 이를 다른 방송사업자나 일반 국민에게 알리게 됨으로써 여론의 왜곡 형성 등을 방지하는 한편, 해당 방송사업자에게는 해당 프로그램의 신뢰도 하락에 따른 시청률 하락 등의 불이익을 줄 수 있다. 또한, '시청자에 대한 사과'에 대하여는 '명령'이 아닌 '권고'의 형태를 취할 수도 있다. 이와 같이 기본권을 보다 덜 제한하는 다른 수단에 의하더라도 이 사건 심판대상조항이 추구하는 목적을 달성할 수 있으므로 이 사건 심판대상조항은 침해의 최소성원칙에 위배된다.
>
> ❷ 학교폭력 가해학생에 대한 조치로 피해학생에 대한 서면사과를 규정한 구 '학교폭력예방 및 대책에 관한 법률' 조항은 가해학생의 양심의 자유와 인격권을 침해하지 않는다. (2019헌바93)
> 학교폭력의 가해학생과 피해학생은 모두 학교라는 동일한 공간에서 생활하므로, 가해학생의 반성과 사과 없이는 피해학생의 진정한 피해회복과 학교폭력의 재발방지를 기대하기 어렵다. 서면사과 조치는 단순히 의사에 반한 사과명령의 강제나 강요가 아니라, 학교폭력 이후 피해학생의 피해회복과 정상적인 교우관계회복을 위한 특별한 교육적 조치로 볼 수 있다.
>
> ❸ 사업자단체의 독점규제및공정거래법 위반행위가 있을 때 공정거래위원회가 당해 사업자단체에 대하여 "법 위반사실의 공표"를 명할 수 있도록 한 심판대상조항은 과잉금지의 원칙에 위반하여 당해 행위자의 일반적 행동의 자유 및 명예권을 침해한다. (2001헌바43)
> 소비자보호를 위한 보호적, 경고적, 예방적 형태의 공표조치를 넘어서 형사재판이 개시되기도 전에 공정거래위원회의 행정처분에 의하여 무조건적으로 법위반을 단정, 그 피의사실을 널리 공표토록 한다면 이는 지나치게 광범위한 조치로서 입법목적에 반드시 부합하는 적합한 수단이라고 하기 어렵다.
>
> ❹ 거짓이나 그 밖의 부정한 방법으로 보조금을 교부받거나 보조금을 유용하여 어린이집 운영정지, 폐쇄명령 또는 과징금 처분을 받은 어린이집에 대하여 그 위반사실을 공표하도록 한 영유아보육법 심판대상조항은 과잉금지원칙을 위반하여 인격권 및 개인정보자기결정권을 침해하지 않는다. (2019헌바520)
> 보조금을 부정수급하거나 유용하는 부패행위는 영유아보육의 질과 직결되어 그로 인한 불이익이 고스란히 영유아들에게 전가되므로 이를 근절할 필요가 크다. 어린이집의 투명한 운영을 담보하고 영유아 보호자의 보육기관 선택권을 실질적으로 보장하기 위해서는 보조금을 부정수급하거나 유용한 어린이집의 명단 등을 공표하여야 할 필요성이 있다.

제2절 행복추구권

23 행복추구권

● 18년 3차 1문
헌법 제10조에 근거해서 동성혼의 자유가 인정되는가? (20)

1. 행복추구권의 의의 및 성격

헌법 제10조 전문의 행복추구권이란 소극적으로는 고통과 불쾌감이 없는 상태를 추구할 권리, 적극적으로는 만족감을 느끼는 상태를 추구할 수 있는 권리를 말한다.

행복추구권은 국민이 행복을 추구하기 위한 활동을 국가권력의 간섭 없이 자유롭게 할 수 있다는 자유권으로서의 성격을 가지는바, 하나의 독자적 기본권이지만 다른 여타의 개별적 기본권과는 달리 추상적이고 포괄적인 보충적 기본권에 해당한다.

이처럼 행복추구권은 포괄적 의미의 자유권적 성격을 지니므로 국민이 행복을 추구하기 위하여 필요한 급부를 국가에게 적극적으로 요구할 수 있는 것까지 그 내용으로 하는 것은 아니다 (2006헌바35).

> **관련판례** 공물이용권은 행복추구권에 포함되지 않는다. (2009헌마406)
> 청구인들이 주장하는 공물을 사용·이용하게 해달라고 청구할 수 있는 권리는 청구인들의 주장 자체에 의하더라도 청구권의 영역에 속하는 것이므로 이러한 권리가 포괄적인 자유권인 행복추구권에 포함된다고 할 수 없다.

> ※ 행복추구권에 포함되어 있는 권리
> ① 일반적 행동자유권, ② 자기결정권, ③ 인격의 자유로운 발현권, ④ 개성의 자유로운 발현권, ⑤ 계약의 자유, ⑥ 휴식권(2000헌마159), ⑦ 사립학교 운영의 자유, ⑧ 부모의 분묘를 가꾸고 봉제사를 하고자 하는 권리(2007헌마872) 등

2. 인격의 자유로운 발현권

학습자로서의 아동과 청소년은 되도록 국가의 방해를 받지 아니하고 자신의 인격, 특히 성향이나 능력을 자유롭게 발현할 수 있는 권리가 있고, 그의 인격권은 인간의 존엄성 및 행복추구권을 보장하는 헌법 제10조에 의하여 보호되는바, 헌법은 국가의 교육권한과 부모의 교육권의 범주 내에서 아동에게도 자신의 교육에 관하여 스스로 결정할 권리, 즉 자유롭게 교육을 받을 권리를 부여한다고 판시하면서 과외교습금지는 결국 아동과 청소년의 행복추구권에 포함된 '인격의 자유로운 발현권'을 제한한다고 판시하였다(98헌가16).

3. 열거되지 않은 기본권을 인정하기 위한 요건

헌법에 열거되지 아니한 기본권을 새롭게 인정하려면, 그 필요성이 특별히 인정되고, 그 권리내용(보호영역)이 비교적 명확하여 구체적 기본권으로서의 실체 즉, 권리내용을 규범 상대방에게 요구할 힘이 있고 그 실현이 방해되는 경우 재판에 의하여 그 실현을 보장받을 수 있는 구체적 권리로서의 실질에 부합하여야 할 것이다(2007헌마369).

> **관련판례** 평화적 생존권은 헌법상 보장된 기본권에 해당하지 않는다.
> 청구인들이 평화적 생존권이란 이름으로 주장하고 있는 평화란 헌법의 이념 내지 목적으로서 추상적인 개념에 지나지 아니하고, 평화적 생존권은 이를 헌법에 열거되지 아니한 기본권으로서 특별히 새롭게 인정할 필요성이 있다거나 그 권리내용이 비교적 명확하여 구체적 권리로서의 실질에 부합한다고 보기 어려워 헌법상 보장된 기본권이라고 할 수 없다(2007헌마369).

일반적 행동자유권

변시 1회 변시 7회 변시 10회 변시 11회 변시 14회

★ 3회 변시 2문
운전면허를 받은 사람이 자동차등을 이용하여 행정안전부령이 정하는 범죄행위를 한 때 운전면허를 취소하도록 하는 조항의 위헌성에 대해 판단하시오. (30) (2013헌가6, 2015헌바204)

★ 3회 변시 2문
음주운전금지를 2회 이상 위반한 사람이 다시 술에 취한 상태에서 자동차등을 운전하여 운전면허 정지 사유에 해당된 경우 운전면허를 취소하는 조항이 이중처벌금지원칙, 일반적 행동의 자유, 평등의 원칙에 위반되는지 판단하시오. (20) (2013헌가6, 2015헌바204)

■ 2016년 제58회 사법시험
서울특별시 지하철역 출입구로부터 10m 이내를 금연구역으로 지정하는 내용의 "서울특별시 간접흡연 피해방지 조례"가 과잉금지원칙에 위반하여 흡연자 丙의 기본권을 침해하는지 여부를 검토하시오. (30)

1. 의의 및 근거

일반적 행동자유권은 개인이 행위를 할 것인가의 여부에 대하여 자유롭게 결단하는 것을 전제로 하여 이성적이고 책임감 있는 사람이라면 자기에 관한 사항은 스스로 처리할 수 있을 것이라는 생각에서 인정되는 것이다. 일반적 행동자유권에는 적극적으로 자유롭게 행동을 하는 것은 물론 소극적으로 행동을 하지 않을 자유 즉, 부작위의 자유도 포함되며, 포괄적인 의미의 자유권으로서 일반조항적인 성격을 가진다. 일반적 행동자유권은 헌법 제10조 행복추구권이 그 헌법적 근거가 된다는 것이 헌법재판소의 입장이다.

2. 성 격

일반적 행동자유권은 포괄적인 의미의 자유권으로서 일반조항적인 성격을 가진다. 따라서 개별 기본권이 적용되는 경우에는 보충적 기본권인 일반적 행동자유권은 고려되지 않는다.

3. 보호영역

일반적 행동자유권이 가치 있는 행동만을 그 보호영역으로 하는 것인지, 아니면 일반적인 행동의 자유 전반을 그 보호영역으로 하는 것인지에 관하여 견해가 대립한다.
헌법재판소는 "일반적 행동자유권은 모든 행위를 할 자유와 행위를 하지 않을 자유로 가치있는 행동만 그 보호영역으로 하는 것은 아닌 것으로, 그 보호영역에는 개인의 생활방식과 취미에

관한 사항도 포함되며, 여기에는 위험한 스포츠를 즐길 권리와 같은 위험한 생활방식으로 살아갈 권리도 포함된다."라고 판시하였다. 따라서 좌석안전띠를 매지 않을 자유(2002헌마518), 개인이 대마를 자유롭게 수수하고 흡연할 자유(2005헌바46)도 일반적 행동자유권의 보호영역에 속한다.

4. 일반적 행동자유권으로부터 파생되는 권리

가. 계약의 자유 18.10.모의

이른바 계약자유의 원칙이란 계약을 체결할 것인가의 여부, 체결한다면 어떠한 내용의, 어떠한 상대방과의 관계에서, 어떠한 방식으로 계약을 체결하느냐 하는 것도 당사자 자신이 자기의사로 결정하는 자유뿐만 아니라, 원치 않으면 계약을 체결하지 않을 자유를 말하여, 이는 헌법상의 행복추구권속에 함축된 일반적 행동자유권으로부터 파생된다(89헌마204).

나. 사적자치의 원칙

사적자치의 원칙이란 자신의 일을 자신의 의사로 결정하고 행하는 자유뿐만 아니라 원치 않으면 하지 않을 자유로서 우리 헌법 제10조의 행복추구권에서 파생되는 일반적 행동자유권의 하나이다. 사적자치의 원칙은 법률행위의 영역에서는 계약자유의 원칙으로 나타난다(2008헌바61).

다. 그 외에 일반적 행동자유권에 포섭되는 내용

지역방언을 자신의 언어로 선택하여 공적 또는 사적인 의사소통과 교육의 수단으로 사용하는 권리(2008헌마618), 기부행위(2013헌바106), 공법상 단체에 강제로 가입하지 않을 자유(2000헌마801), 법인운영의 자유(2012헌마654), 미결수용자의 변호인 아닌 자와의 접견교통권 및 수형자의 접견교통권(2002헌마193) 등도 일반적 행동자유권에 보호범위에 포함된다.

2t 자기결정권

변시 6회 변시 10회

★ 12회 변시 1문
전동킥보드의 최고속도 제한으로 인하여 신체의 자유, 거주·이전의 자유가 '제한' 된다는 주장에 대한 타당성 평가를 포함하여, 위 규정으로 인하여 '제한' 되는 기본권이 무엇인지 판단하시오. (20) (2017헌마1339)

★ 12회 변시 2문
丙은 생전에 「시체 해부 및 보존에 관한 법률」 제12조 제1항 본문에 의하면 무연고로 사망할 경우 본인의 의사와는 무관하게 의과대학에 해부용으로 제공될 수 있다는 사실을 알고, 위 조항이 자신의 기본권을 침해한다고 주장하였다. 이때 丙의 제한되는 기본권을 특정하고 그 기본권 침해 여부를 검토하시오. (20) (2012헌마940)

● 16년 3차 1문
의료법에 따라 개설된 의료기관이 당연히 국민건강보험 요양기관이 되도록 규정한 국민건강보험법 조항의 위헌여부를 검토하시오. (30) (2012헌마865)

■ 2017년 제59회 사법시험
합의 여부를 불문하고 군인간의 항문성교행위를 금지하는 군형법 조항이 성적 자기결정권을 침해하는지 여부를 검토하시오. (30)

■ 2017년 제59회 사법시험
연명의료중단에 관한 자기결정권의 의의, 근거, 범위를 검토하시오. (20)

I. 의의 및 근거

자기결정권이랑 개인이 사적 영역에서 국가 등 외부의 간섭 없이 스스로 자유롭게 결정할 수 있는 권리로서, 헌법 제10조 행복추구권으로부터 도출된다.

2. 내 용

자기결정권의 내용으로는 ① 성적(性的) 자기결정권, ② 생명 또는 신체에 관한 자기결정권, ③ 임신과 출산(reproduction)에 관한 자기결정권, ④ 소비자의 자기결정권, ⑤ 생활방식(life style)에 관한 자기결정권 등이 있다.

가. 성적자기결정권

개인의 인격권·행복추구권에는 개인의 자기운명결정권이 전제되는 것이고, 이 자기운명결정권에는 성행위 여부 및 그 상대방을 결정할 수 있는 성적자기결정권이 또한 포함되어 있다(2008헌바58).

나. 생명 또는 신체에 관한 자기결정권

> **관련판례** ❶ 연명치료중단에 관한 자기결정권
> 연명치료 중단에 관한 결정 및 그 실행이 환자의 생명단축을 초래한다 하더라도 이를 생명에 대한 임의적 처분으로서 자살이라고 평가할 수 없고, 오히려 인위적인 신체침해 행위에서 벗어나서 자신의 생명을 자연적인 상태에 맡기고자 하는 것으로서 인간의 존엄과 가치에 부합한다 할 것이다. 그렇다면 환자가 장차 죽음에 임박한 상태에 이를 경우에 대비하여 미리 의료인 등에게 연명치료 거부 또는 중단에 관한 의사를 밝히는 등의 방법으로 죽음에 임박한 상태에서 인간으로서의 존엄과 가치를 지키기 위하여 연명치료의 거부 또는 중단을 결정할 수 있다 할 것이고, 위 결정은 헌법상 기본권인 자기결정권의 한 내용으로서 보장된다 할 것이다(2008헌마385).
> ❷ 시체처분에 대한 자기결정권 (2012헌마940)
> 만일 자신의 사후에 시체가 본인의 의사와는 무관하게 처리될 수 있다고 한다면 기본권 주체인 살아있는 자의 자기결정권이 보장되고 있다고 보기는 어렵다. 따라서 본인의 생전 의사에 관계없이 인수자가 없는 시체를 해부용으로 제공하도록 규정하고 있는 법률조항은 청구인의 시체의 처분에 대한 자기결정권을 제한한다고 할 것이다.

다. 임신과 출산(reproduction)에 관한 자기결정권

자기결정권에는 여성이 그의 존엄한 인격권을 바탕으로 하여 자율적으로 자신의 생활영역을 형성해 나갈 수 있는 권리가 포함되고, 여기에는 임신한 여성이 자신의 신체를 임신상태로 유지하여 출산할 것인지 여부에 대하여 결정할 수 있는 권리가 포함되어 있다.

(자기낙태죄 조항은 모자보건법이 정한 일정한 예외를 제외하고는 태아의 발달단계 혹은 독자적 생존능력과 무관하게 임신기간 전체를 통틀어 모든 낙태를 전면적·일률적으로 금지하고, 이를 위반할 경우 형벌을 부과하도록 정함으로써, 형법적 제재 및 이에 따른 형벌의 위하력(威嚇力)으로 임신한 여성에게 임신의 유지·출산을 강제하고 있으므로, 임신한 여성의 자기결정권을 제한하고 있다(2017헌바127).)

라. 소비자의 자기결정권

소비자의 자기결정권은 물품 및 용역의 구입·사용에 있어서 거래의 상대방, 구입장소, 가격, 거래조건 등을 자유로이 선택할 권리를 의미한다(96헌가18).

26. 자기책임의 원리

개인의 존엄과 자율성을 인정하는 바탕 위에 서 있는 우리 헌법질서하에서는 자기의 행위가 아닌 타인의 행위에 대하여 책임을 지지 않는 것이 원칙이다. 자기책임의 원리는 자기결정권의 한계논리로서 책임부담의 근거로 기능하는 동시에 자기가 결정하지 않은 것이나 결정할 수 없는 것에 대하여는 책임을 지지 않고 책임부담의 범위도 스스로 결정한 결과 내지 그와 상관관계가 있는 부분에 국한됨을 의미하는 책임의 한정원리로 기능한다. 이러한 자기책임의 원리는 인간의 자유와 유책성, 그리고 인간의 존엄성을 진지하게 반영한 원리로서 그것이 비단 민사법이나 형사법에 국한된 원리라기보다는 근대법의 기본이념으로서 법치주의에 당연히 내재하는 원리로 볼 것이고 헌법 제13조 제3항은 그 한 표현에 해당하는 것으로서 자기책임의 원리에 반하는 제재는 그 자체로서 헌법위반을 구성한다고 할 것이다(2002헌가27).

제3장 평등권

평등권

`변시 2회` `변시 5회` `변시 6회` `변시 11회` `12.08.모의` `12.10.모의` `13.06.모의` `14.08.모의` `15.08.모의` `17.06.모의` `17.10.모의` `20.08.모의` `21.10.모의` `23.08.모의`

★ 3회 변시 2문

음주운전금지를 2회 이상 위반한 사람이 다시 술에 취한 상태에서 자동차등을 운전하여 운전면허 정지사유에 해당된 경우 운전면허를 취소하는 조항이 이중처벌금지원칙, 일반적 행동의 자유, 평등의 원칙에 위반되는지 판단하시오. (20) (2013헌가6, 2013헌바204)

★ 10회 변시 1문의2

세차례 연속하여 A시의 시장으로 당선된 甲은 "지방자치단체의 장의 계속 재임(在任)은 3기에 한한다."고 규정한 지방자치법 조항이 지방의회의원 등과 달리 지방자치단체의 장에 대해서만 계속 재임을 제한하여 자신의 평등권을 침해한다고 주장한다. 이를 검토하시오. (25)

★ 11회 변시 2문

전기요금 누진제를 정한 전기요금표가 평등권을 침해하는지 검토하시오. (20)

★ 13회 변시 1문

국회는 연금재정의 건전성 확보를 위해 퇴직연금수급자가 선출직 지방공무원에 취임한 경우 퇴직연금 전부의 지급을 정지하는 규정을 의결하였다. 퇴직 공무원 乙은 퇴직연금 지급이 정지되지 않는 국회의원과 비교하여 공무원연금법이 자신의 평등권을 침해한다고 주장한다. 乙의 주장에 대해 판단하시오. (20)

● 14년 2차 1문

변호사 乙이 군인, 군무원 등의 국가배상청구권을 제한하고 있는 헌법 제29조 제2항이 위헌이라고 주장할 수 있는 논거를 제시하시오. (40) (2000헌바38)

● 15년 3차 1문

법관이 징계처분에 대하여 불복하려는 경우에는 징계처분이 있음을 안 날부터 14일 이내에 전심(前審)절차를 거치지 아니하고 대법원에 징계처분의 취소를 청구하여야 하고, 이를 단심(單審)으로 재판하도록 규정한 법관징계법 조항이 징계처분을 받은 법관의 기본권을 침해하는지 여부를 판단하시오. (35) (2009헌바34)

● 16년 3차 1문

의료법에 따라 개설된 의료기관이 당연히 국민건강보험 요양기관이 되도록 규정한 국민건강보험법 조항의 위헌여부를 검토하시오(2012헌마865). (30)

● 17년 1차 2문

丙은 주택재건축사업에 있어 사업시행자가 "너무 좁은 토지를 취득한 자에 대하여는 분양대상자에서 제외하고 현금으로 청산할 수 있다." 하고 있는 이 사건 법률조항이 위헌이라고 주장한다. 헌법적 쟁점을 논하시오. (20)

● 17년 2차 1문

경찰청장은 퇴임 후 2년간 장·차관은 물론 국회의원 등 모든 공직에 취임할 수 없게 하고 있는 경찰청법 개정안이 경찰청장 甲의 기본권을 침해하는가. (40)

● 18년 3차 1문

민법과 가족관계등록법의 관련 조항이 동성혼을 인정하지 않는다는 해석을 전제로, 동성커플의 평등권을 침해하는지 여부를 검토하시오. (20)

● 21년 1차 1문

공공기관과 지방공기업, 자산 2조원 이상이거나 사원수 5천명 이상인 기업은 매년 전체 사원의 10% 이상씩 15세 이상 34세 이하의 청년 미취업자를 고용하도록 한 법률조항이 35세 丙의 평등권을 침해하는지 검토하시오. (10)

● 22년 2차 1문

A도의회는 청년층의 사회적 참여를 촉진하고 지역경제를 활성화하기 위하여 도내에 거주하는 만 19~24세 청년층에게 매분기마다 25만 원을 지급하는 내용의 조례를 제정하였다. A도에 거주하고 있는 만 25세 주민 乙은 위 조례가 자신을 수혜대상에서 제외한 것이 평등권을 침해한다고 주장하고 있다. 이 조례가 乙의 평등권을 침해하는지 검토하시오. (20)

■ 2014년 제56회 사법시험

甲은 개인택시운송사업면허에 대해서만 상속을 금지하는 심판대상조항이 평등권을 침해한다고 주장한다. 정당한지 논하시오. (20)

■ 2015년 제57회 사법시험

미혼여성이고 자녀가 없는 변호사 甲은 변호사로서의 직업활동에 전념하기 위하여 당분간 혼인 또는 출산을 하지 않을 계획이다. 그런데 최근 저출산 문제가 심각해지면서 「출산장려에 관한 법률」이 제정·시행되기에 이르렀다. 이 법률은 출산장려를 위해 국가가 출산에 들어가는 비용을 지원할 뿐만 아니라 출산 후 10년간 매월 일정액의 자녀양육비까지 지원하도록 규정하고 있다. 甲은 이 법률의 내용이 자신의 혼인의 자유, 출산의 자유, 그리고 평등권을 침해한다고 주장한다. 甲의 주장의 헌법적 타당성을 검토하시오. (60)

■ 2016년 제58회 사법시험

서울특별시 지하철역 출입구로부터 10m 이내를 금연구역으로 지정하는 내용의 "서울특별시 간접흡연 피해방지 조례"가 평등원칙에 위반하여 흡연자 丙의 기본권을 침해하는지 여부를 검토하시오. (20)

■ 2016년 제58회 사법시험

담배 제조자로 하여금 담뱃갑 포장지에 흡연경고그림을 인쇄하여 표기하도록 요구하는 담배사업법조항으로 인해 담배제조업자 甲이 제한받는 기본권에 대해 논하시오. (20)

■ 2017년 제59회 사법시험

합의 여부를 불문하고 군인간의 항문성교행위를 금지하는 군형법 조항이 평등권을 침해하는지 여부를 검토하시오. (30)

1. 의 의

헌법 제11조 제1항은 주관적 권리로서 평등권과, 객관적 법원칙으로서 평등원칙을 규정하고 있다.

2. 내 용 – 법 앞에 평등

가. '법'의 의미

'법'이란 국회에서 제정한 형식적 의미의 법률뿐만 아니라 모든 법규범을 포함하는 개념이다. 따라서 국내법과 국제법, 성문법·불문법 뿐만 아니라 헌법·법률·명령·규칙 등 모든 형태의 법규범을 포함한다.

나. '법 앞에'의 의미

법앞에 평등이란 행정부나 사법부에 의한 법적용상의 평등을 뜻하는 것 외에도 입법권자에게 정의와 형평의 원칙에 합당하게 합헌적으로 법률을 제정하도록 하는 것을 명령하는 이른바 법내용상의 평등을 의미한다(90헌바24).

다. '평등'의 의미

평등원칙은 본질적으로 같은 것은 같게, 본질적으로 다른 것은 다르게 취급할 것을 요구하나, 이는 일체의 차별적 대우를 부정하는 절대적 평등을 의미하는 것이 아니라, 입법과 법의 적용에 있어서 합리적인 근거가 없는 차별을 배제하는 상대적 평등을 뜻하므로, 합리적 근거가 있는 차별은 평등원칙에 반하는 것이 아니다. 여기서 합리적 이유 없는 차별이란 본질적으로 같은 것을 자의적으로 다르게 취급하는 것을 말하는데, 비교되는 두 사실관계가 본질적으로 같은 것인지 여부는 일반적으로 당해 법률조항의 의미와 목적에 비추어 판단하여야 한다(2012헌바387).

> **관련판례** 조례에 의한 규제가 지역 여건이나 환경 등 그 특성에 따라 다르게 나타나는 것은 헌법이 지방자치단체의 자치입법권을 인정한 이상 당연히 예상되는 결과이다. 청구인들이 자신들이 거주하는 지역의 학원조례조항으로 인하여 다른 지역 주민들에 비하여 더한 규제를 받게 되었다 하여 평등권이 침해되었다고 볼 수는 없다. (2014헌마374)

3. 차별금지의 사유

가. 예시적 규정

헌법 제11조 제1항은 "모든 국민은 법 앞에 평등하다."고 선언하면서, 이어서 "누구든지 성별·종교 또는 사회적 신분에 의하여 정치적·경제적·사회적·문화적 생활의 모든 영역에 있어서 차별을 받지 아니한다."고 규정하고 있다. 그러나 헌법 제11조 제1항 후문의 위와 같은 규정은 불합리한 차별의 금지에 초점이 있고, 예시한 사유가 있는 경우에 절대적으로 차별을 금지할 것을 요구함으로써 입법자에게 인정되는 입법형성권을 제한하는 것은 아니다(2010헌마460). 즉 이는 예시사유에 해당한다.

나. 사회적 신분의 의미

① 선천적 신분설은, 사회적 신분이란 출생으로 인해 고정적으로 취득한 신분에 한정된다는 입장이고, ② 후천적 신분설은, 사회적 신분이란 선천적 신분은 물론 후천적으로 취득한 신분, 예컨대 전과자, 공무원, 부자, 빈자, 학생 등도 모두 포함한다는 입장이다. 헌법재판소는 "사회적 신분이란 사회에서 장기간 점하는 지위로서 일정한 사회적 평가를 수반하는 것을 의미한다 할 것이므로 전과자도 사회적 신분에 해당된다(93헌바43)."고 판시하여 후천적 신분설의 입장이다.

> **관련판례** 청구인들이 고위공직자라는 이유로 수사처의 수사 등을 받게 되는 것은 고위공직자라는 사회적 신분에 따른 차별이라 할 수 있다. 그러나 헌법 제11조 제1항 후문의 위와 같은 규정은 불합리한 차별의 금지에 초점이 있는 것이고, 예시한 사유가 있는 경우에 절대적으로 차별을 금지할 것을 요구함으로써 입법자에게 인정되는 입법형성권을 제한하는 것은 아니다(2020헌마264).

4. 차별의 금지

가. 차별취급의 존재

평등권 침해여부를 판단하기 위해서는 먼저 차별취급이 존재하여야 하는데, 이는 본질적으로 동일한 것을 다르게 취급하고 있는지에 관련된다. 두 개의 비교집단이 본질적으로 동일한가의 판단은 일반적으로 관련 헌법규정과 당해 법규정의 의미와 목적에 달려 있다.

나. 심사기준

평등위반 여부를 심사함에 있어 엄격한 심사척도에 의할 것인지, 완화된 심사척도에 의할 것인지는 입법자에게 인정되는 입법형성권의 정도에 따라 달라지게 될 것이다(98헌마363).
일반적으로 차별이 정당한지 여부에 대해서는 자의성 여부를 심사하지만, 헌법에서 특별히 평등을 요구하고 있는 경우나 차별적 취급으로 인하여 관련 기본권에 대한 중대한 제한을 초래하게 된다면 입법형성권은 축소되어 보다 엄격한 심사척도가 적용되어 비례심사를 하게 된다(2008헌바56).

※ 헌법에서 특별히 평등을 요구하는 경우

① 사회적 특수계급제도의 불인정 및 창설금지(제11조 제2항), ② 근로영역에서 성별을 이유로 한 차별금지(제32조 제4항), ③ 혼인과 가족생활에서 성별에 의한 차별 금지(제36조 제1항), ④ 병역의무 이행으로 인한 차별금지(제39조 제2항), ⑤ 교육영역에서 평등원칙(제31조 제1항)

1) 원칙적 자의금지심사

일반적으로 자의금지원칙에 관한 심사요건은 ① 본질적으로 동일한 것을 다르게 취급하고 있는지에 관련된 차별취급의 존재 여부와, ② 이러한 차별취급이 존재한다면 이를 자의적인 것으로 볼 수 있는지 여부라고 할 수 있다. 차별취급의 자의성은 합리적인 이유가 결여된 것을 의미하므로, 차별대우를 정당화하는 객관적이고 합리적인 이유가 존재한다면 차별대우는 자의적인 것이 아니게 된다(2001헌바64).

2) 예외적 비례심사

자의금지심사와 달리 비례심사의 경우에는 단순히 합리적인 이유의 존부 문제가 아니라 차별을 정당화하는 이유와 차별간의 상관관계에 대한 심사, 즉 비교대상간의 사실상의 차이의 성질과 비중 또는 입법목적(차별목적)의 비중과 차별의 정도에 적정한 균형관계가 이루어져 있는가를 심사한다(2000헌마25). 따라서 차별취급의 존재 여부를 확정한 뒤 ① 차별목적의 정당성, ② 차별취급의 적합성, ③ 차별효과의 최소성, ④ 차별취급의 균형성을 심사하여야 한다.

5. 적극적 평등실현조치

적극적 평등실현조치는 대체로 '일정한 혜택을 통하여 종래 차별을 받아온 소수집단에게 사회의 각 영역에서 보다 많은 참여의 기회를 부여하려는 제반 조치'를 의미한다. 미국에서 인종차별의 관행을 철폐하기 위하여 시행되어 온 소수인종집단에 대한 우대정책 등이 그 대표적인 예이다. 우리 헌법재판소는 제대군인가산점제도 사건에서 '잠정적 우대조치'라는 표현을 사용하면서, "잠정적 우대조치라 함은, 종래 사회로부터 차별을 받아 온 일정집단에 대해 그동안의 불이익을 보상하여 주기 위하여 그 집단의 구성원이라는 이유로 취업이나 입학 등의 영역에서 직·간접적으로 이익을 부여하는 조치를 말한다."라고 설시한 바 있다.

적극적 평등실현조치는 기회의 평등보다는 결과의 평등을 추구하는 정책이다. 그런데 적극적 평등실현조치의 혜택을 받는 집단에 속하지 않는 사람들은 그 조치로 인하여 상대적으로 불이익을 받게 되므로, 실질적 평등을 실현하기 위한 위 조치가 오히려 평등원칙에 위배되는 차별(이른바 '역차별')이 아닌지 문제가 될 수 있다는 한계가 있다(2013헌마553).

6. 간접차별

간접차별의 개념은 통일적이지는 않지만, 주로 직접적이고 의도적인 차별은 아니더라도 '불평등의 효과'를 야기하는 사실상의 차별을 받게 되는 경우를 말한다. 즉 외견상 중립적인 기준으로 보이더라도 그러한 기준이 특정 소수집단에 불이익한 결과를 만들어내는 것을 의미한다.
(예) 채용을 함에 있어서 높은 키와 많은 몸무게를 요구함으로써 외견상 중립적으로 보이지만 상대적으로 남성에게 유리한 경우)

※ 자의금지심사

실질적 근로관계에 있는 외국인 산업기술연수생에 대하여 근로기준법을 적용하지 않는 노동부 예규는 평등권을 침해한다. (2004헌마670)
이 사건 노동부 예규는 근로의 권리를 어느 범위까지 보호할 것인가에 관한 것인바, 이는 헌법에서 특별히 평등을 요구하는 부분이 아니고 특히 근로의 권리는 사회권적 기본권으로서의 성격이 강하여 그 보호범위를 제한하는 것이 기본권에 대한 중대한 침해가 된다고 보기도 어려우므로 평등권심사에 있어서의 완화된 심사기준인 자의금지원칙에 따라 판단하여야 할 것이다.

※ 비례심사

❶ 제대군인이 공무원채용시험 등에 응시한 때에 과목별 득점에 과목별 만점의 5% 또는 3%를 가산하는 제대군인가산점제도는 평등권을 침해한다. (98헌마363)
가산점제도는 헌법 제32조 제4항이 특별히 남녀평등을 요구하고 있는 "근로" 내지 "고용"의 영역에서 남성과 여성을 달리 취급하는 제도이고, 또한 헌법 제25조에 의하여 보장된 공무담임권이라는 기본권의 행사에 중대한 제약을 초래하는 것이기 때문에 엄격한 심사척도가 적용된다.

❷ 자사고를 지원한 학생에게 평준화지역 후기학교에 중복지원하는 것을 금지한 중복지원금지조항은 평등권을 침해한다. (2018헌마221)
이 사건 중복지원금지 조항은 고등학교 진학 기회에 있어서의 평등이 문제된다. 비록 고등학교 교육이 의무교육은 아니지만 매우 보편화된 일반교육임을 고려할 때 고등학교 진학 기회의 제한은 당사자에게 미치는 제한의 효과가 커 엄격히 심사하여야 하므로 차별 목적과 차별 정도가 비례원칙을 준수하는지 살펴야 한다.

※ 완화된 비례심사 (헌법에서 특별히 차별을 명령하는 경우)

국가유공자에 대한 가산점 10% 사건 (2000헌마25)
헌법 제32조 제6항은 "국가유공자・상이군경 및 전몰군경의 유가족은 법률이 정하는 바에 의하여 우선적으로 근로의 기회를 부여받는다"라고 규정함으로써, 국가유공자 등에 대하여 근로의 기회에 있어서 평등을 요구하는 것이 아니라 오히려 차별대우(우대)를 할 것을 명령하고 있다. … 구체적인 비례심사의 과정에서는 헌법 제32조 제6항이 근로의 기회에 있어서 국가유공자 등을 우대할 것을 명령하고 있는 점을 고려하여 보다 완화된 기준을 적용하여야 할 것이다.

제4장 자유권적 기본권

제1절 인신에 관한 자유

28 생명권

1. 의 의

인간의 생명은 고귀하고, 이 세상에서 무엇과도 바꿀 수 없는 존엄한 인간존재의 근원이다. 이러한 생명에 대한 권리는 비록 헌법에 명문의 규정이 없다 하더라도 인간의 생존본능과 존재목적에 바탕을 둔 선험적이고 자연법적인 권리로서 헌법에 규정된 모든 기본권의 전제로서 기능하는 기본권 중의 기본권이다.

2. 헌법적 근거

생명권은 헌법에 명문의 규정이 없기 때문에 헌법적 근거를 무엇으로 볼지 견해가 대립한다. 이에 대하여 ① 헌법 제10조 인간의 존엄과 가치에서 도출된다는 견해, ② 헌법 제10조와 제12조 제1항 신체의 자유, 헌법 제37조 제1항(열거되지 않은 기본권)에서 도출된다는 견해 등이 대립한다.
헌법재판소는 "생명에 대한 권리는 비록 헌법에 명문의 규정이 없다 하더라도 인간의 생존본능과 존재목적에 바탕을 둔 선험적이고 자연법적인 권리로서 헌법에 규정된 모든 기본권의 전제로서 기능하는 기본권 중의 기본권이다(95헌바1)."라고 판시하고 있다.

3. 주 체

생명권은 인간의 권리이므로 국민은 물론 외국인도 주체가 될 수 있다.
한편 태아도 생명권의 주체가 될 수 있지만 초기 배아의 경우에는 견해 대립은 있으나 헌법재판소는 기본권 주체성을 부정하고 있다. 법인은 성질상 그 주체가 될 수 없다.

4. 생명권이 절대적 기본권인지 여부(생명권의 제한가능성)

각 개인의 입장에서 그 생명은 절대적 가치를 가진다고 할 것이므로 생명권은 헌법 제37조 제2항에 따른 제한이 불가능한 절대적 기본권이 아닌지가 문제 될 수 있다.
그런데 우리 헌법은 절대적 기본권을 명문으로 인정하고 있지 아니하며, 헌법 제37조 제2항에서는 국민의 모든 자유와 권리는 국가안전보장·질서유지 또는 공공복리를 위하여 필요한 경우에 한하여 법률로써 제한할 수 있도록 규정하고 있는바, 어느 개인의 생명권에 대한 보호가 곧

바로 다른 개인의 생명권에 대한 제한이 될 수밖에 없거나, 특정한 인간에 대한 생명권의 제한이 일반국민의 생명 보호나 이에 준하는 매우 중대한 공익을 지키기 위하여 불가피한 경우에는 비록 생명이 이념적으로 절대적 가치를 지닌 것이라 하더라도 생명에 대한 법적 평가가 예외적으로 허용될 수 있다고 할 것이므로, 생명권 역시 헌법 제37조 제2항에 의한 일반적 법률유보의 대상이 될 수밖에 없다(2008헌가23).

5. 생명권의 제한이 곧 생명권의 본질적 내용 침해인지 여부(제한의 한계)

① 생명권은 개념적으로나 실질적으로나 본질적인 부분을 그렇지 않은 부분과 구분하여 상정할 수 없어 헌법상 제한이 불가능한 절대적 기본권이라는 입장에서 사형제도 역시 위헌이라는 견해가 있으나, ② 헌법재판소는 "생명권의 제한이 정당화될 수 있는 예외적인 경우에는 생명권의 박탈이 초래된다 하더라도 곧바로 기본권의 본질적인 내용을 침해하는 것이라 볼 수는 없다(2008헌가23)."는 입장에서 사형제도가 합헌이라고 판시하였다.

> **관련판례** 사형제도의 헌법적 근거
> 우리 헌법은 사형제도에 대하여 그 금지나 허용을 직접적으로 규정하고 있지는 않다. 그러나, 헌법 제110조 제4항은 법률에 의하여 사형이 형벌로서 규정되고, 그 형벌조항의 적용으로 사형이 선고될 수 있음을 전제로 하여, 사형을 선고한 경우에는 비상계엄하의 군사재판이라도 단심으로 할 수 없고, 사법절차를 통한 불복이 보장되어야 한다는 취지로 규정하고 있다. 따라서 우리 헌법은 적어도 문언의 해석상 사형제도를 간접적으로나마 인정하고 있다고 할 것이다(2008헌가23).

※ 안락사

안락사란 죽음에 임박한 환자의 고통을 덜어주기 위해서 환자의 생명을 단축시켜 사망하게 하는 것을 말한다. 안락사는 사람의 생명단축을 발생시키는 행위라는 점에서 허용 여부에 관하여 견해가 대립한다. 안락사를 찬성하는 입장에서는 죽을 권리(자기결정권)의 관점에서, 반대하는 입장에서는 헌법상 생명권 및 생명존중의 관점에서 주로 접근을 하고 있다. 생각건대 적극적으로 생명단축행위를 시술하는 적극적 안락사는 허용될 수 없으나, 소극적 안락사는 회복불가능한 사망의 단계에 진입한 환자의 자발적인 의사에 의한 경우 제한적으로 인정할 수 있다고 봄이 타당하다. 한편 호스피스ㆍ완화의료와 임종과정에 있는 환자의 연명의료와 연명의료중단등결정 및 그 이행에 필요한 사항을 규정함으로써 환자의 최선의 이익을 보장하고 자기결정을 존중하여 인간으로서의 존엄과 가치를 보호하는 것을 목적으로 "호스피스ㆍ완화의료 및 임종과정에 있는 환자의 연명의료결정에 관한 법률"이 제정ㆍ시행되었다.

29 신체를 훼손당하지 않을 권리

신체를 훼손당하지 않을 권리란 신체의 안정성이 외부로부터의 물리적인 힘이나 정신적인 위협으로부터 침해당하지 않을 권리를 말한다.
우리 헌법에서는 명시적인 규정이 존재하지 않아 그 헌법적 근거가 무엇인지에 관하여 견해가 대립한다. 학설은 ① 제10조 인간의 존엄과 가치를 그 근거로 보는 견해, ② 제12조 신체의 자유 및 제37조 제1항 열거되지 않은 기본권에서 찾는 견해 등이 대립한다.
헌법재판소는 신체를 훼손당하지 않을 권리를 독자적 기본권으로 판단하지 않고 신체의 자유의 한 형태로 보고 있다.
신체를 훼손당하지 않을 권리는 ① 본인의 승낙 없이 신체의 안정성·완전성이 훼손당하지 않도록 유지되는 것(예 본인의 의사에 반한 모발절단, 전기쇼크시술, 불임시술, 의학적 실험 등을 당하지 않을 권리)과 ② 정신적 건강의 온전성이 훼손당하지 않도록 유지되는 것(예 정신적 고문 등을 당하지 않을 권리)을 포함한다.

30 신체의 자유

★ 8회 변시 1문의2
'의무경찰에 대한 영창' 부분이 위헌이라고 주장할 수 있는 논거를 제시하시오. (40)

★ 5회 변시 1문
경찰공무원이나 검사의 지문채취를 정당한 이유 없이 거부할 경우 처벌하는 경범죄처벌법 조항이 기본권을 침해하는지 여부를 논하시오. (30) (2002헌가17)

★ 10회 변시 1문의2
질병관리청장B는 A시에 제1급 감염병이 급속하게 확산되자 이를 저지하기 위한 조치의 일환으로 감염병예방법 제46조 제2호에 근거하여 감염병 발생지역에 출입하는 사람으로서 감염병에 감염되었을 것으로 의심되는 사람이라는 이유로 丁에게 감염병 예방에 필요한 건강진단과 예방접종을 받도록 명하였다. 건강진단 및 예방접종명령의 근거가 되는 감염병예방법 제46조와 건강진단 거부시 처벌규정인 제81조가 이를 거부하는 丁의 기본권을 침해하는지 여부를 검토하시오. (30)

신체의 자유는 정신적 자유와 더불어 헌법이념의 핵심인 인간의 존엄과 가치를 구현하기 위한 가장 기본적인 자유로서 모든 기본권 보장의 전제조건이다. 헌법재판소는 "헌법 제12조 제1항의 신체의 자유는, 신체의 안정성이 외부로부터의 물리적인 힘이나 정신적인 위험으로부터 침해당하지 아니할 자유와 신체활동을 임의적이고 자율적으로 할 수 있는 자유를 말한다(2011헌마28)."고 하여 신체의 자유를 넓게 보아 '신체의 완전성을 훼손당하지 아니할 권리'까지 포함하는 것으로 보고 있다.

31 죄형법정주의

변시 6회

● 24년 2차 2문
누구든지 건설폐기물을 배출, 수집·운반, 보관, 중간처리 하고자 하는 자는 대통령령이 정하는 기준 및 방법에 의하여야 한다고 규정한 법률조항이 죄형법정주의의 법률주의와 포괄위임금지원칙에 위배되는지 여부 (20)

1. 의 의

"법률이 없으면 범죄도 없고 형벌도 없다."라는 말로 표현되는 죄형법정주의는 법치주의, 국민주권 및 권력분립의 원리에 입각한 것으로서 일차적으로 무엇이 범죄이며 그에 대한 형벌이 어떠한 것인가는 반드시 국민의 대표로 구성된 입법부가 제정한 성문의 법률로써 정하여야 한다는 원칙을 말한다(2009헌바201). 죄형법정주의는 형벌조항을 신설할때 뿐만 아니라 기존의 형벌조항을 강화하는 경우에도 적용이 되고, 구성요건 규정 뿐만 아니라 위법성조각사유에 대해서도 적용이 된다. 그러나 과태료는 행정상의 질서유지를 위한 행정질서벌에 해당할 뿐 형벌이라고 할 수 없어 죄형법정주의의 규율대상에 해당하지 아니한다(96헌바83).

2. 처벌법규의 위임

죄형법정주의에서 말하는 "법률"이란 원칙적으로 입법부에서 제정한 형식적 의미의 법률과 이와 동등한 효력을 가지는 긴급명령, 조약 등을 의미한다. 그러나 성문의 법률이 아닌 관습법에 의해 처벌할 수는 없다.
현대국가의 사회적 기능증대와 사회현상의 복잡화에 따라 국민의 권리·의무에 관한 사항이라 하여 모두 입법부에서 제정한 법률만으로 다 정할 수는 없어 예외적으로 하위법령에 위임하는 것은 허용될 수 있으나 그 요건과 범위가 보다 엄격하게 제한적으로 적용되어야 한다. 따라서 처벌법규의 위임은 특히 긴급한 필요가 있거나 미리 법률로써 자세히 정할 수 없는 부득이한 사정이 있는 경우에 한정되어야 하고 이러한 경우일지라도 법률에서 범죄의 구성요건은 처벌대상인 행위가 어떠한 것일지라고 이를 예측할 수 있을 정도로 구체적으로 정하고 형벌의 종류 및 그 상한과 폭을 명백히 규정하여야 한다(97헌바6).

32 형벌불소급 원칙

> **15년 1차 1문**
> 2007. 11. 15. 성폭법위반(강간상해)으로 징역 3년 선고받고 형이 확정되어 2010. 10. 12. 형 집행을 종료한 甲에 대하여, 2010. 6. 13. 개정된 전자장치부착법을 적용하여 2011. 7. 30. 위치추적 전자장치 10년간 부착명령 선고를 한 경우 헌법상 허용되지 않는 진정소급입법에 해당하는지 논하시오. (30) (2010헌가82)

1. 의 의

헌법 제13조 제1항 전단의 형벌불소급원칙은 '형벌법규는 시행된 이후의 행위에 대해서만 적용되고 시행 이전의 행위에 대해서는 소급하여 불리하게 적용되어서는 안 된다'는 원칙이므로, 사후에 만들어진 법률로 과거의 행위를 "처벌"할 수 없음을 의미한다(2015헌바240).
형벌불소급원칙은 범죄행위시의 법률보다 형의 상한 또는 하한을 높인 경우에도 적용되며, 주형을 가중한 경우 외에도 부가형·병과형을 가중한 경우에도 적용된다(2015헌바239).
소급형벌금지원칙은 일반적 소급입법금지원칙과 달리 절대적 금지에 해당한다.

2. 적용범위

형벌불소급원칙이 적용되는 절대적 소급효금지의 대상은 "범죄구성요건"과 관련되는 것에 해당한다. 그런데 형벌불소급원칙에서 의미하는 '처벌'은 단지 형법에 규정되어 있는 형식적 의미의 형벌 유형에 국한되지 않으며, 범죄행위에 따른 제재의 내용이나 실제적 효과가 형벌적 성격이 강하여 신체의 자유를 박탈하거나 이에 준하는 정도로 신체의 자유를 제한하는 경우에는 형벌불소급원칙이 적용되어야 한다(2015헌바239).

> **관련판례** 노역장유치는 벌금형에 대한 집행방법으로 그 자체가 독립된 형벌이 아니지만 벌금형에 부수적으로 부과되는 환형처분으로, 그 실질이 신체의 자유를 박탈하는 것으로서 징역형과 유사한 형벌적 성격을 가지고 있으므로 형벌불소급원칙의 적용대상이 된다(2015헌바239). 18.10.모의

가. 보안처분

보안처분이란 범죄자가 장래 다시 죄를 범하지 않도록 예방하기 위해 범죄인에 치료 또는 교정을 해서 범죄의 위험성을 제거하기 위한 처분을 말한다. 이는 형벌과는 달리 행위자의 장래 재범위험성에 근거하는 것으로서, 보안처분에 형벌불소급원칙이 적용되는지 문제되는데, 보안처분이라 하더라도 형벌적 성격이 강하여 신체의 자유를 박탈하거나 박탈에 준하는 정도로 신체의 자유를 제한하는 경우에는 소급효금지원칙을 적용하는 것이 법치주의 및 죄형법정주의에 부합한다(2010헌가82).

> **관련판례** ❶ 전자장치 부착을 통한 위치추적 감시제도 (2010헌가82)
> 전자장치 부착명령은 전통적 의미의 형벌이 아닐 뿐 아니라, 성폭력범죄자의 성행교정과 재범방지를 도모하고 국민을 성폭력범죄로부터 보호한다고 하는 공익을 목적으로 하며, 의무적 노동의 부과나 여가시간의 박탈을 내용으로 하지 않고 전자장치의 부착을 통해서 피부착자의 행동 자체를 통제하는 것도 아니라는 점에서 처벌적인 효과를 나타낸다고 보기 어렵다.
> ❷ 신상정보 공개·고지명령 (2015헌바196)
> 신상정보 공개·고지명령의 근본적인 목적은 재범방지와 사회방위이고, 법원은 '신상정보를 공개하여서는 아니 될 특별한 사정'이 있는지 여부에 관하여 재범의 위험성을 고려하여 공개·고지명령을 선고하고 있으므로, 신상정보 공개·고지명령의 법적 성격은 형벌이 아니라 보안처분이다. 신상정보 공개·고지명령은 형벌과는 구분되는 비형벌적 보안처분으로서 어떠한 형벌적 효과나 신체의 자유를 박탈하는 효과를 가져오지 아니하므로 소급처벌금지원칙이 적용되지 아니한다.

나. 공소시효

형벌불소급원칙은 "행위의 가벌성"에 관한 것이기 때문에, 소추가능성에만 연관될 뿐 가벌성에는 영향을 미치지 않는 공소시효에 관한 규정은 원칙적으로 그 효력범위에 포함되지 않는다. 행위의 가벌성은 행위에 대한 소추가능성의 전제조건이지만 소추가능성은 가벌성의 조건이 아니므로 공소시효의 정지규정을 과거에 이미 행한 범죄에 대하여 적용하도록 하는 법률이라 하더라도 그 사유만으로 헌법 제12조 제1항 및 제13조 제1항에 규정한 죄형법정주의의 파생원칙인 형벌불소급의 원칙에 언제나 위배되는 것으로 단정할 수는 없다(96헌가2).

> **관련판례** ❶ 공소시효제도가 헌법 제12조 제1항 및 제13조 제1항에 정한 죄형법정주의의 보호범위에 바로 속하지 않는다면, 소급입법의 헌법적 한계는 법적 안정성과 신뢰보호원칙을 포함하는 법치주의의 원칙에 따른 기준으로 판단하여야 한다(96헌가2).

다. 판례의 변경

형사처벌의 근거가 되는 것은 법률이지 판례가 아니고, 형법 조항에 관한 판례의 변경은 그 법률조항의 내용을 확인하는 것에 지나지 아니하여 이로써 그 법률조항 자체가 변경된 것으로 볼 수 없으므로, 행위 당시의 판례에 의하면 처벌대상이 되지 아니하는 것으로 해석되었던 행위를 판례의 변경에 따라 확인된 내용의 형법 조항에 근거하여 처벌한다고 하여 그것이 형벌불소급원칙에 위반된다고 할 수 없다(2012헌바390).

라. 시혜적인 소급입법

소급입법에 의한 처벌은 원칙적으로 금지 내지 제한되지만, 신법이 피적용자에게 유리한 경우에 이른바 시혜적인 소급입법을 할 것인지의 여부는 입법재량의 문제로서 그 판단은 일차적으로 입법기관에 맡겨져 있는 것이므로 이와 같은 시혜적 조치를 할 것인가를 결정함에 있어서는 국민의 권리를 제한하거나 새로운 의무를 부과하는 경우와는 달리 입법자에게 보다 광범위한 입법형성의 자유가 인정된다(95헌마196).

33 절대적 부정기형(不定期形) 금지

절대적 부정기형이란 형의 기간을 전혀 정하지 않고 선고하는 자유형(自由刑)을 말한다. 이는 법적 안정성을 해치고 국민의 인권을 위태롭게 할 우려가 있기 때문에 허용되지 않는다.
다만 소년법 제60조 제1항은 "소년이 법정형으로 장기 2년 이상의 유기형(有期刑)에 해당하는 죄를 범한 경우에는 그 형의 범위에서 장기와 단기를 정하여 선고한다. 다만, 장기는 10년, 단기는 5년을 초과하지 못한다."라고 하여 상대적 부정기형을 두고 있는데, 이와 같은 상대적 부정기형은 형의 단기와 장기가 규정되어 있다는 점에서 허용될 수 있다.

34 유추해석금지

죄형법정주의 원칙에서 범죄와 형벌에 대한 규정이 없음에도 해석을 통하여 유사한 성질을 가지는 사항에 대하여 범죄와 형벌을 인정하는 것을 금지하는 '유추해석금지의 원칙'이 도출된다. 형벌법규는 헌법상 규정된 죄형법정주의원칙상 입법목적이나 입법자의 의도를 감안한 유추해석이 일체 금지되고, 법률조항의 문언의 의미를 엄격하게 해석하여야 하는바, 유추해석을 통하여 형벌법규의 적용범위를 확대하는 것은 '법관에 의한 범죄구성요건의 창설'에 해당하여 죄형법정주의원칙에 위배된다. 다만 형벌법규의 해석에서도 법률문언의 통상적인 의미를 벗어나지 않는 한 그 법률의 입법취지와 목적, 입법연혁 등을 고려한 목적론적 해석이 배제되는 것은 아니다(2003.1.10. 2002도2363).

35 죄형법정주의의 명확성 원칙

죄형법정주의가 지배하는 형사관련 법률에서는 명확성의 정도가 강화되어 더 엄격한 기준이 적용된다. 죄형법정주의의 파생원칙으로서 명확성의 원칙이란, 법률이 처벌하고자 하는 행위가 무엇이며 그에 대한 형벌이 어떠한 것인지를 누구나 예견할 수 있고, 그에 따라 자신의 행위를 결정할 수 있도록 구성요건을 명확하게 규정하는 것을 의미한다. (자세한 내용은 '기본권 제한의 일반원칙'에서 전술)
형벌법규의 명확성원칙은 범죄구성요건 뿐만 아니라 형벌의 종류나 형량에 대해서까지 적용되고, 위법성조각사유에도 적용이 된다.

형벌에 관한 책임주의 원칙

'책임없는 자에게 형벌을 부과할 수 없다.'는 형벌에 관한 책임주의는 형사법의 기본원리이다. 형벌은 범죄에 대한 제재로서 그 본질은 법질서에 의해 부정적으로 평가된 행위에 대한 비난이다. 만약 법질서가 부정적으로 평가한 결과가 발생하였다고 하더라도 그러한 결과의 발생이 어느 누구의 잘못에 의한 것도 아니라면, 부정적인 결과가 발생하였다는 이유만으로 누군가에게 형벌을 가할 수는 없다.

헌법재판소는 형벌에 관한 책임주의를 "헌법상 법치국가의 원리에 내재하는 원리인 동시에, 헌법 제10조의 취지로부터 도출되는 원리(2009헌가11)"라고 하거나 "법치주의와 죄형법정주의로부터 도출되는 책임주의원칙(2008헌가18)"이라고 판시하고 있다.

37 책임과 형벌 간의 비례원칙

변시 13회

- **20년 1차 2문**
  검찰은 甲을 주류 판매업면허를 받지 아니하고 주류를 판매하였다는 범죄사실로 기소하였다. 기소의 근거가 된 「주세법」 제55조(면허를 받지 아니하고 주류를 판매한 자는 1년 이하의 징역이나 5백만원 이하의 벌금에 처한다.)가 책임과 형벌간의 비례성원칙을 위반하여 헌법에 위반되는가? (20)

- **22년 3차 2문**
  2회 이상 음주운전을 가중처벌하는 도로교통법 148조의2 1항이 명확성원칙과 책임과 형벌간의 비례원칙에 위반되는지 여부를 검토하시오. (30) (2019헌바446)

책임과 형벌간의 비례원칙이란 형벌이 죄질과 책임에 상응하도록 적절한 비례성을 지켜야 한다는 원칙이다. 따라서 어떤 행위를 범죄로 규정하고 어떠한 형벌을 과할 것인가 하는데 대한 입법자의 입법형성권이 무제한한 것이 될 수는 없다. 즉, 법정형의 종류와 범위를 정할 때는 형벌 위협으로부터 인간의 존엄과 가치를 존중하고 보호하여야 한다는 헌법 제10조의 요구에 따라야 하고, 헌법 제37조 제2항이 규정하고 있는 과잉입법금지의 정신에 따라 형벌개별화 원칙이 적용될 수 있는 범위의 법정형을 설정하여 실질적 법치국가의 원리를 구현하도록 하여야 한다(2002헌바24).

> **관련판례** 형사법상 책임원칙은, 형벌은 범행의 경중과 행위자의 책임 사이에 비례성을 갖추어야 하고 특별한 이유로 형을 가중하는 경우에도 형벌의 양은 행위자의 책임의 정도를 초과해서는 안 된다는 것을 의미한다. 또한 형사법상 범죄행위의 유형이 다양한 경우에는 그 다양한 행위 중에서 특히 죄질이 불량한 범죄를 무겁게 처벌해야 한다는 것은 책임주의의 원칙상 당연히 요청되지만, 그 다양한 행위 유형을 하나의 구성요건으로 포섭하면서 법정형의 하한을 무겁게 책정하여 죄질이 가벼운 행위까지를 모두 엄히 처벌하는 것은 책임주의에 반한다(2022헌가14).

38 이중처벌금지원칙

★ 3회 변시 2문
음주운전금지를 2회 이상 위반한 사람이 다시 술에 취한 상태에서 자동차등을 운전하여 운전면허 정지 사유에 해당된 경우 운전면허를 취소하는 조항이 이중처벌금지원칙, 일반적 행동의 자유, 평등의 원칙에 위반되는지 판단하시오. (20) (2013헌가6, 2015헌바204)

● 15년 1차 1문
2010. 6. 13. 개정된 법에 의해 2008. 7. 21. 성폭법위반(강간등)으로 징역 3년 6월 선고받고 확정된 형을 복역하던 중 2012. 1. 6. 출소예정이던 乙은 2011. 10. 26. 10년간 전자장치 부착명령 선고받음. 부칙조항이 乙의 기본권을 침해하는지 여부를 논하시오. (20) (2010헌가82, 2015헌바35)

● 23년 3차 2문
건축법상 시정명령을 불이행한 자에 대해 벌금형과 별도로 이행강제금을 부과하는 것이 이중처벌금지원칙에 위반되는지를 검토하시오. (10)

■ 2016년 제58회 사법시험
아동 청소년 대상 성폭력범죄를 저지른 자를 신상정보공개 대상자로 추가하고 이를 개정법 시행 전의 범죄에 대하여도 적용하는 '신상정보공개법'이 신설되었다. 甲은 이미 아동 대상 성범죄로 징역 4년형이 확정되어 형의 집행 중에 있는데, 형집행 종료일 1개월 전에 검사가 신상정보공개명령을 청구 하였다. 이중처벌금지원칙과 소급입법금지원칙에 위반되는가? (60)

1. 의 의

헌법 제13조 제1항은 '모든 국민은 동일한 범죄에 대하여 거듭 처벌받지 아니한다'고 하여 이른바 '이중처벌금지의 원칙'을 규정하고 있는바, 이 원칙은 한번 판결이 확정되면 동일한 사건에 대해서는 다시 심판할 수 없다는 '일사부재리의 원칙'이 국가형벌권의 기속원리로 헌법상 선언된 것으로서, 동일한 범죄행위에 대하여 국가가 형벌권을 거듭 행사할 수 없도록 함으로써 국민의 기본권 특히 신체의 자유를 보장하기 위한 것이다(92헌바38).

2. 내 용

① '이중'의 의미 : 이중처벌금지의 원칙은 처벌 또는 제재가 "동일한 행위"를 대상으로 행해질 때에 적용될 수 있는 것이고, 그 대상이 동일한 행위인지의 여부는 기본적 사실관계가 동일한지 여부에 의하여 판단된다.

② '처벌'의 의미 : '처벌'은 원칙으로 범죄에 대한 국가의 형벌권 실행으로서의 과벌을 의미하는 것이고, 국가가 행하는 일체의 제재나 불이익처분이 모두 그 '처벌'에 포함되지는 않는다(92헌바38).

> **관련판례** **❶ 외국의 형사판결 (2013헌바129)**
> 외국의 형사판결은 원칙적으로 우리 법원을 기속하지 않으므로 동일한 범죄행위에 관하여 다수의 국가에서 재판 또는 처벌을 받는 것이 배제되지 않는다. 따라서 이중처벌금지원칙은 동일한 범죄에 대하여 대한민국 내에서 거듭 형벌권이 행사되어서는 안 된다는 뜻으로 새겨야 한다.
>
> **❷ 보안처분 (92헌바28)**
> 보안처분은 그 본질, 추구하는 목적 및 기능에 있어 형벌과는 다른 독자적 의의를 가진 사회보호적인 처분이므로 형벌과 보안처분은 서로 병과하여 선고한다고 해서 그것이 헌법 제13조 제1항 후단 소정의 거듭처벌금지의 원칙에 해당되지 않는다(92헌바28).

39 연좌제 금지

● 17년 3차 2문

甲은 B구청장의 배우자 丙에게 양주 1병(시가15만원)을 주었다. B는 이를 알게되었으나 신고하지 않았고 이로 인해 청탁금지법 22조 1항 2호(배우자의 수수 사실 알고도 신고하지 아니한 경우 처벌) 위반혐의로 기소되었다. 위 법률조항이 헌법 제13조 제3항에 위반되는지 여부를 검토하시오. (20) (2015헌마236)

"모든 국민은 자기의 행위가 아닌 친족의 행위로 인하여 불이익한 처우를 받지 아니한다."고 규정하고 있는 헌법 제13조 제3항은 '친족의 행위와 본인 간에 실질적으로 의미 있는 아무런 관련성을 인정할 수 없음에도 불구하고 오로지 친족이라는 사유 그 자체만으로' 불이익한 처우를 가하는 경우에 적용된다(2005헌마19). 이는 위법행위와 그에 대한 처벌 내지 제재 사이에는 정당한 상관관계가 있어야 한다는 자기책임의 원리의 한 표현에 해당한다(2001헌가25).
여기서 ① '친족'은 민법상의 친족에 한하고, ② '불이익'한 처우를 받지 않는다는 의미는, 형사상 불이익뿐만 아니라 국가기관에 의한 '일체의 불이익'한 처우를 받지 않음을 의미한다.
따라서 친족이 아닌 '타인'의 행위로 인한 불이익한 처우에 대해서는 헌법 제13조 제3항이 적용되지 않고 자기책임의 원리의 문제만이 발생할 뿐이다.

관련판례 ❶ 배우자가 언론인 및 사립학교 관계자의 직무와 관련하여 수수 금지 금품등을 받은 사실을 안 경우 언론인 및 사립학교 관계자에게 신고의무를 부과하는 청탁금지법 신고조항과 미신고시 형벌 또는 과태료의 제재를 하도록 하는 청탁금지법 제재조항은 본인과 경제적 이익 및 일상을 공유하는 긴밀한 관계에 있는 배우자가 금지금품 등을 받은 행위는 본인이 수수한 것과 마찬가지라고 볼 수 있다. … 연좌제에 해당하지 아니하며 자기책임 원리에도 위배되지 않는다(2015헌마236).
❷ 배우자의 중대 선거범죄를 이유로 후보자의 당선을 무효로 하는 공직선거법 조항에 관하여, 배우자는 후보자와 일상을 공유하는 자로서 선거에서는 후보자의 분신과도 같은 역할을 하게 되는바, 이 사선 법률조항은 배우자가 죄를 저질렀다는 이유만으로 후보자에게 불이익을 주는 것이 아니라, 후보자와 불가분의 선거운명공동체를 형성하여 활동하게 마련인 배우자의 실질적 지위와 역할을 근거로 후보자에게 연대책임을 부여한 것이므로 헌법 제13조 제3항에서 금지하고 있는 연좌제에 해당하지 아니한다(2005헌마19).
❸ 원칙적으로 회계책임자가 친족이 아닌 이상, 구 공직선거법 제265조 본문 중 "회계책임자" 부분은 적어도 헌법 제13조 제3항의 규범적 실질내용에 위배될 수는 없다(2009헌마170).

적법절차원칙

`13.06.모의` `21.06.모의`

> ★ 5회 변시 1문
> 경찰공무원이나 검사의 지문채취를 정당한 이유없이 거부할 경우 처벌하는 경범죄처벌법 조항이 기본권을 침해하는지 여부를 논하시오. (30) (2002헌가17)
>
> ★ 12회 변시 1문
> "변호사가 공소제기되어 그 재판의 결과 등록취소에 이르게 될 가능성이 매우 크고, 그대로 두면 장차 의뢰인이나 공공의 이익을 해칠 구체적인 위험성이 있는 경우 법무부변호사징계위원회의 결정을 거쳐 법무부장관이 업무정지를 명할 수 있다"고 규정한 변호사법조항이 무죄추정원칙 및 적법절차원칙에 위반되는지 판단하시오. (20) (2012헌바45)

1. 의의

적법절차의 원칙(due process of law)이란 모든 국가작용은 정당한 법률과 정당한 절차에 의하여 행사되어야 한다는 원칙으로, 우리 헌법은 제12조 제1항 후문에서 적법절차의 원칙을 헌법원리로 수용하고 있다.

2. 적용범위

우리 현행 헌법에서는 제12조 제1항의 처벌, 보안처분, 강제노역 등 및 제12조 제3항의 영장주의와 관련하여 각각 적법절차의 원칙을 규정하고 있지만 이는 그 대상을 한정적으로 열거하고 있는 것이 아니라 그 적용대상을 예시한 것에 불과하다고 해석하는 것이 우리의 통설적 견해이다(92헌가8). 따라서 적법절차원칙은 형사절차상의 제한된 범위 내에서만 적용되는 것이 아니라 국가작용으로서 기본권 제한과 관련되든 아니든 모든 입법작용 및 행정작용에도 광범위하게 적용된다.(2001헌바41).

3. 주요한 판단요소

적법절차원칙에서 도출할 수 있는 가장 중요한 절차적 요청 중의 하나로, 당사자에게 적절한 고지를 행할 것, 당사자에게 의견 및 자료 제출의 기회를 부여할 것을 들 수 있겠으나, 이 원칙이 구체적으로 어떠한 절차를 어느 정도로 요구하는지는 일률적으로 말하기 어렵고, 규율되는 사항의 성질, 관련 당사자의 사익(私益), 절차의 이행으로 제고될 가치, 국가작용의 효율성, 절차에 소요되는 비용, 불복의 기회 등 다양한 요소들을 형량하여 개별적으로 판단할 수밖에 없을 것이다(2015헌바29).

comment
적법절차원칙의 위반여부를 판단할때는 반드시 문제에 제시되어 있는 참고법령을 활용하여야 한다. 참고법령을 종합하여 볼 때 충분한 절차적 권리가 보장되고 있는지, 만약 위 판단요소 중 일부가 생략되어 있는 경우 이것이 적법절차 위반에 해당할만한지 아니면 생략할만한 사정이 있는지 등을 논증하여야 한다.

4. '실체적 적법절차'를 포함하는 개념인지 여부

우리 헌법상 적법절차의 원칙이 ① 형식적·절차적 적법절차 원칙을 의미하는 것인지, ② 형식적·절차적 적법절차 뿐만 아니라 실체적 법률내용도 합리성과 정당성을 갖춘 것이어야 한다는 실체적 적법절차를 포함하는 의미인 것인지에 관하여 견해가 대립한다.

헌법재판소는 "현행 헌법상 규정된 적법절차의 원칙을 어떻게 해석할 것인가에 대하여 표현의 차이는 있지만 대체적으로 적법절차의 원칙이 독자적인 헌법원리의 하나로 수용되고 있으며 이는 형식적인 절차 뿐만 아니라 실체적 법률내용이 합리성과 정당성을 갖춘 것이어야 한다는 실질적 의미로 확대 해석하고 있다(92헌가8)."라고 하여 절차적 적법절차 뿐만 아니라 실체적 적법절차를 포함하는 개념으로 이해하고 있다.

관련판례 ❶ 형사재판에 계속 중인 사람에 대하여 출국을 금지할 수 있다고 규정한 출입국관리법 조항
심판대상조항에 따른 출국금지결정은 성질상 신속성과 밀행성을 요하므로, 출국금지 대상자에게 사전 통지를 하거나 청문을 실시하도록 한다면 국가 형벌권 확보라는 출국금지제도의 목적을 달성하는 데 지장을 초래할 우려가 있다. 나아가 출국금지 후 즉시 서면으로 통지하도록 하고 있고, 이의신청이나 행정소송을 통하여 출국금지결정에 대해 사후적으로 다툴 수 있는 기회를 제공하여 절차적 참여를 보장해 주고 있으므로 적법절차원칙에 위배된다고 보기 어렵다. (2012헌바302)
❷ 국가기관이 국민과의 관계에서 공권력을 행사함에 있어서 준수해야 할 법원칙으로서 형성된 적법절차의 원칙을 국가기관에 대하여 헌법을 수호하고자 하는 탄핵소추절차에는 직접 적용할 수 없다(2004헌나1).
❸ 강제퇴거명령을 받은 사람을 보호할 수 있도록 하면서 보호기간의 상한을 마련하지 아니한 출입국관리법 제63조 제1항은 적법절차원칙에 위반되어 피보호자의 신체의 자유를 침해한다(2020헌가1).
행정절차상 강제처분에 의해 신체의 자유가 제한되는 경우, 강제처분의 집행기관으로부터 독립된 중립적인 기관이 이를 통제하도록 하는 것은 적법절차원칙의 중요한 내용에 해당하는바, 구체적인 통제의 모습이나 수준은 강제처분의 목적과 이로써 달성하고자 하는 공익, 강제처분으로 인해 신체의 자유가 제한되는 정도 등 모든 요소를 고려하여 결정되어야 할 것이다. 심판대상조항에 의한 보호는 강제퇴거명령의 집행 확보를 목적으로 하면서도 신체의 자유를 제한하는 정도가 박탈에 이르러 형사절차상 '체포 또는 구속'에 준하는 것으로 볼 수 있는 점을 고려하면, 적법절차원칙상 보호의 개시 또는 연장 단계에서 그 집행기관인 출입국관리공무원으로부터 독립되고 중립적인 지위에 있는 기관이 보호의 타당성을 심사하여 이를 통제할 수 있어야 한다.

41 영장주의

`13,06,모의`

> ★ 8회 변시 1문의2
> 丙은「의무경찰대 설치 및 운영에 관한 법률」제5조 제1항, 제2항 중 각 '의무경찰에 대한 영창' 부분이 헌법에 위반된다고 주장하고 있다. 丙이 위헌이라고 주장할 수 있는 논거를 제시하시오. (40)
>
> ★ 5회 변시 1문
> 경찰공무원이나 검사의 지문채취를 정당한 이유 없이 거부할 경우 처벌하는 경범죄처벌법 조항이 기본권을 침해하는지 여부를 논하시오. (30) (2002헌가17)
>
> ● 23년 1차 1문
> 전기통신사업법 83조 3항(통신자료 제공요청의 근거조항)이 영장주의와 적법절차원칙에 위배되는지 여부를 검토하시오. (20)

1. 의 의

헌법 제12조 제3항에서 규정을 하고 있는 영장주의란 체포·구속·압수 등의 강제처분을 함에 있어서는 사법권 독립에 의하여 그 신분이 보장되는 법관이 발부한 영장에 의하지 않으면 아니 된다는 원칙이고, 따라서 영장주의의 본질은 신체의 자유를 침해하는 강제처분을 함에 있어서는 중립적인 법관이 구체적 판단을 거쳐 발부한 영장에 의하여야만 한다는 데에 있다(2010헌마672).

> **관련판례 ❶** 헌법 제12조 제1항 적법절차원칙과의 관계
> 헌법 제12조 제1항은 '신체의 자유'에 관한 일반규정이고, 같은 조 제3항은 수사기관의 피의자에 대한 강제처분절차 등에 관한 특별규정이기 때문에, 헌법 제12조 제3항에 위배되는지 여부를 판단하는 것으로 족하며 이에 관하여 일반규정인 헌법 제12조 제1항 및 제27조 제4항의 위반 여부 등을 별도로 판단할 필요는 없다(2002헌마593).
> **❷** 영장신청권자로서의 '검사'의 의미
> 헌법에서 수사단계에서의 영장신청권자를 검사로 한정한 것은 다른 수사기관에 대한 수사지휘권을 확립시켜 인권유린의 폐해를 방지하고, 법률전문가인 검사를 거치도록 함으로써 기본권침해가능성을 줄이고자 한 것이다. 헌법에 규정된 영장신청권자로서의 검사는 검찰권을 행사하는 국가기관인 검사로서 공익의 대표자이자 수사단계에서의 인권옹호기관으로서의 지위에서 그에 부합하는 직무를 수행하는 자를 의미하는 것이지, 검찰청법상 검사만을 지칭하는 것으로 보기 어렵다.(2020헌마264)

2. 적용범위

가. 강제처분의 의미

1) 문제점

영장주의가 적용되는 '강제처분'의 의미가 무엇인지에 대하여 견해가 대립한다.

2) 견해의 대립

① 헌법상 영장주의는 신체에 대한 직접적인 물리력을 동원하여 강제로 이루어지는 경우를 의미한다는 물리적 강제력설, ② 직접적인 강제뿐만 아니라 심리적·간접적 강제도 포함된다는 심리적 강제력설이 대립한다.

3) 헌법재판소의 입장

헌법재판소는 기본적으로 물리적 강제력설의 입장이다.

그러나 이명박 특검법사건에서는 5인의 위헌의견으로 "수사기관이 참고인에 대하여 신체의 자유를 억압하여 출석을 강제하는 경우에도 헌법 제12조 제3항의 영장주의가 적용된다. 그런데 이 사건 동행명령조항은 특별검사의 참고인에 대한 동행명령을 규정하고 참고인이 정당한 사유 없이 거부하는 경우 형사처벌을 하도록 규정하는바, 영장주의원칙을 규정한 헌법 제12조 제3항에 위반되거나 적어도 위 헌법상 원칙을 잠탈하는 것으로서 위헌이다."라고 판시하여 심리적·간접적 강제에 대하여도 영장주의가 적용되는 것처럼 판시하였다(2007헌마1468). [18]

> **관련판례** 영장주의가 적용되는 강제처분이 아니라고 본 결정례
> ❶ 경범죄처벌법상 지문채취 : 수사기관이 직접 물리적 강제력을 행사하여 피의자에게 강제로 지문을 찍도록 하는 것을 허용하는 규정이 아니며 형벌에 의한 불이익을 부과함으로써 심리적·간접적으로 지문채취를 강요하고 있으므로 피의자가 본인의 판단에 따라 수용여부를 결정한다는 점에서 궁극적으로 당사자의 자발적 협조가 필수적임을 전제로 하므로 물리력을 동원하여 강제로 이루어지는 경우와는 질적으로 차이가 있다(2002헌가17).
> ❷ 소변채취 : 소변을 받아 제출하도록 한 것은 검사대상자들의 협력이 필수적이어서 강제처분이라고 할 수도 없어 영장주의의 원칙이 적용되지 않는다(2005헌마277).
> ❸ 도로교통법상 음주측정 : 당사자의 자발적 협조가 필수적인 것이므로(96헌가11).
> ❹ 법무부장관의 출국금지결정 : 신체에 대하여 직접적으로 물리적 강제력을 수반하는 강제처분이라고 할 수는 없다(2012헌바302).
> ❺ 구치소장이 검사의 요청에 따라 청구인과 배우자의 접견녹음파일을 제공한 행위(2010헌마153)
> ❻ 국민건강보험공단이 2013. 12. 20. 서울용산경찰서장에게 청구인들의 요양급여내역을 제공한 행위 2014헌마368) (∵ 강제력이 개입되지 아니한 임의수사에 해당하므로)
> ❼ 각급선거관리위원회 위원·직원의 선거범죄 조사에 있어서 피조사자에게 행하는 자료제출요구는 행정조사의 성격을 가지는 것으로 수사기관의 수사와 근본적으로 그 성격을 달리하며, 청구인에 대하여 직접적으로 어떠한 물리적 강제력을 행사하는 강제처분을 수반하는 것이 아니므로 영장주의의 적용대상이 아니다. (2016헌바381)

---

18) 이에 대하여 2인의 별개 위헌의견은, "신체의 자유와 관련한 헌법상 영장주의는 '신체에 대해 직접적이고 현실적인 강제력이 행사되는 경우'에 적용되고, 사후적인 제재를 통한 심리적, 간접적인 강제를 수단으로 상대방의 신체의 자유에 대해 일정한 제한을 가하는 것은, 과잉금지원칙에 위반 여부가 문제될 수는 있을지언정, 헌법 제12조 제3항의 영장주의의 적용 대상은 될 수 없다. 위 법률 제6조 제6항, 제7항 및 제18조 제2항은 동행명령을 거부할 정당한 사유가 없는 참고인에 대하여 지정된 장소에 출석할 의무를 부과하고, 벌금형이라는 제재를 수단으로 하여 그 출석의무의 이행을 심리적, 간접적으로 강제하는 것이어서, 영장주의의 적용 대상이 될 수 없다."고 하였다.

❽ 전기통신사업법상 '성명, 주민등록번호, 주소, 전화번호, 가입일' 등의 통신자료제공요청의 근거조항 (2016헌마388)

이 사건 법률조항은 수사기관 등이 전기통신사업자에 대하여 통신자료의 제공을 요청할 수 있는 권한을 부여하면서 전기통신사업자는 '그 요청에 따를 수 있다'고 규정하고 있을 뿐, 전기통신사업자에게 수사기관 등의 통신자료 제공요청에 응하거나 협조하여야 할 의무를 부과하지 않으며, 달리 전기통신사업자의 통신자료 제공을 강제할 수 있는 수단을 마련하고 있지 아니하다. 따라서 이 사건 법률조항에 따른 통신자료 제공요청은 강제력이 개입되지 아니한 임의수사에 해당하고 이를 통한 수사기관 등의 통신자료 취득에는 영장주의가 적용되지 아니하는바, 이 사건 법률조항은 헌법상 영장주의에 위배되지 아니한다.

> **관련판례** 영장주의가 적용되는 강제처분이라고 본 결정례
> 통신사실 확인자료 제공요청은 수사 또는 내사의 대상이 된 가입자 등의 동의나 승낙을 얻지 아니하고도 공공기관이 아닌 전기통신사업자를 상대로 이루어지는 것으로 통신비밀보호법이 정한 수사기관의 강제처분이므로 헌법상 영장주의가 적용된다. 이 사건 허가조항은 수사기관이 전기통신사업자에게 위치정보 추적자료 제공을 요청함에 있어 관할 지방법원 또는 지원의 허가를 받도록 규정하고 있으므로 헌법상 영장주의에 위배되지 아니한다. (2012헌마191)

나. 시간적 범위

영장주의는 모든 강제처분의 과정에 적용된다. 즉 영장주의는 구속개시 시점에 있어서 신체의 자유에 대한 박탈의 허용만이 아니라 그 구속영장의 효력을 계속 유지할 것인지 아니면 정지 또는 실효시킬 것인지 여부의 결정도 오직 법관의 판단에 의하여만 결정되어야 한다는 것을 의미한다(2011헌가36).

> **관련판례** 법원의 구속집행정지결정에 대하여 검사가 즉시항고할 수 있도록 한 형사소송법 제101조 제3항이 헌법상 영장주의 및 적법절차원칙에 위배되는지 여부(적극) (2011헌가36)
> 법원이 피고인의 구속 또는 그 유지 여부의 필요성에 관하여 한 재판의 효력이 검사나 다른 기관의 이견이나 불복이 있다 하여 좌우되거나 제한받는다면 이는 영장주의에 위반된다고 할 것인바, 구속집행정지결정에 대한 검사의 즉시항고를 인정하는 이 사건 법률조항은 검사의 불복을 그 피고인에 대한 구속집행을 정지할 필요가 있다는 법원의 판단보다 우선시킬 뿐만 아니라, 사실상 법원의 구속집행정지결정을 무의미하게 할 수 있는 권한을 검사에게 부여한 것이라는 점에서 헌법 제12조 제3항의 영장주의원칙에 위배된다.

3. 행정상 즉시강제에 영장주의가 적용되는지 여부

영장주의가 행정상 즉시강제에도 적용되는지에 관하여 영장필요설, 영장불요설, 절충설 등의 대립이 있으나, 헌법재판소는 "행정상 즉시강제는 상대방의 임의이행을 기다릴 시간적 여유가 없을 때 하명 없이 바로 실력을 행사하는 것으로서, 그 본질상 급박성을 요건으로 하고 있어 법관의 영장을 기다려서는 그 목적을 달성할 수 없다고 할 것이므로, 원칙적으로 영장주의가 적용되지 않는다고 보아야 할 것이다(2000헌가12)."라고 하여 영장불요설의 입장이다.

다만 헌법재판소는 이에 덧붙여 "만일 어떤 법률조항이 영장주의를 배제할 만한 합리적인 이유가 없을 정도로 급박성이 인정되지 아니함에도 행정상 즉시강제를 인정하고 있다면, 이러한 법

률조항은 이미 그 자체로 과잉금지의 원칙에 위반되는 것으로서 위헌이라고 할 것이다."라고 판시하고 있다.

4. 징계절차에 영장주의가 적용되는지 여부

헌법재판소는 전투경찰순경에 대한 징계영창 사건에서, 헌법재판소는 "영장주의란 형사절차와 관련하여 체포·구속·압수·수색의 강제처분을 할 때 신분이 보장되는 법관이 발부한 영장에 의하지 않으면 안 된다는 원칙으로, 형사절차가 아닌 징계절차에도 그대로 적용된다고 볼 수 없다(2013헌바190)."고 보았다.

그러나 공권력의 행사로 인하여 신체를 구속당하는 국민의 입장에서는, 그러한 구속이 형사절차에 의한 것이든, 행정절차에 의한 것이든 신체의 자유를 제한당하고 있다는 점에서는 본질적인 차이가 있다고 볼 수 없으므로, 행정기관이 체포·구속의 방법으로 신체의 자유를 제한하는 경우에도 원칙적으로 헌법 제12조 제3항의 영장주의가 적용된다고 보아야 한다(반대의견).

42 변호인의 조력을 받을 권리

★ 9회 변시 1문의 1

A국적 외국인인 甲은 인천국제공항 출입국항에서 난민인정신청을 하였으나 난민인정 거부처분을 받고 거부처분취소소송과 인신보호청구소송을 제기하였다. 난민 전문 변호사로 활동하고 있는 乙은 甲의 변호인으로 선임된 후, 2019. 4. 1. 송환대기실에서 생활 중이던 甲에 대한 접견을 당국에 신청했으나, 당국은 송환대기실 내 수용된 입국불허자에게 접견권을 인정할 법적 근거가 없다는 이유로 이를 거부하였다. 乙의 접견신청이 거부당한 사실을 알게 된 甲은 권리구제형 헌법소원심판을 청구하고자 한다. 甲의 기본권침해여부에 대해 판단하시오. (적법요건 검토는 제외) (12)

★ 9회 변시 1문의 1

위 설문과 달리, 乙은 아직 甲의 변호인으로 선임되지 않은 상태에서, 甲을 만나 법적 조언을 하기 위해 甲에 대한 접견을 신청하였으나 거부당하였다. 乙 자신이 당사자가 되어 권리구제형 헌법소원을 청구하는 경우 乙의 기본권침해가능성이 인정되는지 검토하시오. (8)

1. 의 의

헌법 제12조 제4항의 변호인의 조력을 받을 권리란 국가권력의 일방적인 형벌권 행사에 대항하여 자신에게 부여된 헌법상·소송법상 권리를 효율적이고 독립적으로 행사하기 위하여 변호인의 도움을 얻을 피의자 및 피고인의 권리를 말한다. 이러한 변호인의 조력을 받을 권리에는 변호인을 선임하고, 변호인과 접견하며, 변호인의 조언과 상담을 받고, 변호인을 통해 방어권 행사에 필요한 사항들을 준비하고 행사하는 것 등이 모두 포함된다(2009헌마341).

2. 주 체

변호인의 조력을 받을 권리는 '형사사건에서 변호인의 조력을 받을 권리'를 의미하므로 ① 체포·구속된 피의자와 피고인 뿐만 아니라, ② 불구속 피의자와 피고인, ③ 임의동행된 피의자와 피내사자도 그 주체가 될 수 있다.
④ 한편 최근 헌법재판소는 "헌법 제12조 제4항 본문에 규정된 "구속"은 사법절차에서 이루어진 구속뿐 아니라, 행정절차에서 이루어진 구속까지 포함하는 개념이므로, 헌법 제12조 제4항 본문에 규정된 변호인의 조력을 받을 권리는 행정절차에서 구속을 당한 사람에게도 즉시 보장된다"고 판시하였다(2014헌마346).
그러나 형사절차가 종료되어 교정시설에 수용 중인 수형자, 미결수용자가 형사사건의 변호인이 아닌 민사재판, 행정재판, 헌법재판 등에서 변호사와 접견할 경우에는 원칙적으로 헌법상 변호인의 조력을 받을 권리의 주체가 될 수 없다(2011헌마122).

3. 내 용

가. 변호인선임권

변호인의 조력을 받을 권리의 출발점은 변호인선임권에 있고, 이는 변호인의 조력을 받을 권리의 가장 기초적인 구성부분으로서 법률로써도 제한할 수 없다(2000헌마138).

나. 변호인과의 접견교통권

변호인과의 자유로운 접견은 신체구속을 당한 사람에게 보장된 변호인의 조력을 받을 권리의 가장 중요한 내용이어서 국가안전보장·질서유지·공공복리 등 어떠한 명분으로도 제한될 수 있는 성질의 것이 아니다(91헌마111).

다만 이때 미결수용자와 변호인과의 접견에 대해 어떠한 명분으로도 제한할 수 없다고 한 것은 구속된 자와 변호인 간의 접견이 실제로 이루어지는 경우에 있어서의 '자유로운 접견', 즉 '대화내용에 대하여 비밀이 완전히 보장되고 어떠한 제한, 영향, 압력 또는 부당한 간섭 없이 자유롭게 대화할 수 있는 접견'을 제한할 수 없다는 것이지, 변호인과의 접견 자체에 대해 아무런 제한도 가할 수 없다는 것을 의미하는 것이 아니므로 미결수용자의 변호인 접견권 역시 국가안전보장·질서유지 또는 공공복리를 위해 필요한 경우에는 법률로써 제한될 수 있음은 당연하다(2009헌마341). 그러나 법령에 의한 제한이 없는 한 수사기관의 처분은 물론, 법원의 결정으로도 이를 제한할 수 없다(89모37).

다. 변호인과 상담하고 조언을 구할 권리

변호인과 상담하고 조언을 구할 권리는 변호인의 조력을 받을 권리의 내용 중 구체적인 입법형성이 필요한 다른 절차적 권리의 필수적인 전제요건으로서 변호인의 조력을 받을 권리 그 자체에서 막바로 도출되는 것으로, 변호인의 조력을 받기 위하여 변호인을 옆에 두고 조언과 상담을 구하는 것은, 위법한 조력의 우려가 있어 이를 제한하는 다른 규정이 있고 그가 이에 해당한다고 하지 않는 한, 수사절차의 개시에서부터 재판절차의 종료에 이르기까지 언제나 가능하다.

라. 변호인을 통한 수사기록 열람과 등사에 관한 권리

변호인의 조력을 받을 권리는 변호인과의 자유로운 접견교통권에 그치지 아니하고 더 나아가 변호인을 통하여 수사서류를 포함한 소송관계 서류를 열람·등사하고 이에 대한 검토결과를 토대로 공격과 방어의 준비를 할 수 있는 권리도 포함된다고 보아야 할 것이므로 변호인의 수사기록 열람·등사에 대한 지나친 제한은 결국 피고인에게 보장된 변호인의 조력을 받을 권리를 침해하는 것이다(94헌마60).

마. 변호인과의 교통내용(서신)에 관하여 비밀을 보장받을 권리

미결수용자의 서신 중 변호인과의 서신은 다른 서신에 비하여 특별한 보호를 받아야 한다.

바. 국선변호인의 조력을 받을 권리

형사피고인의 국선호인의 조력을 받을 권리는 헌법 제12조 제4항으로부터 도출되는 헌법상 권리이나, 형사피의자의 경우 헌법에 별도로 규정이 없고 형사소송법에 의해 제한적으로 인정되는 법률상 권리에 불과하다.

4. 변호인의 권리

가. 변호인의 접견교통권

헌법상의 변호인과의 접견교통권은 체포 또는 구속당한 피의자·피고인 자신에만 한정되는 신체적 자유에 관한 기본권이고, 변호인 자신의 구속된 피의자·피고인과의 접견교통권은 헌법상의 권리라고는 말할 수 없으며 단지 형사소송법 제34조에 의하여 비로소 보장되는 권리임에 그친다(89헌마181).

나. 변호인의 조력할 권리의 핵심적인 부분(변호인의 변호권)

헌법재판소는 "피구속자를 조력할 변호인의 권리 중 그것이 보장되지 않으면 피구속자가 변호인으로부터 조력을 받는다는 것이 유명무실하게 되는 핵심적인 부분은, "조력을 받을 피구속자의 기본권"과 표리의 관계에 있기 때문에 이러한 핵심부분에 관한 변호인의 조력할 권리 역시 헌법상의 기본권으로서 보호되어야 한다(2000헌마474)."고 보고, 그 핵심적인 부분을 "변호인의 변호권"이라 하며 헌법 제12조 제4항이 그 근거가 됨을 분명히 하였다.

다. 변호인이 되려는 자의 접견교통권 (2015헌마1204)

변호인 선임을 위하여 피의자·피고인이 가지는 '변호인이 되려는 자'와의 접견교통권은 헌법상 기본권으로 보호되어야 하고, '변호인이 되려는 자'의 접견교통권은 피의자 등이 변호인을 선임하여 그로부터 조력을 받을 권리를 공고히 하기 위한 것으로서, 그것이 보장되지 않으면 피의자 등이 변호인 선임을 통하여 변호인으로부터 충분한 조력을 받는다는 것이 유명무실하게 될 수밖에 없다. 이와 같이 '변호인이 되려는 자'의 접견교통권은 피의자 등을 조력하기 위한 핵심적인 부분으로서, 피의자 등이 가지는 헌법상의 기본권인 '변호인이 되려는 자'와의 접견교통권과 표리의 관계에 있다. 따라서 피의자 등이 가지는 '변호인이 되려는 자'의 조력을 받을 권리가 실질적으로 확보되기 위해서는 '변호인이 되려는 자'의 접견교통권 역시 헌법상 기본권으로서 보장되어야 한다.

43 무죄추정의 원칙

★ 12회 변시 1문
"변호사가 공소제기되어 그 재판의 결과 등록취소에 이르게 될 가능성이 매우 크고, 그대로 두면 장차 의뢰인이나 공공의 이익을 해칠 구체적인 위험성이 있는 경우 법무부변호사징계위원회의 결정을 거쳐 법무부장관이 업무정지를 명할 수 있다"고 규정한 변호사법조항이 무죄추정원칙 및 적법절차원칙에 위반되는지 판단하시오. (20) (2012헌바45)

● 19년 3차 1문
법위반사실공표 조항은 무죄추정의 원칙에 위반되는가? (10) (2001헌바43)

1. 의 의

무죄추정의 원칙은, 피고인이나 피의자를 유죄의 판결이 확정되기 전에 죄 있는 자에 준하여 취급함으로써 법률적, 사실적 측면에서 유형, 무형의 불이익을 주어서는 아니 된다는 원칙이다.

2. 적용범위

우리 헌법은 제27조 제4항에서 "피고인"만을 규정하고 있지만 공소가 제기된 형사피고인에게 무죄추정의 원칙이 적용되는 이상, 아직 공소제기조차 되지 아니한 형사피의자에게도 무죄추정의 원칙이 적용되며(91헌마111), 유죄의 판결이 확정될 때까지 적용된다.

3. 내 용

무죄추정의 원칙상 금지되는 '불이익'이란 '범죄사실의 인정 또는 유죄를 전제로 그에 대하여 법률적·사실적 측면에서 유형·무형의 차별취급을 가하는 유죄인정의 효과로서의 불이익'을 뜻하고, 이는 비단 형사절차 내에서의 불이익뿐만 아니라 기타 일반법생활 영역에서의 기본권 제한과 같은 경우에도 적용된다. 한편 여하한 형태의 불이익이 존재하기만 하면 모두 무죄추정의 원칙에 반하는 것이 아니라, 그 불이익이 비례의 원칙을 존중한 것으로서 필요최소한도에 그친다면 예외적으로 무죄추정의 원칙에 저촉되지 않는다고 보아야 한다(2010헌마418).

> 관련판례 사업자단체의 독점규제및공정거래법 위반행위가 있을 때 공정거래위원회가 당해 사업자단체에 대하여 "법위반사실의 공표"를 명할 수 있도록 한 동법 제27조 부분이 무죄추정의 원칙에 반하는지 여부(적극)(2001헌바43)
> 공정거래위원회의 고발조치 등으로 장차 형사절차내에서 진술을 해야할 행위자에게 사전에 이와 같은 법위반사실의 공표를 하게 하는 것은 형사절차내에서 법위반사실을 부인하고자 하는 행위자의 입장을 모순에 빠뜨려 소송수행을 심리적으로 위축시키거나, 법원으로 하여금 공정거래위원회 조사결과의 신뢰성 여부에 대한 불합리한 예단을 촉발할 소지가 있고 이는 장차 진행될 형사절차에도 영향을 미칠 수 있다. 결국 법위반사실의 공표명령은 공소제기조차 되지 아니하고 단지 고발만 이루어진 수사의 초기단계에서 아직 법원의 유무죄에 대한 판단이 가려지지 아니하였는데도 관련 행위자를 유죄로 추정하는 불이익한 처분이 된다.

44 진술거부권

● 19년 3차 1문
법위반사실공표 조항은 진술거부권을 침해하는가? (10) (2001헌바43)

1. 의 의

헌법 제12조 제2항은 '모든 국민은 고문을 받지 아니하며, 형사상 자기에게 불리한 진술을 강요당하지 아니한다.'고 규정하여 형사책임에 관하여 자기에게 불이익한 진술을 강요당하지 않을 것을 국민의 기본권으로 보장하고 있다. 이는 형사피의자나 피고인의 인권을 형사소송의 목적인 실체적 진실발견이나 구체적 사회정의의 실현이라는 국가적 이익보다 우선적으로 보호함으로써 인간의 존엄성과 생존가치를 보장하고 나아가 비인간적인 자백의 강요와 고문을 근절하려는데 있다.

2. 적용범위

진술거부권은 현재 피의자나 피고인으로서 수사 또는 공판절차에 계속중인 자 뿐만 아니라 장차 피의자나 피고인이 될 자에게도 보장되며(96헌가11), 형사절차에서만 보장되는 것은 아니고 행정절차이거나 국회에서의 질문 등 어디에서나 그 진술이 자기에게 형사상 불리한 경우에는 묵비권을 가지고 이를 강요받지 아니할 국민의 기본권으로 보장된다.(2001헌바43)

3. 내 용

가. '진술'의 의미

헌법상 진술거부권의 보호대상이 되는 '진술'이라 함은 언어적 표출 즉, 개인의 생각이나 지식, 경험사실을 정신작용의 일환인 언어를 통하여 표출하는 것을 의미한다. 따라서 경험사실을 문자로 기재하도록 한 것도 '진술'의 범위에 포함된다.

나. '형사상 불이익'한 진술

진술거부권에 있어서의 진술이란 형사상 자신에게 불이익이 될 수 있는 진술이므로 범죄의 성립과 양형에서의 불리한 사실 등을 말하는 것이고, 그 진술내용이 자기의 형사책임에 관련되는 것일 것을 전제로 한다(2013헌마11).

> **관련판례** ❶ 정치자금을 받고 지출하는 행위는 당사자가 직접 경험한 사실로서 이를 문자로 기재하도록 하는 것은 당사자가 자신의 경험을 말로 표출한 것의 등가물로 평가할 수 있다. (2004헌바25)
> ❷ 음주측정은 호흡측정기에 입을 대고 호흡을 불어 넣음으로써 신체의 물리적, 사실적 상태를 그대로 드러내는 행위에 불과하므로 이를 두고 "진술"이라 할 수 없다. (96헌가11)

제2절 사생활영역의 자유

 45 사생활의 비밀과 자유

변시 6회   14.08.모의

● **14년 1차 1문**
대통령 丙은 국토교통부장관 甲에 대하여 국회의 의혹제기가 이어지자, 추가적인 의혹제기를 막기 위해 여당 소속 청문위원들에게 청문회 무산을 요청하며 필요한 경우 의혹을 제기한 乙에 대하여 丙이 공무상 지득한 혼인 외 내연관계에 대한 상세한 정보를 제공할 용의가 있음을 밝혔다. 이는 乙의 어떠한 기본권을 침해했다고 주장할 수 있는가? (9)

■ **2014년 제56회 사법시험**
피의자 甲은 A사건 살인혐의에 대해서는 인정하나 B사건 살인혐의를 부인하고 있다. 경찰은 현장 검증때도 甲에게 모자와 마스크를 씌웠으나 더운 날씨 탓인지 甲은 수시로 벗었다. 마침 현장에 있던 신문사 기자 乙은 甲의 맨얼굴을 찍어 신문에 공개하였다. 甲과 乙이 주장할 수 있는 기본권을 제시하시오. (20)

1. 의의 및 내용

헌법 제17조는 "모든 국민은 사생활의 비밀과 자유를 침해받지 아니한다."고 규정하여 사생활의 비밀과 자유를 국민의 기본권의 하나로 보장하고 있다. 사생활의 비밀은 국가가 사생활영역을 들여다보는 것에 대한 보호를 제공하는 기본권이며, 사생활의 자유는 국가가 사생활의 자유로운 형성을 방해하거나 금지하는 것에 대한 보호를 의미한다. 구체적으로 사생활의 비밀과 자유가 보호하는 것은 개인의 내밀한 내용의 비밀을 유지할 권리, 개인이 자신의 사생활의 불가침을 보장받을 수 있는 권리, 개인의 양심영역이나 성적 영역과 같은 내밀한 영역에 대한 보호, 인격적인 감정세계의 존중의 권리와 정신적인 내면생활이 침해받지 아니할 권리 등이다. 요컨대 헌법 제17조가 보호하고자 하는 기본권은 사생활영역의 자유로운 형성과 비밀유지라고 할 것이다(2006헌마402).

> **관련판례** ❶ 일반 교통에 사용되고 있는 도로는 국가와 지방자치단체가 그 관리책임을 맡고 있는 영역이며, 수많은 다른 운전자 및 보행자 등의 법익 또는 공동체의 이익과 관련된 영역으로, 그 위에서 자동차를 운전하는 행위는 더 이상 개인적인 내밀한 영역에서의 행위가 아니다(2002헌마518).
> ❷ 인터넷언론사의 공개된 게시판·대화방에서 스스로의 의사에 의하여 정당·후보자에 대한 지지·반대의 글을 게시하는 행위가 양심의 자유나 사생활 비밀의 자유에 의하여 보호되는 영역이라고 할 수 없다(2008헌마324).

2. 표현의 자유와의 관계(기본권 충돌)

사생활의 비밀과 자유가 언론매체 등으로부터 침해당하는 경우 이를 어떻게 해결해야 하는지 문제된다. 언론매체의 경우 즉 이는 사생활의 비밀과 자유와 언론·출판의 자유의 충돌의 문제에 해당한다. 이에 대해 미국에서 발전된 ① 권리포기이론, ② 공익이론, ③ 공적인물이론과 독일의 ④ 인격영역이론이 특별한 해결방법으로 제시되고 있다.

① 권리포기이론 : 일정한 사정 하에서는 자신의 사생활의 비밀과 자유를 포기하는 것으로 간주하는 이론이다. 예컨대 자살자는 자신의 사생활의 비밀을 포기했다고 볼 수 있고, 공직을 구하는 사람도 폐쇄적인 생활에 대한 권리를 포기했다고 간주할 수 있다는 것이다.
② 공익이론 : 공공의 이익과 관련되는 사항으로서 국민의 알 권리의 대상이 되는 사안에 대해서는 사생활이 공개의 대상이 될 수 있다는 이론이다. 알 권리의 대상에 대하여 미국의 판례는 보도적 가치, 교육적 가치, 계몽적 가치 등을 들고 있다.
③ 공적인물이론 : 정치인이나 연예인 등 유명인사의 사생활은 공적 관심의 대상이 되므로 일정 부분 사생활이 공개가 되더라도 통상인에 비하여 수인한도가 높아진다는 이론이다. 예컨대 대통령, 배우, 프로야구선수, 전쟁영웅 등은 물론 스스로 원하지 않더라도 국민의 관심의 대상이 된 범인이나 피해자 등도 이에 해당한다.
④ 인격영역이론 : 독일의 인격영역이론에서는 인격의 영역을 가장 폐쇄적인 영역부터 가장 개방적인 영역까지 단계화 하여 이를 (i) 내밀영역, (ii) 비밀영역, (iii) 사적 영역, (iv) 사회적 영역, (v) 공개적 영역으로 나누고 그에 따라 보호의 정도도 달라진다고 보는 이론이다. 내밀영역에 가까울수록 사생활의 비밀과 자유는 더욱 보장되고, 공개적 영역에 가까울수록 국가의 간섭이 상대적으로 더 허용된다.

관련판례 공적 인물의 공적 관심 사안에 대한 표현의 자유와 명예의 보호의 헌법적 평가기준(2009헌마747)
표현의 자유와 명예의 보호는 인간의 존엄과 가치, 행복을 추구하는 기초가 되고 민주주의의 근간이 되는 기본권이므로, 이 두 기본권을 비교형량하여 어느 쪽이 우위에 서는지를 가리는 것은 헌법적 평가 문제에 속한다. 명예훼손적 표현의 피해자가 공적 인물인지 아니면 사인인지, 그 표현이 공적인 관심 사안에 관한 것인지 순수한 사적인 영역에 속하는 사안인지의 여부에 따라 헌법적 심사기준에는 차이가 있어야 하고, 공적 인물의 공적 활동에 대한 명예훼손적 표현은 그 제한이 더 완화되어야 한다. 다만, 공인 내지 공적인 관심 사안에 관한 표현이라 할지라도 일상적인 수준으로 허용되는 과장의 범위를 넘어서는 명백한 허위사실로서 개인에 대한 악의적이거나 현저히 상당성을 잃은 공격은 제한될 수 있어야 한다.

46 개인정보자기결정권

변시 11회 18.08.모의 24.06.모의

- **14년 1차 1문**
  대통령 丙은 국토교통부장관 甲에 대하여 국회의 의혹제기가 이어지자, 추가적인 의혹제기를 막기 위해 여당 소속 청문위원들에게 청문회 무산을 요청하며 필요한 경우 의혹을 제기한 乙에 대하여 丙이 공무상 지득한 혼인 외 내연관계에 대한 상세한 정보를 제공할 용의가 있음을 밝혔다. 이는 乙의 어떠한 기본권을 침해했다고 주장할 수 있는가? (9)

- **24년 1차 2문**
  양돈업자 丙은 자기 차량을 이용해 가축사육시설에 출입하고 있다. 가축전염병예방법은 축산관계시설에 출입하는 차량의 소유자는 차량을 등록하고, 출입정보를 무선으로 인식하는 장치를 장착해야한다고 규정하고 있고, 국가 또는 지자체는 차량정보를 수집할 수 있다. 丙을 구성원으로 하는 사단법인 한국양돈업협회와 丙은 위 규정이 자신의 개인정보자기결정권을 침해한다고 주장하며 헌법소원심판을 청구하였다. (1) 사단법인 한국양돈업협회의 청구인능력 및 자기관련성 (10), (2) 위 조항이 丙의 개인정보자기결정권을 침해하는지 여부 (20)

- **2014년 제56회 사법시험**
  피의자 甲은 A사건 살인혐의에 대해서는 인정하나 B사건 살인혐의를 부인하고 있다. 경찰은 현장 검증 때도 甲에게 모자와 마스크를 씌웠으나 더운 날씨 탓인지 甲은 수시로 벗었다. 마침 현장에 있던 신문사 기자 乙은 甲의 맨얼굴을 찍어 신문에 공개하였다. 甲과 乙이 주장할 수 있는 기본권을 제시하시오. (20)

1. 의 의

개인정보자기결정권은 자신에 관한 정보가 언제 누구에게 어느 범위까지 알려지고 또 이용되도록 할 것인지를 그 정보주체가 스스로 결정할 수 있는 권리를 의미한다.

2. 헌법적 근거

개인정보자기결정권의 헌법상 근거를 헌법 제10조로 보는 견해, 제17조로 보는 견해, 제10조와 제17조 모두에서 근거를 찾는 견해 등이 대립한다.

헌법재판소는, "개인정보자기결정권의 헌법상 근거로는 헌법 제17조의 사생활의 비밀과 자유, 헌법 제10조 제1문의 인간의 존엄과 가치 및 행복추구권에 근거를 둔 일반적 인격권 또는 위 조문들과 동시에 우리 헌법의 자유민주적 기본질서 규정 또는 국민주권원리와 민주주의원리 등을 고려할 수 있으나, 개인정보자기결정권으로 보호하려는 내용을 위 각 기본권들 및 헌법원리들 중 일부에 완전히 포섭시키는 것은 불가능하다고 할 것이므로, 그 헌법적 근거를 굳이 어느 한 두개에 국한시키는 것은 바람직하지 않은 것으로 보이고, 오히려 개인정보자기결정권은 이들을 이념적 기초로 하는 독자적 기본권으로서 헌법에 명시되지 아니한 기본권이라고 보아야 할 것이다(99헌마513)."라고 판시하고 있다.

3. 보호범위

개인정보자기결정권의 보호대상이 되는 개인정보는 개인의 신체, 신념, 사회적 지위, 신분 등과 같이 개인의 인격주체성을 특징짓는 사항으로서 그 개인의 동일성을 식별할 수 있게 하는 일체의 정보라고 할 수 있고, 반드시 개인의 내밀한 영역이나 사사(私事)의 영역에 속하는 정보에 국한 되지 않고 공적 생활에서 형성되었거나 이미 공개된 개인정보까지 포함한다. 또한 그러한 개인정보를 대상으로 한 조사·수집·보관·처리·이용 등의 행위는 모두 원칙적으로 개인정보자기결정권에 대한 제한에 해당한다(99헌마513).

47 주거의 자유

1. 의 의

헌법 제16조는 "모든 국민은 주거의 자유를 침해받지 아니한다. 주거에 대한 압수나 수색을 할 때에는 검사의 신청에 의하여 법관이 발부한 영장을 제시하여야 한다."라고 하여 주거의 자유를 규정하고 있다. 주거의 자유란 자신의 동의 없이 공권력이나 사인으로부터 주거를 침해당하지 않을 권리를 말한다. 주거의 평온과 주거의 불가침을 보장하는 주거의 자유는 사생활의 비밀과 자유를 보장하기 위한 수단이라는 점에서 넓은 의미의 사생활의 비밀과 자유 영역에 속한다.

2. 주거의 자유와 영장주의

헌법 제12조 제3항과는 달리 헌법 제16조 후문은 영장주의에 대한 예외를 명문화하고 있지 않으나, 헌법 제12조 제3항과 헌법 제16조의 관계, 주거 공간에 대한 긴급한 압수·수색의 필요성, 주거의 자유와 관련하여 영장주의를 선언하고 있는 헌법 제16조의 취지 등에 비추어 ① 그 장소에 범죄혐의 등을 입증할 자료나 피의자가 존재할 개연성이 있고, ② 사전에 영장을 발부받기 어려운 긴급한 사정이 있는 경우에는 제한적으로 영장주의의 예외를 허용할 수 있다고 보는 것이 타당하다(2015헌바370).

> **관련판례** 형사소송법 제216조 제2항 제1호중 제200조의2에 관한 부분은 체포영장을 발부받아 피의자를 체포하는 경우에 '필요한 때'에는 영장 없이 타인의 주거 등 내에서 피의자 수사를 할 수 있다고 규정함으로써, 별도로 영장을 발부받기 어려운 긴급한 사정이 있는지 여부를 구별하지 아니하고 피의자가 소재할 개연성이 있으면 영장 없이 타인의 주거 등을 수색할 수 있도록 허용하고 있다. 이는 체포영장이 발부된 피의자가 타인의 주거 등에 소재할 개연성은 인정되나, 수색에 앞서 영장을 발부받기 어려운 긴급한 사정이 인정되지 않는 경우에도 영장 없이 피의자 수색을 할 수 있다는 것이므로, 위에서 본 헌법 제16조의 영장주의 예외 요건을 벗어난다. (2015헌바370)

48 거주·이전의 자유

변시 5회 | 13.10.모의

1. 의 의

헌법 제14조 거주·이전의 자유란 공권력의 간섭을 받지 아니하고 일시적으로 머물 체류지와 생활의 근거되는 거주지를 자유롭게 정하고 체류지와 거주지를 변경할 목적으로 자유롭게 이동할 수 있는 자유를 말한다(96헌마200).

2. 주 체

거주·이전의 자유는 국민의 권리에 해당한다. 외국인의 경우 입국의 자유는 인정될 수 없으나(2007헌마1083), 이미 입국한 외국인은 출국의 자유가 인정된다고 보는 것이 통설이다. 법인의 경우 헌법재판소는 "법인의 설립이나 지점 등의 설치, 활동거점의 이전 등은 법인이 그 존립이나 통상적인 활동을 위하여 필연적으로 요구되는 기본적인 행위유형들이라고 할 것이므로 이를 제한하는 것은 결국 헌법상 법인에게 보장된 직업수행의 자유와 거주·이전의 자유를 제한하는 것인가의 문제로 귀결된다(94헌바42)."고 하여 주체성을 긍정하고 있다.

3. 보호범위

거주·이전의 자유의 보호영역에는 ① 국내에서 체류지와 거주지를 자유롭게 정할 수 있는 자유영역(국내 거주·이전의 자유)뿐 아니라, ② 국외에서 체류지와 거주지를 자유롭게 정할 수 있는 '해외여행 및 해외이주의 자유'(국외 거주·이전의 자유)를 포함한다. 해외여행 및 해외이주의 자유는 필연적으로 외국에서 체류 또는 거주하기 위해서 대한민국을 떠날 수 있는 '출국의 자유'와 외국체류 또는 거주를 중단하고 다시 대한민국으로 돌아올 수 있는 '입국의 자유'를 포함한다. ③ 또한 대한민국의 국적을 이탈할 수 있는 '국적변경·이탈의 자유'등도 그 내용에 포함된다(2003헌가18). 그러나 무국적의 자유까지 보호하고 있는 것은 아니다. 또한 국민에게 그가 선택할 직업 내지 그가 취임할 공직을 그가 선택하는 임의의 장소에서 자유롭게 행사할 수 있는 권리까지 보장하지는 않는다(96헌마200).

> **관련판례 ❶** 경찰청장이 2009. 6. 3. 경찰버스들로 서울특별시 서울광장을 둘러싸 통행을 제지한 행위는 청구인들의 거주·이전의 자유를 제한하지 않는다. (2009헌마406)
> 거주·이전의 자유는 거주지나 체류지라고 볼 만한 정도로 생활과 밀접한 연관을 갖는 장소를 선택하고 변경하는 행위를 보호하는 기본권인바, 이 사건에서 서울광장이 청구인들의 생활형성의 중심지인 거주지나 체류지에 해당한다고 할 수 없고, 서울광장에 출입하고 통행하는 행위가 그 장소를 중심으로 생활을 형성해 나가는 행위에 속한다고 볼 수도 없으므로 청구인들의 거주·이전의 자유가 제한되었다고 할 수 없다.

❷ 여권의 발급의 성격 및 해외여행의 자유의 제한 정도
여권의 발급은 헌법이 보장하는 거주·이전의 자유의 내용인 해외여행의 자유를 보장하기 위한 수단적 성격을 갖고 있으며, 해외여행의 자유는 행복을 추구하기 위한 권리이자 이동의 자유로운 보장의 확보를 통하여 의사를 표현할 수 있는 측면에서 인신의 자유 또는 표현의 자유와 밀접한 관련을 가진 기본권이므로 최대한 그 권리가 보장되어야 하고, 따라서 그 권리를 제한하는 것은 최소한에 그쳐야 한다(2007두10846)

49. 통신의 비밀과 자유

● 17년 3차 1문

2017. 6. 20. 수형자 甲이 작성한 서신을 봉함한 채로 교도소장 丙에게 제출하자, 丙은 무봉함이 아니란 이유로 발송을 거부하고 반환하였다. 형집행법 시행령 제65조 제1항(무봉함 편지 제출하여야 한다)에 의해 문제되는 기본권을 특정하고 과잉금지원칙을 검토하시오. (25) (2009헌마333)

● 19년 2차 1문

검사 乙은 甲의 국가보안법 위반 혐의 수사를 위하여 법원의 허가를 받아 통신제한조치를 집행하였고, 이를 甲에게 통지하지 않았다. 위 통신제한조치 중에는 甲의 연구소의 인터넷 회선에 대한 패킷감청이 포함되어 있었다. 乙은 甲이 집시법을 위반했다는 혐의로 甲에 대해 수사를 하고 체포영장을 발부받았다. 乙은 이를 집행하기 위해 법원의 허가를 받아 전기통신사업자에게 위치추적자료의 제출을 요청해 이를 제공받고, 이후 甲에게 이 사실을 통지하였다. 적법여부(30) 및 위헌여부(70)를 논하시오. (2016헌마263)

1. 의 의

헌법 제18조 통신의 비밀과 자유란 서신, 전화, 우편 등 통신매개체를 통한 통신에 있어 그 비밀이 침해당하지 않는 자유를 말하는데 이는 사적 영역에 속하는 개인간의 의사소통을 사생활의 일부로서 보장하겠다는 취지에서 비롯된 것이라 할 것이다(2000헌바25). 통신의 비밀은 사생활의 비밀의 특별한 영역에 해당하므로(2009헌가30) 사생활의 비밀과 자유와의 관계에 있어서 특별 기본권에 해당한다.

2. '통신'의 개념

헌법재판소는 "헌법 제18조에서 그 비밀을 보호하는 '통신'의 일반적인 속성으로는 '당사자간의 동의', '비공개성', '당사자의 특정성' 등을 들 수 있는바, 이를 염두에 둘 때 위 헌법조항이 규정하고 있는 '통신'의 의미는 '비공개를 전제로 하는 쌍방향적인 의사소통'이라고 할 수 있다(2000헌바25)."라고 정의하고 있다.

3. 통신의 비밀

통신의 비밀의 보호대상은 통신의 내용뿐만 아니라 통신의 당사자(수신인과 발신인), 수신지와 발신지 등 해당 통신에 관한 정보 일체를 포함한다. 자유로운 의사소통은 통신내용의 비밀을 보장하는 것만으로는 충분하지 아니하고 구체적인 통신관계의 발생으로 야기된 모든 사실관계, 특히 통신관여자의 인적 동일성 · 통신장소 · 통신횟수 · 통신시간 등 통신의 외형을 구성하는 통신이용의 전반적 상황의 비밀까지도 보장한다(2012헌마191).

> **관련판례** ❶ 전기통신역무제공에 관한 계약을 체결하는 경우 전기통신사업자로 하여금 가입자에게 본인임을 확인할 수 있는 증서 등을 제시하도록 요구하고 부정가입방지시스템 등을 이용하여 본인인지 여부를 확인하도록 한 전기통신사업법 조항은 개인정보자기결정권, 통신의 자유를 침해하지 않는다. (2017헌마1209)
> 헌법 제18조로 보장되는 기본권인 통신의 자유란 통신수단을 자유로이 이용하여 의사소통할 권리이다. '통신수단의 자유로운 이용'에는 자신의 인적 사항을 누구에게도 밝히지 않는 상태로 통신수단을 이용할 자유, 즉 통신수단의 익명성 보장도 포함된다. 심판대상조항은 휴대전화를 통한 문자 · 전화 · 모바일 인터넷 등 통신기능을 사용하고자 하는 자에게 반드시 사전에 본인확인 절차를 거치는 데 동의해야만 이를 사용할 수 있도록 하므로, 익명으로 통신하고자 하는 청구인들의 통신의 자유를 제한한다.
> 반면, 심판대상조항이 통신의 비밀을 제한하는 것은 아니다. 가입자의 인적사항이라는 정보는 통신의 내용 · 상황과 관계없는 '비 내용적 정보'이며 휴대전화 통신계약 체결 단계에서는 아직 통신수단을 통하여 어떠한 의사소통이 이루어지는 것이 아니므로 통신의 비밀에 대한 제한이 이루어진다고 보기는 어렵기 때문이다.
> … 개인정보자기결정권을 제한한다. … 대포폰이 보이스피싱 등 범죄의 범행도구로 이용되는 것을 막고 … 명의도용범죄의 피해를 막고자 … 개인정보자기결정권 및 통신의 자유를 침해하지 않는다.
>
> ❷ 통신비밀보호법 제5조 제2항 중 '인터넷회선을 통하여 송 · 수신하는 전기통신'에 관한 부분은 과잉금지원칙을 위반하여 통신의 비밀과 자유 및 사생활의 비밀과 자유를 침해한다. (2016헌마263)
> 인터넷회선 감청은, 인터넷회선을 통하여 흐르는 전기신호 형태의 '패킷'을 중간에 확보한 다음 재조합 기술을 거쳐 그 내용을 파악하는 이른바 '패킷감청'의 방식으로 이루어진다. 따라서 이를 통해 개인의 통신뿐만 아니라 사생활의 비밀과 자유가 제한된다. … 이 사건 법률조항은 인터넷회선 감청의 특성을 고려하여 그 집행 단계나 집행 이후에서 수사기관의 권한 남용을 통제하고 관련 기본권의 침해를 최소화하기 위한 제도적 조치가 제대로 마련되어 있지 않은 상태에서, 범죄수사 목적을 이유로 인터넷회선 감청을 통신제한조치 허가 대상 중 하나로 정하고 있으므로 침해의 최소성 요건을 충족한다고 할 수 없다.

제3절 정신생활영역의 자유

50 양심의 자유

변시 3회 | 17.10.모의

● 19년 3차 1문
  법위반사실공표 조항은 양심의 자유를 침해하는가? (10)

1. 의 의

헌법 제19조는 "모든 국민은 양심의 자유를 가진다"고 규정하여 양심의 자유를 기본권의 하나로 보장하고 있다. 양심은 인간의 윤리적·도덕적 내심영역의 문제이고, 헌법이 보호하려는 양심은 어떤 일의 옳고 그름을 판단함에 있어서 그렇게 행동하지 아니하고는 자신의 인격적인 존재가치가 허물어지고 말 것이라는 강력하고 진지한 마음의 소리이지 막연하고 추상적인 개념으로서의 양심은 아닌 것이다(96헌가11).

2. 보호범위('사상'이 포함되는지 여부)

가. 견해의 대립

양심의 자유에서 말하는 양심이 사상을 포함하는지에 관하여 ① 양심은 내심에 있어서의 도덕적·윤리적 성격에 국한되는 것으로서 '사상'은 포함되지 않는다는 윤리적 양심설, ② 양심은 도덕적·윤리적 성격에 국한되지 않고, 우리 헌법이 사상의 사유를 별도로 규정하고 있지 않으므로 헌법상 '양심'은 사상을 포함한 일련의 가치관을 의미한다는 사회적 양심설이 대립한다.

나. 헌법재판소의 입장

헌법재판소는 "헌법 제19조에서 보호하는 양심은 옳고 그른 것에 대한 판단을 추구하는 가치적·도덕적 마음가짐으로, 개인의 소신에 따른 다양성이 보장되어야 하고 그 형성과 변경에 외부적 개입과 억압에 의한 강요가 있어서는 아니되는 인간의 윤리적 내심영역이다. 따라서 단순한 사실관계의 확인과 같이 가치적·윤리적 판단이 개입될 여지가 없는 경우는 물론, 법률해석에 관하여 여러 견해가 갈리는 경우처럼 다소의 가치관련성을 가진다고 하더라도 개인의 인격형성과는 관계가 없는 사사로운 사유나 의견 등은 그 보호대상이 아니다(2001헌바43)."라고 하여 주로 윤리적 양심설에 가까운 결정을 하고 있으나 "보호되어야 할 양심에는 세계관·인생관·주의·신조 등은 물론, 이에 이르지 아니하여도 보다 널리 개인의 인격형성에 관계되는 내심에 있어서의 가치적·윤리적 판단도 포함될 수 있다(2013헌마11)."와 같이 사회적 양심설을 따른 듯한 판시도 있다.

3. 내 용

① 내심의 자유인 '양심형성의 자유'와 ② 양심적 결정을 외부로 표현하고 실현하는 '양심실현의 자유'로 구분된다. 양심형성의 자유란 외부로부터의 부당한 간섭이나 강제를 받지 않고 개인의 내심영역에서 양심을 형성하고 양심상의 결정을 내리는 자유를 말하고, 양심실현의 자유란 형성된 양심을 외부로 표명하고 양심에 따라 삶을 형성할 자유, 구체적으로는 양심을 표명하거나 또는 양심을 표명하도록 강요받지 아니할 자유(양심표명의 자유), 양심에 반하는 행동을 강요받지 아니할 자유(부작위에 의한 양심실현의 자유), 양심에 따른 행동을 할 자유(작위에 의한 양심실현의 자유)를 모두 포함한다(2002헌가1).

4. 제 한

내심적 자유, 즉 양심형성의 자유와 양심적 결정의 자유는 내심에 머무르는 한 절대적 자유라고 할 수 있지만, 양심실현의 자유는 타인의 기본권이나 다른 헌법적 질서와 저촉되는 경우 헌법 제37조 제2항에 따라 국가안전보장 질서유지 또는 공공복리를 위하여 법률에 의하여 제한될 수 있는 상대적 자유라고 할 수 있다(96헌바35).

> **관련판례** 양심적 병역거부 제1차 결정(2002헌가1)
> ① 일반적으로 민주적 다수는 법질서와 사회질서를 그의 정치적 의사와 도덕적 기준에 따라 형성하기 때문에, 그들이 국가의 법질서나 사회의 도덕률과 양심상의 갈등을 일으키는 것은 예외에 속한다. 양심의 자유에서 현실적으로 문제가 되는 것은 국가의 법질서나 사회의 도덕률에서 벗어나려는 소수의 양심이다. 따라서 양심상의 결정이 어떠한 종교관·세계관 또는 그 외의 가치체계에 기초하고 있는가와 관계없이, 모든 내용의 양심상의 결정이 양심의 자유에 의하여 보장된다.
> ② 양심의 자유의 경우 비례의 원칙을 통하여 양심의 자유를 공익과 교량하고 공익을 실현하기 위하여 양심을 상대화하는 것은 양심의 자유의 본질과 부합될 수 없다. 양심상의 결정이 법익교량과정에서 공익에 부합하는 상태로 축소되거나 그 내용에 있어서 왜곡·굴절된다면, 이는 이미 '양심'이 아니다. 따라서 양심의 자유의 경우에는 법익교량을 통하여 양심의 자유와 공익을 조화와 균형의 상태로 이루어 양 법익을 함께 실현하는 것이 아니라, 단지 '양심의 자유'와 '공익' 중 양자택일 즉, 양심에 반하는 작위나 부작위를 법질서에 의하여 '강요받는가 아니면 강요받지 않는가'의 문제가 있을 뿐이다.

> **관련판례** 양심적 병역거부 제3차 결정(2011헌바379)
> 가. 병역의 종류에 양심적 병역거부자에 대한 대체복무제를 규정하지 아니한 병역법 제5조 제1항(이하 '병역종류조항')이 과잉금지원칙에 위반되어 양심적 병역거부자의 양심의 자유를 침해하는지 여부(적극)
> 이 사건 법률조항은 '양심에 반하는 행동을 강요당하지 아니할 자유', 즉, '부작위에 의한 양심실현의 자유'를 제한하고 있다. 국가의 존립과 안전을 위한 불가결한 헌법적 가치를 담고 있는 국방의 의무

와 개인의 인격과 존엄의 기초가 되는 양심의 자유라는 헌법적 가치가 서로 충돌하는 경우에도 그에 대한 심사는 헌법상 비례원칙에 의하여야 한다.
양심적 병역거부자의 수는 병역자원의 감소를 논할 정도가 아니고, 이들을 처벌한다고 하더라도 교도소에 수감할 수 있을 뿐 병역자원으로 활용할 수는 없으므로, 대체복무제 도입으로 병역자원의 손실이 발생한다고 할 수 없다. 전체 국방력에서 병역자원이 차지하는 중요성이 낮아지고 있는 점을 고려하면, 대체복무제를 도입하더라도 우리나라의 국방력에 의미 있는 수준의 영향을 미친다고 보기는 어렵다.

나. 양심적 병역거부자의 처벌 근거가 된 병역법 제88조 제1항 본문 제1호 및 제2호(이하 모두 합하여 '처벌조항')가 과잉금지원칙에 위반되어 양심적 병역거부자의 양심의 자유를 침해하는지 여부(소극)
처벌조항은 정당한 사유 없이 병역의무를 거부하는 병역기피자를 처벌하는 조항으로서, 과잉금지원칙을 위반하여 양심적 병역거부자의 양심의 자유를 침해한다고 볼 수는 없다.

관련판례 ❶ 국가보안법위반 및 집시법위반 수형자의 가석방 결정시 준법서약서를 제출하도록 한 가석방심사등에 관한 규칙 제14조가 ① 준법서약의 내용상 서약자의 양심의 영역을 건드리는지 여부(소극) ② 준법서약의 강제방법상 서약자의 양심의 자유를 침해하는 것인지 여부(소극) (98헌마425)
① 내용상 단순히 국법질서나 헌법체제를 준수하겠다는 취지의 서약을 할 것을 요구하는 이 사건 준법서약은 국민이 부담하는 일반적 의무를 장래를 향하여 확인하는 것에 불과하며, 어떠한 가정적 혹은 실제적 상황하에서 특정의 사유(思惟)를 하거나 특별한 행동을 할 것을 새로이 요구하는 것이 아니다. 따라서 이 사건 준법서약은 어떤 구체적이거나 적극적인 내용을 담지 않은 채 단순한 헌법적 의무의 확인·서약에 불과하다 할 것이어서 양심의 영역을 건드리는 것이 아니다.
② 양심의 자유는 내심에서 우러나오는 윤리적 확신과 이에 반하는 외부적 법질서의 요구가 서로 회피할 수 없는 상태로 충돌할 때에만 침해될 수 있다. 그러므로 당해 실정법이 특정의 행위를 금지하거나 명령하는 것이 아니라 단지 특별한 혜택을 부여하거나 권고 내지 허용하고 있는 데에 불과하다면, 수범자는 수혜를 스스로 포기하거나 권고를 거부함으로써 법질서와 충돌하지 아니한 채 자신의 양심을 유지, 보존할 수 있으므로 양심의 자유에 대한 침해가 된다 할 수 없다.

❷ 연말정산 간소화를 위하여 의료기관에게 환자들의 의료비 내역에 관한 정보를 국세청에 제출하는 의무를 부과하고 있는 소득세법 조항이 의사인 청구인들의 양심의 자유를 침해하지 않는다. (2006헌마1401)
만일 의사가 환자의 신병(身病)에 관한 사실을 자신의 의사에 반하여 외부에 알려야 한다면, 이는 의사로서의 윤리적·도덕적 가치에 반하는 것으로서 심한 양심적 갈등을 겪을 수밖에 없을 것이다. 그런데 소득공제증빙서류 제출의무자들인 의료기관인 의사로서는 과세자료를 제출하지 않을 경우 국세청으로부터 행정지도와 함께 세무조사와 같은 불이익을 받을 수 있다는 심리적 강박감을 가지게 되는 바, 결국 이 사건 법령조항에 대하여는 의무불이행에 대하여 간접적이고 사실적인 강제수단이 존재하므로 법적 강제수단의 존부와 관계없이 의사인 청구인들의 양심의 자유를 제한한다.

§1. 종교의 자유

● 23년 3차 1문

육군훈련소장은 2022.6.5. 훈련병 甲에 대하여 육군훈련소 내 개신교, 불교, 천주교, 원불교 중 하나의 종교행사 참석하라고 조치하였다. 이 사건 조치가 정교분리원칙에 위배되어 종교의 자유를 침해하는지 검토하시오. (15)

1. 의의 및 내용

우리 헌법 제20조는 제1항의 종교의 자유는 일반적으로 신앙의 자유, 종교적 행위의 자유 및 종교적 집회·결사의 자유의 3요소를 그 내용으로 한다(2000헌마159). ① 신앙의 자유는 신과 피안 또는 내세에 대한 인간의 내적 확신에 대한 자유를 말하는 것으로서 이러한 신앙의 자유는 그 자체가 내심의 자유의 핵심이기 때문에 법률로써도 이를 침해할 수 없다. ② 종교적 행위의 자유는 종교상의 의식·예배 등 종교적 행위를 각 개인이 임의로 할 수 있는 등 종교적인 확신에 따라 행동하고 교리에 따라 생활할 수 있는 자유와 소극적으로는 자신의 종교적인 확신에 반하는 행위를 강요당하지 않을 자유 그리고 선교의 자유, 종교교육의 자유 등이 포함된다. ③ 종교적 집회·결사의 자유는 종교적 목적으로 같은 신자들이 집회하거나 종교단체를 결성할 자유를 말한다. 이러한 종교적 행위의 자유와 종교적 집회·결사의 자유는 신앙의 자유와는 달리 절대적 자유가 아니므로 헌법 제37조 제2항에 의거하여 질서유지, 공공복리 등을 위해서 제한할 수 있는데, 그러한 제한은 비례의 원칙이나 종교의 자유의 본질적 내용을 침해해서는 안 된다(2009헌마527).

> **관련판례** 종교(선교활동)의 자유는 국민에게 그가 선택한 임의의 장소에서 자유롭게 행사할 수 있는 권리까지 보장한다고 할 수 없으며, 그 임의의 장소가 대한민국의 주권이 미치지 아니하는 지역 나아가 국가에 의한 국민의 생명·신체 및 재산의 보호가 강력히 요구되는 해외 위난지역인 경우에는 더욱 그러하다. (2007헌마1366)

2. 국교부인과 정교분리의 원칙

국교부인이란 국가가 특정 종교를 국가의 종교로 지정하거나 특별히 보호하는 종교를 지정하는 것 또는 특정 종교에 대하여 각종 특권을 부여하는 행위를 해서는 안된다는 원칙을 말하고, 정교분리란 국가와 종교의 분리를 말하는 것으로서, 국가가 특정 종교에 대하여 재정지원을 하는 등 적극적으로 종교에 개입하는 것을 금지하는 것과 더불어 특정 종교를 차별하는 행위를 금지하는 것을 그 내용으로 한다.

> **관련판례** 육군훈련소 내 종교행사에 참석하도록 한 행위는 정교분리원칙에 위배되어 청구인들의 종교의 자유를 침해한다. (2019헌마941)
> 피청구인이 청구인들로 하여금 개신교, 천주교, 불교, 원불교 4개 종교의 종교행사 중 하나에 참석하도록 한 것은 그 자체로 종교적 행위의 외적 강제에 해당한다. 이는 피청구인이 위 4개 종교를 승인하고 장려한 것이자, 여타 종교 또는 무종교보다 이러한 4개 종교 중 하나를 가지는 것을 선호한다는 점을 표현한 것이라고 보여질 수 있으므로 국가의 종교에 대한 중립성을 위반하여 특정 종교를 우대하는 것이다. 또한, 이 사건 종교행사 참석조치는 국가가 종교를, 군사력 강화라는 목적을 달성하기 위한 수단으로 전락시키거나, 반대로 종교단체가 군대라는 국가권력에 개입하여 선교행위를 하는 등 영향력을 행사할 수 있는 기회를 제공하므로, 국가와 종교의 밀접한 결합을 초래한다는 점에서 정교분리원칙에 위배된다.

언론·출판의 자유

`변시 8회` `변시 9회` `11.01.모의` `14.06.모의` `17.06.모의` `24.08.모의`

★ 1회 변시 1문
甲이 A정당을 비판하는 글을 Y인터넷포털 사이트에 올리자, C선관위는 위 글이 공직선거법상 정보통신망을 이용한 허위사실유포, 사실적시 비방금지 조항에 위반되는 정보라는 이유로 같은 법 제82조의4 제3항, 제4항에 따라 포털 사이트 운영자에게 게시글 삭제를 요청하여 글이 삭제되었다. 甲은 3항, 4항이 검열금지원칙에 위배된다고 주장한다. 당부를 논하시오. (25)

★ 6회 변시 1문
식품의약품안전처장이 위탁한 의료기기 관련단체로부터 심의를 받지 않은 의료기기 광고를 금지하고 이를 위반한 경우 처벌하는 의료기기에 관한 법률이 의료기기판매업을 하는 乙의 표현의 자유를 침해하는지 여부를 논하시오. (50) (2015헌바75)

● 15년 3차 1문
법관이 그 품위를 손상하거나 법원의 위신을 떨어뜨린 경우를 징계사유로 규정하고 있는 법관징계법의 위헌여부를 논하시오. (45) (2009헌바34)

● 22년 2차 2문
질병의 예방·치료에 효능이 있는 것으로 인식할 우려가 있는 표시 또는 광고를 금지한 조항이 표현의 자유를 침해하는지 여부를 판단하시오. (20)

● 24년 2차 1문
누구든지 종교적인 기관·단체 등의 조직 내에서의 직무상 행위를 이용하여 그 구성원에 대하여 선거운동을 하거나 하게 할 수 없다고 규정한 법률조항이 (1) 목사 甲의 종교의 자유, 양심의 자유, 정치적 표현의 자유를 제한하는지 여부 (15), (2) 과잉금지원칙에 위배되는지 여부 (25)

■ 2014년 제56회 사법시험
피의자 甲은 A사건 살인혐의에 대해서는 인정하나 B사건 살인혐의를 부인하고 있다. 경찰은 현장검증 때도 甲에게 모자와 마스크를 씌웠으나 더운 날씨 탓인지 甲은 수시로 벗었다. 마침 현장에 있던 신문사 기자 乙은 甲의 맨얼굴을 찍어 신문에 공개하였다. 甲과 乙이 주장할 수 있는 기본권을 제시하시오. (20)

■ 2015년 제57회 사법시험
연예인 A의 안티카페를 운영하는 甲은 A의 집 앞에서 대규모 집회를 개최하기로 계획하고 게시판에 알렸다. 중국 국적 乙은 방화를 시도하겠다는 취지의 댓글을 달고, 丙은 적극 동조하며 구체적 범죄 실행 계획을 담은 글을 게시하였다. 이에 방송통신위원회는 정통망법(범죄를 목적으로 하거나 교사 또는 방조하는 내용의 정보를 유통하여서는 아니된다. 방통위는 정보통신제공자로 하여금 그 취급을 거부·정지 또는 제한하도록 명할 수 있다.) 위반을 이유로 정보통신서비스 제공자 丁에게 위 게시글 및 댓글을 삭제하도록 명했으며 丁은 이를 삭제하였다. 甲이 기본권침해를 주장하는 경우 타당성을 논하시오. (40)

■ 2015년 제57회 사법시험
연예인 A의 안티카페를 운영하는 甲은 A의 집 앞에서 대규모 집회를 개최하기로 계획하고 게시판에 알렸다. 중국 국적 乙은 방화를 시도하겠다는 취지의 댓글을 달고, 丙은 적극 동조하며 구체적 범죄 실행 계획을 담은 글을 게시하였다. 이에 방송통신위원회는 정통망법(범죄를 목적으로 하거나 교사 또는 방조하는 내용의 정보를 유통하여서는 아니된다. 방통위는 정보통신제공자로 하여금 그 취급을 거부·정지 또는 제한하도록 명할 수 있다.) 위반을 이유로 정보통신서비스 제공자 丁에게 위 게시글 및 댓글을 삭제하도록 명했고 丁은 이를 삭제하였다. 丙은 게시글 삭제가 헌법 제21조 제2항에 위반된다고 주장한다. 타당성을 논하시오. (20)

■ 2017년 제59회 사법시험
청소년 보호·선도를 방해할 우려 있는 옥외광고물 금지조항이 과잉금지원칙에 위배되어 표현의 자유를 침해하는지 여부를 검토하시오. (30)

1. 의 의

고전적인 의미의 언론·출판의 자유는 사상 또는 의견의 자유로운 표명과 그것을 전파할 자유를 의미하고, 현대적인 의미로는 사상 또는 의견의 자유로운 표현·전달의 자유 뿐만 아니라 알 권리, 액세스권, 반론권, 언론기관의 자유까지 포괄하는 개념으로 이해되고 있다.

헌법 제21조는 언론·출판의 자유 즉, 표현의 자유를 규정하고 있는데 이는 <u>자신의 의사를 표현·전달하고, 의사형성에 필요한 정보를 수집·접수하며, 객관적인 사실을 보도·전파할 수 있는 자유를 그 내용으로 하는 주관적 공권</u>이면서, 의사표현과 여론형성 그리고 정보의 전달을 통하여 국민의 정치적 공감대에 바탕을 둔 민주정치를 실현시키고 동화적 통합을 이루기 위한 객관적 가치질서로서의 성격도 갖는다.

2. 주 체

언론·출판의 자유는 인간의 권리에 해당하므로 국민 뿐만 아니라 외국인에게도 그 주체성이 인정된다. 또한 현대적 의미의 언론·출판의 자유는 언론기관의 자유도 포함하므로, 법인도 성질상 기본권 주체성이 인정될 수 있다.

3. 내 용

헌법 제21조에서 보장하고 있는 표현의 자유는 전통적으로는 사상 또는 의견의 자유로운 표명(발표의 자유)과 그것을 전파할 자유(전달의 자유)를 의미하는 개념인데(2006헌바109), 일반적으로 헌법상의 이 언론·출판의 자유의 내용으로서는, 의사표현·전파의 자유, 정보의 자유, 신문의 자유 및 방송·방영의 자유 등이 있다. 이러한 언론·출판의 자유의 내용 중 <u>의사표현·전파의 자유에 있어서 의사표현 또는 전파의 매개체는 어떠한 형태이건 가능하며 그 제한이 없다. 즉 담화·연설·토론·연극·방송·음악·영화·가요 등과 문서·소설·시가·도화·사진·조각·서화 등 모든 형상의 의사표현 또는 의사전파의 매개체를 포함한다</u>(91헌바17).

최근에는 언론·출판의 자유의 보호범위가 확대되어, 전통적인 의미의 언론·출판의 자유 뿐만 아니라 알 권리, 액세스권, 보도의 자유 등도 포함된다고 본다.

※ 보호범위가 문제된 사례

1. 익명표현 : '자유로운' 표명과 전파의 자유에는 자신의 신원을 누구에게도 밝히지 아니한 채 익명 또는 가명으로 자신의 사상이나 견해를 표명하고 전파할 익명표현의 자유도 그 보호영역에 포함된다(2008헌마324).

2. 음란표현 : 헌법재판소는 과거 "음란이란 오로지 성적 흥미에만 호소할 뿐 전체적으로 보아 하등의 가치를 지니지 않은 것으로서, 사회의 건전한 성도덕을 크게 해칠 뿐만 아니라 사상의 경쟁메커니즘에 의해서도 그 해악이 해소되기 어려워 언론·출판의 자유에 의한 보장을 받지 않는다(95헌가16)."고 하였으나 이후 입장을 변경하여 "음란표현이 언론·출판의 자유의 보호영역에 해당하지 아니한다고 해석할 경우 결국 음란표현에 대한 최소한의 헌법상 보호마저도 부인하게 될 위험성이 농후하게 된다는 점을 간과할 수 없다. 따라서 <u>음란표현도 헌법 제21조가 규정하는 언론·출판의 자유의 보호영역에는 해당하되</u>, 다만 헌법 제37조 제2항 에 따라 국가 안전보장·질서유지 또는 공공복리를 위하여 제한할 수 있는 것이라고 해석하여야 할 것이다(2006헌바109)."고 하였다.

3. 상업광고
   가. 견해의 대립
   상업광고도 표현의 자유의 보호범위에 속하는지에 관하여 ① 이는 영업의 자유에 불과하다는 부정설과, ② 의사표현의 수단에는 제한이 없다는 점에서 표현의 자유에 속한다는 긍정설 등이 대립한다.

   나. 헌법재판소의 입장
   광고물도 사상·지식·정보 등을 불특정다수인에게 전파하는 것으로서 언론·출판의 자유에 의한 보호를 받는 대상이 된다. 그런데 상업광고는 표현의 자유의 보호영역에 속하지만 사상이나 지식에 관한 정치적, 시민적 표현행위와는 차이가 있고, 한편 직업수행의 자유의 보호영역에 속하지만 인격발현과 개성신장에 미치는 효과가 중대한 것은 아니다. 그러므로 상업광고 규제에 관한 비례의 원칙 심사에 있어서 '피해의 최소성' 원칙은 같은 목적을 달성하기 위하여 달리 덜 제약적인 수단이 없을 것인지 혹은 입법목적을 달성하기 위하여 필요한 최소한의 제한인지를 심사하기 보다는 '입법목적을 달성하기 위하여 필요한 범위 내의 것인지'를 심사하는 정도로 완화되는 것이 상당하다(2003헌가3).

4. 집필행위 : 집필은 문자를 통한 모든 의사표현의 기본 전제가 된다는 점에서 구체적인 전달이나 전파의 상대방이 없는 집필의 단계도 당연히 표현의 자유의 보호영역에 속해 있다(2003헌마289).

4. 언론출판자유의 제한

가. 제한의 법리

언론·출판의 자유는 헌법 제37조 제2항에 따라 국가안전보장·질서유지 또는 공공복리를 위하여 필요한 경우에 법률로써 본질적 내용을 침해하지 않는 한 일정한 제한을 받을 수 있다(2000헌마764).

나. 검열금지 11.01.모의 19.08.모의

헌법 제21조 제2항의 검열은 행정권이 주체가 되어 사상이나 의견 등이 발표되기 이전에 예방적 조치로서 그 내용을 심사, 선별하여 발표를 사전에 억제하는, 즉 허가받지 아니한 것의 발표를 금지하는 제도를 뜻한다. 여기서 말하는 검열은 그 명칭이나 형식에 구애됨이 없이 실질적으로 위에서 밝힌 검열의 개념에 해당되는 모든 것을 그 대상으로 하는 것이다. 그러나 검열금지의 원칙은 모든 형태의 사전적인 규제를 금지하는 것이 아니고, 단지 의사표현의 발표 여부가 오로지 행정권의 허가에 달려있는 사전심사만을 금지하는 것을 뜻한다.

그러므로 검열은 ① 행정권이 주체가 된 사전심사절차, ② 허가를 받기 위한 표현물의 제출의무, ③ 허가를 받지 아니한 의사표현의 금지 및 ④ 심사절차를 관철할 수 있는 강제수단 등의 요건을 갖춘 경우에만 이에 해당하는 것이다(2005헌가14). 이때 검열의 주체가 독립적인 위원회 또는 민간이 주도가 되어 설립한 자율심의기구인 경우에도 사전검열이 적용되는지 여부가 문제되는데, 검열의 주체가 행정권인지의 여부는 기관의 형식에 의하기보다는 그 실질에 따라 판단되어야 한다.

언론·출판에 대하여는 검열을 수단으로 한 제한만은 법률로써도 허용되지 않는다(93헌가13). 즉 검열금지조항은 절대적 금지를 의미하므로 국가안전보장·질서유지·공공복리를 위하여 필요한 경우라도 사전검열이 허용되지 않는다

> **관련판례** 사전심의를 받은 내용과 다른 내용의 건강기능식품 기능성광고를 금지하고 이를 위반한 경우 처벌하는 건강기능식품에 관한 법률 조항은 사전검열금지원칙에 위반된다. (2016헌가8)
> 현행 헌법상 사전검열은 표현의 자유 보호대상이면 예외 없이 금지된다. 건강기능식품의 기능성 광고는 인체의 구조 및 기능에 대하여 보건용도에 유용한 효과를 준다는 기능성 등에 관한 정보를 널리 알려 해당 건강기능식품의 소비를 촉진시키기 위한 상업광고이지만, 헌법 제21조 제1항의 표현의 자유의 보호 대상이 됨과 동시에 같은 조 제2항의 사전검열 금지 대상도 된다. ① 식약처장이 정한 심의기준 제4조는 건강기능식품의 기능성에 대한 광고를 하려는 자는 신청서에 해당 기능성 광고 내용을 첨부하여 심의기관에 제출하도록 하고 있다. 이는 일반적으로 허가를 받기 위한 표현물의 제출의무를 부과한 것에 해당한다. ② 이 사건 금지조항은 누구든지 심의받은 내용과 다른 내용의 광고를 하여서는 아니된다고 규정하고 있다. 이는 허가받지 않은 의사표현을 금지하는 것에 해당한다. ③ 행정제재나 형벌의 부과는 사전심의절차를 관철하기 위한 강제수단에 해당한다. ④ 광고의 심의기관이 행정기관인지 여부는 기관의 형식에 의하기보다는 그 실질에 따라 판단되어야 하며, 민간심의기구가 심의를 담당하는 경우에도 행정권이 개입하여 자율성이 보장되지 않거나, 행정기관의 자의로 개입할 가능성이 열려 있다면 개입 가능성의 존재 자체로 헌법이 금지하는 사전검열이라고 보아야 한다. … 건강기능식품 광고 심의업무가 행정기관으로부터 독립적, 자율적으로 운영되고 있다고 보기 어렵다.

> 따라서 이 사건 건강기능식품 기능성광고 사전심의는 그 검열이 행정권에 의하여 행하여진다 볼 수 있고, 헌법이 금지하는 사전검열에 해당하므로 헌법에 위반된다.

다. 명확성의 원칙 (막연하므로 무효, void for vagueness)

표현의 자유를 규제하는 법령이 불명확하여 의미를 추정할 수 밖에 없는 경우에는 이는 막연하므로 무효가 된다는 원칙이다. 즉 이는 표현의 자유를 규제하는 입법에 있어서 더 엄격한 수준의 명확성을 요구하는 원칙이다.

라. 명백·현존 위험의 원칙 (Rule of clear and present danger)

해당 표현으로 인해 초래되는 해악이 현존하고 명백한 경우에만 표현의 자유의 제한이 가능하다는 원칙이다. ① 표현으로 인해 발생한 해악이 중대하고 명백한 위험이어야 하고, ② 그러한 위험이 현재에 발생하거나 임박하였을 것을 그 심사요건으로 한다.

5. 언론·출판의 자유의 한계(헌법 제21조 제4항의 성격)

> ● 14년 1차 1문
> A신문은 국토교통부 장관 甲이 B건설회사가 국정사업에 참여할 수 있도록 담당공무원에게 부당한 압력을 행사하였다는 의혹을 제기하였으나, 청문회 과정에서 甲이 B회사가 아닌 C경비업체로부터 1억 5천만원 상당 금품을 전달받은 것으로 밝혀졌다. B건설회사가 A신문을 상대로 명예훼손을 이유로 한 소송을 법원에 제기한 경우, A신문은 보도의 자유를 근거로 면책을 주장하는 항변을 할 수 있는가? (15)
>
> ● 23년 1차 1문
> 형법 307조 1항 사실적시 명예훼손죄가 표현의 자유를 침해하는지 검토하시오. (30)
>
> ● 23년 3차 1문
> 상관모욕죄를 규정한 군형법상 '상관' 부분이 명확성 원칙에 위반되는지, 상관에 대한 '모욕적 표현행위'의 처벌을 규정한 군형법 조항이 과잉금지원칙에 위반되어 표현의 자유를 침해하는지 검토하시오. (10+25)

가. 문제점

'타인의 명예와 권리'를 언론·출판의 자유가 넘어설 수 없는 구체적 한계로 규정하고 있는 헌법 제21조 제4항의 취지에 비추어 볼 때, '사생활이나 명예'라는 타인의 인격적 권리가 침해된 경우 또는 침해될 것으로 예상되는 경우에는 공개 그 자체를 잠정적으로 차단할 필요성이 표현의 자유의 시의성을 보장할 필요성보다 더 크다(2010헌마88). 이때 헌법 제21조 제4항의 성격이 언론·출판의 자유의 보호영역의 한계를 설정한 것인지, 아니면 그 제한의 요건을 명시한 것에 불과한지에 관하여 견해의 대립이 있다.

나. 학설의 대립

이에 대하여, ① "헌법 제21조 제4항은 언론·출판의 자유의 헌법적 한계를 명시한 것으로 일반적 법률유보조항과는 구별되는 개별적 헌법유보조항으로, 그 한계를 벗어난 표현은 헌법상 언론·출판의 자유의 보호영역에 속하지 않는다"고 보아 이를 보호영역의 한계로 보는 견해(2011헌바37 별개의견),

② "이는 표현의 자유에 따르는 책임과 의무를 강조하는 동시에 표현의 자유에 대한 제한의 요건을 명시한 규정으로 볼 것이고, 헌법상 표현의 자유의 보호영역 한계를 설정한 것이라고 볼 수 없다. 즉, 표현이 어떤 내용에 해당한다는 이유만으로 표현의 자유의 보호영역에서 애당초 배제된다고 볼 수 없으므로, 후보자비방의 표현이 일정한 경우 타인의 명예나 권리를 침해한다고 하여도 헌법 제21조가 규정하는 표현의 자유의 보호영역에는 해당하되, 다만 헌법 제37조 제2항에 따라 제한할 수 있는 것이다."고 보아 보호영역에는 해당하되 언론의 사회적 책임을 강조하는데 헌법상 의의가 있다고 보는 견해가 대립한다.

다. 헌법재판소의 입장

헌법재판소는 "헌법 제21조 제4항은 언론·출판의 자유에 따르는 책임과 의무를 강조하고 언론·출판의 자유에 대한 제한의 요건을 명시한 규정이지, 헌법상 표현의 자유의 보호영역 한계를 설정한 것이라고는 볼 수 없다(2006헌바109)."라고 하여 후자의 입장이다.

라. 검 토

만약 이를 보호영역의 한계로 본다면 아무런 심사도 받지 않는 기본권의 침해 방법이 새로이 창설될 수 있으므로 부당하다. 따라서 제한의 요건을 명시한 규정이라고 보는 헌법재판소의 입장이 타당하다.

5. 알 권리, 액세스권, 언론기관의 자유

가. 알 권리 13.08.口외 10.06.口외

> ● 12년 2차 1문
> 변호사시험 성적 비공개조항과 관련되는 기본권을 특정하고(10), 기본권을 침해하는지 여부를 검토하시오. (40) (2011헌마769)
>
> ● 20년 3차 1문
> 군법무관 甲은 불온도서 소지를 금지한 「군인복무규율」 제16조의2와 국방부장관 및 육군참모총장의 '불온서적 차단대책 강구 지시'가 읽고 싶은 책들을 읽지 못하게 하여 자신의 기본권을 침해한다고 주장한다. 제한되는 甲의 기본권을 검토하고, 위헌이라고 주장할 수 있는 논거를 검토하시오. (20+40)

1) 의 의

알 권리는 국민이 일반적으로 정보에 접근하고 수집·처리함에 있어서 국가권력의 방해를 받지 않음을 보장하고 의사형성이나 여론 형성에 필요한 정보를 적극적으로 수집하고 수집에 대한 방해의 제거를 청구할 수 있는 권리를 의미한다.

2) 헌법적 근거

헌법상 알권리에 대한 명문 규정이 존재하지 않아 그 근거에 대해 견해가 대립하는데, 헌법재판소는 "알 권리는 표현의 자유와 표리일체의 관계에 있다"고 보아 헌법 제21조 표현의 자유를 그 근거로 보고 있다(90헌마133).

3) 성 질

알 권리는 일반적으로 정보에 접근하고 수집·처리함에 있어서 국가권력의 방해를 받지 아니한다는 자유권적 성질과, 의사형성이나 여론 형성에 필요한 정보를 적극적으로 수집하고 수집을 방해하는 방해제거를 청구할 수 있는 청구권적 성질을 공유하고 있는데, 나아가 현대 사회가 고도의 정보화사회로 이행해감에 따라 "알 권리"는 한편으로 생활권적 성질까지도 획득해 나가고 있다.

4) 내 용

알 권리에는 ① 정보수집활동을 함에 있어 공권력의 간섭을 받지 않을 정보수집권, ② 공권력의 간섭을 받지 않고 정보를 수령할 수 있는 정보수령권, ③ 비공개 대상 정보의 공개를 요청할 수 있는 정보공개청구권 등이 포함된다.

그러나 원칙적으로 국가에게 이해관계인의 공개청구 이전에 적극적으로 정보를 공개할 것을 요구하는 것까지 알 권리로 보장되는 것은 아니다. 따라서 일반적으로 국민의 권리의무에 영향을 미치거나 국민의 이해관계와 밀접한 관련이 있는 정책결정 등에 관하여 적극적으로 그 내용을 알 수 있도록 공개할 국가의 의무는 기본권인 알 권리에 의하여 바로 인정될 수는 없고 이에 대한 구체적인 입법이 있는 경우에야 비로소 가능하다(2002헌마579).

또한 알 권리는 적어도 이미 생성되어 존재하는 정보원(情報源)을 전제로 하는 것이므로, 현존하는 정보원에 대한 접근을 넘어 적극적으로 새로운 정보의 생성을 구하는 것은 알 권리의 보호대상에 포함된다고 볼 수 없다(2015헌바66).

나. 액세스권(right of access)

액세스권이란 일반인이 언론에 접근하고 그것을 이용하여 의견이나 주장을 표명하며 언론의 보도내용에 대하여 반론이나 항의를 개진할 수 있는 권리를 말한다.

액세스권은 헌법에 명문의 규정이 존재하지 않아 그 헌법적 근거를 ① 헌법 제21조 제4항에서 찾는 견해, ② 제21조 제1항, 제10조, 제34조 제1항 등에서 찾는 견해 등이 대립한다. 생각건대 액세스권은 표현의 자유의 한 영역이자 개인의 인격권을 보호하기 위한 것이며, 또한 인간다운 생활을 할 권리를 보장하기 위해서도 꼭 필요한 기본권이라는 점에서 헌법

제10조, 제21조 제1항, 제34조 제1항에서 근거를 찾는 견해가 타당하다.

광의의 액세스권(general right of access)은 국민이 언론에 접근하고 그것을 이용하여 의견이나 주장을 표명할 권리를 말하고, 협의의 액세스권은 언론에 의하여 피해(명예훼손, 비판 등)를 당한 국민이 그 보도내용에 대하여 반론이나 항의를 개진할 수 있는 권리를 말한다. 이에 대해 언론중재 및 피해구제 등에 관한 법률에서는 정정보도청구권, 반론보도청구권, 추후보도청구권을 규정하고 있다.

다. 언론기관의 자유

1) 의 의

언론기관의 자유는 언론기관을 자유롭게 설립하고 활동할 수 있는 자유를 말한다.

2) 내 용

가) 언론기관 설립의 자유

언론기관 설립의 자유란 언론기관을 자유롭게 설립할 수 있는 자유를 말한다. 헌법 제21조 제3항은 언론기관 시설법정주의법정주의를 규정하고 있는데, 이는 언론의 공공성과 다양성 확보를 위하여 언론기관 남설의 폐해를 방지하는 한편 언론기관 설립의 자유를 제한하는 규정이기도 하다. 한편 헌법 제21조 제3항은 "… 신문의 기능을 보장하기 위하여 필요한 사항은 법률로 정한다."고 규정하고 있는데, 이 규정은 신문의 다양성을 보장하기 위하여 필요한 입법적 규율을 허용하는 것으로 해석된다.

나) 언론기관의 대외적 자유

언론기관의 대외적 자유는 언론기관이 취재와 보도 등을 통하여 대외적 활동을 할 수 있는 자유를 의미하는 바, 크게는 신문의 자유와 방송의 자유로 구분되며 구체적으로는 취재의 자유, 보도의 자유, 보급의 자유 등을 그 내용으로 한다.

한편 취재의 자유와 관련하여 자신이 수집한 정보의 출처를 비밀로 할 수 있는 권리인 취재원 비닉권(취재원에 대한 진술거부권)이 인정되는지에 관하여 견해가 대립한다. 이에 대하여 ① 공정한 재판 실현 및 공공의 이익의 관점에서 취재원에 대한 묵비는 인정되지 않는다는 견해가 있으나, ② 언론이 공공적 기능을 수행하기 위해서는 취재원의 협조가 필수적이라는 점에서 이를 인정하는 견해가 타당하다. 그러나 현재 우리나라에서는 인정되지 않는다고 보는 견해가 일반적이다.

다) 언론기관의 대내적 자유

언론기관의 대내적 자유 중 특히 문제가 되는 것은 경영자로부터 편집권(편성권)이 침해당하지 않을 자유가 인정될 수 있는지 여부이다. 이에 대하여 ① 경영권을 존중하는 입장에서 편집권을 부정하는 견해와, ② 언론의 공정보도의 측면에서 편집권을 긍정하는 견해가 대립한다.

헌법재판소는 "신문법 제3조 제3항은 청구인들과 같은 신문사업자로 하여금 동법이 정하는 바에 따라 편집인의 자율적인 편집을 보장하도록 규정하고 있다. 그런데, 이 조항이 편집인 또는 기자들에게 독점적으로 '편집권'이라는 법적 권리를 부여하였다거나 신문편집의 주체가 편집인 또는 기자들이라는 것을 명시한 것으로 볼 수 없을 뿐만 아니라, 이 조항 위반에 대한 제재규정도 없다. 그러므로 이 조항은 기본적으로 선언적인 규정으로서 이와 같은 조항 자체에 의하여서는 기본권침해의 가능성 내지 직접성을 인정할 수 없다 (2005헌마165)."라고 판시하여 신문법상 편집보장 규정도 선언적인 규정에 불과하다고 판시하였다.

생각건대 편집권의 문제는 경영자와 편집인 사이의 대사인적 효력의 문제에 해당하는데, 만약 편집권이 인정되지 않는다면 언론의 기능이 형해화 될 수 있는 바, 이를 긍정하는 입장이 타당하다.

53 집회의 자유

변시 4회

- **11년 1차 2문**
  각급 법원의 경계지점으로부터 100미터 이내의 장소에서의 집회를 금지하는 조항의 위헌 여부를 논하시오. (25) (2004헌가17 → 2018헌바137 판례변경)

- **12년 3차 1문**
  미결수용자에 대하여만 종교행사 참석을 금지하는 A구치소장의 처우가 미결수용자의 기본권을 침해하는지 여부를 논하시오. (50) (2009헌마527)

- **20년 1차 1문**
  옥외집회나 시위를 주최하려는 자는 그에 관한 신고서를 720시간 전부터 48시간 전에 관할 경찰서장에게 제출하여야 한다고 규정한 이 사건 법률조항의 위헌여부를 검토하시오. (35)

1. 의 의

헌법 제21조에 규정된 집회의 자유란 국가권력이나 타인의 간섭 없이 집회를 할 자유를 말한다. 우리 헌법상 집회의 자유는 국가에 대한 방어권으로서 집회의 주체, 주관, 진행, 참가 등에 관하여 국가권력의 간섭이나 방해를 배제할 수 있는 주관적 권리로서의 성격을 가지며, 아울러 자유민주주의를 실현하려는 사회공동체에 있어서는 불가결한 객관적 가치질서로서의 이중적 성격을 갖는다. (2008헌가25)

2. 집회의 요건

집회의 자유에서 의미하는 집회란 ① 다수인이 ② 공동의 목적을 가지고 ③ 일정한 장소에서 행하는 ④ 일시적인 ⑤ 평화적인 모임행위를 의미한다.

① 집회 또는 시위는 그 개념상 당연히 2인 이상 다수인의 결합을 전제로 하는 것이므로 1인 집회나 시위는 이에 포함되지 않는다.

② '공동의 목적'의 의미에 관하여 "공동의 의사표현을 실현하기 위한 목적"이라고 보는 견해도 있으나, 우리 헌법재판소는 "일반적으로 집회는, 일정한 장소를 전제로 하여 특정 목적을 가진 다수인이 일시적으로 회합하는 것을 말하는 것으로 일컬어지고 있고, 그 공동의 목적은 '내적인 유대 관계'로 족하다(2007헌바22)."는 입장이다.

③ '집회'는 어느 정도의 장소적 공동성이 요구되지만 반드시 고정된 장소일 필요는 없다고 보는 것이 타당하다. 또한 집회장소가 바로 집회의 목적과 효과에 대하여 중요한 의미를 가지기 때문에, 누구나 '어떤 장소에서' 자신이 계획한 집회를 할 것인가 원칙적으로 자유롭게 결정할 수 있어야만 집회의 자유가 비로소 효과적으로 보장되는 것이다. 따라

서 집회의 자유는 다른 법익의 보호를 위하여 정당화되지 않는 한, 집회장소를 항의의 대상으로부터 분리시키는 것을 금지한다(2000헌바67).
④ 집회는 일시적이라는 점에서 계속적인 결합인 '결사'와 구별된다.
⑤ 비록 헌법이 명시적으로 밝히고 있지는 않으나, 집회의 자유에 의하여 보호되는 것은 단지 '평화적' 또는 '비폭력적' 집회이다. 집회의 자유는 민주국가에서 정신적 대립과 논의의 수단으로서, 평화적 수단을 이용한 의견의 표명은 헌법적으로 보호되지만, 폭력을 사용한 의견의 강요는 헌법적으로 보호되지 않는다.

3. 내 용

집회의 자유에는 ① 적극적으로 집회를 개최·진행·참가할 자유, ② 소극적으로 집회를 개최·참가하지 않을 자유를 모두 포함한다. 뿐만 아니라 집회의 자유는 집회를 통하여 형성된 의사를 집단적으로 표현하고 이를 통하여 불특정 다수인의 의사에 영향을 줄 자유를 포함하므로 이를 내용으로 하는 시위의 자유 또한 집회의 자유를 규정한 헌법 제21조 제1항에 의하여 보호되는 기본권이다(2004헌가17).

집회의 자유는 집회의 시간, 장소, 방법과 목적을 스스로 결정할 권리를 보장한다. 집회의 자유에 의하여 구체적으로 보호되는 주요행위는 집회의 준비 및 조직, 지휘, 참가, 집회장소·시간의 선택이다. 그러나 집회를 방해할 의도로 집회에 참가하는 것은 보호되지 않는다. 주최자는 집회의 대상, 목적, 장소 및 시간에 관하여, 참가자는 참가의 형태와 정도, 복장을 자유로이 결정할 수 있다. 이와 같이 집회의 자유는 개인이 집회에 참가하는 것을 방해하거나 또는 집회에 참가할 것을 강요하는 국가행위를 금지할 뿐만 아니라, 예컨대 집회장소로의 여행을 방해하거나, 집회장소로부터 귀가하는 것을 방해하거나, 집회참가자에 대한 검문의 방법으로 시간을 지연시킴으로써 집회장소에 접근하는 것을 방해하는 등 집회의 자유행사에 영향을 미치는 모든 조치를 금지한다(2000헌바67).

4. 집회에 대한 허가제 금지

헌법 제21조 제2항이 금지하고 있는 '허가'는 행정권이 주체가 되어 집회 이전에 예방적 조치로서 집회의 내용·시간·장소 등을 사전심사 하여 일반적인 집회금지를 특정한 경우에 해제함으로써 집회를 할 수 있게 하는 제도, 즉 허가를 받지 아니한 집회를 금지하는 제도를 의미한다. 즉 집회에 대한 일반적 금지가 원칙이고 예외적으로 행정권의 허가가 있을 때에만 허용하는 것은 헌법 제21조가 금지하는 '허가'제에 해당하는데, 이는 집회의 자유가 원칙이고 금지가 예외인 집회에 대한 '신고'제와는 구별된다. 결국, 집회의 자유가 행정권의 사전판단에 따라 그 허용여부가 결정되는 이상, 그것은 언론출판의 자유에 있어서 허가나 검열과 같은 것이므로 비록 그 허용여부가 행정권의 기속재량이라고 하더라도 이를 헌법자체에서 직접 금지하겠다는 헌법적 결단의 표현이다. 집회에 대한 허가제는 절대적으로 금지된다.

관련판례 ❶ 긴급집회와 우발적 집회의 보호
집시법은 옥외집회·시위에 대하여 집회가 개최되기 48시간 전까지 사전신고를 하도록 규정하고 있다. 그러나 ① 미리 계획도 되었고 주최자도 있지만 집회시위법이 요구하는 시간 내에 신고를 할 수 없는 옥외집회인 이른바 '긴급집회'와 ② 집회 또는 시위의 주최자, 목적 등이 특정되지 아니하고 사실상 사전신고가 불가능한 '우발적 집회'도 보호되는 집회의 범위에 포함된다. 다만 긴급집회의 경우에는 신고가능성이 존재하는 즉시 신고하여야 한다.

❷ 옥외집회 사전신고의무조항은 사전허가금지원칙에 해당하지 않는다. (2007헌바22)
집시법상 사전신고는 경찰관청 등 행정관청으로 하여금 집회의 순조로운 개최와 공공의 안전보호를 위하여 필요한 준비를 할 수 있는 시간적 여유를 주기 위한 것으로서, 협력의무로서의 신고라고 할 것이다. 결국, 집시법 전체의 규정 체제에서 보면 법은 일정한 신고절차만 밟으면 일반적·원칙적으로 옥회집회 및 시위를 할 수 있도록 보장하고 있으므로, 집회에 대한 사전신고제도는 헌법 제21조 제2항의 사전허가금지에 반하지 않는다.

❸ 미신고 시위가 언제나 해산명령의 대상이 되는지 여부 (2014헌바492)
집시법은 미신고 시위가 타인의 법익이나 공공의 안녕질서에 대한 직접적인 위험을 초래한 경우에 해산명령을 할 수 있도록 규정하고 있다. 집시법상 해산명령은 미신고 시위라는 이유만으로 발할 수 있는 것이 아니라, 미신고 시위로 인하여 타인의 법익이나 공공의 안녕질서에 대한 위험이 명백하게 발생한 경우에만 발할 수 있고, 먼저 자진 해산을 요청한 후 참가자들이 자진 해산 요청에 따르지 아니하는 경우에 해산명령을 내리도록 하고 이에 불응하는 경우에만 처벌하는 점 등을 고려하면, 미신고 시위에 대한 해산명령에 불응하는 자를 처벌하도록 규정한 집시법 조항은 집회의 자유에 대한 제한을 최소화하고 있다.

❹ 대통령 관저 인근 절대적 집회금지 사건 (2018헌바48)
집시법은 폭력적이고 불법적인 집회에 대처할 수 있도록, 공공의 안녕질서에 직접적인 위협을 끼칠 것이 명백한 집회의 주최 금지(제5조 제1항) 등 다양한 규제수단을 두고 있고, 집회 과정에서의 폭력행위 등은 형사법상의 범죄행위로서 처벌된다. 또한, '대통령 등의 경호에 관한 법률'은 경호구역의 지정(제5조 제1항) 등 이러한 상황에 대처할 수 있는 조항을 두고 있다. 그렇다면 대통령 관저 인근에서의 일부 집회를 예외적으로 허용한다고 하더라도, 위와 같은 수단들을 통하여 대통령의 헌법적 기능은 충분히 보호될 수 있다. 따라서 막연히 폭력·불법적이거나 돌발적인 상황이 발생할 위험이 있다는 가정만을 근거로 하여 대통령 관저 인근에서 열리는 모든 집회를 금지하는 것은 정당화되기 어렵다. 심판대상조항은 침해의 최소성에 위배된다.

❺ 집회 또는 시위를 하기 위하여 인천애(愛)뜰 중 잔디마당과 그 경계 내 부지에 대한 사용허가 신청을 한 경우 인천광역시장이 이를 허가할 수 없도록 제한하는 인천애(愛)뜰의 사용 및 관리에 관한 조례는 과잉금지원칙에 위반되어 집회의 자유를 침해한다. (2023.9.26. 2019헌마1417)
청구인들은 심판대상조항이 헌법 제21조 제2항이 규정하는 집회에 대한 허가제 금지 원칙에 위반된다고 주장한다. 그러나 심판대상조항은 잔디마당에서 집회 또는 시위를 하려고 하는 경우 시장이 그 사용허가를 할 수 없도록 전면적·일률적으로 불허하고, '허가제'의 핵심 요소라 할 수 있는 '예외적 허용'의 가능성을 열어 두고 있지 않다. 그렇다면 심판대상조항은 집회에 대한 허가제를 규정하였다고 보기 어려우므로, 헌법 제21조 제2항 위반 주장에 대해서는 나아가 살펴보지 않기로 한다.
… 심판대상조항에 의하여 잔디마당을 집회 장소로 선택할 자유가 완전히 제한되는바, 공공에 위험을 야기하지 않고 시청사의 안전과 기능에도 위험이 되지 않는 집회나 시위까지도 예외 없이 금지되는 불이익이 발생한다. 그렇다면 심판대상조항은 과잉금지원칙에 위배되어 청구인들의 집회의 자유를 침해한다.

§4 결사의 자유

1. 의 의

헌법 제21조가 규정하는 결사의 자유라 함은 다수인이 공동의 목적을 위하여 단체를 결성할 수 있는 자유를 말한다. 여기서 '결사'란 다수인이 상당한 기간 동안 공동목적을 위하여 자유의사에 기하여 결합하고 조직화된 의사형성이 가능한 단체를 말하는 것으로서, 비영리적인 것에 한정되지 않으므로 영리단체도 헌법상 결사의 자유에 의하여 보호된다. 그러나 공법상의 결사는 이에 포함되지 않고(92헌바47), 법이 특별한 공공목적에 의하여 구성원의 자격을 정하고 있는 특수단체의 조직활동도 결사의 개념에 포함되지 않는다(92헌바43).

2. 결사의 요건

결사라 함은 공동의 목적을 가진 특정다수인의 임의적인 계속적 결합체라 할 것이며, ① 결사에는 구성원이 2인 이상임을 필요로 하고, ② 결사에는 공동목적이 있어야 하고 그 공동목적이 있는 이상 그것이 결사조직의 유일한 목적임을 요하지 않고 다른 목적이 있어도 무방하며, ③ 결사는 다수인의 임의적 결합이어야 하고, ④ 결사는 계속성이 있어야 한다.

3. 내 용

적극적으로는 ① 단체결성의 자유, ② 단체존속의 자유, ③ 단체활동의 자유, ④ 결사에의 가입·잔류의 자유를, 소극적으로는 기존의 단체로부터 탈퇴할 자유와 결사에 가입하지 아니할 자유를 내용으로 한다.

> **관련판례** 농협 조합장의 임기와 조합장선거의 시기에 관한 사항 (2011헌마562)
> 결사의 자유에는 '단체활동의 자유'도 포함되는데, 단체활동의 자유는 단체 외부에 대한 활동뿐만 아니라 단체의 조직, 의사형성의 절차 등의 단체의 내부적 생활을 스스로 결정하고 형성할 권리인 '단체 내부 활동의 자유'를 포함한다. 그러므로 농협 조합장 선출행위는 결사 내 업무집행 및 의사결정기관의 구성에 관한 자율적인 활동이라 할 수 있으므로, 농협 조합장의 임기와 조합장선거의 시기에 관한 사항은 결사의 자유의 보호범위에 속한다.

학문의 자유

1. 의 의

헌법 제22조 제1항에서 규정한 학문의 자유란 공권력의 간섭 없이 진리를 탐구하는 자유를 의미한다. 학문의 자유에서 말하는 '학문'이란 일정한 지식수준을 기반으로 방법론적으로 정돈된 비판적인 성찰을 함으로써 진리를 탐구하는 활동을 말한다.

2. 주 체

학문의 자유는 교수를 포함한 내외국민 뿐만 아니라 대학, 교수회 기타 연구단체도 주체가 될 수 있다. 그러나 학교법인은 사립학교만을 설치·경영함을 목적으로 하는 법인인 만큼 사립학교의 교원이나 교수들과 달리 법인자체가 학문활동이나 예술활동을 하는 것으로 볼 수는 없다는 것이 헌법재판소의 입장이다(99헌바63).

3. 내 용

학문의 자유에는 ① 연구내용이나 연구과제, 연구방법에 있어서 외부로부터 간섭을 받지 않을 자유(연구의 자유), ② 학문연구의 결과를 자유롭게 발표할 자유(연구결과 발표의 자유), ③ 대학 등 고등교육기관의 교수 등이 자유롭게 강의할 자유(교수의 자유), ④ 학문연구 및 연구결과 발표를 위해 집회를 개최하거나 단체를 결성할 자유(학문적 집회·결사의 자유) 등이 포함된다.

> **관련판례** 학문의 자유는 곧 진리탐구의 자유라 할 수 있고, 나아가 그렇게 탐구한 결과를 발표하거나 강의할 자유 등도 학문의 자유의 내용으로서 보장된다. 그러나 이러한 진리탐구의 과정과는 무관하게 단순히 기존의 지식을 전달하거나 인격을 형성하는 것을 목적으로 하는 '교육'은 학문의 자유의 보호영역이 아니라 교육에 관한 기본권(헌법 제31조)의 보호영역에 속한다는 것이 헌법재판소의 입장이다(2001헌마814).

56 예술의 자유

1. 의 의

헌법 제22조는 모든 국민은 예술의 자유를 가진다고 규정하고 있다. 예술의 자유란 외부의 간섭 없이 자유롭게 예술적 활동을 할 자유를 말한다.

2. 내 용

예술의 자유의 내용으로서는 일반적으로 예술창작의 자유, 예술표현의 자유, 예술적 집회 및 결사의 자유 등이 있다.

그 중 예술창작의 자유는 예술창작활동을 할 수 있는 자유로서 창작소재, 창작형태 및 창작과정 등에 대한 임의로운 결정권을 포함한 모든 예술창작활동의 자유를 그 내용으로 한다. 따라서 음반 및 비디오물로써 예술창작활동을 하는 자유도 이 예술의 자유에 포함된다.

예술표현의 자유는 창작한 예술품을 일반대중에게 전시·공연·보급할 수 있는 자유이다. 예술품보급의 자유와 관련해서 예술품보급을 목적으로 하는 예술출판자 등도 이러한 의미에서의 예술의 자유의 보호를 받는다고 하겠다. 따라서 비디오물을 포함하는 음반제작자도 이러한 의미에서의 예술표현의 자유를 향유한다고 할 것이다.

이러한 예술표현의 자유는 무제한한 기본권은 아니다. 예술표현의 자유는 타인의 권리와 명예 또는 공중도덕이나 사회윤리를 침해해서는 안되고, 헌법 제37조 제2항에 따라서도 제한이 가능하다(91헌바17).

제4절 경제생활영역의 자유

57 재산권

11.07.모의 12.10.모의 13.06.모의 13.08.모의 15.08.모의 16.08.모의 17.08.모의 20.06.모의

★ 5회 변시 2문

서울시 조례에 근거해 관할구청장으로부터 도로점용허가를 받아 포장마차를 운영하던 丙은 도로점용허가기간 만료에 임박하여 점용허가 갱신을 신청하려고 하던 중 해당 조례 제3조 4항의 자산금액 요건(도로점용허는 금융재산 합하여 2억원 미만인 자에 한하여 갱신허가한다)을 충족하지 못하여 갱신이 불가능하다는 것을 알게 되자, 위 조항이 자신의 재산권을 침해한다고 주장한다. 타당성을 논하시오. (10)
(2007헌마1422)

★ 9회 변시 2문 설문3

경기도지사 乙은 2018. 5. 3. 관할 A군에 소재한 조선 초 유명화가의 분묘를 도지정문화재로 지정·고시하며 해당 분묘를 보호하기 위해 분묘경계선 바깥쪽 10m까지의 총 5필지 5,122㎡를 문화재보호구역으로 지정·고시하였다. 甲은 자신의 토지가 문화재보호구역으로 지정됨으로써 수인할 수 없는 재산상의 손실이 발생하였다고 주장한다(관계법령에는 이에 관한 손실보상규정이 없다). 헌법상 재산권이 침해되었다는 甲의 주장의 당부를 판단하시오. (30)

★ 13회 변시 2문

甲은 국토계획법 56조 1항 2호(토지형질변경으로서 대통령령으로 정하는 행위를 하려는 자는 지자체장의 허가를 받아야 한다)가 포괄위임금지원칙에 위반되고 재산권을 침해한다고 주장한다. 甲의 주장에 대해 판단하시오. (30)

● 12년 3차 2문

국가 또는 지자체가 아닌 일개 영리기업에게 타인의 토지를 수용할 수 있도록 한 '산업입지 및 개발에 관한 법률' 하는 것은 헌법에 반한다는 甲의 주장의 헌법적 논거를 제시하시오. (90) (2007헌바114)

● 13년 2차 2문

시정명령 이행 기간 내 불이행시 반복하여 이행강제금 부과·징수할 수 있도록 하고 있는 건축법 제80조 제1항 및 제4항의 위헌여부를 논하시오. (30)

● 17년 1차 2문

丙은 주택재건축사업에 있어 사업시행자가 "너무 좁은 토지를 취득한 자에 대하여는 분양대상자에서 제외하고 현금으로 청산할 수 있다." 하고 있는 이 사건 법률조항이 위헌이라고 주장한다. 헌법적 쟁점을 논하시오.

● 18년 2차 1문

2015. 10. 7. 개정 국민건강보호법은 기존 절반을 금연구역으로 지정하던 내용을 변경하여 PC방 전체를 금연구역으로 지정하여 운영하도록 규정하였다. 동 개정조항은 부칙에서 2016. 1. 1.부터 시행하되 시행

일 이전 PC방은 2년간 종전 법에 따른 시설로 영업을 할 수 있도록 규정되었다. 위 조항은 2010. 4.부터 PC방을 운영해온 甲의 재산권을 제한하는가? (10)

● 21년 3차 2문

세입자 丙은 토지보상법이 이주대책의 대상자에서 세입자를 제외하고 있는 것이 丙의 재산권을 침해한다고 주장한다. 이 주장에 대해서 검토하시오. (20)

● 22년 1차 1문

물이용부담금을 정한 심판대상조항이 포괄위임금지원칙에 위반되는지 여부(20), 과잉금지원칙에 위반되어 재산권을 침해하는지 여부(25), 평등권을 침해하는지 여부(15)를 검토하시오. (2018헌바425)

● 23년 1차 2문

사업구역 내에 있는 건축물의 소유자가 주택건축사업에 반대하는 경우, 사업시행자가 매도청구권을 행사하면 건축물 소유자의 의사와 상관없이 소유 건축물을 매도하도록 하는 주택법 22조 1항이 재산권을 침해하는지 검토하시오. (20)

● 23년 3차 2문

이행강제금의 통산 부과횟수 및 통산 부과상한액에 제한 없이 반복 부과할 수 있도록 한 건축법조항이 과잉금지원칙에 위반되어 재산권을 침해하는지 검토하시오. (20)

● 24년 3차 2문

乙은 광업권을 보유하고 있는데, 환경부장관은 乙이 가진 일대를 습지보호구역으로 지정·고시하여 乙은 더 이상 광물을 채굴할 수 없게 되었다. 이에 乙은 환경부장관에게 습지보전법에 따라 광업권을 매수해 줄 것을 청구했으나 거부당했다. 乙은 습지보전법이 '기속적인 매수의무'가 아닌 '임의적인 매수권한'만 규정한 것은 재산권을 침해한다고 주장한다. 타당한지 여부 (30)

■ 2014년 제56회 사법시험

당초 자동차운수사업법은 개인택시운송사업자가 사망한 경우 관할관청의 인가를 받으면 개인택시운송사업면허가 상속되도록 규정하였는데 법 개정으로 인가제에서 신고제로 변경되었다가 이후 상속이 금지되었다. 정부는 택시수급불균형을 해소하기 위하여 택시총량제를 도입하면서 면허양도 및 상속금지를 하여 개인택시면허 수의 점진적인 감축을 유도하는 것이 그 개정이유라고 설명하였다. 甲과 乙은 이미 개인택시면허요건을 갖추고 있는 자녀들에게 위 면허가 상속되기를 희망하는 바, 위 조항이 甲, 乙의 재산권을 침해하는지 여부를 논하시오. (30)

1. 재산권의 의의

헌법 제23조 제1항은 "모든 국민의 재산권은 보장된다. 그 내용과 한계는 법률로 정하여야 한다."고 하여 재산권을 기본권으로 보장하고 있다. 재산권이란 사적유용성 및 그에 대한 원칙적 처분권을 내포하는 재산가치 있는 구체적 권리를 말한다. 여기서 재산가치 있는 구체적 권리란 경제적 가치가 있는 모든 공법상 및 사법상의 권리를 포함하며 재산 그 자체도 재산권의 대상이 되지만, 단순한 기대이익, 반사적 이익, 재화의 획득에 관한 기회 내지 경제적인 기회 등은 재산권의 범위에 포함되지 않는다(95헌바36).

2. 공법상 권리가 헌법상의 재산권 보장의 보호를 받기 위한 요건

> ★ 2회 변시 2문
>
> 2012. 3. 31. 퇴직하여 최종보수월액의 70%의 연금을 받아오던 甲은 2012. 8. 16 시행된 개정 공무원연금법(2항 - 퇴직연금 액수를 70%에서 50%로 변경, 부칙 2조 - 2012. 1. 1. 이후 퇴직하는 모든 공무원에게 소급적용)으로 인해 2012. 8. 부터 50%를 받게 되었다. 이에 공무원연금관리공단을 상대로 70% 연금지급신청했으나 거부 당하여 취소소송과 함께 위헌법률심판제청신청했으나 기각결정 후 헌법소원을 제기하였다. 이 사건 퇴직연금 삭감조항 및 부칙 제2조의 위헌여부를 논하시오. (50) (2005헌마872)

공법상의 권리가 헌법상의 재산권보장의 보호를 받기 위해서는 다음과 같은 요건을 갖추어야 한다. ① 첫째, 공법상의 권리가 권리주체에게 귀속되어 개인의 이익을 위하여 이용가능해야 하며(사적 유용성), ② 둘째, 국가의 일방적인 급부에 의한 것이 아니라 권리주체의 노동이나 투자, 특별한 희생에 의하여 획득되어 자신이 행한 급부의 등가물에 해당하는 것이어야 하며(수급자의 상당한 자기기여), ③ 셋째, 수급자의 생존의 확보에 기여해야 한다. 이러한 요건을 통하여 사회부조와 같이 국가의 일방적인 급부에 대한 권리는 재산권의 보호대상에서 제외되고, 단지 사회법상의 지위가 자신의 급부에 대한 등가물에 해당하는 경우에 한하여 사법상의 재산권과 유사한 정도로 보호받아야 할 공법상의 권리가 인정된다. ④ 또한 네 번째로, 입법자에 의하여 수급요건, 수급자의 범위, 수급액 등 구체적인 사항이 법률에 규정됨으로써 구체적인 법적 권리로 형성되어 개인의 주관적 공권의 형태를 갖추어야 한다(99헌마289).

3. 소급입법에 의한 재산권 박탈금지

헌법 제23조 제1항은 재산권 보장에 대한 일반적인 원칙을 규정하고 있고, 제13조 제2항은 "모든 국민은 소급입법에 의하여 재산권을 박탈당하지 아니한다"고 규정하여 소급입법에 의한 재산권의 박탈을 금지하고 있다. 헌법 제13조 제2항이 금지하고 있는 소급입법은 이미 완성된 사실·법률관계를 규율하는 진정소급입법만을 의미하는데, 진정소급입법이라 하더라도 예외적인 경우 소급입법이 허용될 수 있다. 즉 헌법 제13조 제2항의 소급입법에 의한 재산권 박탈금지 규정은 주의적·선언적 의미에 해당한다.

4. 재산권의 제한

가. 재산권의 내용 및 한계의 형성

헌법 제23조 제2항에서는 "재산권의 행사는 공공복리에 적합하도록 하여야 한다."고 규정하고 있으므로, 입법자는 헌법 제23조 제1항 제2문에 의거하여 재산권의 내용과 한계를 구체적으로 형성함에 있어서는 헌법 제23조 제1항 제1문에 의한 사적 재산권의 보장과 함께 헌법 제23조 제2항의 재산권의 사회적 제약을 동시에 고려하여 양 법익이 균형을 이루도록 입법하여야 한다.

따라서 재산권의 내용과 한계를 구체적으로 형성함에 있어서 입법자는 일반적으로 광범위한 입법형성권을 가진다고 할 것이고, 재산권의 본질적 내용을 침해하여서는 아니된다거나 사회적 기속성을 함께 고려하여 균형을 이루도록 하여야 한다는 등의 입법형성권의 한계를 일탈하지 않는 한 재산권 형성적 법률규정은 헌법에 위반되지 아니한다(2013헌바119).

나. 재산권의 사회적 제약

헌법 제23조 제1항은 사유재산권의 보장을 선언함과 동시에 그 내용과 한계는 법률로 정한다고 하고, 제2항에서는 재산권은 공공복리에 적합하도록 행사하여야 한다고 규정한다. 재산권에 대한 사회적 제약이 공공복리에 적합한 한도안에서는 국민이 이를 수인(受忍)할 의무가 있다는 것이다. 재산권에 대한 제한의 허용정도는 재산권 객체의 사회적 기능, 즉 재산권의 행사가 기본권의 주체와 사회전반에 대하여 가지는 의미에 달려 있다고 할 것인데, 재산권의 행사가 사회적 연관성과 사회적 기능을 가지면 가질수록 입법자에 의한 보다 광범위한 제한이 허용된다.

> **관련판례** 토지재산권에 대한 입법형성권
> 토지는 국민경제의 관점에서나 그 사회적 기능에 있어서 다른 재산권과 같게 다루어야 할 성질의 것이 아니므로 다른 재산권에 비하여 보다 강하게 공동체의 이익을 관철할 것이 요구된다(97헌바26).

5. 재산권의 사회적 제약과 공용침해의 구별

가. 경계이론

경계이론에 따르면 사회적제약이나 공용침해 모두 재산권에 대한 제한을 의미하지만, 재산권의 사용과 제한, 그리고 수용 모두 재산권에 내재하는 사회적 제약의 범주를 넘어 특별한 희생이 발생한 경우에는 보상이 필요한 공용침해로 본다. 이 견해에 따르면 '특별희생'에 미치지 않는 사회적 제약의 경우에는 보상을 요하지 않고, 재산권 제한에 대한 효과가 '특별희생'을 넘음으로써 보상을 요하는 '공용침해'가 된다. 이에 따르면 사회적 제약과 공용침해는 그 침해의 정도만 달리 할 뿐이므로, 심사의 기준도 일반 기본권 제한의 위헌성 심사와 같이 비례의 원칙, 평등원칙 등을 기준으로 판단한다. 즉 경계이론은 사회적제약과 공용침해의 심사기준이 동일하다.
보상의무의 유무를 결정하는 경계설정에 관하여, 재산권 행사가 제약되는 인적 범위를 기준으로 공용침해여부를 판단하는 형식적 기준설과 공권력에 의한 재산권 침해의 형태나 강도를 중심으로 판단하는 실질적 기준설이 있다. 경계이론에 따르면 공용침해에서 입법자가 보상에 관한 규정을 두지 않은 경우에도 법원이 직접 보상여부에 관한 결정을 할 수 있으므로, 국민으로서는 수용법률과 수용처분에 의한 재산권 침해를 수인하고 사후적으로 법원에 보상을 청구하여야 한다.

나. 분리이론

분리이론은 사회적제약과 공용침해를 서로 다른 독립된 제도로 보고 재산권 제한의 효과가 아니라 입법의 형식과 목적에 따라 양자를 구분한다.
① 헌법 제23조 제1항, 제2항에 근거한 사회적 제약은 "입법자가 장래에 있어서 추상적이고 일반적인 형식으로 재산권의 내용을 형성하고 확정하는 것"을 의미하는 바, 그 침해여부를 심사함에 있어서는 다른 기본권에 대한 제한입법과 마찬가지로 비례의 원칙, 신뢰보호의 원칙, 평등원칙 등이 준수되었는지에 따라 판단되어야 한다. 이에 따르면 '보상의무 없는 사회적 제약'도 있을 수 있으나 '보상의무 있는 사회적 제약'도 있을 수 있다.
② 반면 공용침해는 "국가가 구체적인 공적 과제를 수행하기 위하여 이미 형성된 구체적인 재산적 권리를 전면적 또는 부분적으로 박탈하거나 제한하는 것"을 의미하는 바, 그 침해여부를 심사함에 있어서는 헌법 제23조 제3항에 따라 공공필요가 있는지, 정당한 보상이 있는지 여부를 기준으로 판단되어야 한다.
분리이론에 따르면 사회적 제약에 해당하는 경우 비례의 원칙, 평등의 원칙, 신뢰의 원칙 등을 기준으로 위헌여부를 판단하지만 공용침해는 헌법 제23조 제3항에 따라 공공필요가 있는지, 정당한 보상이 있는지 여부를 기준으로 판단되어야 한다. 분리이론에 따르면 보상없는 공용침해(또는 사회적 제약) 규정은 위헌적이므로 합헌성을 회복하기 위해서는 입법자의 개선입법이 필요하다.

다. 헌법재판소의 입장

헌법재판소는 "헌법 제23조에 의하여 재산권을 제한하는 형태에는, 제1항 및 제2항에 근거하여 재산권의 내용과 한계를 정하는 것과, 제3항에 따른 수용·사용 또는 제한을 하는 것의 두 가지 형태가 있다. 전자는 입법자가 장래에 있어서 추상적이고 일반적인 형식으로 재산권의 내용을 형성하고 확정하는 것을 의미하고, 후자는 국가가 구체적인 공적 과제를 수행하기 위하여 이미 형성된 구체적인 재산적 권리를 전면적 또는 부분적으로 박탈하거나 제한하는 것을 의미한다(94헌바37)."라고 판시하여 분리이론의 입장이다.

라. 검 토

우리 헌법상 재산권을 보장하고자 하는 것은 가치보장이 아니라 존속보장에 있다고 할 것이므로, 존속보장을 우선시 하는 분리이론이 타당하다.

> **관련판례** 개발제한구역(이른바 그린벨트) 지정으로 인한 인한 토지재산권 제한의 성격과 한계 (89헌마214)
> 개발제한구역을 지정하여 그 안에서는 건축물의 건축 등을 할 수 없도록 하고 있는 도시계획법 제21조는 헌법 제23조 제1항, 제2항에 따라 토지재산권에 관한 권리와 의무를 일반·추상적으로 확정하는 규정으로서 재산권을 형성하는 규정인 동시에 공익적 요청에 따른 재산권의 사회적 제약을 구체화하는 규정이다.
> 개발제한구역의 지정으로 인한 개발가능성의 소멸과 그에 따른 지가의 하락이나 지가상승률의 상대적 감소는 토지소유자가 감수해야 하는 사회적 제약의 범주에 속하는 것으로 보아야 한다.
> 그러나 개발제한구역 지정으로 인하여 토지를 종래의 목적으로도 사용할 수 없거나 또는 더 이상 법적으로 허용된 토지이용의 방법이 없기 때문에 실질적으로 토지의 사용·수익의 길이 없는 경우에는 토지소유자가 수인해야 하는 사회적 제약의 한계를 넘는 것으로 보아야 한다.

6. 재산권의 공용침해

가. 공용침해의 요건

공공필요에 의한 재산권의 공권력적, 강제적 박탈을 의미하는 공용수용은 헌법 제23조 제3항에 명시되어 있는 대로 국민의 재산권을 그 의사에 반하여 강제적으로라도 취득해야 할 공익적 필요성이 있을 것, 수용과 그에 대한 보상은 모두 법률에 의거할 것, 정당한 보상을 지급할 것의 요건을 갖추어야 한다(92헌가15). 재산권의 손실보상은 적법한 공용제한의 경우를 전제한 것이며, 위법한 공용제한의 경우는 원칙상 손해배상법의 법리가 적용된다(2004헌바57).

1) 공공필요의 의미

'공공필요'는 "국민의 재산권을 그 의사에 반하여 강제적으로라도 취득해야 할 공익적 필요성"으로서, '공공필요'의 개념은 '공익성'과 '필요성'이라는 요소로 구성되어 있는바, 오늘날 공익사업의 범위가 확대되는 경향에 대응하여 재산권의 존속보장과의 조화를 위해서는, '공공필요'의 요건에 관하여, 공익성은 추상적인 공익 일반 또는 국가의 이익 이상의 중대한 공익을 요구하므로 기본권 일반의 제한사유인 '공공복리'보다 좁게 보는 것이 타당하다(2011헌바172).

2) 정당한 보상의 의미

정당한 보상의 의미에 관하여 ① 완전보상설, ② 상당보상설 등의 견해가 대립한다.
우리 헌법재판소는, "헌법이 규정한 '정당한 보상'이란 손실보상의 원인이 되는 재산권의 침해가 기존의 법질서 안에서 개인의 재산권에 대한 개별적인 침해인 경우에는 그 손실 보상은 원칙적으로 피수용재산의 객관적인 재산가치를 완전하게 보상하는 것이어야 한다는 완전보상을 뜻하는 것으로서 보상금액 뿐만 아니라 보상의 시기나 방법 등에 있어서도 어떠한 제한을 두어서는 아니 된다는 것을 의미한다(89헌마107)."고 하여 완전보상설의 입장이다.

> **관련판례** 헌법 제23조 제3항은 정당한 보상을 전제로 하여 재산권의 수용 등에 관한 가능성을 규정하고 있지만, 재산권 수용의 주체를 한정하지 않고 있다. 위 헌법조항의 핵심은 당해 수용이 공공필요에 부합하는가, 정당한 보상이 지급되고 있는가 여부 등에 있는 것이지, 그 수용의 주체가 국가인지 민간기업인지 여부에 달려 있다고 볼 수 없다. (2007헌바114) 20.06.모의

나. 헌법 제23조 제3항의 성격 (결부조항인지 여부)

결부조항(結付條項) 내지 불가분조항이란 헌법이 입법을 위임하면서 그 법률이 일정한 내용을 함께 규정하도록 요구하는 조항을 말한다. 헌법 제23조 제3항의 성격과 관련하여 우리 헌법이 공용침해와 손실보상을 함께 규정하도록 요구한 결부조항에 해당하는지 여부가 문제된다. ① 결부조항 긍정설은 공용수용과 보상을 하나의 법률에 규정하여야 한다는 견해로, 만약 보상규정을 두지 않은 공용침해 법률은 헌법에 위반되어 무효라는 견해이고, ② 결부조항 부정설은 우리 헌법 23조 제3항이 "보상은 법률로써 하되"라고 규정하여 이에 관한 입법형성권을 인정하고 있다고 보는 견해이다.
생각건대 재산권의 공용침해에 대한 국민의 예측가능성을 확보하고 자의적인 공권력의 강제적 박탈로부터 재산권을 강하게 보호하기 위하여 이를 결부조항으로 보는 것이 타당하다.

다. 보상규정의 흠결시 권리구제수단

① 법률에 보상규정을 두지 않은 경우에도 헌법 제23조 제3항에 근거해 바로 손실보상을 청구할 수 있다는 직접효력설, ② 보상규정이 없는 법률조항은 헌법 제23조 제3항에 반하여 위헌이라는 위헌무효설, ③ 헌법 제23조 제1항 및 헌법 제11조에 근거하여 헌법 제23조 제3항 및 관계규정의 유추해석을 통해 보상을 청구할 수 있다는 유추적용설 등이 대립한다. 대법원은 주로 유추적용설의 입장에 있는 것으로 보이나(84누126, 2004다25581), 헌법재판소는 "개발제한구역사건"에서 보상규정이 없는 위헌성에 대하여 입법자가 위헌상태를 제거하여야 하며 행정청은 보상입법이 마련되기 전에는 새로 개발제한구역을 지정하여서는 아니되며, 토지소유자는 보상입법을 기다려 그에 따른 권리행사를 할 수 있을 뿐 개발제한구역의 지정이나 그에 따른 토지재산권의 제한 그 자체의 효력을 다투거나 위 조항에 위반하여 행한 자신들의 행위의 정당성을 주장할 수는 없다"고 판시하였다(89헌마214).

7. 특별부담금의 헌법적 한계 18.06.모의

가. 특별부담금의 의의 및 유형

특별부담금이란 특정한 공익사업의 경비조달에 충당하기 위하여 특정집단에 대하여 부과되는 인적 공용부담이다. 특별부담금은 공적기관에 의한 반대급부가 보장되지 않는 금전급부의무를 설정하는 것이라는 점에서 조세와 유사하지만, 특별부담금은 특별한 과제를 위한 재정충당을 위하여 부과된다는 점에서 일반적인 국가재정수요의 충당을 위하여 부과되는 조세와는 구분되고, 무엇보다도 특별부담금은 특정집단으로부터 징수된다는 점에서 일반국민으로부터 그 담세능력에 따라 징수되는 조세와는 다르다(2002헌바5).

특별부담금은 그 부과목적과 기능에 따라 ① 순수하게 재정조달의 목적만 가지는 재정조달목적 부담금과 ② 재정조달 목적뿐만 아니라 부담금의 부과 자체로써 국민의 행위를 특정한 방향으로 유도하거나 특정한 공법적 의무의 이행 또는 공공출연으로부터의 특별한 이익과 관련된 집단 간의 형평성 문제를 조정하여 특정한 사회·경제정책을 실현하기 위한 정책실현목적 부담금으로 구분될 수 있다. 전자의 경우에는 공적 과제가 부담금 수입의 지출단계에서 비로소 실현되나, 후자의 경우에는 공적 과제의 전부 혹은 일부가 부담금의 부과단계에서 이미 실현된다(2007헌마860).

> 한편 부담금은 부과원인이나 내용에 따라 수익자부담금, 원인자부담금, 손상자부담금으로 나누어진다. ① 수익자 부담금이란 당해 공익사업으로부터 특별한 이익을 받은 사람에 대하여 그 수익의 한도안에서 사업경비의 전부 또는 일부를 부담하게 하는 것을 말하고 ② 원인자 부담금은 특정한 사업시행을 필요하게 한 원인을 조성한 자에 대하여 그 비용의 전부 또는 일부를 부담하게 하는 것을 말하며, ③ 손상자 부담금은 특정한 공익사업의 시설에 손상을 주는 행위를 한 자에 대하여 그 시설의 유지 또는 수선에 필요한 비용의 전부 또는 일부를 부담시키는 것을 말한다.

나. 재정조달목적 특별부담금의 헌법적 정당화 요건

재정조달목적 부담금의 부과가 헌법적으로 정당화되기 위하여는 ① 부담금은 조세에 대한 관계에서 예외적으로만 인정되어야 하며 일반적 공익사업을 수행하는 데 사용할 목적이라면 부담금을 남용하여서는 아니되고(특수한 공적과제), ② 부담금 납부의무자는 일반 국민에 비해 부담금을 통해 추구하고자 하는 공적 과제에 대하여 특별히 밀접한 관련성을 가져야 하며(특별히 밀접한 관련성), ③ 부담금이 장기적으로 유지되는 경우에는 그 징수의 타당성이나 적정성이 입법자에 의해 지속적으로 심사될 것이 요구된다(입법자의 지속적인 심사).

이때 '특별히 밀접한 관련성'과 관련하여, ① 일반인과 구별되는 동질성을 지녀 특정집단이라고 이해할 수 있는 사람들이어야 하고(집단적 동질성), ② 부담금의 부과를 통하여 수행하고자 하는 특정한 경제적·사회적 과제와 특별히 객관적으로 밀접한 관련성이 있어야 하며(객관적 근접성), ③ 그러한 과제의 수행에 관하여 조세외적 부담을 져야 할 책임이 인정될 만한 집단이어야 하고(집단적 책임성), ④ 만약 부담금의 수입이 부담금 납부의무자의 집단적 이익을 위하여 사용될 경우에는 그 부과의 정당성이 더욱 제고된다(집단적 효용성)(2006헌마603).

다. 정책실현목적 특별부담금의 헌법적 정당화 요건

정책실현목적 부담금의 경우 재정조달목적은 오히려 부차적이고 그보다는 부과 자체를 통해 일정한 사회적·경제적 정책을 실현하려는 목적이 더 주된 경우가 많다. 이 때문에, 재정조달목적 부담금의 정당화 여부를 논함에 있어서 고려되었던 사정들 중 일부는 정책실현목적 부담금의 경우에 똑같이 적용될 수 없다.

재정조달목적 부담금의 경우에는 '특별히 밀접한 관련성'이 요구되지만, 정책실현목적 부담금의 경우에는, 특별한 사정이 없는 한, 부담금의 부과가 정당한 사회적·경제적 정책목적을 실현하는 데 적절한 수단이라는 사실이 곧 합리적 이유를 구성할 여지가 많다. 그러므로 이 경우에는 '재정조달 대상인 공적 과제와 납부의무자 집단 사이에 존재하는 관련성' 자체보다는 오히려 '재정조달 이전 단계에서 추구되는 특정 사회적·경제적 정책목적과 부담금의 부과 사이에 존재하는 상관관계'에 더 주목하게 된다. 따라서 재정조달목적 부담금의 헌법적 정당화에 있어서는 중요하게 고려되는 '재정조달 대상 공적 과제에 대한 납부의무자 집단의 특별한 재정책임 여부' 내지 '납부의무자 집단에 대한 부담금의 유용한 사용 여부' 등은 정책실현목적 부담금의 헌법적 정당화에 있어서는 그다지 결정적인 의미를 가지지 않는다고 할 것이다(2002헌바42).

라. 부담금 부과의 일반적 한계19)

또한 부담금은 국민의 재산권을 제한하는 성격을 가지고 있으므로 부담금을 부과함에 있어서도 평등원칙이나 비례성원칙과 같은 기본권제한입법의 한계는 준수되어야 하며, 위와 같은 부담금의 헌법적 정당화 요건은 기본권 제한의 한계를 심사함으로써 자연히 고려될 수 있다(2007헌마860).

마. 평등원칙에서의 심사기준

평등원칙의 적용에 있어서 부담금의 문제는 합리성의 문제로서 자의금지원칙에 의한 심사대상인데, 선별적 부담금의 부과라는 차별이 합리성이 있는지 여부는 그것이 행위 형식의 남용으로서 앞서 본 부담금의 헌법적 정당화 요건을 갖추었는지 여부와 관련이 있다(2017헌가21).

> **관련판례** ❶ ① 특별부담금으로서의 문예진흥기금의 모금대상인 시설을 이용하는 자를 공연 등을 관람한다는 이유만으로, 역사적·사회적으로 나아가 법적으로, 다른 사람들과 구분할만한 동질성 있는 특별한 집단으로 인정하는 것은 대단히 무리라고 할 것이다. ② 문예진흥기금의 납입금의무를 지는 사람들이, 똑같은 일반 국민인데도, 우연히 관람기회를 갖는다고 하여 이로써 여타의 다른 국민 또는 일반 납세자보다 문화예술진흥의 목적을 달성하는 데 대하여 객관적으로 더 근접한 위치에 있다고 볼 수는 없다. ③ 공연 등을 관람하는 일부의 국민들만이 문화예술의 진흥에 집단적으로 특별한 책임을 부담하여야 할 아무런 합리적인 이유도 발견되지 아니한다. ④ 문예진흥기금이 공연관람자 등의 집단적 이익을 위해서 사용되는 것도 아니다. … 위와 같이 이 사건 문예진흥기금의 납입금 자체가 특별부담금의 헌법적 허용한계를 벗어나서 국민의 재산권을 침해하므로 위헌이라 할 것이고 그렇다면 납입금의 모금에 대하여 모금액·모금대행기관의 지정·모금수수료·모금방법 등을 대통령령에 위임한 심판대상 법조항들은 더 나아가 살펴볼 필요도 없이 위헌임을 면치 못할 것이다. (2002헌가2) 18.06.모의
>
> ❷ 회원제로 운영하는 골프장 시설의 입장료에 대한 부가금은 국민체육진흥계정의 재원을 마련하는 데에 그 목적이 있을 뿐, 그 부과 자체로써 골프장 부가금 납부의무자의 행위를 특정한 방향으로 유도하거나 골프장 부가금 납부의무자 이외의 다른 집단과의 형평성 문제를 조정하고자 하는 등의 목적이 있다고 보기 어렵다는 점 등을 고려할 때, 재정조달목적 부담금에 해당한다. … 골프장 부가금은 일반 국민에 비해 특별히 객관적으로 밀접한 관련성을 가진다고 볼 수 없는 골프장 부가금 징수 대상 시설 이용자들을 대상으로 하는 것으로서 합리적 이유가 없는 차별을 초래하므로, 골프장 부가금을 국민체육진흥기금의 재원으로 규정한 국민체육진흥법 조항은 헌법상 평등원칙에 위배된다. (2017헌가21)

---

19) 헌법 제59조는 "조세의 종목과 세율은 법률로 정한다."라고 규정하고 있는바, 헌법이 여러 공과금 중 조세에 관하여 이와 같이 특별히 명시적 규정을 두고 있는 것은 국가 또는 지방자치단체의 공적 과제 수행에 필요한 재정의 조달이 일차적으로 조세에 의해 이루어질 것을 예정하였기 때문이라 할 것이다. 그런데 만일 실질적으로는 국가 등의 일반적 과제에 관한 재정조달을 목표로 하여 조세의 성격을 띠는 것임에도 단지 국민의 조세저항이나 이중과세의 문제를 회피하기 위한 수단으로 부담금이라는 형식을 남용한다면, 조세를 중심으로 재정을 조달한다는 헌법상의 기본적 재정질서가 교란될 위험이 있을 뿐만 아니라, 조세에 관한 헌법상의 특별한 통제장치가 무력화될 우려가 있다. 따라서 부담금은 조세에 대한 관계에서 어디까지나 예외적으로만 인정되어야 하며, 국가의 일반적 과제를 수행하는데 부담금의 형식을 남용해서는 안된다(98헌가1).

58 직업의 자유

[변시 1회] [변시 2회] [변시 5회] [변시 7회] [변시 12회] [변시 13회] [모의시험 다수 출제]

★ 3회 변시 2문

운전면허를 받은 사람이 자동차등을 이용하여 행정안전부령이 정하는 범죄행위를 한 때 운전면허를 취소하도록 하는 조항의 위헌성에 대해 판단하시오. (30) (2013헌가6, 2015헌바204)

★ 6회 변시 2문

乙은 甲에게 석유정제업 시설을 임대하여 왔다. 그런데 甲이 석유사업법에 따라 가짜석유판매로 인해 사업정지명령을 받고도 사업을 계속하여 같은 법 제13조 5항에 따라 석유정제업 등록 취소가 되었다. 같은 법 제11조의2에 따르면 석유정제업 등록이 취소된 경우 2년이 지나기 전에는 그 시설을 이용하여 석유정제업 등록을 할 수 없도록 하고 있는데 乙은 이 규정이 자신의 직업의 자유를 침해한다고 주장한다. 타당성을 검토하시오. (20) (2013헌마461)

★ 11회 변시 2문

도로 경계선으로부터 가축사육시설 건축물 외 벽까지 직선거리 200미터 이내 지역을 가축사육제한구역으로 정한 조항이 직업의 자유를 침해하는지 검토하시오. (30점 중 일부)

★ 14회 변시 1문

인형뽑기방은 게임산업법상 게임물로 규정되면서 동시에 관광진흥법상 '안전성 검사 대상'이 아닌 유기시설'의 하나로도 규정되어 있어 혼선이 계속되어 왔다. 영업자들은 대부분 게임산업법의 엄격한 규제를 회피하기 위해 관광진흥법상 기타유원시설업으로 영업을 해 왔고 이에 따른 다양한 문제들이 발생하자 문체부는 2024.9.26. 시행규칙을 개정하였고, 기존 업자에 대하여 2024.12.31. 까지 이를 게임산업법 26조에 따른 허가를 받거나 해당 기구를 폐쇄하도록 규정하였다. 甲은 A시에서 2018.1.1. 부터 놀이형 인형뽑기방을 운영하다 2024.10.1. 개정시행규칙의 시행을 알게 되었는데, 이로 인해 엄격한 규율을 받게 되고 경과조치 기간도 짧아서 기본권이 침해되었다고 생각한다. 乙은 B시에서 2024. 12. 16. 관할 행정청에 게임제공업 허가신청을 했는데, B시는 2024.12.24. B시 인형뽑기 기구 설치금지조례를 제정·공포하였고, 2025.1. 시행을 앞두고 있다. 甲과 乙의 제한되는 기본권을 특정하고 침해여부 검토 (35)

● 13년 1차 1문

고용허가를 받아 근무하다가 사업장을 3회 변경한 뒤, 해고당한 후 사업장변경 문의를 했으나 관련법 제25조 4항(외국인근로자 사업장 변경은 3회를 초과할 수 없다. 다만 대통령령으로 정하는 부득이한 사유가 있는 경우에는 그러하지 아니하다)에 의해 사업장 변경 불가통보를 받은 네팔인 찬드라는 위 조항이 자신의 직업선택의 자유, 근로의 권리, 행복추구권을 침해하여 위헌이라고 주장한다. 이에 대해 판단하시오. (50) (2017헌마1083)

● 13년 2차 1문

사립대 교원 甲은 과외교습을 했다는 이유로 2011. 12. 29. 재임용거부통지를 받고 소청심사 청구 및 기각결정 후 취소소송 및 재임용거부 근거법률조항(교원은 과외교습 금지, 위반시 처벌)에 대하여 위헌심판제청신청했으나 제청신청기각결정 후 위헌심사형 헌법소원심판청구를 하였다. 이 사건 법률조항의 위헌성 여부를 논하시오. (50)

● 16년 3차 1문

의료법에 따라 개설된 의료기관이 당연히 국민건강보험 요양기관이 되도록 규정한 국민건강보험법 조항의 위헌여부를 검토하시오. (30) (2012헌마865)

● 18년 2차 1문

2015. 10. 7. 개정 국민건강보호법은 기존 절반을 금연구역으로 지정하던 내용을 변경하여 PC방 전체를 금연구역으로 지정하여 운영하도록 규정하였다. 동 개정조항은 부칙에서 2016. 1. 1.부터 시행하되 시행일 이전 PC방은 2년간 종전 법에 따른 시설로 영업을 할 수 있도록 규정되었다. 위 조항은 2010. 4.부터 PC방을 운영해온 甲의 직업의 자유를 제한하는가? 제한한다면 과잉금지원칙에 위반되는가? (10 + 15)

● 19년 3차 1문

의료기관의 조제실에서 조제업무에 종사하는 약사는 처방전이 교부된 환자에게 의약품을 조제해서는 안 된다는 내용의 약사법 조항이 과잉금지원칙을 위반하여 직업의 자유를 침해하는지 여부 검토하시오 (30)

● 21년 1차 1문

공공기관과 지방공기업, 자산 2조원 이상이거나 사원수 5천명 이상인 기업은 매년 전체 사원의 10% 이상씩 15세 이상 34세 이하의 청년 미취업자를 고용하도록 한 법률조항이 35세 丙의 직업의 자유를 침해하는지 검토하시오 (30)

● 21년 2차 1문

학원 통학버스 보호자 동승의무조항은 학원운영자 甲의 직업의 자유를 침해하는가 (25)

● 22년 3차 1문

변호사접견에 '소송계속 사실을 소명할 수 있는 자료'의 제출을 요구하는 조항이 변호사로서의 직업의 자유와 일반적 행동자유권을 침해하는지 여부를 판단하시오. (20) (2018헌마60)

■ 2016년 제58회 사법시험

담배 제조자로 하여금 담뱃갑 포장지에 흡연경고그림을 인쇄하여 표기하도록 요구하는 담배사업법조항으로 인해 담배제조업자 甲이 제한받는 기본권에 대해 논하시오. (20)

■ 2017년 제59회 사법시험

청소년 보호·선도를 방해할 우려 있는 옥외광고물 금지조항에 따른 옥외광고신청에 대한 불허가처분 취소소송 및 위헌법률심판제청신청시, 주류제조업자 甲의 제한되는 기본권 및 경합상태를 처리하시오. (30)

1. 직업의 자유의 의의

헌법 제15조는 "모든 국민은 직업선택의 자유를 가진다"고 하여 직업의 자유를 보장하고 있다. 직업의 자유는 자기가 선택한 직업에 종사하여 이를 영위하고 언제든지 임의로 그것을 전환할 수 있는 자유를 말한다.

2. 직업의 의미

헌법 제15조에서 말하는 '직업'이란 생활의 기본적 수요를 충족시키기 위해서 행하는 계속적인 소득활동을 의미하며, 이러한 내용의 활동인 한 그 종류나 성질을 묻지 않는다(2009헌바38). 즉 헌법에서 보호하는 직업에 해당하기 위해서는 ① 계속성과, ② 생활수단성이 요구되나, ③ 공공무해성은 요구하지 않는 것이 우리 헌법재판소의 입장이다.

3. 주 체

외국인에게도 기본권 주체성이 인정되는지에 문제되는데, 헌법재판소는 직업의 자유는 국민의 권리라고 판시하였으나, 외국인도 제한적으로라도 직장 선택의 자유를 향유할 수 있다고 판시하기도 하였다('기본권의 주체'에서 전술).
사법인도 성질상 누릴 수 있는 기본권의 주체가 되는바, 직업수행의 자유의 주체가 될 수 있다(94헌바42).

4. 내 용

헌법 제15조는 '직업선택의 자유'라고 규정하고 있지만 이는 직업'선택'의 자유만이 아니라 직업수행의 자유 등 직업과 관련된 종합적이고 포괄적인 직업의 자유를 보장하는 것이다. 즉 직업의 자유는 자신이 원하는 직업 내지 직종을 자유롭게 선택하는 직업선택의 자유와 그가 선택한 직업을 자유롭게 수행할 수 있는 직업수행의 자유를 포함하는 개념이다(96헌마109).
또한 직업의 자유는 독립적 형태의 직업활동뿐만 아니라 고용된 형태의 종속적인 직업활동도 보장한다. 따라서 직업선택의 자유는 직장선택의 자유를 포함하고(2001헌바50), 자신이 원하는 직업 내지 직종에 종사하는데 필요한 전문지식을 습득하기 위한 직업교육장을 임의로 선택할 수 있는 '직업교육장 선택의 자유'도 포함된다(2007헌마262).
직업의 자유는 영업의 자유와 기업의 자유를 포함하고, 이러한 영업 및 기업의 자유를 근거로 원칙적으로 누구나가 자유롭게 경쟁에 참여할 수 있다. 경쟁의 자유는 기본권의 주체가 직업의 자유를 실제로 행사하는 데에서 나오는 결과이므로 당연히 직업의 자유에 의하여 보장되고, 다른 기업과의 경쟁에서 국가의 간섭이나 방해를 받지 않고 기업활동을 할 수 있는 자유를 의미한다(96헌가18).
이외에도 누구든지 자기가 선택한 직업에 종사하여 이를 영위하고 언제든지 임의로 그것을 바꿀 수 있는 자유(전직의 자유)와 여러 개의 직업을 선택하여 동시에 함께 행사할 수 있는 자유(겸직의 자유)도 포함된다(95헌마90).

5. 다른 기본권과의 관계

가. 행복추구권

보호영역으로서 '직업'이 문제되는 경우 직업의 자유와 행복추구권은 서로 특별관계에 있어 기본권의 내용상 특별성을 갖는 직업의 자유의 침해 여부가 우선하므로, 행복추구권 관련 위헌 여부의 심사는 배제된다고 보아야 한다.

나. 공무담임권

공무원직에 관한 한 공무담임권은 직업의 자유에 우선하여 적용되는 특별법적 규정이므로, 공무담임권이 검토되는 경우 직업의 자유는 기본권경합으로 인해 제한되는 기본권으로서 고려되지 않는다.

6. 직업의 자유의 제한과 심사기준

가. 일반적 제한

직업의 자유도 헌법 제37조 제2항에 따라 국가안전보장·질서유지·공공복리를 위하여 필요한 경우에 본질적 내용을 침해하지 않는 범위에서 법률로써 제한할 수 있다.

나. 단계이론

1) 내　용

직업의 자유에서 과잉금지원칙을 구체화한 단계이론은 직업의 자유를 제한함에 있어서는 가장 적은 침해를 가져오는 단계부터 제한하여야 한다는 이론으로서, 1단계로 직업행사의 자유를, 2단계로 주관적 사유에 의한 직업결정의 자유를, 3단계로 객관적 사유에 의한 직업결정의 자유를 제한하여야 한다는 것이다.

이때 각 단계마다 제한의 정도도 상이한데, 1단계 직업수행의 자유는 상대적으로 더욱 폭 넓은 법률상의 규제가 가능하므로 완화된 과잉금지 심사를 하고, 2단계 주관적 사유에 의한 직업 결정의 자유를 제한함에 있어서는 과잉금지 원칙이 엄격하게 적용되어야 하며, 3단계인 당사자의 능력이나 자격과 상관없는 객관적 사유에 의한 제한은 월등하게 중요한 공익을 위하여 명백하고 확실한 위험을 방지하기 위한 경우에만 정당화될 수 있다.

> **관련판례** ❶ 직업수행의 자유는 직업결정의 자유에 비하여 상대적으로 그 침해의 정도가 작다고 할 것이므로 이에 대하여는 공공복리 등 공익상의 이유로 비교적 넓은 법률상의 규제가 가능하지만 그 경우에도 헌법 제37조 제2항에서 정한 한계인 과잉금지의 원칙은 지켜져야 할 것이다. (92헌마264)

2) 전문분야 자격제도에 관한 직업선택의 자유 제한

헌법재판소는, "입법자는 일정한 전문분야에 관한 자격제도를 마련함에 있어서 그 제도를 마련한 목적을 고려하여 정책적인 판단에 따라 그 내용을 구성할 수 있고, 마련한 자격제도의 내용이 불합리하고 불공정하지 않는 한 입법자의 정책판단은 존중되어야 하며, 광범위한 입법재량이 인정되는 만큼, 자격요건에 관한 법률조항은 합리적인 근거 없이 현저히 자의적인 경우에만 헌법에 위반된다고 할 수 있다(2011헌바398)."고 하여 전문분야 자격제도에 관하여는 2단계 제한에 해당하더라도 완화된 심사를 하고 있다.

59 소비자 보호운동

1. 의 의

헌법 제124조는 "국가는 건전한 소비행위를 계도하고 생산품의 품질향상을 촉구하기 위한 소비자보호운동을 법률이 정하는 바에 의하여 보장한다."고 규정하고 있는 바, 헌법이 보장하는 소비자보호운동이란 '공정한 가격으로 양질의 상품 또는 용역을 적절한 유통구조를 통해 적절한 시기에 안전하게 구입하거나 사용할 소비자의 제반 권익을 증진할 목적으로 이루어지는 구체적 활동'을 의미하고, 단체를 조직하고 이를 통하여 활동하는 형태, 즉 근로자의 단결권이나 단체행동권에 유사한 활동뿐만 아니라, 하나 또는 그 이상의 소비자가 동일한 목표로 함께 의사를 합치하여 벌이는 운동이면 모두 이에 포함된다 할 것이다.

2. 소비자 불매운동

소비자가 구매력을 무기로 상품이나 용역에 대한 자신들의 선호를 시장에 실질적으로 반영하기 위한 집단적 시도인 소비자불매운동은 본래 '공정한 가격으로 양질의 상품 또는 용역을 적절한 유통구조를 통해 적절한 시기에 안전하게 구입하거나 사용할 소비자의 제반 권익을 증진할 목적'에서 행해지는 소비자보호운동의 일환으로서 헌법 제124조를 통하여 제도로서 보장되나, 그와는 다른 측면에서 일반 시민들이 특정한 사회, 경제적 또는 정치적 대의나 가치를 주장 · 옹호하거나 이를 진작시키기 위한 수단으로 소비자불매운동을 선택하는 경우도 있을 수 있고, 이러한 소비자불매운동 역시 반드시 헌법 제124조는 아니더라도 헌법 제21조에 따라 보장되는 정치적 표현의 자유나 헌법 제10조에 내재된 일반적 행동의 자유의 관점 등에서 보호받을 가능성이 있으므로, 단순히 소비자불매운동이 헌법 제124조에 따라 보장되는 소비자보호운동의 요건을 갖추지 못하였다는 이유만으로 이에 대하여 아무런 헌법적 보호도 주어지지 아니한다고 단정하여서는 아니 된다.

3. 소비자 불매운동의 헌법적 허용한계

소비자불매운동은 모든 경우에 있어서 그 정당성이 인정될 수는 없고, 헌법이나 법률의 규정에 비추어 정당하다고 평가되는 범위에 해당하는 경우에만 형사책임이나 민사책임이 면제된다고 할 수 있다. 불매운동의 목표로서의 '소비자의 권익'이란 원칙적으로 사업자가 제공하는 물품이나 용역의 소비생활과 관련된 것으로서 상품의 질이나 가격, 유통구조, 안전성 등 시장적 이익에 국한된다(2010헌바54).

제5장 정치적 기본권

 정치적 자유권

★ 1회 변시 1문

공무원이 특정 정당 또는 정치단체를 지지 또는 반대하거나 공직선거에서 특정 후보자를 지지 또는 반대하는 의견을 집회나 인터넷 포털사이트 등에 게시하는 행위를 금지하는 국가공무원법 및 시행령 조항이, 특정정당을 지지 또는 반대하는 블로그 글을 게시하여 감봉 2개월 징계처분을 받은 공무원 甲에 대하여, 과잉금지원칙에 위배되어 헌법상 정치적 표현의 자유를 침해하는가? (45) (2010헌마97)

● 11년 1문

단체와 관련된 자금으로 정치자금을 수수하는 것을 금지 및 처벌하는 정치자금법조항의 위헌 여부를 논하시오. (70) (2011헌바254)

● 13년 3차 1문

공무원은 선거에 대한 부당한 영향력의 행사 기타 선거결과에 영향력을 미치는 행위를 하여서는 안된다는 공직선거법 조항이 대통령의 정치적 표현의 자유를 침해하는지 여부를 논하시오. (10)

● 13년 3차 1문

甲은 대통령에 당선된 후, 대선에서 자신을 지지하며 사퇴한 乙을 국무총리후보자로 지명하였다. 甲과 乙의 후보단일화 결과 대선에서 아깝게 패배한 丙은 甲의 乙에 대한 국무총리 후보자지명이 공직선거법상 후보자사후매수죄에 해당한다는 이유로 乙을 검찰에 고발하였다. 공직선거법 제232조 제1항 제2호 (후보자를 사퇴한데 대한 대가를 목적으로 후보자였던 자에게 금전, 물품, 차마, 향응 그밖에 재산상 이익이나 공사의 직을 제공하거나 제공 의사표시, 제공을 약속한자 및 그 상대방을 처벌)가 선거과정에서 사퇴한 후보자에게 선거후 공직을 제공하거나 이를 수락하는 행위를 처벌하도록 하는 부분은 헌법에 합치하는가? (30) (2012헌바47)

1. 참정권

일반적으로 참정권은 국민이 국가의 의사형성에 직접 참여하는 직접적인 참정권과 국민이 국가 기관의 형성에 간접적으로 참여하거나 국가기관의 구성원으로 선임될 수 있는 권리인 간접적인 참정권으로 나눌 수 있다. 이에 따라 우리 헌법은 참정권에 관하여 간접적인 참정권으로 공무원선거권(헌법 제24조), 공무담임권(헌법 제25조)을, 직접적인 참정권으로 국민투표권(헌법 제72조, 제130조)을 규정하고 있다. 즉 우리 헌법은 법률이 정하는 바에 따른 '선거권'과 '공무담임권' 및 국가안위에 관한 중요정책과 헌법개정에 대한 '국민투표권'만을 헌법상의 참정권으로 보장하고 있다(2000헌마735).

공무담임권·선거권 등 참정권은 선거를 통하여 통치기관을 구성하고 그에 정당성을 부여하는 한편, 국민 스스로 정치형성과정에 참여하여 국민주권 및 대의민주주의를 실현하는 핵심적인 수단이라는 점에서 아주 중요한 기본권 중의 하나라고 할 것이다. 따라서 참정권의 제한은 국민주권에 바탕을 두고 자유·평등·정의를 실현시키려는 우리 헌법의 민주적 가치질서를 직접적으로 침해하게 될 위험성이 크기 때문에 언제나 필요한 최소한의 정도에 그쳐야 한다.

2. 국민투표권

국민주권주의를 구현하기 위하여 헌법은 국가의 의사결정 방식으로 대의제를 채택하고, 대의제를 보완하기 위한 방법으로 직접민주제 방식의 하나인 국민투표제도를 두고 있다. 헌법 제72조에 의한 중요정책에 관한 국민투표는 국가안위에 관계되는 사항에 관하여 대통령이 제시한 구체적인 정책에 대한 주권자인 국민의 승인절차라 할 수 있고, 헌법 제130조 제2항에 의한 헌법개정에 관한 국민투표는 대통령 또는 국회가 제안하고 국회의 의결을 거쳐 확정된 헌법개정안에 대하여 주권자인 국민이 최종적으로 그 승인 여부를 결정하는 절차이다(2004헌마644). 대의기관의 선출주체가 곧 대의기관의 의사결정에 대한 승인주체가 되는 것은 당연한 논리적 귀결이므로, 국민투표권자의 범위는 대통령선거권자·국회의원선거권자와 일치되어야 한다(2009헌마256).

3. 국민발안권

국민발안권이란 국민이 헌법개정이나 법률안을 제안할 수 있는 권리를 말한다. 우리 헌법에서는 제2차 개헌(1954년)에서 중요정책 국민발안제와 헌법개정안 국민발안제가 최초로 규정되었으나 제5차 개헌(1962년)에서 중요정책 국민발안제가 폐지되었고 제7차 개헌(1972년)에서 헌법개정안 국민발안제가 폐지되었다.

4. 국민소환권

국민소환제란 국민의 청원에 의하여 임기중에 있는 선출직 공직자에 대하여 그 해임을 국민투표에 회부하는 제도로서 직접민주주의의 한 형태이며 국민파면제, 국민해직제라고도 부른다. 현행법은 지방자치단체의 장 및 지역구 지방의회의원에 대하여는 주민소환제를 두고 있으나(지방자치법 제25조) 국회의원에 대한 국민소환제는 별도의 규정을 두고 있지 않은데, 현행법 하에서 국민소환제가 허용될 수 있는지가 문제된다. 이에 대해 찬성하는 견해는 국민의 의사에 명백히 반하는 국회의원에 대해서는 주권자인 국민이 당연히 그 직을 박탈하게 할 수도 있다는 것을 근거로 하고, 반대하는 견해로는 자유위임 하에 놓여있는 대의제의 본질에 반한다는 것을 그 근거로 한다. 헌법재판소는 주민소환에관한법률 사건에서 "주민소환제를 규범적인 차원에서 정치적인 절차로 설계할 것인지, 아니면 사법적인 절차로 할 것인지는 현실적인 차원에서 입법자가 여러 가지 사정을 고려하여 정책적으로 결정할 사항이라 할 것이다(2007헌마843)."고 판시하였다.

생각건대 자유위임 하에서도 국회의원은 국가 전체의 이익을 위한 활동을 해야 하므로, 이에 반하는 정도로 중대한 사정이 있는 경우에는 국민소환으로 그 직을 박탈하더라도 대의제민주주의 원리 및 자유위임의 원리에 반한다고 볼 수는 없다.

5. 정치적 표현의 자유

오늘날 정치적 표현의 자유는 실로 정치적 언론·출판·집회·결사 등 모든 영역에서의 자유를 말하므로, 이 권리는 자유민주적 기본질서의 구성요소로서 다른 기본권에 비하여 우월한 효력을 가진다고 볼 수 있다(2001헌마710).

61 공무담임권

14.10.모의 21.08.모의 23.08.모의

● 16년 2차 1문
정당이 당내경선을 실시하는 경우 경선후보자로서 당해 정당의 후보자로 선출되지 아니한 자는 당해 선거의 같은 선거구에서는 정당의 추천을 받아 후보자로 등록될 수 없도록 하는 조항이, A당의 당내 경선 패배 후 탈당하여 B당 후보자로 선관위에 등록신청하였으나 거부당한 甲의 공무담임권을 침해하는지 여부를 검토하시오. (30)

● 19년 1차 1문
국회의원의 4선 연임을 제한하는 공직선거법 개정안의 위헌여부를 논하라. (30)

● 17년 2차 1문
경찰청장은 퇴임 후 2년간 장·차관은 물론 국회의원 등 모든 공직에 취임할 수 없게 하고 있는 경찰청법 개정안이 경찰청장 甲의 기본권을 침해하는가. (40)

1. 의 의

헌법 제25조는 "모든 국민은 법률이 정하는 바에 의하여 공무담임권을 가진다."고 규정하여 공무담임권을 보장하고 있는바, 공무담임권이란 입법부, 집행부, 사법부는 물론 지방자치단체 등 국가, 공공단체의 구성원으로서 그 직무를 담당할 수 있는 권리를 말한다.
공무원직에 관한 한 공무담임권은 직업의 자유에 우선하여 적용되는 특별법적 규정이다(99헌마135).

2. 보호영역

공무담임권은 각종 선거에 입후보하여 당선될 수 있는 피선거권과 공직에 임명될 수 있는 공직취임권을 포괄하고 있다(2007헌마175). 공무담임권에서 말하는 '직무를 담당한다'는 것은 모든 국민이 현실적으로 그 직무를 담당할 수 있다고 하는 의미가 아니라, 국민이 공무담임에 관한 자의적이지 않고 평등한 기회를 보장받음을 의미하는바, 공무담임권의 보호영역에는 공직취임의 기회의 자의적인 배제뿐만 아니라, 공무원 신분의 부당한 박탈까지 포함된다(2001헌마788).
이와 같이 공무담임권의 보호영역에는 일반적으로 공직취임의 기회보장, 신분박탈, 직무의 정지가 포함되는 것일 뿐, 특별한 사정도 없이 여기서 더 나아가 공무원이 특정의 장소에서 근무하는 것 또는 특정의 보직을 받아 근무하는 것을 포함하는 일종의 '공무수행의 자유'까지 그 보호영역에 포함된다고 보기는 어렵다(2005헌마1275).

3. 공무담임권과 능력주의

선거직공직과 달리 직업공무원에게는 정치적 중립성과 더불어 효율적으로 업무를 수행할 수 있는 능력이 요구되므로, 직업공무원으로의 공직취임권에 관하여 규율함에 있어서는 임용희망자의 능력·전문성·적성·품성을 기준으로 하는 이른바 능력주의 또는 성과주의를 바탕으로 하여야 한다. 다만, 헌법의 기본원리나 특정조항에 비추어 능력주의원칙에 대한 예외를 인정할 수 있는 경우가 있다.[20]

4. 공무담임권의 제한에 대한 위헌심사기준

공무담임권의 내용에 관하여는 입법자에게 넓은 입법형성권이 인정된다고 할 것이지만, 그렇다고 하더라도 헌법 제37조 제2항의 기본권제한의 입법적 한계를 넘는 지나친 것이어서는 아니 된다(2001헌마788). 즉 공무담임권의 제한의 경우는 그 직무가 가지는 공익실현이라는 특수성으로 인하여 그 직무의 본질에 반하지 아니하고 결과적으로 다른 기본권의 침해를 야기하지 아니하는 한 상대적으로 강한 합헌성이 추정될 것이므로, 주로 평등의 원칙이나 목적과 수단의 합리적인 연관성여부가 심사대상이 될 것이며 법익형량에 있어서도 상대적으로 다소 완화된 심사를 하게 될 것이다(2001헌마557).

> **관련판례** 향토예비군 지휘관이 금고 이상의 형의 선고유예를 받은 경우에 당연 해임되도록 규정하고 있는 구 향토예비군설치법시행규칙 부분은 헌법 제25조의 공무담임권을 침해한다. (2004헌마947)
> 오늘날 사회구조의 변화로 인하여 '모든 범죄로부터 순결한 공직자 집단'이라는 신뢰를 요구하는 것은 지나치게 공익만을 우선한 것이며, 오늘날 사회국가원리에 입각한 공직제도의 중요성이 강조되면서 개개 공무원의 공무담임권 보장의 중요성이 더욱 큰 의미를 가지고 있다. 일단 공무원으로 채용된 공무원을 퇴직시키는 것은 공무원이 장기간 쌓은 지위를 박탈해 버리는 것이므로 같은 입법목적을 위한 것이라고 하여도 당연퇴직 또는 당연해임사유를 임용결격사유와 동일하게 취급하는 것은 타당하다고 할 수 없다. 따라서 이 사건 법률조항은 과잉금지원칙에 위배하여 공무담임권을 침해하는 조항이라고 할 것이다.

---

20) 그러한 헌법원리로는 우리 헌법의 기본원리인 사회국가원리를 들 수 있고, 헌법조항으로는 여자·연소자근로의 보호, 국가유공자·상이군경 및 전몰군경의 유가족에 대한 우선적 근로기회의 보장을 규정하고 있는 헌법 제32조 제4항 내지 제6항, 여자·노인·신체장애자 등에 대한 사회보장의무를 규정하고 있는 헌법 제34조 제2항 내지 제5항 등을 들 수 있다. 이와 같은 헌법적 요청이 있는 경우에는 합리적 범위 안에서 능력주의가 제한될 수 있다(2000헌마25).

제6장 청구권적 기본권

62. 청원권

청원권이란 국가기관에게 일정한 사항에 관한 의견이나 희망을 진술할 수 있는 권리를 말한다. 청원권의 행사는 자신이 직접 하든 아니면 제3자인 중개인이나 대리인을 통해서 하든 청원권으로서 보호된다.

헌법 제26조에 의해 보장된 청원권은 "공권력과의 관계에서 일어나는 여러 가지 이해관계, 의견, 희망 등에 관하여 적법한 청원을 한 모든 국민에게 국가기관이 청원을 수리할 뿐만 아니라 이를 심사하여 청원자에게 그 처리결과를 통지할 것을 요구할 수 있는 권리"를 말하나, "청원 사항의 처리결과에 심판서나 재결서에 준하여 이유를 명시할 것을 요구하는 것"은 청원권의 보호범위에 포함되지 아니하므로, 청원 소관관서는 청원법이 정하는 절차와 범위 내에서 청원 사항을 성실·공정·신속히 심사하고 청원인에게 그 청원을 어떻게 처리하였거나 처리하려 하는지를 알 수 있는 정도로 결과를 통지함으로써 충분하다(93헌마213).

> **관련판례** 지방의회에 청원을 하고자 할 때에 반드시 지방의회 의원의 소개를 얻도록 한 것이 청원권의 과도한 제한에 해당하는지 않는다. (97헌마54)
> 지방의회에 청원을 할 때에 지방의회 의원의 소개를 얻도록 한 것은 의원이 미리 청원의 내용을 확인하고 이를 소개하도록 함으로써 청원의 남발을 규제하고 심사의 효율을 기하기 위한 것이고, 지방의회 의원 모두가 소개의원이 되기를 거절하였다면 그 청원내용에 찬성하는 의원이 없는 것이므로 지방의회에서 심사하더라도 인용가능성이 전혀 없어 심사의 실익이 없으며, 청원의 소개의원도 1인으로 족한 점을 감안하면 이러한 정도의 제한은 공공복리를 위한 필요·최소한의 것이라고 할 수 있다.

63 재판청구권 (재판을 받을 권리)

★ 4회 변시 1문의1

A헌법소원을 제기한 甲은 국회가 2011. 9. 9. 임기만료로 퇴임한 J헌법재판관 후임자를 선출하지 않고 있는 것에 대해 국회를 피청구인으로 2013. 3. 3. B헌법소원심판을 청구하였다. 헌법재판소는 A청구에 대한 기각결정한 상태이고 현재 B청구는 심판이 계속 중이다. B청구가 적법함을 전제로, B청구를 심판에 있어 甲의 기본권 침해여부를 판단하시오. (20) (2012헌마2)

★ 10회 변시 1문의1

서울구치소에 수용 중인 甲은 민사소송 대리인인 변호사 丙과의 접견시간은 일반 접견과 동일하게 회당 30분 이내로, 접견횟수는 다른 일반 접견과 합하여 월 4회로 제한하는 것은 위헌이라고 주장한다. 기본권 침해 여부를 검토하시오. (20)

● 15년 3차 1문

법관이 징계처분에 대하여 불복하려는 경우에는 징계처분이 있음을 안 날부터 14일 이내에 전심(前審)절차를 거치지 아니하고 대법원에 징계처분의 취소를 청구하여야 하고, 이를 단심(單審)으로 재판하도록 규정한 법관징계법 조항이 징계처분을 받은 법관의 기본권을 침해하는지 여부를 판단하시오. (35) (2009헌바34)

● 17년 3차 1문

수형자 甲은 민사소송 대리인 변호사 丁과 접견을 신청했으나 丙은 甲이 미결수가 아니란 이유로 변호인 접견실이 아닌 접촉차단시설이 설치된 일반 접견실에서 접견을 시켰다. 형집행법 시행령 제58조 제4항 (접촉차단시설이 설치된 일반 접견실에서 변호사 접견을 하게 한다)에 관하여 문제되는 기본권을 특정하고 과잉금지원칙을 검토하시오. (25)

● 22년 3차 1문

민사소송에서 사복착용을 금지하고 재소자용 의류를 입고 일반에게 공개된 재판에 출석하도록 하는 조항이 재판을 받을 권리와 인격권을 침해하는지 여부를 판단하시오. (30) (2013헌마712)

1. 의 의

헌법 제27조 제1항의 재판청구권은 재판이라는 국가적 행위를 청구할 수 있는 적극적 측면과 헌법과 법률이 정한 법관이 아닌 자에 의한 재판이나 법률에 의하지 아니한 재판을 받지 아니하는 소극적 측면을 아울러 가지고 있다(96헌바4).

재판청구권은 실체적 권리의 구제를 위해 국가로부터 적극적인 행위, 즉 권리구제절차의 제공을 요구하는 청구권적 기본권으로서, 입법자에 의한 구체적인 제도 형성을 필요로 한다(2013헌가21).

2. 재판청구권의 내용

가. '헌법과 법률이 정한 법관'에 의한 재판을 받을 권리

'헌법과 법률이 정한 법관에 의하여' 재판을 받을 권리라 함은 헌법과 법률이 정한 자격과 절차에 의하여 임명되고(헌법 제104조, 법원조직법 제41조 내지 제43조), 물적독립(헌법 제103조)과 인적독립(헌법 제106조, 법원조직법 제46조)이 보장된 법관에 의한 재판을 받을 권리를 의미한다.

> **관련판례** 법관의 자격이 없는 법원공무원으로 하여금 소송비용액 확정결정절차 등 재판의 부수적 업무를 처리하게 하는 사법보좌관제도는 법관에 의한 재판을 받을 권리를 침해하지 않는다. (2007헌바8)
> 사법보좌관제도는 이의절차 등에 의하여 법관이 사법보좌관의 소송비용액 확정결정절차를 처리할 수 있는 장치를 마련함으로써 적정한 업무처리를 도모함과 아울러 사법보좌관의 처분에 대하여 법관에 의한 사실확정과 법률의 해석적용의 기회를 보장하고 있는바, 이는 한정된 사법 인력을 실질적 쟁송에 집중하도록 하면서 궁극적으로 국민의 재판받을 권리를 실질적으로 보장한다는 입법목적 달성에 기여하는 적절한 수단임을 인정할 수 있다.

나. '법률'에 의한 재판을 받을 권리

'법률에 의한 재판'이라 함은 합헌적인 법률로 정한 내용과 절차에 따라, 즉 합헌적인 실체법과 절차법에 따라 행하여지는 재판을 의미한다(90헌바35).

다. '재판'을 받을 권리

재판이란 사실확정과 법률의 해석적용을 본질로 하므로, 헌법상의 재판을 받을 권리의 본질적 내용은 '법적 분쟁이 있는 경우 독립된 법원에 의하여 사실관계와 법률적 관계에 관하여 적어도 한 차례 법관에 의하여 심리·검토를 받을 수 있는 기회가 부여될 권리'가 인정된다는 것이다(2006헌바104).

1) 헌법재판을 받을 권리

공정한 재판을 받을 권리는 헌법 제27조의 재판청구권에 의하여 함께 보장되고, 재판청구권에는 민사재판, 형사재판, 행정재판뿐만 아니라 헌법재판을 받을 권리도 포함되므로, 헌법상 보장되는 기본권인 '공정한 재판을 받을 권리'에는 '공정한 헌법재판을 받을 권리'도 포함된다(2012헌마2). 그러나 기본권의 침해에 대한 구제절차가 반드시 헌법소원의 형태로 독립된 헌법재판기관에 의하여 이루어질 것만을 요구하지는 않는다(96헌마172).

2) 대법원의 재판을 받을 권리

대법원의 재판을 받을 권리가 헌법상 보장되는지에 관하여 ① 헌법상 명문규정이 없고 이는 어디까지나 입법정책의 문제라고 보는 부정설, ② 헌법 제101조 제2항, 제110조 제2항 및 제3항, 제27조 제1항을 근거로 모든 국민은 최고심인 대법원의 재판을 받을 권리가 있다고 보는 긍정설이 대립한다.

헌법재판소는, "상소심에서 재판을 받을 권리를 헌법상 명문화한 규정이 없고 상고문제가 일반법률에 맡겨진 우리의 법제에서는 헌법 제27조에서 규정한 재판을 받을 권리에 <u>모든 사건에 대해 상고법원의 구성법관에 의한, 상고심절차에 의한 재판을 받을 권리까지도 포함된다고 단정할 수 없을 것이고, 모든 사건에 대해 획일적으로 상고할 수 있게 하느냐 않느냐는 특단의 사정이 없는 한 입법정책의 문제라고 할 것이다</u>(90헌바25)."고 하여 모든 사건에 대법원 재판을 받을 권리가 포함되지는 않는다고 보고 있다.

3) 재심을 청구할 권리

상소심에서 심판을 받을 권리를 헌법상 명문화한 규정이 없고 상소문제가 일반 법률에 맡겨진 우리 법제하에서 재판청구권에 모든 사건에 대해 상소심 절차에 의한 재판을 받을 권리까지도 당연히 포함된다고 할 수는 없고, 마찬가지로 <u>재심청구권 역시 헌법 제27조에서 규정한 재판을 받을 권리에 당연히 포함된다고 할 수 없으며, 어떤 사유를 재심사유로 정하여 재심을 허용할 것인가는 입법자가 확정판결에 대한 법적 안정성, 재판의 신속 · 적정성, 법원의 업무부담 등을 고려하여 결정하여야 할 입법정책의 문제이다</u>(2003헌바105).

4) 국민참여재판을 받을 권리

우리 헌법상 헌법과 법률이 정한 법관에 의한 재판을 받을 권리는 직업법관에 의한 재판을 주된 내용으로 하는 것이므로 국민참여재판을 받을 권리가 헌법 제27조 제1항에서 규정한 재판을 받을 권리의 보호범위에 속한다고 볼 수 없다(2008헌바12).

5) 행정심판의 경우

헌법 제107조 제3항은 "재판의 전심절차로서 행정심판을 할 수 있다. 행정심판의 절차는 법률로 정하되, 사법절차가 준용되어야 한다"고 규정하고 있으므로, <u>입법자가 행정심판을 전심절차가 아니라 종심절차로 규정함으로써 정식재판의 기회를 배제하거나, 어떤 행정심판을 필요적 전심절차로 규정하면서도 그 절차에 사법절차가 준용되지 않는다면 이는 위 헌법조항, 나아가 재판청구권을 보장하고 있는 헌법 제27조에도 위반되며, 헌법 제107조 제3항은 사법절차가 "준용"될 것만을 요구하고 있으나 판단기관의 독립성과 공정성, 대심적 심리구조, 당사자의 절차적 권리보장 등의 면에서 사법절차의 본질적 요소를 현저히 결여하고 있다면 "준용"의 요청에마저 위반된다</u>(2000헌바30). 반면 어떤 행정심판절차에 사법절차가 준용되지 않는다 하더라도 임의적 전치제도로 규정함에 그치고 있다면 그러한 행정심판을 거치지 아니하고 곧바로 행정소송을 제기할 수 있는 선택권이 보장되어 있기 때문에 헌법조항에 위반된다 할 수 없다(98헌바8).

> **관련판례** ❶ 대한변호사협회징계위원회에서 징계를 받은 변호사는 법무부변호사징계위원회에서의 이의절차를 밟은 후 곧바로 대법원에 즉시항고토록 하고 있는 변호사법 조항은 재판을 받을 권리를 침해한다. (2001헌가18)
> 이 사건 법률조항은 변호사에 대한 징계결정에 대하여 불복이 있는 경우에도 법관에 의한 사실확정 및 법률적용의 기회를 주지 아니하고, 단지 그 결정이 법령에 위반된 것을 이유로 하는 경우에 한하여 법률심인 대법원에 즉시항고할 수 있도록 하고 있는 바, 이 사건 법률조항은 법관에

의한 사실확정 및 법률적용의 기회를 박탈한 것으로서 헌법상 국민에게 보장된 "법관에 의한" 재판을 받을 권리의 본질적 내용을 침해하는 위헌규정이다.

❷ 4·16 세월호참사 배상 및 보상 심의위원회의 배상금 등 지급결정에 신청인이 동의한 때에는 국가와 신청인 사이에 민사소송법에 따른 재판상 화해가 성립된 것으로 보는 세월호피해지원법 제16조는 과잉금지원칙을 위반하여 청구인들의 재판청구권을 침해하지 않는다. (2015헌마654)
세월호피해지원법 규정에 의하면, 심의위원회의 제3자성, 중립성 및 독립성이 보장되어 있다고 인정되고, 그 심의절차에 공정성과 신중성을 제고하기 위한 장치도 마련되어 있다. 심의위원회의 배상금 등 지급결정에 동의할 때 재판상 화해가 성립한 것으로 간주하더라도 이것이 재판청구권 행사에 대한 지나친 제한이라고 보기 어렵다.

라. 신속한 재판을 받을 권리

신속한 재판을 받을 권리는 주로 피고인의 이익을 보호하기 위하여 인정된 기본권이지만 동시에 실체적 진실발견, 소송경제, 재판에 대한 국민의 신뢰와 형벌목적의 달성과 같은 공공의 이익에도 근거가 있기 때문에 어느 면에서는 이중적인 성격을 갖고 있다고 할 수 있어, 형사사법체제 자체를 위하여서도 아주 중요한 의미를 갖는 기본권이다(90헌마44).
헌법 제27조 제3항의 신속한 재판을 받을 권리의 적용범위에는 판결절차 외에 집행절차도 포함되고, 일반적으로 민사상의 분쟁해결에 있어서 판결절차가 권리 또는 법률관계의 존부의 확정, 즉 청구권의 존부의 관념적 형성을 목적으로 하는 절차라면 강제집행절차는 권리의 강제적 실현, 즉 청구권의 사실적 형성을 목적으로 하는 절차이므로 강제집행절차에서는 판결절차에 있어서보다 신속성이 더욱 강하게 요청된다고 할 것이다(2011헌바14).

마. 공개재판을 받을 권리

헌법은 제27조 제3항에서 "형사피고인은 상당한 이유가 없는 한 지체 없이 공개재판을 받을 권리를 가진다"고 하여 공개재판을 받을 권리를 규정하고 있다.

바. 공정한 재판을 받을 권리

우리 헌법은 명문으로 '공정한 재판'이라는 문구를 두고 있지는 않으나, 학자들 사이에는 우리 헌법 제27조 제1항 또는 제3항이 "공정한 재판을 받을 권리"를 보장하고 있다고 하는 점에 이견이 없으며, 헌법재판소도 " 헌법 제12조 제1항·제4항, 헌법 제27조 제1항·제3항·제4항을 종합하면, 우리 헌법이 '공정한 재판'을 받을 권리를 보장하고 있음이 명백하다."라고 판시하는 등, '공정한 재판'을 받을 권리가 국민의 기본권임을 분명히 하고 있다(99헌마496).
'공정한 재판'이란 헌법과 법률이 정한 자격이 있고, 헌법 제104조 내지 제106조에 정한 절차에 의하여 임명되고 신분이 보장되어 독립하여 심판하는 법관으로부터 헌법과 법률에 의하여 그 양심에 따라 적법절차에 의하여 이루어지는 재판을 의미하며(2012헌바302), 신속하고 공개된 법정의 법관의 면전에서 모든 증거자료가 조사·진술되고 이에 대하여 피고인이 공격·방어할 수 있는 기회가 보장되는 재판, 즉 원칙적으로 당사자주의와 구두변론주의가 보장되어 당사자가 공소사실에 대한 답변과 입증 및 반증하는 등 공격·방어권이 충분히 보장되는 재판을 받을 권리가 포함되어 있다(94헌바1).

3. 제한의 심사기준

헌법재판소는 주로, "재판청구권은 다른 기본권을 보장하기 위한 절차적 기본권의 성격을 갖는데, 이러한 절차적 기본권은 원칙적으로 제도적 보장의 성격이 강하기 때문에, 자유권적 기본권 등 다른 기본권의 경우와 비교하여 볼 때 상대적으로 광범위한 입법형성권이 인정되므로, 관련 법률에 대한 위헌심사기준은 합리성원칙 내지 자의금지원칙이 적용된다(2003헌가7)."라고 하여 재판청구권의 구체적 실현에 대하여는 광범위한 입법형성권이 존재한다고 판시하고 있다. 그러나 "재판청구권을 보장하기 위해서는 입법자에 의한 재판청구권의 구체적 형성이 불가피하므로, 입법자의 광범위한 입법재량이 인정되기는 하나, 그러한 입법을 함에 있어서는 비록 완화된 의미에서일지언정 헌법 제37조 제2항의 비례의 원칙은 준수되어야 한다(2000헌바77)."고 하여 비례의 원칙을 적용한 경우도 있다.

64 재판절차진술권

헌법 제27조 제5항의 형사피해자의 재판절차진술권은 범죄로 인한 피해자가 당해 사건의 재판절차에 증인으로 출석하여 자신이 입은 피해의 내용과 사건에 관하여 의견을 진술할 수 있는 권리를 말한다. 이는 형사피해자로 하여금 당해 사건의 형사재판 절차에 참여하여 증언하는 이외에 형사사건에 관한 의견진술을 할 수 있는 청문의 기회를 부여함으로써 형사사법의 절차적 적정성을 확보하기 위하여 이를 기본권으로 보장하는 것이다.
헌법상 재판절차진술권의 주체인 형사피해자의 개념은 반드시 형사실체법상의 보호법익을 기준으로 한 피해자의 개념에 의존할 필요가 없고, 형사실체법상으로는 직접적인 보호법익의 주체로 해석되지 않는 자라 하더라도 문제되는 범죄 때문에 법률상의 불이익을 받게 되는 자라면 헌법상 형사피해자의 재판절차진술권의 주체가 될 수 있다(94헌마136).

65 국가배상청구권

● 14년 2차 1문
변호사 乙이 군인, 군무원 등의 국가배상청구권을 제한하고 있는 헌법 제29조 제2항이 위헌이라고 주장할 수 있는 논거를 제시하시오. (40) (2000헌바38)

1. 의의 및 성격

국가배상청구권이라 함은 공무원의 직무상 불법행위로 말미암아 재산 또는 재산 이외의 손해를 받은 국민이 국가 또는 공공단체에 대하여 그 손해를 배상하여 주도록 청구할 수 있는 권리를 말한다. 우리 헌법상의 국가배상청구권에 관한 규정은 단순한 재산권의 보장만을 의미하는 것은 아니고 국가배상청구권을 청구권적 기본권으로 보장하고 있는 것이다. 그리고 위 헌법규정에 따라 국가 또는 지방자치단체의 손해배상의 책임과 절차에 관한 국가배상법이 제정되었다(96헌바24).

2. 성립 요건

공무원의 직무상 불법행위로 인한 국가배상이 성립하기 위해서는 ① 공무원의 ② 직무상 ③ 고의 또는 과실로 ④ 법령을 위반하여 ⑤ 타인에게 손해가 발생하고, ⑥ 가해행위와 손해발생 사이에 인과관계가 존재해야 한다.

> **관련판례** 국가배상법 조항이 국가배상청구권의 성립요건으로서 공무원의 고의 또는 과실을 요구함으로써 무과실책임을 인정하지 않은 것은 국가배상청구권을 침해하지 않는다. (2013헌바395)
> 헌법 제29조 제1항 제2문은 '이 경우 공무원 자신의 책임은 면제되지 아니한다'고 규정하여 헌법상 국가배상책임은 공무원의 책임을 일정 부분 전제하는 것으로 해석될 수 있고, 헌법 제29조 제1항에 법률유보 문구를 추가한 것은 국가재정을 고려하여 국가배상책임의 범위를 법률로 정하도록 한 것으로 해석된다. 공무원의 고의 또는 과실이 없는데도 국가배상을 인정할 경우 피해자 구제가 확대되기는 하겠지만 현실적으로 원활한 공무수행이 저해될 수 있어 이를 입법정책적으로 고려할 필요성이 있다.

3. 이중배상금지(헌법 제29조 제2항)

가. 의의 및 요건

① 군인·군무원·경찰공무원 기타 법률이 정하는 자가 ② 전투·훈련등 직무집행과 관련하여 받은 손해에 대하여는 ③ 법률이 정하는 보상외에 국가 또는 공공단체에 공무원의 직무상 불법행위로 인한 배상은 청구할 수 없다(헌법 제29조 제2항).

나. 이중배상금지의 효과

대법원은, 민간인과 직무집행중인 군인 등의 공동불법행위로 인하여 직무집행중인 다른 군인 등이 피해를 입은 경우, "공동불법행위자 등이 부진정연대채무자로서 각자 피해자의 손해 전부를 배상할 의무를 부담하는 공동불법행위의 일반적인 경우와 달리 예외적으로 민간인은 피해 군인 등에 대하여 그 손해 중 국가 등이 민간인에 대한 구상의무를 부담한다면 그 내부적인 관계에서 부담하여야 할 부분을 제외한 나머지 자신의 부담부분에 한하여 손해배상의무를 부담하고, 한편 국가 등에 대하여는 그 귀책부분의 구상을 청구할 수 없다고 해석함이 상당하다 할 것이고, 이러한 해석이 손해의 공평·타당한 부담을 그 지도원리로 하는 손해배상제도의 이상에도 맞는다 할 것이다(96다42420)."라고 판시하였다.

반면에 헌법재판소는 공동불법행위자인 군인의 부담부분에 대한 구상권 행사에 있어서 "일반국민이 공동불법행위자인 군인의 부담부분에 관하여 국가에 대하여 구상권을 행사할 수 없다고 해석한다면, 이는 국가배상법 제2조 제1항 단서의 헌법상 근거규정인 헌법 제29조가 구상권의 행사를 배제하지 아니하는데도 이를 배제하는 것으로 해석하는 것으로서 합리적인 이유 없이 일반국민을 국가에 대하여 지나치게 차별하는 경우에 해당하므로 헌법 제29조에 위반된다(93헌바21)."고 하여 한정위헌결정을 하였다.

다. 이중배상금지규정의 위헌 여부(2000헌바38)

1) 헌법의 개별규정 자체가 위헌심사의 대상이 되는지 여부(소극)

   헌법의 개별규정 자체는 헌법소원에 의한 위헌심사의 대상이 아니다. 한편, 헌법은 전문과 각 개별조항이 서로 밀접한 관련을 맺으면서 하나의 통일된 가치체계를 이루고 있는 것으로서 이념적·논리적으로는 규범 상호간의 우열을 인정할 수 있다 하더라도, 그러한 규범 상호간의 우열이 헌법의 어느 특정규정이 다른 규정의 효력을 전면적으로 부인할 수 있을 정도의 개별적 헌법규정 상호간에 효력상의 차등을 의미하는 것이라고는 볼 수 없으므로, 이 점에서도 헌법의 개별규정에 대한 위헌심사는 허용될 수 없다.

2) 군인의 국가 등에 대한 손해배상청구권을 제한하고 있는 국가배상법 제2조 제1항 단서가 헌법에 위반되는지 여부(소극)

   국가배상법 제2조 제1항 단서는 헌법 제29조 제1항에 의하여 보장되는 국가배상 청구권을 헌법 내재적으로 제한하는 헌법 제29조 제2항에 직접 근거하고, 실질적으로 그 내용을 같이하는 것이므로 헌법에 위반되지 아니한다.

66 형사보상청구권

1. 의 의

헌법 제28조는 형사피고인으로서 구금되었던 자가 법률이 정한 무죄판결을 받은 경우에 국가에 대하여 물질적·정신적 피해에 대한 정당한 보상을 청구할 수 있는 권리를 보장하고 있다. 형사보상청구권은 국가의 형사사법작용에 의하여 신체의 자유가 침해된 국민에게 그 구제를 인정하여 국민의 기본권 보호를 강화하는 데 그 목적이 있다. 헌법 제28조는 이러한 형사보상청구권의 내용을 법률에 의해 구체화하도록 규정하고 있고, 이에 따라 제정된 형사보상법은 형사소송법에 의한 일반절차 또는 재심이나 비상상고절차에서 무죄재판을 받은 자가 미결구금을 당하였을 때, 상소회복에 의한 상소, 재심 또는 비상상고의 절차에서 무죄재판을 받은 자가 원판결에 의하여 구금 또는 형의 집행을 받았을 때에는 구금 또는 형의 집행에 대한 보상을 청구할 수 있도록 하고 있다.

2. 본 질

형사보상청구권의 본질에 대해 ① 손해배상설, ② 손실보상설, ③ 절충설 등이 대립한다. 헌법재판소는, "형사보상은 형사사법절차에 내재하는 불가피한 위험으로 인한 피해에 대한 보상으로서 국가의 위법·부당한 행위를 전제로 하는 국가배상과는 그 취지 자체가 상이하므로 형사보상절차로서 인과관계 있는 모든 손해를 보상하지 않는다고 하여 반드시 부당하다고 할 수는 없다(2008헌마514)."고 하여 손실보상설에 가까운 입장이다.

67 범죄피해자구조청구권

헌법 제30조에 규정된 범죄피해자구조청구권이라 함은 타인의 범죄행위로 말미암아 생명을 잃거나 신체상의 피해를 입은 국민이나 그 유족이 가해자로부터 충분한 피해배상을 받지 못한 경우에 국가에 대하여 일정한 보상을 청구할 수 있는 권리를 말한다(2009헌마354).

제7장 사회적 기본권

68 사회적 기본권 일반론

1. 의 의

사회적 기본권(사회권·생존권적 기본권)은 인간다운 생활을 보장하기 위하여 국가에 대하여 적극적인 청구를 할 수 있는 권리를 말한다.

2. 법적 성격

객관설은 다시 ① 사회적 기본권은 국가의 사회정책을 헌법에 선언한 것에 불과한 것이므로, 입법자의 구체적인 입법행위가 있어야 비로소 국가에 요구할 수 있는 권리가 발생한다는 견해(입법방침규정설(프로그램설)), ② 사회적기본권은 구체적 청구권은 아니지만, 입법자에게 특정한 내용의 입법활동을 하도록 의무를 부과하는 헌법적 지시를 한다는 견해(입법위임규정설)가 있고, 법적권리설은 다시 ① 국민은 헌법규정에 따라 국가에 대하여 추상적인 권리를 가지고 이에 따라 국가는 사회적 기본권 규정에 따른 헌법적 의무를 진다는 견해(추상적 권리설), ② 사회적 기본권도 법적 권리에 해당하므로 이에 따라 국가는 구체적인 헌법적 의무를 부담한다는 견해(구체적 권리설), ③ 사회적 기본권은 자유권적 기본권과 같은 구체적 권리는 아니지만, 청구권적 기본권이나 참정권의 일부와 유사한 수준의 불완전하나마 구체적인 성격의 권리에는 해당한다는 견해(불완전한 구체적 권리설)가 있다.

3. 사회적 기본권의 위헌심사기준

국가가 인간다운 생활을 보장하기 위한 헌법적인 의무를 다하였는지의 여부가 사법적 심사의 대상이 된 경우에는, 국가가 생계보호에 관한 입법을 전혀 하지 아니하였다든가 그 내용이 현저히 불합리하여 헌법상 용인될 수 있는 재량의 범위를 명백히 일탈한 경우에 한하여 헌법에 위반된다고 할 수 있다(94헌마33).

69 인간다운 생활을 할 권리

1. 의 의

헌법 제34조 제1항이 보장하는 인간다운 생활을 할 권리는 사회권적 기본권의 일종으로서 인간의 존엄에 상응하는 최소한의 급부를 요구할 수 있는 권리를 의미한다. 이때 '인간다운 생활'이 구체적으로 무엇을 의미하는지에 관해 ① 최소한의 물질적 생활을 의미한다는 견해, ② 건강하고 문화적인 최저한도의 생활을 의미한다는 견해, ③ 인간의 존엄성 유지에 상응하는 건강하고 문화적인 생활을 의미한다는 견해 등이 대립한다.

헌법재판소는 "인간다운 생활을 할 권리로부터는 인간의 존엄에 상응하는 생활에 필요한 '최소한의 물질적인 생활'의 유지에 필요한 급부를 요구할 수 있는 구체적인 권리가 상황에 따라서는 직접 도출될 수 있다고 할 수는 있어도, 동 기본권이 직접 그 이상의 급부를 내용으로 하는 구체적인 권리를 발생케 한다고는 볼 수는 없다. 이러한 구체적 권리는 국가가 재정형편 등 여러 가지 상황들을 종합적으로 감안하여 법률을 통하여 구체화할 때에 비로소 인정되는 법률적 권리라고 할 것이다(93헌가14)."라고 판시하여, 최소한의 물질적인 생활의 유지에 필요한 범위 내에서는 구체적 권리성을 인정하고 있다.

'인간다운 생활을 할 권리'는 여타 사회적 기본권에 관한 헌법규범들의 이념적인 목표를 제시하고 있는 동시에 국민이 인간적 생존의 최소한을 확보하는 데 있어서 필요한 최소한의 재화를 국가에게 요구할 수 있는 권리를 내용으로 하고 있다.

2. 사회보장수급권(사회보장권)

사회보장수급권은 국가에 대하여 적극적으로 사회보장적인 급부를 요구할 수 있는 권리를 말한다. 헌법상의 사회보장권은 그에 관한 수급요건, 수급자의 범위, 수급액 등 구체적인 사항이 법률에 규정됨으로써 비로소 구체적인 법적 권리로 형성되는 것이다(98헌마216).

가. 사회보험

사회보험의 목적은 사회연대의 원칙을 기반으로 하여 경제적인 약자에게도 기본적인 사회보험의 급여를 주고자 하는 것이다. 사보험과 달리, 사회보험에서는 법이 정하는 요건을 충족시키는 국민에게 가입의무가 부과됨으로써 사회보험에의 가입이 법적으로 강제되며, 이로써 보험법적 관계가 당사자의 의사와 관계없이 법률에 의하여 성립한다. ① 국민연금보험, ② 국민건강보험, ③ 고용보험, ④ 산업재해보상보험이 있다.

나. 공공부조

공공부조란 국가와 지방자치단체의 책임 하에 생활 유지 능력이 없거나 생활이 어려운 국민의 최저생활을 보장하고 자립을 지원하는 제도를 말한다. ① 의료급여법상 의료급여제도, ② 국민기초생활보장제도가 있다.

다. 사회보상

국가를 위하여 희생하거나 공헌한 국가유공자, 그 유족 또는 가족을 지원함으로써 이들의 생활안정을 보장하기 위한 제도로서, 국가유공자 등 예우 및 지원에 관한 법률이 있다.

라. 사회복지

보호를 필요로 하는 자에게 현금이나 현물과 같은 물질적인 급부가 아닌 비물질적·사회적 서비스를 제공하기 위한 제도로서, 아동복지법, 노인복지법, 한부모가족지원법, 장애인복지법 등이 있다.

70 교육을 받을 권리

변시 3회 24.10.모의

★ 7회 변시 1문

A도 의회는 2016. 12. 10. A도 학교설치조례 중 "다동 초등학교"란을 삭제하는 내용의 조례 개정안을 의결하였고 2016. 12. 31. 공포되었다. A도의 도민인 다동초등학교 학부모 丙과 丙의 자녀인 丁은 2017. 1. 10. 위 조례에 대하여 통학조건의 변화로 인한 기본권침해를 주장하며 헌법소원심판을 청구하였다. 丙과 丁의 기본권 침해 여부에 대해 검토하시오. (35)

1. 의의 및 성질

헌법 제31조 제1항의 교육을 받을 권리는, 국민이 능력에 따라 균등하게 교육받을 것을 공권력에 의하여 부당하게 침해받지 않을 권리와, 국민이 능력에 따라 균등하게 교육받을 수 있도록 국가가 적극적으로 배려하여 줄 것을 요구할 수 있는 권리로 구성되는바, 전자는 자유권적 기본권의 성격이, 후자는 사회권적 기본권의 성격이 강하다(2007헌마456).

2. 내 용

가. '능력에 따라' 교육을 받을 권리

능력에 따른 교육이란 정신적·육체적 능력에 상응하는 교육을 말한다. 이는 정신적·육체적 능력 이외의 성별·종교·경제력·사회적 신분 등에 의하여 교육을 받을 기회를 차별해서는 안된다.

나. '균등하게' 교육을 받을 권리

헌법은 제31조 제1항에서 "능력에 따라 균등하게"라고 하여 교육영역에서 평등원칙을 구체화하고 있다. 헌법 제31조 제1항은 헌법 제11조의 일반적 평등조항에 대한 특별규정으로서 교육의 영역에서 평등원칙을 실현하고자 하는 것이다(2016헌마649).

다. 사립학교 운영의 자유 [19.10.모의]

진리탐구와 인격도야의 본산이며 자유로운 인간형성을 본분으로 하는 학교에서야말로 학생들의 다양한 자질과 능력이 자유롭게 발현될 수 있는 교육제도가 마련되어야 한다. 설립자가 사립학교를 자유롭게 운영할 자유는 비록 헌법에 독일기본법 제7조 제4항과 같은 명문규정은 없으나 헌법 제10조에서 보장되는 행복추구권의 한 내용을 이루는 일반적인 행동의 자유권과 모든 국민의 능력에 따라 균등하게 교육을 받을 권리를 규정하고 있는 헌법 제31조 제1항 그리고 교육의 자주성 전문성 정치적 중립성 및 대학의 자율성을 규정하고 있는 헌법 제31조 제4항에 의하여 인정되는 기본권의 하나이다(2012헌마404).

라. 교육에 대한 국가의 책임

국가는 다른 중요한 국가과제 및 국가재정이 허용하는 범위내에서 민주시민이 갖추어야 할 최소한의 필수적인 교육과정을 의무교육으로서 국민 누구나가 혜택을 받을 수 있도록 제공해야 한다.

자녀의 양육과 교육에 있어서 부모의 교육권은 교육의 모든 영역에서 존중되어야 하며, 다만 학교교육의 범주내에서는 국가의 교육권한이 헌법적으로 독자적인 지위를 부여받음으로써 부모의 교육권과 함께 자녀의 교육을 담당하지만, 학교 밖의 교육영역에서는 원칙적으로 부모의 교육권이 우위를 차지한다.

3. 교육제도의 보장

가. 의무교육 무상의 원칙 [변시 3회]

1) 의 의

헌법 제31조 제2항은 '초등교육과 법률이 정하는 교육'을 의무교육의 범위로 규정하고 있다. 따라서 초등교육은 헌법상 당연히 의무교육의 범위에 포함되지만 그 이상의 중등교육은 법률이 정하는 경우에 한해 의무교육의 범위에 포함된다. 위 헌법 규정에 따라 교육기본법과 초·중등교육법이 제정되었고, 교육기본법 제8조에 따라 현행법상 의무교육의 범위는 3년의 중등교육까지 포함하고 있다.

2) 무상의 범위

가) 원 칙

의무교육은 무상으로 한다(헌법 제31조 제3항). 무상 의무교육의 범위도 초등교육과 법률이 정하는 교육에 해당한다.

무상의 범위에 관하여 학설은 ① 법률이 정하는 범위에 따라 무상의 범위가 정해진다는 무상범위법정설, ② 단순히 수업료가 면제된다는 수업료면제설, ③ 수업료 뿐만 아니라 취학에 필요한 교재·학용품·급식까지 무상이어야 한다는 취학필수비무상설이 대립한다. 헌법재판소는 "의무교육 무상의 범위는 원칙적으로 헌법상 교육의 기회균등을 실현하기 위해 필수불가결한 비용, 즉 모든 학생이 의무교육을 받음에 있어서 경제적인 차별 없이 수학하는 데 반드시 필요한 비용에 한한다."고 하여 원칙적으로 취학필수비무상설에 가까운 것으로 보인다(2010헌바164).

따라서, 의무교육에 있어서 무상의 범위에는 의무교육이 실질적이고 균등하게 이루어지기 위한 본질적 항목으로, 수업료나 입학금의 면제, 학교와 교사 등 인적·물적 시설 및 그 시설을 유지하기 위한 인건비, 시설유지비 등의 재원 부담으로부터의 면제가 포함된다 할 것이며, 그 외에도 의무교육을 받는 과정에 수반하는 비용으로서 의무교육의 실질적인 균등보장을 위해 필수불가결한 비용은 무상의 범위에 포함된다. 이러한 비용 이외의 비용을 무상의 범위에 포함시킬 것인지는 국가의 재정상황과 국민의 소득수준, 학부모들의 경제적 수준 및 사회적 합의 등을 고려하여 입법자가 입법정책적으로 해결해야 할 문제이다.

나) 급식관련비용

학교급식은 학생들에게 한 끼 식사를 제공하는 영양공급 차원을 넘어 교육적인 성격을 가지고 있지만, 이러한 교육적 측면은 기본적이고 필수적인 학교 교육 이외에 부가적으로 이루어지는 식생활 및 인성교육으로서의 보충적 성격을 가지므로 의무교육의 실질적인 균등보장을 위한 본질적이고 핵심적인 부분이라고까지는 할 수 없으므로 의무교육 대상인 중학생의 학부모에게 급식관련비용 일부를 부담하도록 하는 학교급식법 조항은 헌법에 위반되지 않는다(2010헌바164).

다) 학교용지부담금

의무교육에 필요한 학교시설은 국가의 일반적 과제이고, 학교용지는 의무교육을 시행하기 위한 물적 기반으로서 필수조건임은 말할 필요도 없으므로 이를 달성하기 위한 비용은 국가의 일반재정으로 충당하여야 한다. 따라서 적어도 의무교육에 관한 한 일반재정이 아닌 부담금과 같은 별도의 재정수단을 동원하여 특정한 집단으로부터 그 비용을 추가로 징수하여 충당하는 것은 의무교육의 무상성을 선언한 헌법에 반한다. 이에 따라 헌법재판소는 "학교용지확보를 위하여 개발사업지역에서 공동주택수분양자들에게 학교용지확보를 위하여 부담금을 부과·징수할 수 있다는 학교용지확보에관한특례법 조항이 헌법상 의무교육의 무상원칙에 반한다(2003헌가20)"고 하여 위헌결정을 하였다.

그러나 헌법 제31조 제3항은 의무교육비용을 학령아동의 보호자 개개인의 직접적 부담에서 공동체 전체의 부담으로 이전하라는 명령일 뿐이고 의무교육비용의 비용을 오로지 국가 또는 지방자치단체의 예산, 조세로 해결해야 함을 의미하는 것은 아니다. 이에 따라 헌법재판소는 "의무교육의 대상인 수분양자가 아닌 개발사업자에게 학교용지부담금을 부과하고 그 재원으로 의무교육시설을 마련하도록 하는 것은 의무교육의 무상성과는 관계가 없다(2007헌가1)."고 판시하여 합헌결정을 하였다.

나. 교육제도 법정주의

우리 헌법 제31조 제6항은 "학교교육 및 평생교육을 포함한 교육제도와 그 운영, 교육재정 및 교원의 지위에 관한 기본적인 사항은 법률로 정한다."라고 규정함으로써 교육의 물적기반이 되는 교육제도와 아울러 교육의 인적기반으로서 가장 중요한 교원의 근로기본권을 포함한 모든 지위에 관한 기본적인 사항을 국민의 대표기관인 입법부의 권한으로 규정하고 있다. 교육제도 법정주의는 교육제도에 관한 기본방침을 제외한 나머지 세부적인 사항까지 반드시 형식적 의미의 법률만으로 정하여야 한다는 의미는 아니다. 그러므로 입법자가 정한 기본방침을 구체화하거나 이를 집행하기 위한 세부시행 사항은 하위법령에 위임이 가능하다(90헌가27).

다. 교원지위 법정주의

"교원의 지위"란 교원의 직무의 중요성 및 그 직무수행능력에 대한 인식의 정도에 따라서 그들에게 주어지는 사회적 대우 또는 존경과 교원의 근무조건·보수 및 그밖의 물적급부 등을 모두 포함하는 의미이다. 위 헌법조항을 근거로 하여 제정되는 법률에는 교원의 신분보장·경제적·사회적 지위보장 등 교원의 권리에 해당하는 사항 뿐만 아니라 국민의 교육을 받을 권리를 저해할 우려있는 행위의 금지 등 교원의 의무에 관한 사항도 당연히 규정할 수 있는 것이므로 결과적으로 교원의 기본권을 제한하는 사항까지도 규정할 수 있게 되는 것이다(89헌가106).

한편, 입법자가 법률로 정하여야 할 교원지위의 기본적 사항에는 교원의 신분이 부당하게 박탈되지 않도록 하는 최소한의 보호의무에 관한 사항이 포함되어야 한다(2002헌바14).

4. 대학의 자치(대학의 자율성, 대학의 자유)

● 20년 2차 2문

> 교육부는 乙이 총장으로 있는 국립대학교에 총장선출방식을 대학구성원이 직접 선출하는 직선제에서 교육부가 구성에 관여하는 총장선출위원회에서 선출하는 간선제로 바꾸도록 요구하면서 이에 따르지 않으면 예산상 불이익을 주겠다고 한다. 이에 국립대학교는 자신의 기본권침해를 이유로 헌법재판소에 헌법소원심판 청구를 하려고 한다. 국립대학교가 기본권주체가 될 수 있는지 여부와 기본권주체가 된다면 국립대학교가 교육부에 주장할 수 있는 기본권은 무엇인지를 검토하시오. (20)

가. 의 의

대학의 자치란 대학이 공권력 등 외부세력의 간섭 없이 자주적으로 운영할 수 있도록 보장하여 연구와 교육을 자유롭게 하여 진리탐구와 지도적 인격의 대학의 기능을 충분히 발휘할 수 있도록 하기 위한 것이다(2012헌바300).

나. 헌법적 근거

대학의 자치의 헌법적 근거를 ① 헌법 제31조 제4항에서 찾는 견해와, ② 헌법 제22조 제1항 학문의 자유로부터 찾는 견해가 대립한다.

헌법재판소는 "교육의 자주성이나 대학의 자율성은 헌법 제22조 제1항이 보장하고 있는 학문의 자유의 확실한 보장수단으로 꼭 필요한 것으로서 이는 대학에게 부여된 헌법상의 기본권이다(92헌마68)." 또는 "헌법 제22조 제1항의 학문의 자유를 실질적으로 보장하기 위하여 헌법 제31조 제4항이 명시적으로 도입된 취지를 고려(2014헌마149)"와 같이 판시하고 있다.

생각건대 대학의 자치는 학문의 자유를 위해 필수적으로 요구되는 것이므로 그 헌법적 근거는 헌법 제22조 제1항으로 봐야 하고, '헌법 제31조 제4항은 이를 다시 한 번 확인한 조항이라고 봄이 타당하다.

다. 주 체

대학의 자치의 주체는 기본적으로 대학이지만, 대학, 교수, 교수회 모두가 단독, 혹은 중첩적으로 주체가 될 수 있다고 보아야 한다(2005헌마1047).

라. 내 용

대학의 자율성에 따라 대학은 국가의 간섭 없이 인사·학사·시설·재정 등 대학과 관련된 사항들을 자주적으로 결정하고 운영할 자유를 갖는다(99헌마613). 대학의 자율은 대학시설의 관리·운영만이 아니라 학사관리 등 전반적인 것이라야 하므로 연구와 교육의 내용, 그 방법과 그 대상, 교과과정의 편성, 학생의 선발, 학생의 전형도 자율의 범위에 속해야 하고(92헌마68), 교원의 임면에 관한 사항도 자율의 범위에 속하고, 교원의 보수에 관한 사항도 마찬가지이다(2018다262653).

또한 국립대 교수들은 국립대학총장 후보자 선출에 참여할 권리가 있고 이는 대학의 자치의 본질적인 내용에 포함되므로 헌법상 기본권에 해당하나, 대학의 장 후보자 선정에 관하여 대학에게 반드시 직접선출 방식을 보장하여야 하는 것은 아니다(2005헌마1047).

71 근로의 권리

● 21년 2차 1문

외국인 근로자 乙은 출국만기보험금의 지급시기를 출국 후 14일 이내로 제한하는 것이 자신의 근로의 권리를 침해한다고 주장한다. 乙의 근로의 권리 침해여부를 검토하시오 (25)

1. 의 의

헌법 제32조 제1항은 "모든 국민은 근로의 권리를 가진다."고 규정하고 있다. 근로의 권리란 인간이 자신의 의사와 능력에 따라 근로관계를 형성하고, 타인의 방해를 받음이 없이 근로관계를 계속 유지하며, 근로의 기회를 얻지 못한 경우에는 국가에 대하여 근로의 기회를 제공하여 줄 것을 요구할 수 있는 권리를 말한다.

2. 성 격

근로의 권리는 생활의 기본적인 수요를 충족시킬 수 있는 생활수단을 확보해 주고 나아가 인격의 자유로운 발현과 인간의 존엄성을 보장해 주는 것으로서 사회권적 기본권의 성격이 강하다. 그러나 근로의 권리가 "일할 자리에 관한 권리"만이 아니라 "일할 환경에 관한 권리"도 함께 내포하고 있는바, 후자(後者)는 인간의 존엄성에 대한 침해를 방어하기 위한 자유권적 기본권의 성격도 갖고 있어 건강한 작업환경, 일에 대한 정당한 보수, 합리적인 근로조건의 보장 등을 요구할 수 있는 권리 등을 포함한다.

3. 주 체

근로의 권리의 구체적인 내용에 따라, 국가에 대하여 고용증진을 위한 사회석·경제적 정책을 요구할 수 있는 권리는 사회권적 기본권으로서 국민에 대하여만 인정해야 하지만, 자본주의 경제질서하에서 근로자가 기본적 생활수단을 확보하고 인간의 존엄성을 보장받기 위하여 최소한의 근로조건을 요구할 수 있는 권리는 자유권적 기본권의 성격도 아울러 가지므로 이러한 경우 외국인 근로자에게도 그 기본권 주체성을 인정함이 타당하다(2004헌마670).

또한 근로의 권리는 근로자를 개인의 차원에서 보호하기 위한 권리로서 개인인 근로자가 그 주체가 되는 것이고 노동조합은 그 주체가 될 수 없다(2007헌바27).

4. 내 용

가. 일할 자리에 관한 권리

근로의 권리는 사회적 기본권으로서, 국가에 대하여 직접 일자리(직장)를 청구하거나 일자리에 갈음하는 생계비의 지급청구권을 의미하는 것이 아니라, 고용증진을 위한 사회적 · 경제적 정책을 요구할 수 있는 권리에 그친다. 근로의 권리로부터 국가에 대한 직접적인 직장존속청구권을 도출할 수는 없다(2001헌바50).

나. 일할 환경에 관한 권리

헌법상 근로의 권리는 '일할 자리에 관한 권리'만이 아니라 '일할 환경에 관한 권리'도 의미하는데, '일할 환경에 관한 권리'는 인간의 존엄성에 대한 침해를 방어하기 위한 권리로서 건강한 작업환경, 일에 대한 정당한 보수, 합리적인 근로조건의 보장 등을 요구할 수 있는 권리 등을 포함한다(2014헌마367).

다. 국가유공자 등의 근로기회 우선보장 (헌법 제32조 제6항)

종전의 헌법재판소는 헌법 제32조 제6항의 "국가유공자·상이군경 및 전몰군경의 유가족은 법률이 정하는 바에 의하여 우선적으로 근로의 기회를 부여받는다."는 규정을 넓게 해석하여, 이 조항이 국가유공자 본인뿐만 아니라 가족들에 대한 취업보호제도(가산점)의 근거가 될 수 있다고 보았다(2000헌마25). 그러나 이후 입장을 변경하여 위 조항의 대상자는 조문의 문리해석대로 "국가유공자", "상이군경", 그리고 "전몰군경의 유가족"이라고 한정하였다(2004헌마675).

※ 근로의 권리에 보호범위에 포함되는지 여부가 문제되는 경우

1. 해고예고제도

근로관계 종료 전 사용자로 하여금 근로자에게 해고예고를 하도록 하는 것은 개별 근로자의 인간 존엄성을 보장하기 위한 최소한의 근로조건 가운데 하나에 해당하므로, 해고예고에 관한 권리는 근로의 권리의 내용에 포함된다(2014헌바3).

2. 연차유급휴가에 관한 권리

연차유급휴가는 근로자의 건강하고 문화적인 생활의 실현에 이바지할 수 있도록 여가를 부여하는데 그 목적이 있으므로 이는 인간의 존엄성을 보장하기 위한 합리적인 근로조건에 해당한다. 따라서 연차유급휴가에 관한 권리는 인간의 존엄성을 보장받기 위한 최소한의 근로조건을 요구할 수 있는 권리로서 근로의 권리의 내용에 포함된다(2005헌마586).

3. 퇴직급여청구권

근로자가 퇴직급여를 청구할 수 있는 권리는 헌법상 바로 도출되는 것이 아니라 퇴직급여법 등 관련 법률이 구체적으로 정하는 바에 따라 비로소 인정될 수 있는 것이다(2009헌마408).

4. 최저임금청구권

근로자가 최저임금을 청구할 수 있는 권리도 헌법상 바로 도출되는 것이 아니라 최저임금법 등 관련 법률이 구체적으로 정하는 바에 따라 비로소 인정될 수 있다(2011헌마307).

72 근로3권

1. 의의 및 성격

헌법 제33조 제1항이 보장하는 근로3권은 근로자가 자주적으로 단결하여 근로조건의 유지·개선과 근로자의 복지증진 기타 사회적·경제적 지위의 향상을 도모함을 목적으로 단체를 자유롭게 결성하고(단결권), 이를 바탕으로 사용자와 근로조건에 관하여 자유롭게 교섭하며(단체교섭권), 때로는 자신의 요구를 관철하기 위하여 단체행동을 할 수 있는 자유(단체행동권)를 보장하는 자유권적 성격과 사회·경제적으로 열등한 지위에 있는 근로자로 하여금 근로자단체의 힘을 배경으로 그 지위를 보완·강화함으로써 근로자가 사용자와 실질적으로 대등한 지위에서 교섭할 수 있도록 해주는 기능을 부여하는 사회권적 성격도 함께 지닌 기본권이다. 근로자는 노동조합과 같은 근로자단체의 결성을 통하여 집단으로 사용자에 대항함으로써 사용자와 대등한 세력을 이루어 근로조건의 형성에 영향을 미칠 수 있는 기회를 가지게 되므로 이러한 의미에서 근로3권은 '사회적 보호기능을 담당하는 자유권' 또는 '사회권적 성격을 띤 자유권'이라고 말할 수 있다(94헌바13).

2. 독자적 기본권인지 여부

근로3권이 그 자체로 하나의 기본권인지, 아니면 단결권·단체교섭권·단체행동권이 각각의 독립한 기본권인지에 관하여 견해가 대립한다. 헌법재판소는, "현행 헌법에서 특수경비원에 대해서는 단체행동권 등 근로3권의 제한에 관한 개별적 제한규정을 두고 있지 않다고 하더라도, 헌법 제37조 제2항의 일반유보조항에 따른 기본권제한의 원칙에 의하여 특수경비원의 근로3권 중 하나인 단체행동권을 제한할 수 있다(2007헌마1359)."고 하여 그 입장이 분명치는 않으나, 단체행동권이 전면 박탈당하는 경우에도 헌법 제33조 제1항에 위배되지 않는다고 판시하여 근로3권을 하나의 권리로 보는 것으로 보인다.

3. 주 체

근로 3권은 근로자들의 집단적 활동을 보장하기 위한 권리로서, 개인인 근로자뿐 아니라 단결체인 노동조합도 근로 3권의 주체가 된다(2007헌바27). 외국인근로자도 사실상 노무에 종사하는 자에 해당하므로 근로3권의 주체가 될 수 있으나, 사용자는 근로3권의 주체가 될 수 없다.

4. 근로3권의 내용

가. 단결권

1) 의 의

헌법 제33조에서 말하는 단결권이란 근로자가 자주적으로 단결하여 근로조건의 유지·개선과 근로자의 복지증진 기타 사회적·경제적 지위의 향상을 도모함을 목적으로 단체를 자유롭게 결성하고 가입하여 활동할 수 있는 권리를 말한다.

2) 결사의 자유와의 관계

노동3권 중 근로자의 단결권은 결사의 자유가 근로의 영역에서 구체화된 것으로서, 근로자의 단결권에 대해서는 헌법 제33조가 우선적으로 적용된다. 근로자의 단결권도 국민의 결사의 자유 속에 포함되나, 헌법이 노동3권과 같은 특별 규정을 두어 별도로 단결권을 보장하는 것은 근로자의 단결에 대해서는 일반 결사의 경우와 다르게 특별한 보장을 해준다는 뜻으로 해석된다. 즉, 근로자의 단결을 침해하는 사용자의 행위를 적극적으로 규제하여 근로자가 단결권을 실질적으로 자유롭게 행사할 수 있도록 해준다는 것을 의미한다.

따라서 근로자의 단결권이 근로자 단결체로서 사용자와의 관계에서 특별한 보호를 받아야 할 경우에는 헌법 제33조가 우선적으로 적용되지만, 그렇지 않은 통상의 결사 일반에 대한 문제일 경우에는 헌법 제21조 제2항이 적용되므로 노동조합에도 헌법 제21조 제2항의 결사에 대한 허가제금지원칙이 적용된다(2011헌바53).

3) 소극적 단결권이 '단결권'에 포함되는지 여부

헌법재판소는, "헌법상 보장된 근로자의 단결권은 단결할 자유만을 가리킬 뿐이고, 단결하지 아니할 자유 이른바 소극적 단결권은 이에 포함되지 않고, 다만 헌법 제10조의 행복추구권에서 파생되는 일반적 행동의 자유 또는 제21조 제1항의 결사의 자유에서 그 근거를 찾을 수 있다(2002헌바95)."고 판시하여 소극적 단결권은 헌법 제33조 단결권의 내용에 포함되지 않는다는 입장이다.

나. 단체교섭권

1) 의의 및 대상

단체교섭권이란 근로자가 근로조건의 향상을 위하여 사용자와 근로조건에 관하여 자유롭게 교섭할 수 있는 권리를 말한다. 단체교섭의 대상은 원칙적으로 근로조건의 유지·개선에 필요한 사항에 한정되고, 근로조건과 무관한 사항은 단체교섭의 대상이 될 수 없다.

2) 단체협약체결권이 포함되는지 여부

헌법 제33조 제1항이 근로3권을 기본권으로 보장하는 뜻은 근로자가 사용자와 대등한 지위에서 단체교섭을 통하여 자율적으로 임금 등 근로조건에 관한 단체협약을 체결할 수 있도록 하기 위한 것이다. 비록 헌법이 위 조항에서 '단체협약체결권'을 명시하여 규정하고 있지 않다고 하더라도 근로조건의 향상을 위한 근로자 및 그 단체의 본질적인 활동의 자유인 '단체교섭권'에는 단체협약체결권이 포함되어 있다고 보아야 한다(94헌바13).

다. 단체행동권

단체행동권이라 함은 노동쟁의가 발생한 경우 쟁의행위를 할 수 있는 쟁의권을 의미하며,

이는 근로자가 그의 주장을 관철하기 위하여 업무의 정상적인 운영을 저해하는 행위를 할 수 있는 권리라고 할 수 있다.

쟁의행위는 업무의 저해라는 속성상 그 자체 시민형법상의 여러 가지 범죄의 구성요건에 해당될 수 있음에도 불구하고 그것이 정당성을 가지는 경우에는 형사책임이 면제되며, 민사상 손해배상 책임도 발생하지 않는다(97헌바23).

5. 공무원의 근로3권

헌법 제33조 제2항이 직접 '법률이 정하는 자'만이 노동3권을 향유할 수 있다고 규정하고 있어서 '법률이 정하는 자' 이외의 공무원은 노동3권의 주체가 되지 못하므로, 노동3권이 인정됨을 전제로 하는 헌법 제37조 제2항의 과잉금지원칙은 적용이 없는 것으로 보아야 할 것이다. 따라서 국회는 헌법 제33조 제2항에 따라 공무원인 근로자에게 단결권·단체교섭권·단체행동권을 인정할 것인가의 여부, 어떤 형태의 행위를 어느 범위에서 인정할 것인가 등에 대하여 광범위한 입법형성의 자유를 가진다(2003헌바51).

> **관련판례** '교원의 노동조합 설립 및 운영 등에 관한 법률'의 적용대상을 초·중등교육법 제19조 제1항의 교원이라고 규정함으로써, 고등교육법에서 규율하는 대학 교원들의 단결권을 인정하지 않는 교원노조법 제2조 본문은 헌법에 위반된다. (2015헌가38)
> 대학 교원을 교육공무원 아닌 대학 교원과 교육공무원인 대학 교원으로 나누어, 각각의 단결권 침해가 헌법에 위배되는지 여부에 관하여 본다.
> 교육공무원 아닌 대학 교원들이 향유하지 못하는 단결권은 헌법이 보장하고 있는 근로3권의 핵심적이고 본질적인 권리이다. … 교원노조를 설립하거나 가입하여 활동할 수 있는 자격을 초·중등교원으로 한정함으로써 교육공무원이 아닌 대학 교원에 대해서는 근로기본권의 핵심인 단결권조차 전면적으로 부정한 측면에 대해서는 그 입법목적의 정당성을 인정하기 어렵다. … 심판대상조항은 과잉금지원칙에 위배된다.
> 다음으로 교육공무원인 대학 교원에 대하여 보더라도, 교육공무원의 직무수행의 특성과 헌법 제33조 제1항 및 제2항의 정신을 종합해 볼 때, 교육공무원에게 근로3권을 일체 허용하지 않고 전면적으로 부정하는 것은 합리성을 상실한 과도한 것으로서 입법형성권의 범위를 벗어나 헌법에 위반된다.

73 환경권

1. 의 의

모든 국민은 건강하고 쾌적한 환경에서 생활할 권리, 즉 환경권을 가지고 있고, 국가와 국민은 환경보전을 위하여 노력하여야 한다(헌법 제35조 제1항). 환경권은 건강하고 쾌적한 생활을 유지하는 조건으로서 양호한 환경을 향유할 권리이고, 생명·신체의 자유를 보호하는 토대를 이루며, 궁극적으로 '삶의 질' 확보를 목표로 하는 권리이다.

2. 성 격

환경권을 행사함에 있어 국민은 국가로부터 건강하고 쾌적한 환경을 향유할 수 있는 자유를 침해당하지 않을 권리를 행사할 수 있고, 일정한 경우 국가에 대하여 건강하고 쾌적한 환경에서 생활할 수 있도록 요구할 수 있는 권리가 인정되기도 하는바, 환경권은 그 자체 종합적 기본권으로서의 성격을 지닌다.

한편, 환경권이 추상적 권리에 불과한지 아니면 구체적 권리성을 갖는지에 관하여 견해가 대립하는데, 대법원은 "헌법 제35조의 규정이 구체적인 사법상의 권리를 부여한 것이라고 보기는 어렵고, 명문의 법률규정이 있어야 한다(95다23378)."고 하여 추상적 권리설의 입장이다.

3. 내 용

'건강하고 쾌적한 환경에서 생활할 권리'를 보장하는 환경권의 보호대상이 되는 환경에는 자연환경뿐만 아니라 인공적 환경과 같은 생활환경도 포함된다. 그러므로 일상생활에서 소음을 제거·방지하여 정온한 환경에서 생활할 권리는 환경권의 한 내용을 구성한다(2006헌마711).

또한 일정한 경우 국가는 사인인 제3자에 의한 국민의 환경권 침해에 대해서도 적극적으로 기본권 보호조치를 취할 의무를 진다.

74 혼인과 가족생활

● 18년 3차 1문
헌법 제36조 제1항에 근거해서 동성혼의 자유가 인정되는가? (20)

■ 2015년 제57회 사법시험
미혼여성이고 자녀가 없는 변호사 甲은 변호사로서의 직업활동에 전념하기 위하여 당분간 혼인 또는 출산을 하지 않을 계획이다. 그런데 최근 저출산 문제가 심각해지면서 「출산장려에 관한 법률」이 제정·시행되기에 이르렀다. 이 법률은 출산장려를 위해 국가가 출산에 들어가는 비용을 지원할 뿐만 아니라 출산 후 10년간 매월 일정액의 자녀양육비까지 지원하도록 규정하고 있다. 甲은 이 법률의 내용이 자신의 혼인의 자유, 출산의 자유, 그리고 평등권을 침해한다고 주장한다. 甲의 주장의 헌법적 타당성을 검토하시오. (60)

1. 의의 및 성격

헌법 제36조 제1항은 "혼인과 가족생활은 개인의 존엄과 양성의 평등을 기초로 성립되고 유지되어야 하며, 국가는 이를 보장한다."라고 규정하고 있다. 즉 헌법은 혼인과 가족생활을 스스로 결정하고 형성할 수 있는 자유를 기본권으로서 보장하고, 혼인과 가족에 대한 제도를 보장한다.

2. 내 용

가. 혼인의 순결과 혼인의 자유

혼인의 자유는 혼인관계 형성의 자유, 혼인관계 유지 및 해소의 자유를 그 내용으로 한다. 헌법재판소는 "자기운명결정권에는 성적자기결정권 특히 혼인의 자유와 혼인에 있어서 상대방을 결정할 수 있는 자유가 포함되어 있다."고 판시하여 혼인의 자유의 헌법적 근거를 헌법 제36조 제1항 뿐만 아니라 헌법 제10조도 함께 제시하였다(89헌마82).

나. 혼인과 가족에 대한 제도보장

헌법 제36조 제1항은 혼인제도와 가족제도에 관한 헌법원리를 규정한 것으로서 혼인제도와 가족제도는 인간의 존엄성 존중과 민주주의의 원리에 따라 규정되어야 함을 천명한 것이다. 이 규정은 가족생활이 '양성의 평등'을 기초로 성립, 유지될 것을 명문화한 것으로 이해되므로 입법자가 가족제도를 형성함에 있어서는 이를 반드시 고려할 것을 요구하고 있다(97헌가12).

다. 헌법원리 내지 원칙규범으로서의 보장

헌법 제36조 제1항은 혼인과 가족에 관련되는 공법 및 사법의 모든 영역에 영향을 미치는 헌법원리 내지 원칙규범으로서의 성격도 가지는데, 이는 적극적으로는 적절한 조치를 통해서 혼인과 가족을 지원하고 제삼자에 의한 침해 앞에서 혼인과 가족을 보호해야 할 국가의 과제를 포함하며, 소극적으로는 불이익을 야기하는 제한조치를 통해서 혼인과 가족을 차별하는 것을 금지해야 할 국가의 의무를 포함한다. 이러한 헌법원리로부터 도출되는 차별금지명령은 헌법 제11조 제1항에서 보장되는 평등원칙을 혼인과 가족생활영역에서 더욱 더 구체화함으로써 혼인과 가족을 부당한 차별로부터 특별히 더 보호하려는 목적을 가진다. 이 때 특정한 법률조항이 혼인한 자를 불리하게 하는 차별취급은 중대한 합리적 근거가 존재하여 헌법상 정당화되는 경우에만 헌법 제36조 제1항에 위배되지 아니한다(2001헌바82).

라. 부모의 자녀교육권 변시 3회

1) 의 의

부모의 자녀교육권이란 부모가 자녀의 교육에 관하여 스스로 자유롭고 독자적으로 결정할 수 있는 권리를 의미한다. '부모의 자녀에 대한 교육권'은 비록 헌법에 명문으로 규정되어 있지는 아니하지만, 이는 모든 인간이 국적과 관계없이 누리는 양도할 수 없는 불가침의 인권으로서 혼인과 가족생활을 보장하는 헌법 제36조 제1항, 행복추구권을 보장하는 헌법 제10조 및 "국민의 자유와 권리는 헌법에 열거되지 아니한 이유로 경시되지 아니한다"고 규정하는 헌법 제37조 제1항에서 나오는 중요한 기본권이다.
부모의 자녀교육권은 다른 기본권과는 달리, 기본권의 주체인 부모의 자기결정권이라는 의미에서 보장되는 자유가 아니라, 자녀의 보호와 인격발현을 위하여 부여되는 기본권이다. 다시 말하면, 부모의 자녀교육권은 자녀의 행복이란 관점에서 보장되는 것이며, 자녀의 행복이 부모의 교육에 있어서 그 방향을 결정하는 지침이 된다(98헌가16).

> 관련판례 부모는 아직 성숙하지 못하고 인격을 닦고 있는 미성년 자녀를 교육시킬 교육권을 가지지만, 자녀가 성년에 이르면 자녀 스스로 자신의 기본권 침해를 다툴 수 있으므로 이와 별도로 부모에게 자녀교육권 침해를 다툴 수 있도록 허용할 필요가 없다. (2017헌마691)

2) 부모의 자녀이름을 지을 자유 (포함)

부모가 자녀의 이름을 지어주는 것은 자녀의 양육과 가족생활을 위하여 필수적인 것이고, 가족생활의 핵심적 요소라 할 수 있으므로, '부모가 자녀의 이름을 지을 자유'는 혼인과 가족생활을 보장하는 헌법 제36조 제1항과 행복추구권을 보장하는 헌법 제10조에 의하여 보호받는다(2015헌마964).

3) 육아휴직신청권 (불포함)

육아휴직신청권은 헌법 제36조 제1항 등으로부터 개인에게 직접 주어지는 헌법적 차원의 권리라고 볼 수는 없고, 입법자가 입법의 목적, 수혜자의 상황, 국가예산, 전체적인 사회보장수준, 국민정서 등 여러 요소를 고려하여 제정하는 입법에 적용요건, 적용대상, 기간 등 구체적인 사항이 규정될 때 비로소 형성되는 법률상의 권리이다(2005헌마1156).

4) 학부모의 학교선택권

부모의 자녀교육권은 학교영역에서는 부모가 자녀의 개성과 능력을 고려하여 자녀의 학교교육에 관한 전반적 계획을 세운다는 것에 기초하고 있으며, 자녀 개성의 자유로운 발현을 위하여 그에 상응한 교육과정을 선택할 권리, 즉 자녀의 교육진로에 관한 결정권 내지는 자녀가 다닐 학교를 선택하는 권리로 구체화된다(2005헌마514).

마. 태어난 즉시 '출생등록될 권리'

헌법 제10조의 인간의 존엄과 가치 및 행복추구권으로부터 도출되는 일반적 인격권을 실현하기 위한 기본적인 전제로서 헌법 제10조뿐만 아니라, 헌법 제34조 제1항의 인간다운 생활을 할 권리, 헌법 제36조 제1항의 가족생활의 보장, 헌법 제34조 제4항의 국가의 청소년 복지향상을 위한 정책실시의무 등에도 근거가 있다. 이와 같은 태어난 즉시 '출생등록될 권리'는 앞서 언급한 기본권 등의 어느 하나에 완전히 포섭되지 않으며, 이들을 이념적 기초로 하는 헌법에 명시되지 아니한 독자적 기본권으로서, 자유로운 인격실현을 보장하는 자유권적 성격과 아동의 건강한 성장과 발달을 보장하는 사회적 기본권의 성격을 함께 지닌다(2021헌마975).

75 모성의 보호

헌법 제36조 제2항에 규정된 모성의 보호란 모성의 건강과 자녀를 출산하고 양육할 수 있도록 하는 국가적 차원의 사회적·경제적 보호를 의미한다. '모성'이란 임산부와 가임기 여성을 말하고(모자보건법 제2조 제2호), '보호'에는 모성의 건강에 대한 보호뿐만 아니라 모성의 사회적·경제적 여건의 보호까지 포함된다.

76 보건권

헌법 제36조 제3항이 규정하고 있는 국민의 보건에 관한 권리는 국민이 자신의 건강을 유지하는 데 필요한 국가적 급부와 배려를 요구할 수 있는 권리를 말한다.[21] 국가는 국민의 건강을 소극적으로 침해하여서는 아니될 의무를 부담하는 것뿐만 아니라(자유권적 성격) 적극적으로 국민의 보건을 위한 정책을 수립하고 시행하여야 할 의무를 부담한다는 것을 의미한다(사회권적 성격)(91헌바11).

> **관련판례** 검사만 치료감호를 청구할 수 있고 법원은 검사에게 치료감호청구를 요구할 수 있다고만 규정한 '치료감호 등에 관한 법률' 제4조 제1항 및 제7항 (2019헌가24)
> 1) 피고인 스스로 치료감호를 청구할 수 있는 권리나, 법원으로부터 직권으로 치료감호를 선고받을 수 있는 권리는 헌법상 재판청구권의 보호범위에 포함되지 않는다. 공익의 대표자로서 준사법기관적 성격을 가지고 있는 검사에게만 치료감호 청구권한을 부여한 것은, 본질적으로 자유박탈적이고 침익적 처분인 치료감호와 관련하여 재판의 적정성 및 합리성을 기하기 위한 것이므로 적법절차원칙에 반하지 않는다.
> 2) 마약류 중독자들에 대한 국가적 급부와 배려는 다른 법률조항들에 의하여 충분히 이루어지고 있으므로, 이 사건 법률조항에서 청구인의 치료감호 청구권을 인정하지 않는다 하더라도 청구인의 보건에 관한 권리를 침해한다고 볼 수 없다. 또한 국민의 보건에 관하여 국가가 보호할 의무를 위반한 것이라고 볼 수는 없다.

---

21) 제5차 개헌(1962년, 제3공화국 헌법)에서 신설되었다.

제8장 국민의 기본적 의무

77 국민의 기본적 의무

1. 의 의

국민의 기본적 의무란 국가의 구성원인 국민이 부담해야할 헌법상 의무를 말한다. 우리나라 헌법에는 납세의 의무(제38조), 국방의 의무(제39조), 교육을 받게 할 의무(제31조 제2항), 근로의 의무(제32조 제2항), 환경보전의 의무(제35조 제1항), 재산권행사의 공공복리적합의무(제23조 제2항)이 명문으로 규정되어 있다. 그 중 납세의 의무와 국방의 의무는 고전적 의무의 유형으로 분류되고, 그 외의 의무들은 사회복지국가원리에 따른 새로운 의무로 분류된다.

2. 국방의 의무

가. 내 용

헌법 제39조 제1항은 "모든 국민은 법률이 정하는 바에 의하여 국방의 의무를 진다."고 규정하고 있다. 국방의 의무란 외부의 적대세력의 직접적 간접적인 침략행위로부터 국가의 독립을 유지하고 영토를 보전하기 위한 의무를 말한다.

여기서 말하는 국방의 의무는 외부 적대세력의 직·간접적인 침략행위로부터 국가의 독립을 유지하고 영토를 보전하기 위한 의무로서, 현대전이 고도의 과학기술과 정보를 요구하고 국민전체의 협력을 필요로 하는 이른바 총력전인 점에 비추어 ① 단지 병역법에 의하여 군복무에 임하는 등의 직접적인 병력형성의무만을 가리키는 것이 아니라, ② 병역법, 향토예비군설치법, 민방위기본법, 비상대비자원관리법 등에 의한 간접적인 병력형성의무 및 ③ 병력형성이후 군작전명령에 복종하고 협력하여야 할 의무도 포함한다(97헌바3).

나. 병역의무 이행으로 인한 불이익 처우 금지

누구든지 병역의무의 이행으로 인하여 불이익한 처우를 받지 아니한다(헌법 제39조 제2항). 헌법 제39조 제2항은 병역의무를 이행한 사람에게 보상조치를 취하거나 특혜를 부여할 의무를 국가에게 지우는 것이 아니라, 법문 그대로 병역의무의 이행을 이유로 불이익한 처우를 하는 것을 금지하고 있을 뿐이다. 그리고 이 조항에서 금지하는 "불이익한 처우"라 함은 단순한 사실상, 경제상의 불이익을 모두 포함하는 것이 아니라 법적인 불이익을 의미한다(98헌마363).

제3편 헌법총론

78. 관습헌법

1. 의의 및 인정근거

우리나라는 성문헌법을 가진 나라로서 기본적으로 우리 헌법전(憲法典)이 헌법의 법원(法源)이 된다. 그러나 성문헌법이라고 하여도 그 속에 모든 헌법사항을 빠짐없이 완전히 규율하는 것은 불가능하고 또한 헌법은 국가의 기본법으로서 간결성과 함축성을 추구하기 때문에 형식적 헌법전에는 기재되지 아니한 사항이라도 이를 불문헌법(不文憲法) 내지 관습헌법으로 인정할 소지가 있다(2004헌마554). 국민이 대한민국의 주권자이며, 국민은 최고의 헌법제정권력이기 때문에 성문헌법의 제·개정에 참여할 뿐만 아니라 헌법전에 포함되지 아니한 헌법사항을 필요에 따라 관습의 형태로 직접 형성할 수 있는 것이다. 이와 같이 관습에 의한 헌법적 규범의 생성은 국민주권이 행사되는 한 측면이다.

2. 관습헌법의 성립요건

관습헌법이 성립하기 위하여서는 관습법의 성립에서 요구되는 일반적 성립 요건이 충족되어야 한다. 첫째, 기본적 헌법사항에 관하여 어떠한 관행 내지 관례가 존재하고, 둘째, 그 관행은 국민이 그 존재를 인식하고 사라지지 않을 관행이라고 인정할 만큼 충분한 기간 동안 반복 내지 계속되어야 하며(반복·계속성), 셋째, 관행은 지속성을 가져야 하는 것으로서 그 중간에 반대되는 관행이 이루어져서는 아니 되고(항상성), 넷째, 관행은 여러 가지 해석이 가능할 정도로 모호한 것이 아닌 명확한 내용을 가진 것이어야 하며(명료성). 또한 다섯째, 이러한 관행이 헌법관습으로서 국민들의 승인 내지 확신 또는 폭넓은 컨센서스를 얻어 국민이 강제력을 가진다고 믿고 있어야 한다(국민적 합의).

3. 관습헌법의 내용

관습헌법이 성립하기 위하여서는 관습이 성립하는 사항이 단지 법률로 정할 사항이 아니라 반드시 헌법에 의하여 규율되어 법률에 대하여 효력상 우위를 가져야 할 만큼 헌법적으로 중요한 기본적 사항이 되어야 한다.

4. 관습헌법의 효력

관습헌법도 성문헌법과 마찬가지로 주권자인 국민의 헌법적 결단의 의사의 표현이고, 입법권자를 구속하며 성문헌법과 동등한 효력을 가진다.

5. 관습헌법의 폐지와 사멸

관습헌법도 헌법의 일부로서 성문헌법의 경우와 동일한 효력을 가지기 때문에 그 법규범은 최소한 헌법 제130조에 의거한 헌법개정의 방법에 의하여만 개정될 수 있다. 다만 이 경우 관습헌법규범은 헌법전에 그에 상반하는 법규범을 첨가함에 의하여 폐지하게 되는 점에서, 헌법전으로부터 관계되는 헌법조항을 삭제함으로써 폐지되는 성문헌법규범과는 폐지방법이 구분된다.

한편 이러한 형식적인 헌법개정 외에도, 관습헌법은 그것을 지탱하고 있는 국민적 합의성을 상실함에 의하여 법적 효력을 상실할 수도 있다. 관습헌법은 주권자인 국민에 의하여 유효한 헌법규범으로 인정되는 동안에만 존속하는 것이며, 관습법의 존속요건의 하나인 국민적 합의성이 소멸되면 관습헌법으로서의 법적 효력도 상실하게 된다. 관습헌법의 요건들은 그 성립의 요건일 뿐만 아니라 효력 유지의 요건인 것이다.

6. 법률에 의하여 개정이 가능한지 여부

우리나라와 같은 성문의 경성헌법 체제에서 인정되는 관습헌법사항은 하위규범형식인 법률에 의하여 개정될 수 없다. 우리 헌법 제10장 제128조 내지 제130조는 일반법률의 개정절차와는 다른 엄격한 헌법개정절차를 정하고 있으며, 동 헌법개정절차의 대상을 단지 '헌법'이라고만 하고 있다. 따라서 관습헌법도 헌법에 해당하는 이상 여기서 말하는 헌법개정의 대상인 헌법에 포함된다고 보아야 한다.

> **관련판례** 신행정수도의 건설을 위한 특별조치법은 헌법 제130조에 따라 헌법개정절차에 있어 국민이 가지는 국민투표권을 침해하여 헌법에 위반된다. (2004헌마554)
> 헌법 제130조에 의하면 헌법의 개정은 반드시 국민투표를 거쳐야만 하므로 국민은 헌법개정에 관하여 찬반투표를 통하여 그 의견을 표명할 권리를 가진다. 그런데 이 사건 법률은 헌법개정사항인 수도의 이전을 헌법개정의 절차를 밟지 아니하고 단지 단순법률의 형태로 실현시킨 것으로서 결국 헌법 제130조에 따라 헌법개정에 있어서 국민이 가지는 참정권적 기본권인 국민투표권의 행사를 배제한 것이므로 동 권리를 침해하여 헌법에 위반된다.

79 헌법개정

1. 의의 및 필요성

헌법 개정이란 ① 헌법에 규정된 절차에 따라 ② 그 기본적 동일성을 유지하면서 ③ 헌법의 특정조항을 의식적으로 수정, 삭제, 추가함으로써 헌법의 형식이나 내용에 변경을 가하는 행위를 말한다.

2. 헌법개정의 한계 인정여부

헌법개정을 통해 모든 헌법규정을 개정할 수 있는지 아니면 헌법개정절차에 의해서도 개정할 수 없는 한계가 존재하는지 여부에 관하여 견해가 대립한다.
① 한계부정설은 헌법제정권력과 헌법개정권력이 동일하다고 보는 관점에서 헌법개정의 한계를 부정하는 견해이다. 이는 과거세대 내지 현재세대가 가지는 가치로 미래 세대를 구속할 수 없고, 주권자인 국민의 국민투표를 통해서도 개정이 불가능한 헌법규정이 존재한다는 것은 부당하다고 본다. ② 한계긍정설은 헌법제정권력과 헌법개정권력이 동일하지 않다고 보는 관점에서 헌법개정의 한계를 긍정하는 견해이다. 이는 실정법을 초월한 헌법적 가치가 실정헌법보다 더 상위에 존재하고, 기존 헌법과의 동일성이 상실되는 헌법개정은 개정이 아니라 헌법의 파괴에 해당한다고 본다.
생각건대 국민주권원리, 민주주의원리와 같이 국민의 가치적 공감대가 확고히 형성된 헌법의 근본가치에 대해서는 개정이 불가능하다고 보아야 하므로, 헌법개정의 한계를 긍정함이 타당하다.

3. 한계의 내용

가. 절차적 한계

1) 헌법의 개정은 헌법개정절차에 따라야 하며(헌법 제128조 ~ 제130조), 개정권력의 주체와 같은 본질적인 부분은 간접적인 방법으로도 개정할 수 없는 한계를 지닌다. 그 외의 비본질적인 부분은 개정이 가능하다.
2) 한편 헌법 제72조 국민투표에 의한 방법으로 헌법개정이 가능한지 문제되는데 이는 허용되지 않는다고 보아야 한다. 헌법 제130조의 국민투표의 절차가 존재함에도 헌법개정안에 대한 국민투표를 헌법 제72조의 절차에 의한다면 이는 ① 국회의 의결절차를 무시하는 것일 뿐만 아니라 ② 헌법 제130조에 규정된 국민투표절차에 정면으로 반하며, ③ 경성헌법의 원리에도 반한다. 따라서 헌법개정안은 제72조 국민투표의 방법으로는 개정할 수 없다.

나. 실체적 한계

① 헌법자체가 특정 사항에 대한 개정 금지를 명문으로 규정하고 있는 경우(실정법적 한계), ② 제정권력의 근본적 결단 또는 기존 헌법과의 동일성이 상실되는 경우 및 국민의 가치적 공감대에 위배되는 헌법개정의 경우(헌법내재적 한계) 등은 허용되지 않는다. (다만 우리 헌법상 실정법적 한계는 존재하지 않는다.)

4. 헌법 제128조 제2항이 헌법개정의 한계를 규정한 것인지 여부

헌법 제128조 제2항은 대통령의 임기연장 또는 중임변경을 위한 헌법개정은 그 헌법개정 제안 당시의 대통령에 대하여는 효력이 없다고 규정하고 있는데, 해당 조항이 헌법개정의 한계를 규정한 것인지에 관하여 견해가 대립한다.

학설은 ① 헌법 제128조 제2항은 헌법개정의 한계를 규정한 것이 아니라 개정된 헌법의 인적 효력범위를 제한하는 것에 불과하다는 인적효력범위제한설, ② 위 규정은 우리의 역사적·정치적 특수한 상황을 반영한 결과이므로 만약 특수한 상황이 제거된다면 다시 개정을 할 수 있다고 보는 상대적 개정한계조항설, ③ 개정이 가능하다고 보는 의미부정설, ④ 개정이 불가능하다고 보는 소급적용제한설, 개정한계조항설 등이 대립한다.

생각건대 헌법 제128조 제2항은 불행한 독재의 역사를 되풀이 하지 않기 위해 헌법제정권력의 결단이 반영된 것인 바, 그 취지상 인적효력범위를 제한하는 의미를 갖는다고 보는 것이 타당하다.

80 헌법변천

헌법조항이 조문이 변경되지 않고 그대로 있으면서 그 의미나 내용이 실질적으로 변경되는 것을 말한다. 이는 헌법 현실과 헌법 규범 사이에 상당한 괴리가 발생하였음에도 현실적으로 헌법 개정이 곤란한 경우에 발생하는 것이다. 궁극적으로는 헌법의 규범력을 높인다.

헌법 변천이 인정되기 위해서는 ① 헌법의 문언상 의미한계를 벗어나는 헌법적 관례의 반복이 상당기간 이루어져야 하고(물적 요건), ② 관례에 대한 국민의 승인과 확신이 있어야 한다(심리적 요건).

만약 헌법변천의 한계가 존재하지 않는다고 본다면 사실상 관철된 헌법현실이나 위헌적인 헌법 현실마저도 정당화하는 결과가 발생할 수 있다. 따라서 헌법변천의 동기와 내용은 헌법의 기본 이념·가치·역사적 발전법칙과 같은 방향이어야 한다. 즉 헌법핵심적인 부분에 대한 헌법 변천은 인정될 수 없다(헌법변천의 한계).

81 저항권

1. 의 의

저항권은 국가권력에 의하여 헌법의 기본원리에 대한 중대한 침해가 행하여지고 그 침해가 헌법의 존재 자체를 부인하는 것으로서 다른 합법적인 구제수단으로는 목적을 달성할 수 없을 때에 국민이 자기의 권리·자유를 지키기 위하여 실력으로 저항하는 권리이다(97헌가4).

2. 인정여부

가. 견해의 대립

우리 헌법은 저항권을 명시적으로 규정하고 있지는 않는 바, 현행 헌법상 저항권이 인정되는지에 관하여 ① 저항권은 기본적으로 인간의 자기수호 본성이 발현된 것으로서 자연권에 해당하므로 헌법에 규정이 없더라도 인정된다는 긍정설, ② 저항권은 실정권이므로 명문의 규정이 없는 한 인정되지 않는다는 부정설이 대립한다.

나. 대법원 및 헌법재판소의 입장

대법원은 "저항권이 실정법에 근거를 두지 못하고 오직 자연법에만 근거하고 있는 한 법관은 이를 재판규범으로 원용할 수 없다(80도306)."고 하여 부정하는 입장이나, 헌법재판소는 "저항권은 공권력의 행사자가 민주적 기본질서를 침해하거나 파괴하려는 경우 이를 회복하기 위하여 국민이 공권력에 대하여 폭력·비폭력, 적극적·소극적으로 저항할 수 있다는 국민의 권리이자 헌법수호제도를 의미한다."고 하여 저항권을 인정하는 입장이다(2013헌다1).

다. 검 토

실정법의 규정 유무에 따라 저항권의 존재가 결정되는 것은 헌법수호제도로서의 저항권의 본질에 반하므로 부당하다. 따라서 현행 헌법상 명문의 규정이 없더라도 저항권이 인정된다고 봄이 타당하다.

3. 행사요건

① 저항권 행사의 주체는 국민이고(주체요건), ② 기본권보장체계를 위협·침해하거나 헌법의 기본질서를 파괴하는 공권력을 대상으로 하여야 한다(객체요건). ③ 저항권은 소극적으로 헌법질서를 수호·유지하기 행사하여야 하고 체제개혁 등 적극적인 목적으로는 저항권을 행사할 수는 없다(목적요건).
④ 저항권 행사의 상황은 Ⓐ 민주적·법치국가적 기본질서 또는 기본권보장체계가 전면적으로

부인되는 '중대성', Ⓑ 공권력 행사의 불법성이 객관적으로 명백해야 하는 '명백성', Ⓒ 저항권 행사가 최후의 수단이 되어야 한다는 '보충성' 요건이 필요하다(상황요건). Ⓓ 성공가능성이 저항권 행사요건에 해당하는지 견해가 대립하나, 부정하는 견해가 유력하다.

> **관련판례** ❶ 저항권은 국가권력에 의하여 헌법의 기본원리에 대한 중대한 침해가 행하여지고 그 침해가 헌법의 존재 자체를 부인하는 것으로서 다른 합법적인 구제수단으로는 목적을 달성할 수 없을 때에 국민이 자기의 권리·자유를 지키기 위하여 실력으로 저항하는 권리이기 때문이다(96헌라2).
> ❷ 국회법 소정의 협의 없는 개의시간의 변경과 회의일시를 통지하지 아니한 입법과정의 하자는 저항권 행사의 대상이 되지 아니한다. (97헌가4)

4. 저항권 행사 효과

정당한 요건을 갖춘 저항권의 행사는 형법상 정당행위에 해당하여 위법성이 조각되므로 위법하지 않은 행위가 된다. 그러나 대법원은 "실존하는 헌법적 질서를 전제로 한 실정법의 범주내에서 국가의 법적 질서의 유지를 그 사명으로 하는 사법기능을 담당하는 재판권행사에 대하여는 실존하는 헌법적 질서를 무시하고 초법규적인 권리개념으로써 현행실정법에 위배된 행위의 정당화를 주장하는 것은 그 자체만으로서도 이를 받아들일 수 없는 것이다(74도3323)."고 하여 정당행위에 해당하지 않는다고 본다.

5. 시민불복종과의 구별

시민불복종이란 전체 법질서의 정당성을 긍정하면서도 양심상 부정의하다고 판단되는 개별 법령이나 정책을 의도적·비폭력적으로 거부하는 행위를 말한다.

저항권과 시민불복종은 그 주체가 국민이고 기존 헌법질서를 유지하기 위함이라는 점에서는 동일하지만, ① 저항권은 그 목적에 있어서 국민의 권리와 자유를 수호하기 위함인데 비해 시민불복종은 개별 법령이나 정책을 거부하는 행위라는 점(행사목적), ② 저항권은 실력행사를 위한 폭력적 방법도 허용되는데 반해 시민불복종은 비폭력적 방법으로 행사되어야 한다는 점(행사방법), ③ 저항권은 보충성 요건을 필요로 하지만 시민불복종은 보충성을 필요로 하지 않는 점, ④ 저항권의 행사는 위법성조각사유에 해당하지만 시민불복종은 실정법 위반 행위의 처벌 가능성이 있지만 법적으로 관용이 요청 된다는 점 등에서 차이가 있다.

82 방어적 민주주의

1. 의 의

방어적 민주주의란 자유의 이름으로 자유의 체계 그 자체를 말살하거나 민주주의의 이름으로 민주주의 그 자체를 파괴하는 민주주의의 적에 대해서 민주주의가 그 자신을 방어하고 투쟁하기 위한 자기 방어적 또는 자기 수호적 민주주의를 의미한다.

2. 우리나라의 방어적 민주주의

가. 헌법 전문

헌법 전문에서의 "자유민주적 기본질서를 더욱 확고히 하여"라는 문언과 헌법 제4조의 "자유민주적 기본질서에 입각한 평화적 통일정책"이라는 문언에서 규정된 '자유민주적 기본질서'는 방어적 민주주의의 성격을 갖는다고 봄이 일반적이다.

나. 위헌정당해산제도

정당의 해산에 관한 헌법 제8조 제4항은 민주주의를 파괴하려는 세력으로부터 민주주의를 보호하려는 소위 '방어적 민주주의'의 한 요소이다(99헌마135).

다. 기본권실효제도

기본권실효제도란 특정 기본권이 민주주의에 대한 투쟁수단으로 남용되어 민주주의를 파괴하기 위한 목적으로 악용되는 경우 헌법재판소의 선고에 의하여 일정한 기본권을 특정인·특정단체에 한하여 상실시키는 제도를 말한다. 이는 독일에서의 방어적 민주주의 장치인데, 명문의 규정이 존재하지 않는 우리나라에서는 인정하기 어렵다.

3. 방어적 민주주의의 한계

방어적 민주주의도 ① 민주주의를 파괴하거나 자기부정을 하는 등 민주주의의 본질을 침해해서는 안 되고, ② 헌법의 기본원리인 법치국가원리, 사회국가원리, 평화국가원리 등을 침해해서는 안 되며, ③ 소극적·방어적으로 행사되어야 하며, ④ 행사되는 경우에도 과잉금지원칙에 따라 필요최소한으로 행사되어야 한다.

83 합헌적 법률해석

`13.08.모의` `14.10.모의`

1. 의 의

법률의 합헌적 해석은 헌법의 최고규범성에서 나오는 법질서의 통일성에 바탕을 두고, 법률이 헌법에 조화하여 해석될 수 있는 경우에는 위헌으로 판단하여서는 아니된다는 것을 뜻하는 것으로서 권력분립과 입법권을 존중하는 정신에 그 뿌리를 두고 있다.

어떤 법률의 개념이 다의적이고 그 어의의 테두리안에서 여러 가지 해석이 가능할 때 헌법을 그 최고 법규로 하는 통일적인 법질서의 형성을 위하여 헌법에 합치되는 해석 즉 합헌적인 해석을 택하여야 하며, 이에 의하여 위헌적인 결과가 될 해석을 배제하면서 합헌적이고 긍정적인 면은 살려야 한다는 것이 헌법의 일반 법리이다(89헌가113).

2. 합헌적 법률해석의 한계

합헌적 법률해석은 ① 법률의 조항의 문구가 간직하고 있는 말의 뜻을 넘어서 말의 뜻이 완전히 다른 의미로 변질되지 아니하는 범위 내이어야 한다는 문의적 한계, ② 입법권자가 그 법률의 제정으로써 추구하고자 하는 입법자의 명백한 의지와 입법의 목적을 헛되게 하는 내용으로 해석할 수 없다는 법목적에 따른 한계(88헌가5), ③ 합헌적 법률해석이 합법적 헌법해석으로 전도되어서는 안된다는 헌법수용적 한계가 있다.

한편 합헌적 법률해석은 위헌성이 내포된 법률조항의 효력을 유지시킴으로서 인권보장상 폐해를 가져오는 경우도 있다. 그러므로 정신적 자유는 헌법적으로 우월한 자유이므로 합헌성 추정 즉 합헌적 법률해석을 자제해야 하지만, 경제적 자유는 상대적으로 넓은 합헌성 추정이 허용되므로 합헌적 법률해석이 가능하나.

> **관련판례** 헌법 제7조에 규정된 공무원의 신분보장 및 헌법 제15조에서 보장하는 직업선택의 자유의 의미와 효력에 비추어 볼 때 지방자치단체의 장은 다른 지방자치단체의 장의 동의를 얻어 그 소속 공무원을 전입할 수 있다는 지방공무원법 규정은 해당 지방공무원의 동의가 있을 것을 당연한 전제로 하여 그 공무원이 소속된 지방자치단체의 장의 동의를 얻어서만 그 공무원을 전입할 수 있음을 규정하고 있는 것으로 해석하는 것이 타당하고, 이렇게 본다면 인사교류를 통한 행정의 능률성이라는 입법목적도 적절히 달성할 수 있을 뿐만 아니라 지방공무원의 신분보장이라는 헌법적 요청도 충족할 수 있게 된다. (98헌바101)

84 대한민국의 영역

1. 영토조항(헌법 제3조)과 평화통일조항(헌법 제4조)의 관계

가. 문제점

헌법 제3조 영토조항은 "대한민국의 영토는 한반도와 그 부속도서로 한다."고 규정하여 38선 이북영역은 미수복지역이고 이를 반국가단체인 북한이 불법점거를 하고 있는 것으로 보고 있는 반면, 헌법 제4조 평화통일조항은 "대한민국은 통일을 지향하며…"라고 규정하여 북한을 민족통일의 동반자로 보고 있어 헌법규범 상호간에 충돌이 발생하는 것처럼 보이므로 이를 어떻게 해결할 것인지 문제된다.

나. 견해의 대립

① 이에 대해 영토조항의 규범력을 인정하여 북한을 미수복지역으로 보는 견해, ② 영토조항과 평화통일조항을 일반법과 특별법의 관계로 보거나 평화통일 조항을 우선시 하는 견해, ③ 영토조항을 미래지향적·미완성적 성격을 지닌 조항으로 보는 견해, ④ 남북관계의 특수성을 고려하여 두 조항 모두의 효력을 인정하는 견해 등이 대립한다.

다. 대법원 및 헌법재판소의 입장

대법원(2004도3212)과 헌법재판소(92헌바48)는 "북한은 조국의 평화적 통일을 위한 대화와 협력의 동반자임과 동시에 대남적화노선을 고수하면서 우리자유민주체제의 전복을 획책하고 있는 반국가단체라는 성격도 함께 갖고 있음이 엄연한 현실인 점"이라고 판시하여 남북한 특수관계론의 입장이다.

라. 검 토

생각건대 남북관계의 특수성을 감안하였을 때, 남북한은 대외적으로는 국제법 주체의 관계에 있을지 몰라도 대내적으로는 통일을 지향하는 과정에서 잠정적으로 형성되는 특수관계에 해당하므로 헌법 제3조와 제4조 모두의 규범적 효력을 인정하는 남북한 특수관계론의 입장이 타당하다.

2. 남북기본합의서가 조약인지 여부

가. 문제점

남북기본합의서의 성격이 국가간의 조약에 해당하는지 아니면 일종의 공동성명 또는 신사협정에 불과한지에 관하여 견해가 대립한다.

나. 대법원의 입장

"남북 사이의 화해와 불가침 및 교류협력에 관한 합의서는 남북관계가 '나라와 나라 사이의 관계가 아닌 통일을 지향하는 과정에서 잠정적으로 형성되는 특수관계'임을 전제로, 조국의 평화적 통일을 이룩해야 할 공동의 정치적 책무를 지는 남북한 당국이 특수관계인 남북관계에 관하여 채택한 합의문서로서, 남북한 당국이 각기 정치적인 책임을 지고 상호간에 그 성의 있는 이행을 약속한 것이기는 하나 법적 구속력이 있는 것은 아니어서 이를 국가 간의 조약 또는 이에 준하는 것으로 볼 수 없고, 따라서 국내법과 동일한 효력이 인정되는 것도 아니다."고 판시하였다(98두14525).

다. 헌법재판소의 입장

"남북합의서는 남북관계를 "나라와 나라 사이의 관계가 아닌 통일을 지향하는 과정에서 잠정적으로 형성되는 특수관계"(전문 참조)임을 전제로 하여 이루어진 합의문서인바, 이는 한민족공동체 내부의 특수관계를 바탕으로 한 당국간의 합의로서 남북당국의 성의있는 이행을 상호 약속하는 일종의 공동성명 또는 신사협정에 준하는 성격을 가짐에 불과하다."고 판시하였다(92헌바6).

라. 검 토

조약은 '국가 간에' 체결한 합의인데, 대법원과 헌법재판소는 남북 사이의 관계를 '나라와 나라 사이의 관계가 아닌 특수관계'로 바라보고 있고, 남북관계발전에관한법률 제3조 제1항에서도 '남한과 북한의 관계는 국가간의 관계가 아닌 통일을 지향하는 과정에서 잠정적으로 형성되는 특수관계'라고 규정하고 있다. 생각건대 우리 헌법 제3조의 영토조항과 제4조 평화통일조항, 그리고 대법원 및 헌법재판소와 이 사건 법률을 토대로 볼 때 남북한은 대외적으로는 국제법 주체의 관계에 있을지 몰라도 대내적으로는 특수관계에 해당하므로 조약 체결의 당사자라고 볼 수 없다.

3. 북한주민의 법적 지위 (영토조항의 규범력 인정 여부)

북한은 평화적 통일을 위한 대화와 협력의 동반자임과 동시에 반국가단체라는 성격도 함께 갖고 있는 이중적 성격을 지니는 바, 북한 주민의 법적 지위를 어떻게 이해해야하는지 문제된다. 만약 헌법 제3조 영토조항의 현실적 규범력을 인정한다면 북한도 대한민국의 영토에 해당하므로 북한주민도 대한민국 국민에 해당한다고 볼 수 있으나, 영토조항의 현실적 규범력을 부인한다면 대한민국 국민이 아니라고 보아야 할 것이다.

대법원과 헌법재판소는 "북한지역도 대한민국의 영토에 속하는 한반도의 일부를 이루는 것이어서 대한민국의 주권이 미치고 북한주민도 대한민국 국적을 취득·유지하는 데 아무런 영향이 없는 것"(97헌가12)이라고 판시하여 영토조항의 현실적 규범력을 인정하며 북한주민을 대한민국국민으로 인정하고 있다.

> **관련판례** ❶ 영토권은 헌법소원의 대상인 기본권에 해당한다. (99헌마139)
> 헌법 제3조의 영토조항은 우리나라의 공간적인 존립기반을 선언하는 것인바, 영토변경은 우리나라의 공간적인 존립기반에 변동을 가져오고, 또한 국가의 법질서에도 변화를 가져옴으로써, 필연적으로 국민의 주관적 기본권에도 영향을 미치지 않을 수 없는 것이다. 이러한 관점에서 살펴본다면, 국민의 개별적 기본권이 아니라 할지라도 기본권보장의 실질화를 위하여서는, 영토조항만을 근거로 하여 독자적으로는 헌법소원을 청구할 수 없다할지라도, 모든 국가권능의 정당성의 근원인 국민의 기본권 침해에 대한 권리구제를 위하여 그 전제조건으로서 영토에 관한 권리를, 이를테면 영토권이라 구성하여, 이를 헌법소원의 대상인 기본권의 하나로 간주하는 것은 가능한 것으로 판단된다.
> ❷ 우리 헌법이 영토조항(제3조)을 두고 있는 이상 대한민국의 헌법은 북한지역을 포함한 한반도 전체에 그 효력이 미치고 따라서 북한지역은 당연히 대한민국의 영토가 되므로, 북한을 법 소정의 "외국"으로, 북한의 주민 또는 법인 등을 "비거주자"로 바로 인정하기는 어렵지만, 개별 법률의 적용 내지 준용에 있어서는 남북한의 특수관계적 성격을 고려하여 북한지역을 외국에 준하는 지역으로, 북한주민 등을 외국인에 준하는 지위에 있는 자로 규정할 수 있다(2003헌바114).

85 헌법 전문(前文)

1. 헌법 전문의 규범적 효력

헌법 전문의 규범적 효력이 인정되는지 여부에 관하여 ① 전문은 단지 국가기관을 정치적으로 구속하는 선언적인 의미만을 가진다는 규범적 효력 부정설과 ② 헌법전문도 헌법규범의 일부로서 국가기관을 구속하는 규범적 효력을 가진다는 규범적 효력 긍정설이 대립한다. 우리 헌법재판소는 "헌법 전문은 헌법의 이념 내지 가치를 제시하고 있는 헌법규범의 일부로서 헌법으로서의 규범적 효력을 나타내기 때문에 구체적으로는 헌법소송에서의 재판규범인 동시에 헌법이나 법률해석에서의 해석기준이 되고, 입법형성권 행사의 한계와 정책결정의 방향을 제시하며, 나아가 모든 국가기관과 국민이 존중하고 지켜가야 하는 최고의 가치규범이다. 우리 헌법 전문은 "유구한 역사와 전통에 빛나는 우리 대한민국은 3·1운동으로 건립된 대한민국임시정부의 법통을 계승하고"라고 하여, 대한민국헌법이 성립된 유래와 대한민국이 대한민국임시정부의 법통을 계승하고 있음을 밝히고 있다.(2003헌마806)"라고 판시하여 규범적 효력을 인정하고 있다.

2. 국가에게 독립유공자와 그 유족에 대한 예우를 해 줄 헌법상 의무가 있는지 여부(적극)

헌법은 국가유공자 인정에 관하여 명문 규정을 두고 있지 않으나 전문(前文)에서 "3.1운동으로 건립된 대한민국임시정부의 법통을 계승"한다고 선언하고 있다. 이는 대한민국이 일제에 항거한 독립운동가의 공헌과 희생을 바탕으로 이룩된 것임을 선언한 것이고, 그렇다면 국가는 일제로부터 조국의 자주독립을 위하여 공헌한 독립유공자와 그 유족에 대하여는 응분의 예우를 하여야 할 헌법적 의무를 지닌다(2004헌마859).

> **관련판례** "헌법전문에 기재된 3.1정신"이 헌법소원의 대상인 "헌법상 보장된 기본권"에 해당하는지 여부(소극) (99헌마139)
> "헌법전문에 기재된 3.1정신"은 우리나라 헌법의 연혁적·이념적 기초로서 헌법이나 법률해석에서의 해석기준으로 작용한다고 할 수 있지만, 그에 기하여 곧바로 국민의 개별적 기본권성을 도출해낼 수는 없다고 할 것이므로, 헌법소원의 대상인 "헌법상 보장된 기본권"에 해당하지 아니한다.

86 헌법의 기본원리

헌법의 기본원리는 헌법의 이념적 기초인 동시에 헌법을 지배하는 지도원리로서 입법이나 정책결정의 방향을 제시하며 공무원을 비롯한 모든 국민·국가기관이 헌법을 존중하고 수호하도록 하는 지침이 되며, 구체적 기본권을 도출하는 근거로 될 수는 없으나 기본권의 해석 및 기본권 제한입법의 합헌성 심사에 있어 해석기준의 하나로서 작용한다(92헌바47).

그리고 헌법소원심판 과정에서 공권력의 행사 또는 불행사가 위헌인지 여부를 판단함에 있어서 국민주권주의, 법치주의, 적법절차의 원리 등 헌법의 기본원리 위배 여부를 그 기준으로 적용할 수는 있으나, 공권력의 행사 또는 불행사로 헌법의 기본원리가 훼손되었다고 하여 그 점만으로 국민의 기본권이 직접 현실적으로 침해된 것이라고 할 수는 없고 또한 공권력행사가 헌법의 기본원리에 위반된다는 주장만으로 헌법상 보장된 기본권의 주체가 아닌 자가 헌법소원을 청구할 수는 없다(90헌마125).

87 국민주권의 원리

우리 헌법 제1조 제2항은 「대한민국의 주권은 국민에게 있고 모든 권력은 국민으로부터 나온다.」고 규정하여 국민주권의 원리를 천명하고 있다. 국민주권 원리란 국가의사를 최종적으로 결정하는 권력인 주권을 국민이 보유한다는 것과 모든 국가권력의 정당성이 국민으로부터 나온다는 원리를 말하는 바, 그 중요한 의미는 국민의 합의로 국가권력을 조직한다는 것이다. 국민주권원리는 전통적으로 정치적 공동체의 최종적인 의사결정권의 소재와 관련하여 논의되어 왔으나, 오늘날에는 공동체 의사결정의 정당화원리의 측면에서 그 중요성이 특히 강조되기도 하는데, 즉 국민주권의 원리는 일반적으로 어떤 실천적인 의미보다는 국가권력의 정당성이 국민에게 있고 모든 통치권력의 행사를 최후적으로 국민의 의사에 귀착시킬 수 있어야 한다는 등 국가권력 내지 통치권을 정당화하는 원리로 이해된다(99헌바113).

주권이 국민에게 있다고 보는 견해에서도 그 주권의 주체가 관념적이고 추상적인 전체 국민에 해당하는지(국민주권론, nation), 구체적이고 현실적인 유권적 시민의 총체인 인민에 해당하는지(인민주권론, peuple)에 따라 국민주권론과 인민주권론으로 구별된다. 현재 우리나라를 포함한 대부분 입헌국가에서의 국민주권의 원리는 위 두 가지를 혼합한 형태를 취하고 있다고 본다.

88 민주주의의 원리

민주주의 원리란 민의에 따른 통치의 원리를 의미한다. 민주주의는 피치자가 곧 치자가 되는 치자와 피치자의 자동성을 뜻하기 때문에 공무담임권을 통해 최대 다수의 최대 정치참여, 자치참여의 기회를 보장하여야 하는 것이며, 그 제한은 어디까지나 예외적이고 필요 부득이한 경우에 국한되어야 한다(90헌마28).

민주주의는 ① 국민이 선거나 투표, 정당의 활동 등을 통해 직·간접적으로 정치적 의사형성에 참여할 수 있도록 보장되어야 하고(국민의 정치적 의사형성), ② 가치상대주의에 입각하여 모든 사상과 정치이념에 대하여 서로를 관용하며 참여기회가 보장되어야 하며(다원주의), ③ 전원의 의사합치가 이루어지지 않는 경우에도 국가의사를 결정하기 위하여 과반수의 의사를 전체의 의사로 보는 다수결의 원리가 적용되어야 한다.

89 법치국가의 원리

우리 헌법은 국가권력의 남용으로부터 국민의 기본권을 보호하려는 법치국가의 실현을 기본이념으로 하고 있다.

그 법치국가의 개념에는 헌법이나 법률에 의하여 명시된 죄형법정주의와 소급효의 금지 및 이에 유래하는 유추해석금지의 원칙 등이 적용되는 일반적인 형식적 법치국가의 이념뿐만 아니라 법정형벌은 행위의 무거움과 행위자의 부책에 상응하는 정당한 비례성이 지켜져야 하며, 적법절차를 무시한 가혹한 형벌을 배제하여야 한다는 자의금지 및 과잉금지의 원칙이 도출되는 실질적 법치국가의 실현이라는 이념도 포함되는 것이다. 이는 국회의 입법재량 내지 입법정책적 고려에 있어서도 국민의 자유와 권리의 제한은 필요한 최소한에 그쳐야 하며, 기본권의 본질적인 내용을 침해하는 입법은 할 수 없는 것을 뜻한다(90헌바24).

90. 체계정당성의 원리

체계정당성의 원리라는 것은 동일 규범 내에서 또는 상이한 규범 간에 그 규범의 구조나 내용 또는 규범의 근거가 되는 원칙 면에서 상호 배치되거나 모순되어서는 안된다는 하나의 헌법적 요청이다. 즉 이는 규범 상호간의 구조와 내용 등이 모순됨이 없이 체계와 균형을 유지하도록 입법자를 기속하는 헌법적 원리라고 볼 수 있다.

이처럼 규범 상호간의 체계정당성을 요구하는 이유는 입법자의 자의를 금지하여 규범의 명확성, 예측가능성 및 규범에 대한 신뢰와 법적 안정성을 확보하기 위한 것이고 이는 국가공권력에 대한 통제와 이를 통한 국민의 자유와 권리의 보장을 이념으로 하는 법치주의원리로부터 도출되는 것이라고 할 수 있다.

그러나 일반적으로 일정한 공권력작용이 체계정당성에 위반한다고 해서 곧 위헌이 되는 것은 아니고, 그것이 위헌이 되기 위해서는 결과적으로 비례의 원칙이나 평등의 원칙 등 일정한 헌법의 규정이나 원칙을 위반하여야 한다. 또한 입법의 체계정당성 위반과 관련하여 그러한 위반을 허용할 공익적인 사유가 존재한다면 그 위반은 정당화될 수 있고 따라서 입법상의 자의금지원칙을 위반한 것이라고 볼 수 없다. 나아가 체계정당성의 위반을 정당화할 합리적인 사유의 존재에 대하여는 입법의 재량이 인정되어야 한다. 다양한 입법의 수단 가운데서 어느 것을 선택할 것인가 하는 것은 원래 입법의 재량에 속하기 때문이다. 그러므로 이러한 점에 관한 입법의 재량이 현저히 한계를 일탈한 것이 아닌 한 위헌의 문제는 생기지 않는다(2007헌바101).

91. 소급입법금지원칙과 신뢰보호원칙

변시 13회 | 13.08.모의 | 17.06.모의

★ 8회 변시 2문

개정 전의 요양급여규칙은 품목허가를 받은 모든 약제에 대하여 보험급여를 인정하였으나, 2017. 12. 20. 개정된 요양급여규칙에 따르면 최근 2년간 보험급여 청구실적이 없는 약제에 대하여 요양급여대상 여부에 대한 조정을 할 수 있다. 보건복지부장관은 기존에 요양급여대상으로 등재되어 있던 제약회사 甲의 A약품(1998. 2. 1. 등재)이 2016. 1. 1.부터 2017. 12. 31.까지의 2년간 보험급여 청구실적이 없는 약제에 해당한다는 이유로 삭제품목란에 A약품을 등재하였다. 요양급여대상에서 삭제되면 국민건강보험의 요양급여를 받을 수 없어 해당 약제를 구입할 경우 전액 자기부담으로 구입하여야 하고 해당 약제에 대해 요양급여를 청구하여도 요양급여청구가 거부되므로 해당 약제의 판매 저하가 우려된다. 甲은 "개정 전 요양급여규칙이 아니라 개정된 요양급여규칙에 따라 A약품을 요양급여대상에서 삭제한 것은 위법하다."라고 주장한다. 이러한 甲의 주장을 검토하시오. (30)

★ 2회 변시 2문

2012. 3. 31. 퇴직하여 최종보수월액의 70% 연금 받아오던 甲은 2012. 8. 16 시행된 개정 공무원연금법(2항 - 퇴직연금 액수를 70%에서 50%로 변경, 부칙 2조 - 2012년 1월 1일 이후 퇴직하는 모든 공무원에게 소급적용)으로 인해 2012. 8. 부터 50%를 받게되었다. 이에 공무원연금관리공단을 상대로 70% 연금지급신청했으나 거부당하여 취소소송과 함께 위헌법률심판제청신청했으나 기각결정 후 헌법소원을 제기하였다. 이 사건 퇴직연금 삭감조항 및 부칙 제2조의 위헌여부를 논하시오. (50)

★ 14회 변시 1문

인형뽑기방은 게임산업법상 게임물로 규정되면서 동시에 관관진흥법상 '안전성 검사 대상이 아닌 유기시설'의 하나로도 규정되어 있어 혼선이 계속되어 왔다. 영업자들은 대부분 게임산업법의 엄격한 규제를 회피하기 위해 관광진흥법상 기타유원시설업으로 영업을 해 왔고 이에 따른 다양한 문제들이 발생하자 문체부는 2024.9.26. 시행규칙을 개정하였고, 기존 업자에 대하여 2024.12.31. 까지 이를 게임산업법 26조에 따른 허가를 받거나 해당 기구를 폐쇄하도록 규정하였다. 甲은 A시에서 2018.1.1. 부터 놀이형 인형뽑기방을 운영하다 2024.10.1. 개정시행규칙의 시행을 알게 되었는데, 이로 인해 엄격한 규율을 받게 되고 경과조치 기간도 짧아서 기본권이 침해되었다고 생각한다. 乙은 B시에서 2024. 12. 16. 관할 행정청에 게임제공업 허가신청을 했는데, B시는 2024.12.24. B시 인형뽑기 기구 설치금지조례를 제정·공포하였고, 2025.1. 시행을 앞두고 있다. 위 심판대상이 헌법 13조 2항에 위반되는지 여부 (15)

● 15년 1차 1문

2007. 11. 15. 성폭법위반(강간상해)으로 징역 3년 선고받고 형이 확정되어 2010. 10. 12. 형 집행을 종료한 甲에 대하여, 2010. 6. 13. 개정된 전자장치부착법을 적용하여 2011. 7. 30. 위치추적 전자장치 10년간 부착명령 선고를 한 경우 헌법상 허용되지 않는 진정소급입법에 해당하는지 논하시오 (30)

● 18년 2차 1문

2015. 10. 7. 개정 국민건강보호법은 기존 절반을 금연구역으로 지정하던 내용을 변경하여 PC방 전체를 금연구역으로 지정하여 운영하도록 규정하였다. 동 개정조항은 부칙에서 2016. 1. 1.부터 시행하되 시행

일 이전 PC방은 2년간 종전 법에 따른 시설로 영업을 할 수 있도록 규정되었다. 위 조항은 2010. 4.부터 PC방을 운영해온 甲에 대해, 신뢰보호원칙을 위반하여 기본권을 침해하는가?

● 20년 3차 2문

조례의 부칙에서 닭에 관한 가축사육 제한거리를 400m에서 900m로 늘리는 개정 조례 시행에서 개정 조례 시행일 이전의 허가 신청인에 대하여 별다른 경과규정을 두지 않은 것이 개정 전 조례에 규정된 제한거리에 대한 허가 신청인 乙의 신뢰를 침해함으로써 신뢰보호원칙을 위배하는지 여부를 검토하시오. (20)

● 22년 1차 2문

A대학교는 B시장을 상대로 한 용도변경 협의 거부 취소소송의 계속 중에 개정「건축법」이 개정 전에 인허가 신청을 한 경우에 대해서 구법을 적용하는 경과규정을 두지 않은 것이 신뢰보호원칙에 위배된다고 주장한다. 당부를 판단하시오. (20)

■ 2014년 제56회 사법시험

당초 자동차운수사업법은 개인택시운송사업자가 사망한 경우 관할관청의 인가를 받으면 개인택시운송사업면허가 상속되도록 규정하였는데 1989년 12월 법 개정으로 인가제에서 신고제로 변경되었다가 2009. 5. 27. 개정된 같은 법 및 2009. 11. 27. 개정되고 2009. 11. 28. 시행된 시행령에서 상속을 금지하였다. 정부는 택시수급불균형을 해소하기 위하여 택시총량제를 도입하면서 면허양도 및 상속금지를 하여 개인택시면허 수의 점진적인 감축을 유도하는 것이 그 개정이유라고 설명하였다. 甲은 2009. 11. 26., 乙은 2009. 11. 30. 개인택시운송사업을 상속받은 자들로서 이미 개인택시면허요건을 갖추고 있는 자녀들에게 위 면허가 상속되기를 희망한다. 甲과 乙은 종전 법령에 따라 신고만 하면 면허가 자녀들에게 상속될 것으로 기대하여왔는데 심판대상조항이 이러한 신뢰를 보호하는 경과규정을 두지 않아 신뢰보호원칙에 반한다고 주장한다. 정당한가. (30)

■ 2016년 제58회 사법시험

아동 청소년 대상 성폭력범죄를 저지른 자를 신상정보공개 대상자로 추가하고 이를 개정법 시행 전의 범죄에 대하여도 적용하는 '신상정보공개법'이 신설되었다. 甲은 이미 아동 대상 성범죄로 징역 4년형이 확정되어 형의 집행 중에 있는데, 형집행 종료일 1개월 전에 검사가 신상정보공개명령을 청구 하였다. 이중처벌금지원칙과 소급입법금지원칙에 위반된다고 주장하는 甲의 주장은 타당한가? (60)

1. 진정소급입법과 부진정소급입법

① 진정소급입법이란 이미 과거에 완성된 사실관계 또는 법률관계를 규율의 대상으로 하는 입법을 의미하고, ② 부진정소급입법이란 이미 과거에 개시되었으나 아직 완성되지 않고 진행과정에 있는 사실관계 또는 법률관계를 규율의 대상으로 하는 입법을 의미한다.

2. 진정소급입법의 원칙적 금지와 예외적 허용

진정소급입법이라 하더라도 기존의 법을 변경하여야 할 공익적 필요는 심히 중대한 반면에 그 법적 지위에 대한 개인의 신뢰를 보호하여야 할 필요가 상대적으로 적어 개인의 신뢰이익을 관철하는 것이 객관적으로 정당화될 수 없는 경우에는 예외적으로 허용될 수 있다.

진정소급입법이 허용되는 예외적인 경우로는 일반적으로, ① 국민이 소급입법을 예상할 수 있었거나, ② 법적 상태가 불확실하고 혼란스러웠거나 하여 보호할 만한 신뢰의 이익이 적은 경우와 ③ 소급입법에 의한 당사자의 손실이 없거나 아주 경미한 경우, ④ 그리고 신뢰보호의 요청에 우선하는 심히 중대한 공익상의 사유가 소급입법을 정당화하는 경우를 들 수 있다(96헌가2).

> ▶ 헌법 제13조 제1항 전단의 형벌불소급 원칙은 절대적 소급효금지에 해당한다.
> ▶ 헌법 제13조 제2항의 소급입법에 의한 재산권 박탈금지 규정은 주의적·선언적 의미에 해당한다. 따라서 진정소급입법의 예외 사유가 있는 경우에는 소급입법이 허용될 수 있다.
> ▶ 신법이 피적용자에게 유리한 경우에는 이른바 시혜적인 소급입법이 가능하지만 이를 입법자의 의무라고는 할 수 없다.

3. 부진정소급입법과 신뢰보호의 원칙

가. 신뢰보호원칙의 의의

신뢰보호의 원칙은 헌법상 법치국가의 원칙으로부터 도출되는데, 그 내용은 법률의 제정이나 개정시 구법질서에 대한 당사자의 신뢰가 합리적이고도 정당하며 법률의 제정이나 개정으로 야기되는 당사자의 손해가 극심하여 새로운 입법으로 달성하고자 하는 공익적 목적이 그러한 당사자의 신뢰의 파괴를 정당화할 수 없다면, 그러한 새로운 입법은 신뢰보호의 원칙상 허용될 수 없다는 것이다(2002헌바45).

나. 신뢰보호원칙 위반의 판단기준

신뢰보호원칙의 위반 여부를 판단하기 위해서는, 한편으로는 침해받은 신뢰이익의 보호가치, 침해의 중한 정도, 신뢰가 손상된 정도, 신뢰침해의 방법 등과 다른 한편으로는 새로운 입법을 통해 실현하고자 하는 공익적 목적을 종합적으로 비교·형량하여 판단하여야 한다. 즉 ① 헌법적으로 보호되는 신뢰기 존재하는지, ② 공익이 존재하는지, ③ 신뢰이익과 공익의 비교형량을 따져 검토해보아야 한다. 그리고 이때 만약 경과규정을 두는 방법으로 신뢰이익을 보호할 수 있음에도 불구하고 경과규정을 두지 않은 경우에도 신뢰보호원칙에 위반될 수 있다.

개인의 신뢰이익에 대한 보호가치는 ① 법령에 따른 개인의 행위가 국가에 의하여 일정방향으로 유인된 신뢰의 행사인지, ② 아니면 단지 법률이 부여한 기회를 활용한 것으로서 원칙적으로 사적 위험부담의 범위에 속하는 것인지 여부에 따라 달라진다. 만일 법률에 따른 개인의 행위가 단지 법률이 반사적으로 부여하는 기회의 활용을 넘어서 국가에 의하여 일정 방향으로 유인된 것이라면 특별히 보호가치가 있는 신뢰이익이 인정될 수 있고, 원칙적으로 개인의 신뢰보호가 국가의 법률개정이익에 우선된다고 볼 여지가 있다(2002헌바45).

관련판례 ❶ 신뢰보호원칙은 법률이나 그 하위법규 뿐만 아니라 국가관리의 입시제도와 같이 국·공립대학의 입시전형을 구속하여 국민의 권리에 직접 영향을 미치는 제도운영지침의 개폐에도 적용된다(97헌마38).

❷ 특별한 사정이 없는 한 원칙적으로 현재의 세법이 변함없이 유지되리라고 기대하거나 신뢰할 수는 없다(2002헌바9).

comment
다툼의 대상이 되는 조항이 ① 우선 진정소급입법에 해당하는지를 먼저 검토한 뒤, 이에 해당하지 않는다면 ② 부진정소급입법으로서 신뢰보호원칙에 위반되는지 여부를 검토하여야 한다.

92. 사회국가의 원리

1. 사회국가의 의의 및 헌법적 근거

사회국가란 한마디로, 사회정의의 이념을 헌법에 수용한 국가, 사회현상에 대하여 방관적인 국가가 아니라 경제·사회·문화의 모든 영역에서 정의로운 사회질서의 형성을 위하여 사회현상에 관여하고 간섭하고 분배하고 조정하는 국가이며, 궁극적으로는 국민 각자가 실제로 자유를 행사할 수 있는 그 실질적 조건을 마련해 줄 의무가 있는 국가이다(2002헌마52).

우리 헌법은 사회국가원리를 명문으로 규정하고 있지는 않지만, 헌법의 전문, 사회적 기본권의 보장(헌법 제31조 내지 제36조), 경제 영역에서 적극적으로 계획하고 유도하고 재분배하여야 할 국가의 의무를 규정하는 경제에 관한 조항(헌법 제119조 제2항 이하) 등과 같이 사회국가원리의 구체화된 여러 표현을 통하여 사회국가원리를 수용하였다.

2. 사회국가원리의 한계

① 사회국가원리의 달성은 먼저 개인적 차원에서 이루어 져야 하는데, 그것이 불가능한 경우 국가가 개입을 하여야 하고(보충성 원리에 의한 한계), ② 자유시장경제질서의 근간을 해치는 사회국가원리의 달성은 허용되지 않는다(개념본질상의 한계). ③ 사회국가원리의 달성은 국가의 권력작용은 헌법이나 법률에 근거 해야한다는 법치주의원리상의 한계를 준수하는 범위 내에서 상호보완적으로 이루어져야 하고(법치국가원리에 따른 한계), ④ 사회국가원리의 달성을 위하여 자유권적 기본권을 제한할 수는 있지만, 제한하는 경우에도 기본권의 본질 내용을 침해하거나 헌법의 일반원칙인 비례의 원칙에 위배되는 제한은 허용될 수 없고(기본권 제한에 의한 한계), ⑤ 또한 사회국가원리의 달성은 국가의 재정능력과 경제력이 허용하는 범위 내에서 이루어질 수 밖에 없다(재정능력과 경제능력에 의한 한계).

93   우리 헌법상 경제질서

1. 현행 헌법의 경제질서

우리 헌법의 경제질서는 사유재산제를 바탕으로 하고 자유경쟁을 존중하는 자유시장 경제질서를 기본으로 하면서도 이에 수반되는 갖가지 모순을 제거하고 사회복지·사회정의를 실현하기 위하여 국가적 규제와 조정을 용인하는 사회적 시장경제질서로서의 성격을 띠고 있다. 그러나 경제적 기본권의 제한을 정당화하는 공익이 헌법에 명시적으로 규정된 목표에만 제한되는 것은 아니고, 헌법은 단지 국가가 실현하려고 의도하는 전형적인 경제목표를 예시적으로 구체화하고 있을 뿐이므로 기본권의 침해를 정당화할 수 있는 모든 공익을 아울러 고려하여 법률의 합헌성 여부를 심사하여야 한다(2001헌마132).

> **관련판례** ❶ 헌법 제119조 제2항에 규정된 '경제주체간의 조화를 통한 경제민주화'의 이념은 경제영역에서 정의로운 사회질서를 형성하기 위하여 추구할 수 있는 국가목표로서 개인의 기본권을 제한하는 국가행위를 정당화하는 헌법규범이다(2001헌바35).
> ❷ 우리 헌법 제23조 제1항, 제119조 제1항에서 추구하고 있는 경제질서는 개인과 기업의 경제상의 자유와 창의를 최대한도로 존중·보장하는 자본주의에 바탕을 둔 시장경제질서이므로 국가적인 규제와 통제를 가하는 것도 보충의 원칙에 입각하여 어디까지나 자본주의 내지 시장경제질서의 기초라고 할 수 있는 사유재산 제도와 아울러 경제행위에 대한 사적자치의 원칙이 존중되는 범위 내에서만 허용될 뿐이다(88헌가13).
> ❸ 헌법 제119조는 헌법상 경제질서에 관한 일반조항으로서 국가의 경제정책에 대한 하나의 헌법적 지침일 뿐 그 자체가 기본권의 성질을 가진다거나 독자적인 위헌심사의 기준이 된다고 할 수 없다(2015헌바278).

94 문화국가의 원리

1. 의 의

우리나라는 건국헌법 이래 문화국가의 원리를 헌법의 기본원리로 채택하고 있다. 우리 현행 헌법은 전문에서 "문화의 영역에 있어서 각인의 기회를 균등히" 할 것을 선언하고 있을 뿐 아니라, 국가에게 전통문화의 계승 발전과 민족문화의 창달을 위하여 노력할 의무를 지우고 있다(헌법 제9조).

또한 헌법은 문화국가를 실현하기 위하여 보장되어야 할 정신적 기본권으로 양심과 사상의 자유, 종교의 자유, 언론·출판의 자유, 학문과 예술의 자유 등을 규정하고 있는바, 개별성·고유성·다양성으로 표현되는 문화는 사회의 자율영역을 바탕으로 한다고 할 것이고, 이들 기본권은 견해와 사상의 다양성을 그 본질로 하는 문화국가원리의 불가결의 조건이라고 할 것이다. 한편 헌법재판소는 헌법 제10조로부터 문화향유권이 도출된다고 판시하고 있다.

2. 문화국가원리의 실현과 문화정책

문화국가원리는 국가의 문화국가실현에 관한 과제 또는 책임을 통하여 실현되는바, 국가의 문화정책과 밀접 불가분의 관계를 맺고 있다. 과거 국가절대주의사상의 국가관이 지배하던 시대에는 국가의 적극적인 문화간섭정책이 당연한 것으로 여겨졌다. 그러나 오늘날에 와서는 국가가 어떤 문화현상에 대하여도 이를 선호하거나, 우대하는 경향을 보이지 않는 불편부당의 원칙이 가장 바람직한 정책으로 평가받고 있다. 오늘날 문화국가에서의 문화정책은 그 초점이 문화 그 자체에 있는 것이 아니라 문화가 생겨날 수 있는 문화풍토를 조성하는 데 두어야 한다.

문화국가원리의 이러한 특성은 문화의 개방성 내지 다원성의 표지와 연결되는데, 국가의 문화육성의 대상에는 원칙적으로 모든 사람에게 문화창주의 기회를 부여한다는 의미에서 모든 문화가 포함된다. 따라서 엘리트문화뿐만 아니라 서민문화, 대중문화도 그 가치를 인정하고 정책적인 배려의 대상으로 하여야 한다(2003헌가1).

95 평화국가 원리

1. 의 의

우리 헌법은 전문에서 "밖으로는 항구적인 세계평화와 인류공영에 이바지함으로써"라고 규정하여 평화국가원리를 선언하고 있다. 전쟁이나 국제분쟁에 의하여 국민의 안전과 기본권은 심각하게 침해될 수 있으므로, 우리 헌법은 국제평화주의의 이념을 선언하고 그에 대한 구체적인 실현방법으로 헌법 제4조 평화적 통일의 지향, 제5조 제1항 침략전쟁의 부인, 제6조 제1항 국제법 존중주의, 제6조 제2항 외국인의 지위보장을 규정하고 있다.

2. 침략전쟁의 부인

우리 헌법 제5조 제1항은 "침략적 전쟁을 부인한다."고 규정함으로써 제국주의나 패권주의적 발상에 의한 침략전쟁을 부인하고 있다. 그러나 이는 자위수단으로서의 자위전쟁을 부인하는 것은 아니므로 '국군'의 조직이나 국군의 존재 그 자체를 포기하는 것을 의미하지는 않는다(헌법 제5조 제2항).

96 국제법존중주의

우리 헌법 제6조 제1항은 "헌법에 의하여 체결 공포된 조약과 일반적으로 승인된 국제법규는 국내법과 같은 효력을 가진다."고 규정함으로써 국제법질서 존중의 원칙을 선언하고 있다.

97 조 약

● 11년 1문

정부가 제출한 '한일원자력의 평화적 이용에 관한 조약'은 원자력에 대한 상호교류 및 평화적 이용을 방해하는 행위에 대한 형사처벌에 대한 내용을 담고 있다. 대통령은 위 조약은 국회 동의 대상이 아니라고 주장하며 조약을 비준하였다. 국회의원 丙이 국회의 동의권 및 丙의 심의·표결권 침해를 주장하며 권한쟁의심판을 청구한 경우, 해당 청구가 적법함을 전제로 권한쟁의심판의 인용여부를 검토하시오. (30)

1. 조약의 의의

헌법 제6조 제1항은 "헌법에 의하여 체결·공포된 조약과 일반적으로 승인된 국제법규는 국내법과 같은 효력을 지닌다."라고 규정하고 있다. 조약이란 명칭을 불문하고 국제법주체간에 국제법률관계를 설정하기 위하여 체결한 명시적인 합의를 말하며, 서면에 의한 경우가 대부분이지만 예외적으로 구두합의도 조약의 성격을 가질 수 있다.

2. 조약의 국내법적 수용절차

조약이 국내법과 같은 효력을 갖기 위해서는 국무회의의 심의를 거쳐(헌법 제89조 제3호) 대통령이 체결·비준하여야 하고(헌법 제73조), 헌법 제60조 제1항에 해당하는 내용의 조약의 경우 국회의 사전동의를 얻어야 한다.

3. 국회의 조약 체결비준에 대한 동의권

가. 내 용

국회는 상호원조 또는 안전보장에 관한 조약, 중요한 국제조직에 관한 조약, 우호통상항해조약, 주권의 제약에 관한 조약, 강화조약, 국가나 국민에게 중대한 재정적 부담을 지우는 조약 또는 입법사항에 관한 조약의 체결·비준에 대한 동의권을 가진다(헌법 제60조 제1항). 위 조항이 열거조항인지 예시조항인지에 관하여 견해가 대립하나 헌법재판소는 "국회는 헌법 제60조 제1항에 규정된 일정한 조약에 대해서만 체결·비준에 대한 동의권을 가진다 (2006헌라4)."고 하여 열거조항으로 보고 있다.

> 국회의 동의가 필요한 조약에서 말하는 '입법사항에 관한 조약'이 의미하는 바가 무엇인지 문제되는데, 여기서 말하는 '입법사항'이란 이는 일반적 규범 가운데 국회가 법률의 형식으로 제정해야 할 사항을 말하며, 실질적으로는 "국민의 권리와 의무의 형성에 관한 사항을 비롯하여 국가의 통치조직과 작용에 관한 기본적이고 본질적인 사항"을 의미한다(96헌가1).

나. 동의의 시기

헌법 제60조 제1항은 국회가 조약의 '체결·비준'에 대한 동의권을 갖는다고 규정하고 있는 바, 위 동의는 '사전 동의'를 의미한다. 이때 국회의 동의를 받아야 하는 조약의 경우 '비준'에 대하여만 동의를 받으면 되는 것인지, 아니면 조약의 '체결'단계에서도 동의를 받아야하는지 문제된다.
① 조약의 협상과 체결은 대통령의 권한이므로 '비준'에 대하여만 동의가 있으면 된다는 견해, ② 헌법 명문상 조약의 '체결'과 '비준' 각각에 대하여 동의가 필요하다는 견해, ③ 조약의 성질에 따라 서명만으로 조약이 성립한다면 '체결'에, 비준으로 조약이 성립하는 경우에는 '비준'에 동의가 필요하다고 보는 견해가 대립한다.
생각건대 헌법 제60조 제1항의 국회동의권의 헌법적 의미와 기능에 비추어, "조약의 체결·비준에 대한 동의권"이란, 헌법은 비준 이외의 방법으로도 기속적 동의가 이루어지는 조약(예컨대 서명만으로 체결되는 약식조약 등)에 대해서도 국회의 동의권을 규정하고자 한 것이라고 봄이 타당하다. 따라서 체결과 비준은 각 독립적으로 이해할 것이 아니라 국제법상 효력을 발생시키는 조약에 대한 기속적 동의표시를 의미하는 것으로 통일적으로 해석하는 것이 타당하다.22)

다. 기존의 조약안을 국회가 수정해서 동의할 수 있는지 여부

① 국회는 조약에 대한 전면적 불승인권을 가지고 있으므로 이는 부분적인 승인권을 포함하는 개념이라는 수정긍정설이 있으나, ② 국회의 수정동의는 사실상 새로운 조약을 제의하는 것이거나 해당 조약에 대한 불승인에 해당하며, 수정동의를 허용하는 것은 대통령의 조약체결권을 침해하는 것에 해당한다는 수정부정설이 다수설이다.

4. 조약의 효력

국회의 동의가 있는 조약은 법률과 같은 효력을 갖게 되고, 국회의 동의를 요하지 않는 조약은 명령과 같은 효력이 있다고 본다. 한편 조약과 헌법이 충돌하는 경우에는 무엇이 더 우선하는지에 대해 ① 조약에 대한 사법심사는 불가능하다는 조약우위설, ② 대통령이 체결하는 조약에 대해서도 당연히 헌법이 우위에 있다는 헌법우위설(통설)이 대립하는데, 대통령의 조약체결에 관한 권한도 헌법에 따라 인정되는 권한이므로 헌법우위설이 타당하다.

5. 조약에 대한 규범통제

가. 조약의 사법심사 가능성

① 조약은 국가 간의 약속이므로 국내법과 달리 고도의 정치성을 띠는 것으로 조약의 체결은 통치행위적 성질을 가지므로 사법심사의 대상이 아니라는 부정설과 ② 헌법우위설에 따라 위헌인 조약은 사법심사의 대상이 된다는 긍정설이 대립한다. 우리 헌법재판소는 "국내법과 같은 효력을 가지는 조약이 헌법재판소의 위헌법률심판대상이 된다.(2000헌바20)."고 판시하여 사법심사 긍정설의 입장이다.

---
22) 한수웅, 헌법학, 제7판, 350면

나. 사법심사의 방법

국회의 동의를 얻어 체결된 조약은 헌법 제6조 제1항에 따라 국내법적 효력을 가지며, 그 효력의 정도는 법률에 준하는 효력이라고 이해되므로(99헌마139), 헌법재판소에 위헌법률심판 또는 헌법소원심판을 청구하여 그 위헌여부를 심사할 수 있다. 국회의 동의를 요하지 않는 조약의 경우 명령에 준하는 효력이 있으므로 구체적 규범통제로서 대법원에 명령·규칙심사제도(헌법 제107조 제2항)를 통해 위헌여부를 심사할 수 있고, 또는 헌법재판소에 권리구제형 헌법소원심판을 청구할 수 있다.

98 일반적으로 승인된 국제법규

`17.10.모의`

1. 의 의

일반적으로 승인된 국제법규란 국제사회의 보편적 규범을 의미하는바 세계 대다수 국가가 승인하고 있는 규범을 말한다.

2. 수용절차

우리 헌법은 일반적으로 승인된 국제법규에 대하여 국회의 동의와 같은 별도의 절차 없이도 국내법적 효력을 갖도록 규정하고 있다. 따라서 국제사회의 보편적 규범에 해당하기만 하면 족하고 우리나라에서의 승인 여부는 문제되지 않는다.

3. 종 류

국제법규에는 성문의 국제법규, 불문의 국제관습법, 일반적으로 승인된 조약이 모두 포함된다.

4. 일반적으로 승인된 국제법규의 효력

일반적으로 승인된 국제법규는 별도의 국내법적 절차 없이 직접 국내법으로 편입 되어 국내법과 같은 효력을 가진다. 여기서 말하는 '국내법'의 의미는 개별적으로 판단해야 한다는 개별적 판단설이 있으나, 법률과 동위의 효력을 가진다는 법률동위설이 다수설이다.

5. 규범통제

일반적으로 승인된 국제법규는 국내법과 같은 효력을 가지며, 그 효력의 정도는 법률동위설에 따라 법률에 준하는 효력이라고 이해되므로, 헌법재판소에 위헌법률심판 또는 헌법소원심판을 청구하여 그 위헌여부를 심사할 수 있다.

99. 정당제도 및 정당설립의 자유

변시 8회 16.06.모의

★ 8회 변시 1문의1

A정당은 중앙선거관리위원회에 등록을 마친 정당이고 甲은 A정당 소속의 지역구 국회의원이며 乙은 A정당 소속의 비례대표 국회의원이다. 정부는 A정당의 목적과 활동이 민주적 기본질서에 위배된다고 주장하면서 헌법재판소에 위헌정당해산심판을 청구하였다. A정당은 이에 대해 강력히 반발하였지만 헌법재판소는 A정당에 대해 해산결정을 내렸다. A정당의 해산결정에 따라 甲과 乙이 국회의원직을 상실하는지를 논하시오. (30)

● 16년 2차 1문

정당이 당내경선을 실시하는 경우 경선후보자로서 당해 정당의 후보자로 선출되지 아니한 자는 당해 선거의 같은 선거구에서는 정당의 추천을 받아 후보자로 등록될 수 없도록 하는 조항이, A당의 당내 경선 패배 후 탈당한 甲이 B당 후보자로 선관위에 등록신청하였으나 거부를 당한 B정당의 정당의 자유를 침해하는지 여부를 검토하시오. (30)

● 20년 2차 1문

대통령은 甲정당과 乙정당(위헌정당해산된 정당의 정신을 계승한다고 명시한 후신정당) 그리고 丙창당준비위원회가 사유재산과 시장경제를 골간으로 한 경제질서를 무너뜨려서 민주적 기본질서에 위배된다고 주장하며 정당해산심판청구서 제출안을 올렸고, 대통령 외국순방 중 국무총리가 주재한 국무회의에서 과반수 국무위원의 반대로 의결되지 않았으나, 대통령은 정당해산심판을 청구하였다. 청구의 적법 여부를 검토하시오(피청구인능력과 절차적 요건만 검토하시오). (25)

● 20년 2차 1문

위 문제에서 정부의 정당해산심판청구가 적법하다면 헌법재판소의 청구인용여부를 검토하시오. (35)

● 20년 2차 1문

헌법재판소가 정당해산심판 청구를 인용한다면 소속 국회의원과 지방의회의원은 그 직을 상실하는지를 검토하시오. (20)

1. 헌법상 정당제도 및 정당의 기능

헌법 제8조 제1항은 "정당의 설립은 자유이며, 복수정당제는 보장된다."고 규정하여 국민 누구나가 원칙적으로 국가의 간섭을 받지 아니하고 정당을 설립할 권리를 국민의 기본권으로 보장하면서 아울러 그 당연한 법적 산물인 복수정당제를 제도적으로 보장하고 있다(99헌마135).

정당제도에 있어서 정당이라 함은 정치적 결사로서 국민의 정치적 의사를 적극적으로 형성하고 각계 각층의 이익을 대변하며, 정부를 비판하고 정책적 대안을 제시할 뿐 아니라, 국민 일반이 정치나 국가작용에 영향력을 행사하는 매개체의 역할을 수행하는 등 현대의 대의제민주주의에 없어서는 안될 중요한 공적기능을 수행하고 있다(2008헌바146).

2. 정당의 개념

우리 헌법은 정당에 관한 개념을 명시적으로 규정하고 있지 않다. 헌법 및 정당법상 정당의 개념적 징표로서는 ① 국가와 자유민주주의 또는 헌법질서를 긍정할 것, ② 공익의 실현에 노력할 것, ③ 선거에 참여할 것, ④ 정강이나 정책을 가질 것, ⑤ 국민의 정치적 의사형성에 참여할 것, ⑥ 계속적이고 공고한 조직을 구비할 것, ⑦ 구성원들이 당원이 될 수 있는 자격을 구비할 것 등을 들 수 있다. 즉, 정당은 정당법 제2조에 의한 정당의 개념표지 외에 예컨대 독일의 정당법(제2조)이 규정하고 있는 바와 같이 "상당한 기간 또는 계속해서" "상당한 지역에서" 국민의 정치적 의사형성에 참여해야 한다는 개념표지가 요청된다(2004헌마246).

> **관련판례 ①** 정당등록제도(2004헌마246)
> 정당등록제도는 정당임을 자처하는 정치적 결사가 일정한 법률상의 요건을 갖추어 관할 행정기관에 등록을 신청하고, 이 요건이 충족된 경우 정당등록부에 등록하여 비로소 그 결사가 정당임을 법적으로 확인시켜 주는 제도이다. 이러한 정당의 등록제도는 어떤 정치적 결사가 정당에 해당되는지의 여부를 쉽게 확인할 수 있게 해 주며, 이에 따라 정당에게 부여되는 법률상의 권리·의무관계도 비교적 명확하게 판단할 수 있게 해 준다. 이러한 점에서 정당등록제는 법적 안정성과 확실성에 기여한다고 평가할 수 있다.
>
> **❷** 정당의 등록요건으로 "5 이상의 시·도당과 각 시·도당 1,000명 이상의 당원"을 요구하는 정당법 규정은 정당설립의 자유를 침해하지 않는다(2004헌마246).
> 5 이상의 시도당 부분은 이른바 "지역정당"을 배제하려는 취지로 볼 수 있고, 1000명 이상의 당원 부분은 이른바 "군소정당"을 배제하려는 취지로 볼 수 있다. 이러한 제한은 "상당한 기간 또는 계속해서", "상당한 지역에서" 국민의 정치적 의사형성 과정에 참여해야 한다는 헌법상 정당의 개념표지를 구현하기 위한 합리적인 제한이라고 할 것이므로, 그러한 제한은 헌법적으로 정당화된다고 할 것이다. … 정당설립의 자유를 침해하지 않는다.

3. 정당의 헌법상 지위

정당의 헌법상 지위에 관하여 ① 정당은 국민의 정치의사형성과정에서 중요한 역할을 하고 국가활동에 결정적인 영향력을 미치므로 국가기관으로 봐야한다는 국가기관설, ② 정당은 사인들의 자발적 결사에 해당한다는 사적결사설, ③ 정당은 국가의사와 국민의 의사를 매개하는 역할을 한다는 중개체설 등이 대립한다. 헌법재판소는 "정당은 국민과 국가의 중개자로서 정치적 도관의 기능을 수행하여 주체적·능동적으로 국민의 다원적 정치의사를 유도·통합함으로써 국가정책의 결정에 직접 영향을 미칠 수 있는 규모의 정치적 의사를 형성하고 있다. 이와 같이, 정당은 오늘날 대중민주주의에 있어서 국민의 정치의사형성의 담당자이며 매개자이자 민주주의에 있어서 필수불가결한 요소이기 때문에, 정당의 자유로운 설립과 활동은 민주주의 실현의 전제조건이라고 할 수 있다(2001헌마710)."라고 판시하여 중개체설의 입장이다.

4. 정당의 법적 성격

정당의 법적 성격에 관하여 ① 헌법상의 제도보장설, ② 헌법제도와 결사의 혼성체설, ③ 사법상 권리능력 없는 사단설 등이 대립하는데 우리 헌법재판소는 정당의 법적 성격을 권리능력 없는 사단으로 보고 있다(2004헌마246). 따라서 정당은 공권력의 행사주체로서 국가기관의 지위를 갖는 것은 아닌바, 정당은 특별한 사정이 없는 한 권한쟁의심판절차의 당사자가 될 수는 없다(2020헌라1). 다만 권리능력없는 사단의 실질을 가지는 이상 등록이 되었건 등록이 취소되었건 헌법소원심판청구의 청구인능력이 인정될 수 있다.

5. 정당의 이중적 지위

정당은 국민의 자발적 정치결사라는 점에서 '자유의 지위'와 국민의 의사를 통합하여 국가정책의 결정에 영향을 미친다는 점에서 '공공의 지위'를 겸하고 있다. 정당의 자유는 민주정치의 전제인 자유롭고 공개적인 정치적 의사형성을 가능하게 하는 것이므로 그 자유는 최대한 보장되어야 한다. 그러나 한편 정당은 "공공(公共)의 지위"를 함께 가지므로 이 점에서 정당은 일정한 법적 의무를 지게 된다. 현대정치의 실질적 담당자로서 정당은 그 목적이나 활동이 헌법적 기본질서를 존중하지 않으면 안되며, 따라서 정당의 활동은 헌법의 테두리 안에서 보장되는 것이다(2002헌라1).

6. 정당의 당내 민주화(당내 민주주의) 의무

정당 내부의 의사형성 및 결정과정이 민주화 되어있지 않다면 과두적 소수가 정당을 이용하게 되어 인적 지배로 변질될 가능성이 있다. 이는 국민에 의한 정당의 지배를 무력화시키므로 당내 민주주의는 정당민주주의가 민주주의로 정당화되기 위한 필수적인 전제조건이다. 그 핵심내용으로는 ① 정당의 민주적·공개적 운영, ② 정당결의 민주화, ③ 정당기구구성과 선거후보자 추천의 민주성, ④ 재정의 공개, ⑤ 당원의 지위보장 등이 있다. 당내민주주의를 실효성 있게 보장하기 위하여 우리 정당법은 자유방해죄(정당법 제49조), 매수 및 이해유도죄(정당법 제50조), 매수 및 이해유도죄로 인한 이익의 몰수(정당법 제51조) 등을 규정하고 있다.

7. 정당의 자유

가. 내 용

헌법 제8조 제1항은 ① 정당설립의 자유, ② 정당조직의 자유, ③ 정당가입과 탈퇴의 자유(정당 존속의 자유), ④ 정당활동의 자유 등을 포괄하는 정당의 자유를 보장하고 있다. 이러한 정당의 자유는 국민이 개인적으로 갖는 기본권일 뿐만 아니라, 단체로서의 정당이 가지는 기본권이기도 하다(2004헌마456).
한편, 정당의 명칭은 그 정당의 정책과 정치적 신념을 나타내는 대표적인 표지에 해당하므로, 정당설립의 자유는 자신들이 원하는 명칭을 사용하여 정당을 설립하거나 정당활동을 할 자유도 포함한다(2012헌마431).

나. 제 한

민주적 의사형성과정의 개방성을 보장하기 위하여 정당설립의 자유를 최대한으로 보호하려는 헌법 제8조의 정신에 비추어, 정당의 설립 및 가입을 금지하는 법률조항은 이를 정당화하는 사유의 중대성에 있어서 적어도 '민주적 기본질서에 대한 위반'에 버금가는 것이어야 한다(99헌마135).
입법자는 정당설립의 자유를 최대한 보장하는 방향으로 입법하여야 하고, 헌법재판소는 정당설립의 자유를 제한하는 법률의 합헌성을 심사할 때에 헌법 제37조 제2항에 따라 엄격한 비례심사를 하여야 한다(2012헌마431).

> **관련판례** ❶ 헌법 제8조 제2항은 정당에 대하여 정당의 자유의 한계를 부과하는 것임과 동시에 입법자에 대하여 그에 필요한 입법을 해야 할 의무를 부과하고 있다. 그러나 이에 나아가 정당의 자유의 헌법적 근거를 제공하는 근거규범으로서 기능한다고는 할 수 없다. (2004헌마456)
> ❷ 국회의원선거에 참여하여 의석을 얻지 못하고 유효투표총수의 100분의 2이상을 득표하지 못한 정당에 대해 그 등록을 취소하도록 한 정당법 조항 및 위 정당등록취소조항에 의하여 등록취소된 정당의 명칭과 같은 명칭을 등록취소된 날부터 최초로 실시하는 임기만료에 의한 국회의원선거의 선거일까지 정당의 명칭으로 사용할 수 없도록 한 정당법 조항은 정당설립의 자유를 침해한다. (2012헌마431,2012헌가19)
> 정당등록취소조항은 어느 정당이 대통령선거나 지방자치선거에서 아무리 좋은 성과를 올리더라도 국회의원선거에서 일정 수준의 지지를 얻는 데 실패하면 등록이 취소될 수밖에 없어 불합리하고, 신생·군소정당으로 하여금 국회의원선거에의 참여 자체를 포기하게 할 우려도 있어 법익의 균형성 요건도 갖추지 못하였다. 따라서 정당등록취소조항은 과잉금지원칙에 위반되어 청구인들의 정당설립의 자유를 침해한다. … 정당명칭사용금지조항은 정당등록취소조항을 전제로 하고 있으므로, 위와 같은 이유에서 정당설립의 자유를 침해한다.

8. 정당해산심판

가. 의 의

정당해산심판은 어떤 정당의 목적이나 활동이 헌법이 정하는 민주적 기본질서에 위배되는 경우 정부의 청구에 의하여 헌법재판소가 그 정당을 해산할 것인지 여부를 심판하는 제도이다(헌법 제8조 제4항). 정당의 해산에 관한 위 헌법규정은 민주주의를 파괴하려는 세력으로부터 민주주의를 보호하려는 소위 '방어적 민주주의'의 한 요소이고, 다른 한편으로는 헌법 스스로가 정당의 정치적 성격을 이유로 하는 정당금지의 요건을 엄격하게 정함으로써 되도록 민주적 정치과정의 개방성을 최대한으로 보장하려는 것이다.

나. 정당해산의 실질적 요건

1) 정 당

강제해산의 대상이 되는 정당은 정당등록을 마친 기성정당을 의미하고, 시·도당이나 청년부 등 정당의 부분조직 또는 특별조직도 강제해산의 대상이 되는 '정당'에 포함된다. 그러나 정당으로부터 독립되어 있는 방계조직은 제외된다.
이때 정당을 창당하기 위한 활동을 하는 창당준비위원회가 민주적 기본질서를 위반한 때도 정당해산심판절차에 의한 심판대상이 될 수 있는지 여부가 문제된다. 창당준비위원회는 발기인이 구성되어 중앙선거관리위원회에 신고한 때부터 창당등록을 마칠 때까지 창당을 목적으로 하는 정치결사를 뜻하며, 결성단계에 있는 정당이다. 이에 대해 ① 창당활동을 두

톱게 보호하기 위하여 정당과 마찬가지로 창당준비위원회도 정당해산심판절차에 의해서만 해산될 수 있다고 보는 견해(정종섭), ② 정당법에 의하면 정당은 등록에 의하여 비로소 성립하기 때문에 창당을 준비하는 기구에 불과한 창당준비위원회는 정당이 아닌 단순한 정치적 결사에 불과하므로 위헌정당해산의 대상이 되지 않는다는 견해 등이 대립한다. 생각건대 현행 헌법상 정당의 허가제는 금지되어 있는 점, 정당은 형식적요건만 갖추면 등록이 가능하므로 '등록 중의 정당' 뿐만 아니라 '창당준비위원회'도 보호할 필요가 있는 점 등을 고려하면 긍정설이 타당하다.

2) 정당의 목적이나 활동

정당의 목적이란, 어떤 정당이 추구하는 정치적 방향이나 지향점 혹은 현실 속에서 구현하고자 하는 정치적 계획 등을 통칭하고, 정당의 활동이란, 정당 기관의 행위나 주요 정당관계자, 당원 등의 행위로서 그 정당에게 귀속시킬 수 있는 활동 일반을 의미한다. 그 밖의 정당에 속한 개인이나 단체의 활동은 그러한 활동이 이루어진 구체적인 경위를 살펴서 그것을 정당의 활동으로 볼 수 있는 사정이 있는지를 판단해야 한다. '정당의 목적이나 활동' 중 어느 하나 이상이 '민주적 기본질서'에 위반되어야 한다.

3) 민주적 기본질서에 위배될 것

헌법 제8조 제4항은 정당해산의 사유로서 "민주적 기본질서에 위배"될 것을 요구하고 있는데, 여기서 말하는 '민주적 기본질서'가 헌법 전문과 제4조에 규정되어 있는 '자유민주적 기본질서'를 의미하는지, 아니면 이를 더 넓게 보아 '사회민주적 기본질서'까지 포함하는지 견해가 대립한다. 헌법재판소는 "헌법 제8조 제4항의 민주적 기본질서 개념은 정당해산결정의 가능성과 긴밀히 결부되어 있다. 이 민주적 기본질서의 외연이 확장될수록 정당해산결정의 가능성은 확대되고, 이와 동시에 정당 활동의 자유는 축소될 것이다. 민주 사회에서 정당의 자유가 지니는 중대한 함의나 정당해산심판제도의 남용가능성 등을 감안한다면, 헌법 제8조 제4항의 민주적 기본질서는 최대한 엄격하고 협소한 의미로 이해해야 한다(2013헌다1)."고 판시하여 자유민주적 기본질서를 의미하는 것으로 해석된다.

민주적 기본질서의 '위배'란, 민주적 기본질서에 대한 단순한 위반이나 저촉을 의미하는 것이 아니라, 민주사회의 불가결한 요소인 정당의 존립을 제약해야 할 만큼 그 정당의 목적이나 활동이 우리 사회의 민주적 기본질서에 대하여 실질적인 해악을 끼칠 수 있는 구체적 위험성을 초래하는 경우를 가리킨다.

1) 민주적 기본질서와 자유민주적 기본질서의 관계

헌법 제8조 제4항은 정당해산의 사유로서 "민주적 기본질서에 위배"될 것을 요구하고 있는데, 여기서 말하는 '민주적 기본질서'가 헌법 전문과 제4조에 규정되어 있는 '자유민주적 기본질서'를 의미하는지, 아니면 이를 더 넓게 보아 '사회민주적 기본질서'까지 포함하는지 견해가 대립한다.
헌법재판소는 "헌법 제8조 제4항의 민주적 기본질서 개념은 정당해산결정의 가능성과 긴밀히 결부되어 있다. 이 민주적 기본질서의 외연이 확장될수록 정당해산결정의 가능성은 확대되고, 이와 동시에 정당 활동의 자유는 축소될 것이다. 민주 사회에서 정당의 자유가 지니는 중대한 함의나 정당해산심판제도의 남용가능성 등을 감안한다면, 헌법 제8조 제4항의 민주적 기본질서는 최대한 엄격하고 협소한 의미로 이해해야 한다(2013헌다1)."고 판시하여 자유민주적 기본질서를 의미하는 것으로 해석된다.
이러한 측면에서 헌법재판소는 '민주적 기본질서'의 의미를 "개인의 자율적 이성을 신뢰하고 모든 정치적 견해들이 각각 상대적 진리성과 합리성을 지닌다고 전제하는 다원적 세계관에 입각한 것으로서, 모든 폭력적・자의적 지배를 배제하고, 다수를 존중하면서도 소수를 배려하는 민주적 의사결정과 자유・평등을 기본원리로 하여 구성되고 운영되는 정치적 질서를 말하며, 구체적으로는 국민주권의 원리, 기본적 인권의 존중, 권력분립제도, 복수정당제도 등이 현행 헌법상 주요한 요소라고 볼 수 있다(2013헌다1)."고 판시하고 있다.

2) 사유재산과 시장경제를 골간으로 한 경제질서 포함 여부
과거 헌법재판소는 자유민주적 기본질서의 구체적 내용으로 "기본적 인권의 존중, 권력분립, 의회제도, 복수정당제도, 선거제도, 사유재산과 시장경제를 골간으로 한 경제질서 및 사법권의 독립 등"을 제시하며 사유재산과 시장경제를 골간으로 한 경제질서를 언급하였으나(89헌가113), 최근 결정례에서는 이와 같은 경제질서를 자유민주적 기본질서의 내용으로 언급하지 않고 있다(2013헌다1).
생각건대 현행 경제질서는 헌법 제119조 제1항에 따른 자유시장경제질서를 원칙으로 하면서도 제2항에 따른 사회시장적 경제질서를 채택하고 있는 점, 정당을 두텁게 보호하기 위하여 민주적 기본질서를 협소하게 해석하는 것이 타당한 점 등을 고려할 때, 경제질서는 자유민주적 기본질서의 내용에 포함되지 않는다고 봄이 타당하다.

4) 정당해산의 헌법적 정당화 사유로서 '비례원칙' 준수

강제적 정당해산은 헌법상 핵심적인 정치적 기본권인 정당활동의 자유에 대한 근본적 제한이므로, 헌법재판소는 이에 관한 결정을 할 때 헌법 제37조 제2항이 규정하고 있는 비례원칙을 준수해야만 한다. 따라서 헌법 제8조 제4항의 명문규정상 요건이 구비된 경우에도 해당 정당의 위헌적 문제성을 해결할 수 있는 다른 대안적 수단이 없고, 정당해산결정을 통하여 얻을 수 있는 사회적 이익이 정당해산결정으로 인해 초래되는 정당활동 자유 제한으로 인한 불이익과 민주주의 사회에 대한 중대한 제약이라는 사회적 불이익을 초과할 수 있을 정도로 큰 경우에 한하여 정당해산결정이 헌법적으로 정당화될 수 있다(2013헌다1).

다. 정당해산의 절차적 요건

① 정당의 목적과 활동이 민주적 기본질서에 위반된다고 판단되면 정부는 국무회의의 심의 절차를 거쳐(헌법 제89조 제14호, 헌법재판소법 제55조) 헌법재판소에 그 해산을 제소할 수 있다(헌법 제8조 제4항). 위헌정당의 해산 제소는 정부의 정치적 판단에 따른 자유재량으로 보는 견해와 제소의무를 인정하는 견해가 대립하나 우리 헌법 및 헌법재판소법의 문언상 정부의 재량사항으로 보는 것이 타당하다.
② 정당해산 심판청구서에는 해산을 요구하는 정당의 표시 및 청구이유를 적어야 한다(헌법재판소법 제56조).
③ 헌법재판소에서 정당해산의 결정을 할 때에는 재판관 6인이상의 찬성이 있어야 한다(헌법 제113조 제1항).

라. 위헌정당해산결정의 효과

1) 정당의 해산(헌법재판소법 제59조)
2) 대체정당금지(정당법 제40조), 동일명칭 사용금지(정당법 제41조), 해산정당 목적 달성을 위한 집회금지(집회 및 시위에 관한 법률 제5조 제1항 제1호)
3) 정당재산의 국고귀속(정당법 제48조 제2항)
4) 소속 의원의 의원직 상실 여부

가) 국회의원의 경우

헌법재판소의 해산결정에 따른 정당의 강제해산의 경우에는 그 정당 소속 국회의원이 그 의원직을 상실하는지 여부에 관하여 헌법이나 법률에 아무런 규정을 두고 있지 않다. 따라서 위헌으로 해산되는 정당 소속 국회의원의 의원직 상실 여부는 위헌정당해산제도의 취지와 그 제도의 본질적 효력에 비추어 판단하여야 한다. 이에 대해 ① 국회의원의 자유위임적 성격을 강조하여, 국회의원은 국민의 대표일 뿐 정당의 대표가 아니므로 국민에 의하여 선임된 국회의원의 지위는 정당해산결정에 의하여 상실되지 않는다는 자격유지설, ② 정당해산심판제도의 예방적 헌법수호취지 및 방어적 민주주의 이념에 비추어 볼 때, 정당해산결정의 실효성 확보를 위해 소속 국회의원들은 당연히 자격을 상실한다는 자격상실설, ③ 자유위임의 취지상 지역구 국회의원은 신분을 유지하나, 정당제 민주주의와 위헌정당해산제도의 취지와 목적을 고려하여 비례대표 국회의원은 신분을 상실한다는 절충설이 대립한다.

헌법재판소는, 통합진보당 해산 청구 사건에서 "정당해산심판제도의 본질은 민주적 기본질서에 위배되는 정당을 정치적 의사형성과정에서 배제함으로써 국민을 보호하는 데에 있는데 해산정당 소속 국회의원의 의원직을 상실시키지 않는 경우 정당해산결정의 실효성을 확보할 수 없게 되므로, 이러한 정당해산제도의 취지 등에 비추어 볼 때 헌법재판소의 정당해산결정이 있는 경우 그 정당 소속 국회의원의 의원직은 당선 방식을 불문하고 모두 상실되어야 한다."고 판시하였다(2013헌다1).

나) 지방의회의원의 경우

한편 헌법재판소는 통합진보당 해산청구 사건에서 지방의회의원이 의원직을 상실하는지 여부에 관하여는 판단하지 않았다. 이에 중앙선거관리위원회는 "헌법재판소의 위헌정당 해산결정에 따라 해산된 정당 소속 비례대표지방의회의원은 헌재 결정이 선고된 때부터 공직선거법 제192조 4항에 따라 퇴직된다"라고 의결한 다음 당시 비례대표지방의회의원의 의원직 상실결정을 내린 바 있다.

이에 대해 최근 대법원은 "공직선거법 제192조 제4항은 소속정당이 헌법재판소의 정당해산결정에 따라 해산된 경우 비례대표지방의회의원의 퇴직을 규정하는 조항이라고 할 수 없으므로, 원고가 비례대표 전라북도 의회의원의 지위를 상실하였다고 볼 수 없다(2016두39825)."고 하여 비례대표 지방의회의원은 의원직을 상실하지 않는다고 결정하였다.

> **관련판례** ❶ 정당해산심판절차에 민사소송에 관한 법령을 준용할 수 있도록 규정한 헌법재판소법 제40조 제1항 전문 중 '정당해산심판의 절차'에 관한 부분은 공정한 재판을 받을 권리를 침해하지 않는다. (2014헌마7)
> 준용조항은 헌법재판에서의 불충분한 절차진행규정을 보완하고, 원활한 심판절차진행을 도모하기 위한 조항으로, 그 절차보완적 기능에 비추어 볼 때, 소송절차 일반에 준용되는 절차법으로서의 민사소송에 관한 법령을 준용하도록 한 것이 현저히 불합리하다고 볼 수 없다.
> ❷ 정당해산결정에 대하여 재심이 허용되는지 여부(적극) (2015헌아20)
> 정당해산심판은 원칙적으로 해당 정당에게만 그 효력이 미치며, 정당해산결정은 대체정당이나 유사정당의 설립까지 금지하는 효력을 가지므로 오류가 드러난 결정을 바로잡지 못한다면 장래 세대의 정치적 의사결정에까지 부당한 제약을 초래할 수 있다. 따라서 정당해산심판절차에서는 재심을 허용하지 아니함으로써 얻을 수 있는 법적 안정성의 이익보다 재심을 허용함으로써 얻을 수 있는 구체적 타당성의 이익이 더 크므로 재심을 허용하여야 한다. 한편, 이 재심절차에서는 원칙적으로 민사소송법의 재심에 관한 규정이 준용된다.

100 선거제도

● 18년 1차 1문
甲은 A시 시장 후보로 출마하여 낙선하였고, 유효투표총수의 35%를 득표하여 선거비용 지출액 전액을 보전받을 것을 기대하였다. 그러나 A시 선관위는 甲의 방송시설이용연설 신고의무 불이행을 이유로 과태료 및 선거비용보전지급액공제처분을 하였다. 甲은 A지방법원에 공제처분취소소송을 제기하며 근거법률조항에 대해 위헌법률심판제청신청을 하였다. 심판대상조항의 위헌여부를 검토하시오. (55)

■ 2017년 제59회 사법시험
국회의원 선거권 행사 가능 연령을 19세 이상으로 규정한 공직선거법 조항의 헌법적 정당성 여부를 논하시오. (20)

1. 선거권

가. 의 의

헌법 제24조는 "모든 국민은 법률이 정하는 바에 의하여 선거권을 가진다."고 규정하고 있는바, 여기서 선거권이란 국민이 공무원을 선거하는 권리를 말하고, 원칙적으로 간접민주정치를 채택하고 있는 우리나라에서는 공무원선거권은 국민의 참정권 중 가장 중요한 것이다. 헌법 제24조는 법률유보의 형식을 취하고 있지만, 이것은 국민의 선거권이 '법률이 정하는 바에 따라서만 인정될 수 있다'는 포괄적인 입법권의 유보하에 있음을 의미하는 것이 아니라 국민의 기본권을 법률에 의하여 구체화하라는 뜻이며 선거권을 법률을 통해 구체적으로 실현하라는 의미이다(2004헌마644).

> **관련판례** 선거권이란 국민이 공무원을 선거하는 권리를 말하는 바, 사법적인 성격을 지니는 농협의 조합장선거에서 조합장을 선출하거나 조합장으로 선출될 권리, 조합장선거에서 선거운동을 하는 것은 헌법에 의하여 보호되는 선거권의 범위에 포함되지 않는다. (2011헌바154)

나. 선거권의 범위 – 지방자치단체장 선거권도 포함되는지 여부

1) 문제점

우리 헌법은 국회의원(제41조 제1항)과 대통령(제67조 제1항) 및 지방의회의원(제118조 제2항)의 선출에 관하여는 선거를 통해야 함을 천명하고 있으나, 지방자치단체의 장에 대해서는 헌법 제118조 제2항에서 "지방자치단체의 장의 '선임방법'에 관한 사항은 법률로 정한다."라고만 규정하여 지방의회의원의 '선거'와는 문언상 구별하고 있으므로, 지방자치단체의 장 선거권이 헌법상 보장되는 기본권인지 여부가 문제된다.

2) 견해의 대립

① 헌법 제118조 제2항은 선거의 방법으로 선출할 것을 전제로 규정한 지방의회의원의 경우와는 달리 지방자치단체장의 "선임방법"에 관한 사항은 법률로 정한다고만 규정하고 있는 점 등에 비추어 볼 때, 단체장에 대한 주민직접선거제가 헌법적 의지라고는 볼 수 없으므로 단체장선거권 및 피선거권은 법률에 의하여 보장되는 법률상의 권리에 불과하다는 견해(92헌마74 中 보충의견),

② 헌법에서 지방자치제를 제도적으로 보장하고 있고, 지방자치는 지방자치단체가 독자적인 자치기구를 설치해서 그 자치단체의 고유사무를 국가기관의 간섭 없이 스스로의 책임 아래 처리하는 것을 의미한다는 점에서 지방자치단체의 대표인 단체장은 지방의회의원과 마찬가지로 주민의 자발적 지지에 기초를 둔 선거를 통해 선출되어야 한다는 것은 지방자치제도의 본질에서 당연히 도출되는 원리이므로 헌법상 권리에 해당한다는 견해가 대립한다.

3) 헌법재판소의 입장

헌법재판소는, "공직선거 관련법상 지방자치단체의 장 선임방법은 '선거'로 규정되어 왔고, 지방자치단체의 장을 선거로 선출하여온 우리 지방자치제의 역사에 비추어 볼 때 지방자치단체의 장에 대한 주민직선제 이외의 다른 선출방법을 허용할 수 없다는 관행과 이에 대한 국민적 인식이 광범위하게 존재한다고 볼 수 있다. 그러므로 지방자치단체의 장 선거권 역시 다른 선거권과 마찬가지로 헌법 제24조에 의해 보호되는 헌법상의 권리로 인정하여야 할 것이다."라고 하여 헌법상 권리라는 입장을 분명히 하였다(2014헌마797).

4) 검　토

주민자치제를 본질로 하는 민주적 지방자치제도가 안정적으로 뿌리내린 현 시점에서 지방자치단체의 장 선거권을 지방의회의원 선거권, 더 나아가 국회의원 선거권 및 대통령 선거권과 구별하여 하나는 법률상의 권리로, 나머지는 헌법상의 권리로 이원화하는 것은 허용될 수 없다. 따라서 지방자치단체의 장 선거권을 헌법상 권리로 보는 헌법재판소의 입장이 타당하다.

다. 선거권 제한의 한계

선거권을 제한하는 입법은 헌법 제37조 제2항의 규정에 따라 국가안전보장・질서유지 또는 공공복리를 위하여 필요하고 불가피한 예외적인 경우에만 그 제한이 정당화될 수 있으며, 그 경우에도 선거권의 본질적인 내용을 침해할 수 없고, 보통선거의 원칙은 선거권자의 능력, 재산, 사회적 지위 등의 실질적인 요소를 배제하고 성년자이면 누구라도 당연히 선거권을 갖는 것을 요구하므로 보통선거의 원칙에 반하는 선거권 제한의 입법을 하기 위해서는 헌법 제37조 제2항의 규정에 따른 한계가 한층 엄격히 지켜져야 한다(2004헌마644).

2. 선거제도의 기본원칙

현대 선거제도의 원리는 그 개인의 민주주의적 정치 참여의 실현을 기하는 정치원리로 국민 각자의 인격주의에 바탕을 두고 있다. 현대 선거제도를 지배하는 보통, 평등, 직접, 비밀, 자유선거의 다섯 가지 원칙은 국민 각자의 인격의 존엄성을 인정하고 그 개인을 정치적 단위로 모든 사람에게 자유로운 선거와 참여의 기회를 균등하게 헌법이 보장하는 데에 기초를 두고 있다. 이러한 선거제도의 근본원칙은 선거인, 입후보자와 정당은 물론 선거절차와 선거관리에도 적용되며, 선거법을 제정하고 개정하는 입법자의 입법형성권 행사에도 당연히 준수하여야 한다(88헌가6).

가. 보통선거의 원칙

보통선거의 원칙은 선거권자의 능력, 재산, 사회적 지위 등의 실질적인 요소를 배제하고 일정한 연령에 도달한 사람이라면 누구라도 당연히 선거권을 갖는 것을 요구하는데, 그 전제로서 일정한 연령에 이르지 못한 국민에 대하여는 선거권을 제한하는바, 연령에 의하여 선거권을 제한하는 것은 국정 참여 수단으로서 선거권 행사는 일정한 수준의 정치적인 판단능력이 전제되어야 하기 때문이다.

> **관련판례** 보통선거원칙이 문제되는 경우
>
> ❶ 기탁금제도의 위헌 여부(기각) (2001헌마687)
> 선거의 신뢰성확보와 유권자가 주권자로서 진지하게 그 자신을 대표할 대의기관으로서 국회의원을 선택할 수 있도록 입후보자의 수를 적정한 범위로 제한하는 것이 반드시 필요하다. 대의민주주의에서 선거의 기능과 기탁금제도의 목적 및 성격, 그리고 우리의 정치문화와 선거풍토에 있어서 현실적인 필요성 등을 감안할 때, 선거의 신뢰성과 공정성을 확보하고, 유권자가 후보자선택을 용이하게 하며, 입법권과 국정의 통제 및 감시권한에 상응하는 민주적 정당성을 부여하기 위하여 후보자에게 기탁금의 납부를 요구하는 것은 필요불가결한 입후보요건의 설정이라 할 것이다.
>
> ❷ 선거권 행사 연령을 19세 이상으로 정하고 있는 공직선거법 조항은 19세 미만인 사람의 선거권 및 평등권을 침해하지 않는다. (2012헌마174)
> 선거권 연령을 정함에 있어서 우리나라의 역사, 전통과 문화, 국민의 의식수준, 교육적 요소, 신체적·정신적 자율성의 인정 여부, 정치적·사회적 영향 등 여러 가지 사항을 종합하여 재량에 따라 결정할 수 있으나, 국민의 기본권을 보장하여야 한다는 헌법의 기본이념과 연령에 의한 선거권제한을 인정하는 보통선거제도의 취지에 따라 합리적인 이유에 근거하여 이루어져야 할 것이며, 그렇지 아니한 자의적 입법은 헌법상 허용될 수 없다.
> 입법자는 우리의 현실상 19세 미만의 미성년자의 경우, 아직 정치적·사회적 시각을 형성하는 과정에 있거나, 일상생활에 있어서도 현실적으로 부모나 교사 등 보호자에게 의존할 수밖에 없는 상황이므로 독자적인 정치적 판단을 할 수 있을 정도로 정신적·신체적 자율성을 충분히 갖추었다고 보기 어렵다고 보고, 선거권 연령을 19세 이상으로 정한 것이다.
>
> ❸ 집행유예기간 중인 자와 수형자의 선거권을 제한하고 있는 공직선거법 조항이 청구인들의 선거권을 침해하고, 보통선거원칙에 위반하여 평등원칙에도 어긋난다. (집행유예자 부분 단순 위헌, 수형자 부분 헌법불합치) (2012헌마409)
> 범죄자에 대한 형벌의 내용으로 선거권을 제한하는 경우에도 선거권 제한 여부 및 적용범위의 타당성에 관하여 보통선거원칙에 입각한 선거권 보장과 그 제한의 관점에서 헌법 제37조 제2항에 따라 엄격한 비례심사를 하여야 한다. … 범죄자가 저지른 범죄의 경중을 전혀 고려하지 않고 수형자와 집행유예자 모두의 선거권을 제한하는 것은 침해의 최소성원칙에 어긋난다.
>
> ❹ 주민등록을 요건으로 재외국민의 국정선거권을 제한하는 것이 재외국민의 선거권, 평등권을 침해하고 보통선거원칙을 위반한다. (2004헌마644)
> 단지 주민등록이 되어 있는지 여부에 따라 선거인명부에 오를 자격을 결정하여 그에 따라 선거권 행사 여부가 결정되도록 함으로써 엄연히 대한민국의 국민임에도 불구하고 주민등록법상 주민등록을 할

수 없는 재외국민의 선거권 행사를 전면적으로 부정하고 있는 법 제37조 제1항은 어떠한 정당한 목적도 찾기 어려우므로 헌법 제37조 제2항에 위반하여 재외국민의 선거권과 평등권을 침해하고 보통선거원칙에도 위반된다.

나. 평등선거의 원칙

평등선거의 원칙은 헌법 제11조 제1항 평등의 원칙이 선거제도에 적용된 것으로서 투표의 수적 평등, 즉 1인 1표 원칙(one man, one vote)과 투표의 성과가치의 평등, 즉 1표의 투표가치가 대표자선정이라는 선거의 결과에 대하여 기여한 정도에 있어서도 평등하여야 한다는 원칙(one vote, one value)을 그 내용으로 할 뿐만 아니라, 일정한 집단의 의사가 정치과정에서 반영될 수 없도록 차별적으로 선거구를 획정하는 이른바 '게리맨더링'에 대한 부정을 의미하기도 한다(2000헌마92).

> **관련판례** 평등선거원칙이 문제되는 경우
>
> ❶ 선거구획정에 관한 입법재량의 한계 (2000헌마92)
> 선거구획정에 관하여 국회의 광범한 재량이 인정되지만 그 재량에는 평등선거의 실현이라는 헌법적 요청에 의하여 일정한 한계가 있을 수밖에 없는바, 첫째로, 선거구획정에 있어서 인구비례원칙에 의한 투표가치의 평등은 헌법적 요청으로서 다른 요소에 비하여 기본적이고 일차적인 기준이기 때문에, 합리적 이유없이 투표가치의 평등을 침해하는 선거구획정은 자의적인 것으로서 헌법에 위반된다는 것이고, 둘째로, 특정 지역의 선거인들이 자의적인 선거구획정으로 인하여 정치과정에 참여할 기회를 잃게 되었거나, 그들이 지지하는 후보가 당선될 가능성을 의도적으로 박탈당하고 있음이 입증되어 특정 지역의 선거인들에 대하여 차별하고자 하는 국가권력의 의도와 그 집단에 대한 실질적인 차별효과가 명백히 드러난 경우, 즉 게리맨더링에 해당하는 경우에는, 그 선거구획정은 입법재량의 한계를 벗어난 것으로서 헌법에 위반된다는 것이다.
>
> ❷ 국회의원 선거구획정 : 인구편차 상하33⅓%(인구비례 2:1) (2012헌마190)
> i) 인구편차의 허용기준을 제시함에 있어 최소선거구의 인구수를 기준으로 할 것인가, 아니면 전국 선거구의 평균인구수를 기준으로 할 것인가의 문제가 있으나, <u>전국 선거구의 평균인구수를 기준</u>으로 하여 인구편차 허용기준을 검토한다.
> ii) 국회의원지역선거구를 획정하는데 있어 인구편차 상하 33⅓%를 넘어 인구편차를 완화하는 것은, 지나치 투표가치의 불평등을 야기하는 것으로, 이는 대의민주주의의 관점에서 바람직하지 아니하고, 국회를 구성함에 있어 국회의원의 지역대표성이 고려되어야 한다고 할지라도 이것이 국민주권주의의 출발점인 투표가치의 평등보다 우선시 될 수는 없다. 현재의 시점에서 헌법이 허용하는 인구편차의 기준을 인구편차 상하 33⅓%를 넘어서지 않는 것으로 봄이 타당하다. 따라서 심판대상 선거구구역표 중 인구편차 상하 33⅓%의 기준을 넘어서는 선거구에 관한 부분은 위 선거구가 속한 지역에 주민등록을 마친 청구인들의 선거권 및 평등권을 침해한다.
> iii) 선거구구역표는 각 선거구가 서로 유기적으로 관련을 가짐으로써 한 부분에서의 변동은 다른 부분에서도 연쇄적으로 영향을 미치는 성질을 가진다. 이러한 의미에서 선거구구역표는 전체가 불가분의 일체를 이루는 것으로서 어느 한 부분에 위헌적인 요소가 있다면, 선거구구역표 전체가 위헌의 하자를 갖는 것이라고 보아야 한다.
>
> ❸ 시·도의원 선거구획정 : 인구편차 상하50%(인구비례 3:1) (2014헌마189)
> i) 시·도 선거구의 평균인구수를 기준으로 하여 인구편차의 허용기준을 검토하기로 한다.
> ii) 해당 선거구에 도농 간의 격차가 있는지에 따라 다른 기준을 적용하지 아니하기로 한다.
>
> ❹ 자치구 시·군의원 선거구획정 : 인구편차 상하50%(인구비례 3:1) (2014헌마166)

다. 직접선거의 원칙

직접선거의 원칙은 선거결과가 선거권자의 투표에 의하여 직접 결정될 것을 요구하는 원칙이다. 국회의원선거와 관련하여 보면, 국회의원의 선출이나 정당의 의석획득이 중간선거인이나 정당 등에 의하여 이루어지지 않고 선거권자의 의사에 따라 직접 이루어져야 함을 의미한다. 역사적으로 직접선거의 원칙은 중간선거인의 부정을 의미하였고, 다수대표제하에서는 이러한 의미만으로도 충분하다고 할 수 있다. 그러나 비례대표제하에서 선거결과의 결정에는 정당의 의석배분이 필수적인 요소를 이룬다. 그러므로 비례대표제를 채택하는 한 직접선거의 원칙은 의원의 선출 뿐만 아니라 정당의 비례적인 의석확보도 선거권자의 투표에 의하여 직접 결정될 것을 요구하는 것이다(2000헌마91).

> **관련판례** 직접선거원칙이 문제되는 경우
> ❶ 고정명부식 비례대표제는 비례대표후보자명단과 그 순위, 의석배분방식은 선거시에 이미 확정되어 있고, 투표 후 후보자명부의 순위를 변경하는 것과 같은 사후개입은 허용되지 않는다. 그러므로 비록 후보자 각자에 대한 것은 아니지만 선거권자가 종국적인 결정권을 가지고 있으며, 선거결과가 선거행위로 표출된 선거권자의 의사표시에만 달려 있다고 할 수 있다. 따라서 고정명부식을 채택한 것 자체가 직접선거원칙에 위반된다고는 할 수 없다. (2000헌마91)
> ❷ 비례대표제 하에서의 직접선거의 원칙은 정당의 비례적인 의석확보도 선거권자의 투표에 의하여 직접 결정될 것을 요구한다. 비례대표의원의 선거는 지역구의원의 선거와는 별도의 선거로서 이에 관한 유권자의 별도의 의사표시, 즉 정당명부에 대한 별도의 투표가 있어야 한다. 그런데 1인 1표 제도는 정당명부에 대한 투표가 따로 없으므로 결국 비례대표의원의 선출에 있어서는 정당의 명부작성행위가 최종적·결정적인 의의를 지니게 되고, 선거권자들의 투표행위로써 비례대표의원의 선출을 직접·결정적으로 좌우할 수 없기 때문에 직접선거의 원칙에 위배된다. (2000헌마91)

라. 비밀선거의 원칙

● **24년 2차 1문**
자신이 기표할 수 없는 선거인에 대해 투표보조인이 가족이 아닌 경우 반드시 2인을 동반하여서만 투표를 보조할 수 있게 한 공직선거법 157조 6항 해당조항이 비밀선거원칙에 위배되는지 여부 (25)

비밀선거란 선거인의 의사결정이 타인에게 알려지지 않도록 하는 선거를 말한다. 비밀선거를 보장하는 이유는 투표내용의 비밀을 보장함으로써 선거권의 행사로 인하여 선거인이 불이익을 입는 것을 방지하기 위해서이다. 비밀선거는 유권자의 정치적 의사결정을 국가의 강제와 사회의 압력으로부터 보호하기 위한 필수적이고도 효과적인 수단이며, 자유선거 원칙을 실질적으로 보장하기 위한 전제조건이다. 비밀선거의 원칙은 헌법상 선거원칙이므로, 입법자는 법률로 선거권을 형성할 때 이를 준수하고 실현해야 한다.

> **관련판례** 선거권을 제한하는 입법은 헌법 제37조 제2항에 따라 필요하고 불가피한 예외적인 경우에만 그 제한이 정당화될 수 있으므로, 심판대상조항에 비밀선거의 원칙에 대한 예외를 두는 것이 청구인의 선거권을 침해하는지 여부를 판단할 때에도 헌법 제37조 제2항에 따른 엄격한 심사가 필요하다. (2017헌마867)

마. 자유선거의 원칙

자유선거란 외부의 간섭 없이 자유롭게 선거권을 행사할 수 있는 선거의 원칙을 말한다. 자유선거의 원칙은 비록 우리 헌법에 명시되지는 않았지만 민주국가의 선거제도에 내재하는 법원리인 것으로서 국민주권의 원리, 의회민주주의의 원리 및 참정권에 관한 규정에서 그 근거를 찾을 수 있다(93헌가4).

자유선거의 원칙은 선거권자의 의사형성의 자유와 의사실현의 자유를 말하고, 구체적으로는 투표의 자유, 입후보의 자유 나아가 선거운동의 자유를 뜻한다.

3. 선거공영제

선거공영제는 선거 자체가 국가의 공적 업무를 수행할 국민의 대표자를 선출하는 행위이므로 이에 소요되는 비용은 원칙적으로 국가가 부담하는 것이 바람직하다는 점과 선거경비를 개인에게 모두 부담시키는 것은 경제적으로 넉넉하지 못한 자의 입후보를 어렵거나 불가능하게 하여 국민의 공무담임권을 부당하게 제한하는 결과를 초래할 수 있다는 점을 고려하여, 선거의 관리·운영에 필요한 비용을 후보자 개인에게 부담시키지 않고 국민 모두의 공평부담으로 하고자 하는 원칙이다.

4. 선거운동의 자유

선거운동이라 함은 특정 후보자의 당선 내지 이를 위한 득표에 필요한 모든 행위 또는 특정 후보자의 낙선에 필요한 모든 행위 중 당선 또는 낙선을 위한 것이라는 목적의사가 객관적으로 인정될 수 있는 능동적, 계획적 행위를 말한다(2011헌바153).

선거운동의 자유는 널리 선거과정에서 자유로이 의사를 표현할 자유로서 표현의 자유의 한 형태이기도 하므로 언론, 출판, 집회, 결사의 자유를 보장한 헌법 제21조에 의하여도 보호받는다. 한편, 선거권이 제대로 행사되기 위하여는 후보자에 대한 정보의 자유교환이 필연적으로 요청되므로, 선거운동의 자유는 선거권 행사의 전제 내지 선거권의 중요한 내용을 이룬다. 그러므로 선거운동의 제한은 후보자에 관한 정보에 자유롭게 접근할 수 있는 권리를 제한하는 것으로서 선거권, 곧 참정권의 제한으로 파악될 수도 있다(2004헌마215).

선거운동의 자유도 무제한일 수는 없는 것이고, 선거의 공정성이라는 또 다른 가치를 위하여 어느 정도 선거운동의 주체, 기간, 방법 등에 대한 규제가 행하여질 수 있다. 다만 선거운동은 국민주권 행사의 일환일 뿐 아니라 정치적 표현의 자유의 한 형태로서 민주사회를 구성하고 움직이게 하는 요소이므로 그 제한입법의 위헌여부에 대하여는 엄격한 심사기준이 적용되어야 한다.

101 직업공무원제도

`14.10.모의` `23.08.모의`

1. 의 의

직업공무원제도는 일관성있는 공무수행의 독자성을 유지하기 위하여 헌법과 법률에 의하여 공무원의 신분이 보장되는 공직구조에 관한 제도이다. 여기서 말하는 공무원은 국가 또는 공공단체와 근로관계를 맺고 이른바 공법상 특별권력관계 내지 특별행정법관계 아래 공무를 담당하는 것을 직업으로 하는 협의의 공무원을 말하며 정치적 공무원이라든가 임시적 공무원은 포함되지 않는다(89헌마32).

2. 내 용

직업공무원제도는 ① 정당한 이유 없이 부당하게 신분을 박탈당하지 않을 "공무원의 신분보장", ② 특정 정치세력 등의 개입이나 간섭을 금지하는 "공무원의 정치적 중립성", ③ 정치적 또는 정실적 요소를 배제하고 자격이나 능력을 기준으로 임용·승진·전보되는 "능력주의"를 그 내용으로 한다.

> **관련판례** 선거에서의 공무원의 정치적 중립의무의 헌법적 근거 (2004헌나1)
> 공선법 제9조의 '공무원'이란, 공무원의 정치적 중립의무에 대한 헌법적 요청을 실현하기 위하여 선거에서의 중립의무가 부과되어야 하는 모든 공무원 즉, 구체적으로 '자유선거원칙'과 '선거에서의 정당의 기회균등'을 위협할 수 있는 모든 공무원을 의미한다. 그런데 사실상 모든 공무원이 그 직무의 행사를 통하여 선거에 부당한 영향력을 행사할 수 있는 지위에 있으므로, 여기서의 공무원이란 원칙적으로 국가와 지방자치단체의 모든 공무원 즉, 좁은 의미의 직업공무원은 물론이고, 적극적인 정치활동을 통하여 국가에 봉사하는 정치적 공무원을 포함한다. 다만, 국회의원과 지방의회의원은 정당의 대표자이자 선거운동의 주체로서의 지위로 말미암아 선거에서의 정치적 중립성이 요구될 수 없으므로, 공선법 제9조의 '공무원'에 해당하지 않는다.

102 지방자치제도

★ 11회 변시 2문

지방자치법 22조 단서는 헌법에 위반되는가? (30점 중 일부)

● 20년 3차 2문

닭에 관한 가축사육 제한구역을 "주거밀집지역으로부터 900m" 이내로 규정한 조례가 근거법령(주거밀집지역으로 생활환경의 보호가 필요한 지역은 해당 지방자치단체의 조례로 정하는 바에 따라 일정한 구역을 지정·고시하여 가축의 사육을 제한할 수 있다)의 위임범위를 벗어난 것인지 여부를 검토하시오. (20)

● 22년 2차 1문

감사원 감사가 합목적성 감사로서 A도의 자치행정권 및 자치재정권을 침해하는지 여부 및 "행정안전부장관은 지방자치단체가 협의를 거치지 않고 사회보장제도를 신설 또는 변경하여 경비를 지출한 경우 교부세를 감액하거나 반환하도록 명할 수 있다"고 개정된 법률조항이 A도의 자치행정권과 자치재정권을 침해하는지 여부를 검토하시오. (30)

● 24년 1차 1문의1

A도는 B시에 대하여 감사계획을 통보한 후 '민원제보, 언론보도 등 반복적으로 지적된 사항에 대한 최소한의 자료'인 260개 항목의 자료제출을 요구하였다. A도는 위 자료제출요구는 자치사무 중 법령위반 의심이 있는 사무를 찾아내기 위한 것으로 지방자치법 190조 1항 전문 전단에 근거가 있다고 주장한다. 위 자료제출요구가 B시의 지방자치권을 침해하는지 여부 (30)

■ 2014년 제56회 사법시험

도시계획사업법은 사업실시계획 인가사무를 국토교통부장관이 광역자치단체장인 시·도지사에게 위임할 수 있고, 시·도지사는 이를 기초자치단체장인 시장·군수에게 재위임할 수 있도록 규정하고, 쓰레기처리법은 쓰레기처리 관할권을 광역자치단체인 시·도가 가지며, 시·도는 필요에 따라 기초자치단체인 시·군의 신청에 의해 업무의 전부 또는 일부를 위임할 수 있도록 하였다. 기초자치단체A시는 '광역자치단체장인 B도지사의 도시계획사업실시계획 인가처분'과 '쓰레기처리법 조항'이 헌법 제117조 제1항에 의해 보장되는 A시의 지방자치권을 침해하였다는 이유로 권한쟁의심판을 청구하고자 한다. A시는 헌법 제117조 제1항에 따라 주민들과 밀접한 관계에 있는 기초자치단체가 광역자치단체보다 우위에 있다고 주장하는 바, 이에 대하여 논하시오. (24)

1. 의의와 내용

지방자치제도란 일정한 지역을 단위로 일정한 지역의 주민이 그 지방주민의 복리에 관한 사무·재산관리에 관한 사무·기타 법령이 정하는 사무(헌법 제117조 제1항)를 그들 자신의 책임하에서 자신들이 선출한 기관을 통하여 직접 처리하게 함으로써 지방자치행정의 민주성과 능률성을 제고하고 지방의 균형있는 발전과 아울러 국가의 민주적 발전을 도모하는 제도이다. 지방자치는 국민자치를 지방적 범위내에서 실현하는 것이므로 지방시정에 직접적인 관심과 이해관계가 있는 지방주민으로 하여금 스스로 다스리게 한다면 자연히 민주주의가 육성·발전될 수 있다는 소위 "풀뿌리 민주주의"를 그 이념적 배경으로 하고 있다(91헌마21).

2. 지방자치제도의 본질적 내용

가. 자치단체의 보장

헌법상 지방자치제도보장의 핵심영역 내지 본질적 부분은 특정 지방자치단체의 존속을 보장하는 것이 아니라 지방자치단체에 의한 자치행정을 일반적으로 보장하는 것을 말한다. 따라서 지방자치단체의 폐치·분합하는 것 자체는 자치단체보장의 본질적인 내용을 침해하는 것이 아니다(2005헌마1190).

나. 자치기능의 보장

지방자치단체의 자치권은 자치입법권·자치행정권·자치재정권·자치조직권으로 나눌 수 있으며, 지방자치단체가 이와 같은 자치권한을 부여받을 수 있도록 보장하여야 한다.

다. 자치사무의 보장

자치사무는 지방자치단체가 주민의 복리를 위하여 처리하는 사무이며(헌법 제117조 제1항 전단), 법령의 범위 안에서 그 처리 여부와 방법을 자기책임 아래 결정할 수 있는 사무로서 지방자치권의 최소한의 본질적 사항이므로, 지방자치단체의 자치권을 보장한다고 한다면 최소한 이 같은 자치사무의 자율성만은 침해해서는 안 된다(2006헌라6).

3. 제한의 한계

지방자치의 본질상 자치행정에 대한 국가의 관여는 가능한 한 배제하는 것이 바람직하지만, 지방자치도 국가적 법질서의 테두리 안에서만 인정되는 것이고, 지방행정도 중앙행정과 마찬가지로 국가행정의 일부이므로, 지방자치단체가 어느 정도 국가적 감독, 통제를 받는 것은 불가피하다. 즉, 지방자치단체의 존재 자체를 부인하거나 각종 권한을 말살하는 것과 같이 그 본질적 내용을 침해하지 않는 한 법률에 의한 통제는 가능하다. 결국, 지방자치단체의 자치권은 헌법상 보장을 받고 있으므로 비록 법령에 의하여 이를 제한하는 것이 가능하다고 하더라도 그 제한이 불합리하여 자치권의 본질을 훼손하는 정도에 이른다면 이는 헌법에 위반된다.

> **관련판례** 지방자치단체의 이러한 폐지·병합은 지방자치단체의 자치권의 침해문제와 더불어 그 주민의 헌법상 보장된 기본권의 침해문제도 발생할 수 있다(94헌마75).

4. 지방자치단체의 사무

가. 종 류

지방자치단체의 사무유형은 자치사무, 단체위임사무, 기관위임사무로 구분된다. ① 자치사무란 지방자치단체가 자신의 고유한 업무로서 자기책임하에 처리하는 사무를 말한다. ② 단체위임사무는 법령에 의하여 국가나 다른 공공단체가 그 지방자치단체에서 구체적으로 위임한 사무를 말한다. ③ 기관위임사무란 국가 또는 다른 지방자치단체 등으로부터 당해 지방자치단체의 기관에 위임된 사무를 의미한다. 기관위임사무는 지방자치단체의 사무가 아니며, 지방자치단체의 장 기타의 기관은 기관위임사무를 처리하는 범위안에서 그 사무를 위임한 국가 등의 기관의 지위에 서게 된다.

법령상 지방자치단체의 장이 처리하도록 규정하고 있는 사무가 기관위임사무에 해당하는지 여부를 판단함에 있어서는 그에 관한 법령의 규정 형식과 취지를 우선 고려하여야 할 것이지만 그 외에도 그 사무의 성질이 전국적으로 통일적인 처리가 요구되는 사무인지 여부나 그에 관한 경비부담과 최종적인 책임귀속의 주체 등도 아울러 고려하여 판단하여야 한다(99추30).

나. 자치사무에 대한 감사 허용여부

1) 중앙행정기관의 감사

가) 감사의 범위

중앙행정기관은 지방자치단체의 자치사무에 관하여는 합법성 감사만 할 수 있고 합목적성 감사는 할 수 없다. 헌법재판소도 "헌법상 제도적으로 보장된 자치권 가운데에는 자치사무의 수행에 있어 다른 행정주체(특히 중앙행정기관)로부터 합목적성에 관하여 명령·지시를 받지 않는 권한도 포함된다고 볼 수 있다(2006헌라6)."

나) 감사의 개시 요건

중앙행정기관이 감사에 착수하기 위해서는 자치사무에 관하여 특정한 법령위반행위가 확인되었거나 위법행위가 있었으리라는 합리적 의심이 가능한 경우이어야 하고, 또한, 그 감사대상을 특정해야 한다. 따라서 포괄적·사전적 일반감사나 위법사항을 특정하지 않고 개시하는 감사 또는 법령위반사항을 적발하기 위한 감사는 모두 허용될 수 없다. 왜냐하면 법령위반 여부를 알아보기 위하여 감사하였다가 위법사항을 발견하지 못하였다면 법령위반사항이 아닌데도 감사한 것이 되어 지방자치법 제190조 단서규정에 반하게 되며, 이것은 결국 지방자치단체의 자치사무에 대한 합목적성 감사는 안 된다고 하면서 실제로는 합목적성 감사를 하는 셈이 되기 때문이다.

> **관련판례** ① 중앙행정기관의 지방자치단체의 자치사무에 대한 구 지방자치법 제158조(현행 제190조) 단서 규정의 감사권은 사전적·일반적인 포괄감사권이 아니라 그 대상과 범위가 한정적인 제한된 감사권이라 해석함이 마땅하다.
> ② 행정안전부장관 등이 감사실시를 통보한 사무는 서울특별시의 거의 모든 자치사무를 감사대상으로 하고 있어 사실상 피감사대상이 특정되지 아니하였고 행정안전부장관 등은 합동감사 실시계

획을 통보하면서 구체적으로 어떠한 자치사무가 어떤 법령에 위반되는지 여부를 밝히지 아니하였는바, 그렇다면 행정안전부장관등의 합동감사는 구 지방자치법 제158조 단서 규정상의 감사개시 요건을 전혀 충족하지 못하였다 할 것이므로 헌법 및 지방자치법에 의하여 부여된 서울특별시의 지방자치권을 침해한 것이다(2006헌라6).

③ 광역지방자치단체가 기초지방자치단체의 자치사무에 대한 감사에 착수하기 위해서는 감사대상을 특정하여야 하나, 특정된 감사대상을 사전에 통보할 것까지 요구된다고 볼 수는 없다(2020헌라5).

다) 감사 진행 중에 감사대상을 확장 내지 추가하는 것이 허용되는지 여부

지방자치단체의 자치사무에 대한 무분별한 감사권의 행사는 헌법상 보장된 지방자치권을 침해할 가능성이 크므로, 원칙적으로 감사 과정에서 사전에 감사대상으로 특정되지 아니한 사항에 관하여 위법사실이 발견되었다고 하더라도 감사대상을 확장하거나 추가하는 것은 허용되지 않는다. 다만, 자치사무의 합법성 통제라는 감사의 목적이나 감사의 효율성 측면을 고려할 때, 당초 특정된 감사대상과 관련성이 인정되는 것으로서 당해 절차에서 함께 감사를 진행하더라도 감사대상 지방자치단체가 절차적인 불이익을 받을 우려가 없고, 해당 감사대상을 적발하기 위한 목적으로 감사가 진행된 것으로 볼 수 없는 사항에 대하여는 감사대상의 확장 내지 추가가 허용된다(2020헌라5).

2) 감사원의 감사

헌법재판소는, "헌법이 감사원을 독립된 외부감사기관으로 정하고 있는 취지, 국가기능의 총체적 극대화를 위하여 중앙정부와 지방자치단체는 서로 행정기능과 행정책임을 분담하면서 중앙행정의 효율성과 지방행정의 자주성을 조화시켜 국민과 주민의 복리증진이라는 공동목표를 추구하는 협력관계에 있다는 점에 비추어 보면, 감사원에 의한 지방자치단체의 자치사무에 대한 감사를 합법성 감사에 한정하고 있지 아니한 이 사건 관련규정은 그 목적의 정당성과 합리성을 인정할 수 있다."라고 판시하였다.

5. 조례제정권의 한계

가. 사항적 한계

지방자치단체가 조례를 제정할 수 있는 사항은 지방자치단체의 고유사무인 자치사무와 개별 법령에 의하여 자치단체에 위임된 이른바 단체위임사무에 한하고, 국가사무로서 지방자치단체의 장에 위임된 이른바 기관위임사무에 관한 사항은 조례제정의 범위에 해당하지 않는다(92추31). 다만 기관위임사무에 있어서도 그에 관한 개별 법령에서 일정한 사항을 조례로 정하도록 위임하고 있는 경우에는 지방자치단체의 자치조례 제정권과 무관하게 이른바 위임조례를 정할 수 있다(99추30).

나. 법률우위의 원칙

지방자치단체는 법령에 위반되지 아니하는 범위 내에서 그 사무에 관하여 조례를 제정할 수 있다.

1) '법령'의 의미

헌법 제117조 제1항에서 규정하고 있는 '법령'에는 법률 뿐만 아니라 '대통령령', '총리령' 및 '부령'과 같은 법규명령도 포함된다. 또한 법령의 직접적인 위임에 따라 수임행정기관이 그 법령을 시행하는 데 필요한 구체적 사항을 정한 것이면, 그 제정형식은 비록 법규명령이 아닌 고시, 훈령, 예규 등과 같은 행정규칙이더라도, 그것이 상위법령의 위임한계를 벗어나지 아니하는 한, 상위법령과 결합하여 대외적인 구속력을 갖는 법규명령으로서 기능하게 되는 바, 이에 따라 헌법 제117조 제1항에서 규정하는 '법령'에는 법규명령으로서 기능하는 행정규칙도 포함된다(2001헌라1).

한편 헌법 제117조 제1항과 지방자치법 제28조 본문의 '법령의 범위 안에서'의 해석과 관련해, ① 법률이 이미 규율하고 있는 사항에 대해서는 법률의 위임이 없는 한 조례로 동일한 목적으로 다시 규율할 수 없다는 법률선점론이 있으나 ② 지방자치단체의 고유 사무분야 및 지방적 특수성을 고려할 여지가 있는 분야 등 합리성이 인정되는 경우에는 법률과 동일한 사항을 조례로 정할 수 있다는 법률선점수정론이 통설과 판례의 입장이다.

2) 판단기준

조례가 규율하는 특정사항에 관하여 그것을 규율하는 국가의 법령이 이미 존재하는 경우에도 조례를 제정할 수 있는지 문제되는데, 대법원은 "조례가 법령과 별도의 목적에 기하여 규율함을 의도하는 것으로서 그 적용에 의하여 법령의 규정이 의도하는 목적과 효과를 전혀 저해하는 바가 없는 때, 또는 양자가 동일한 목적에서 출발한 것이라고 할지라도 국가의 법령이 반드시 그 규정에 의하여 전국에 걸쳐 일률적으로 동일한 내용을 규율하려는 취지가 아니고 각 지방자치단체가 그 지방의 실정에 맞게 별도로 규율하는 것을 용인하는 취지라고 해석되는 때에는 그 조례가 국가의 법령에 위반되는 것은 아니다(96추244)."는 입장이다(수정법률선점이론).

그러나 주민의 권리제한이나 의무부과 또는 벌칙을 정하는 내용의 조례나, 동일한 사항에 대하여 법령이 정한 기준보다 초과하여 높은 수준의 침익적 기준을 정한 침익초과조례는 상위법령의 제한범위를 초과한 것으로 무효에 해당한다.

다. 법률유보의 원칙 (지방자치법 제28조 제1항 단서의 위헌여부)

헌법 제117조 제1항에 따라 지방자치단체는 법령의 범위안에서 자치에 관한 규정을 제정할 수 있다.

조례제정권은 헌법 제117조 제1항에서 직접 보장하는 지방자치단체의 자치입법권을 바탕으로 하는 것이므로 지방자치단체는 법률의 수권이나 위임이 없을지라도 법령에 위배되지 않는 한 그의 사무에 관하여 조례로서 규정할 수 있다 할 것임에도 불구하고 지방자치법 제28조 제1항 단서는 "주민의 권리 제한 또는 의무 부과에 관한 사항이나 벌칙을 정할 때에는 법률의 위임이 있어야 한다."고 규정하여 헌법이 보장한 자치입법권의 본질적 내용을 침해하여 헌법에 위반되는지 문제된다.

학설은 ① 헌법 제117조 제1항은 "법령의 범위 안에서" 조례를 정하도록 하고 있는데 하위

법률인 지방자치법에서 법률의 위임을 추가로 요구하는 것은 조례제정권에 대한 위헌적 침해이고, 헌법이 지방자치제도를 보장하는 이상 조례제정에는 법률유보원칙이 적용되지 않는다고 보는 위헌설, ② 헌법 제37조 제2항에 따라 주민의 권리제한에도 법률의 근거가 필요하다고 보는 합헌설 등이 대립한다.

그러나 대법원은 "이는 기본권 제한에 대하여 법률유보원칙을 선언한 헌법 제37조 제2항의 취지에 부합한다고 할 것이므로 조례제정에 있어서 위와 같은 경우에 법률의 위임근거를 요구하는 것이 위헌성이 있다고 할 수는 없다(94추28)."고 하였고, 헌법재판소 역시 "지방자치법은 개별 법률의 위임이 있는 경우에는 조례로써도 주민의 권리를 제한하거나 주민에게 의무를 부과하는 것은 가능함을 밝히고 있다(2002헌바76)."고 하여 위 규정을 합헌으로 보고 있다.

라. 포괄위임의 허용

조례의 제정권자인 지방의회는 선거를 통해서 그 지역적인 민주적 정당성을 지니고 있는 주민의 대표기관이고 헌법이 지방자치단체에 포괄적인 자치권을 보장하고 있는 취지로 볼 때, 조례에 대한 법률의 위임은 법규명령에 대한 법률의 위임과 같이 반드시 구체적으로 범위를 정하여 할 필요가 없으며 포괄적인 것으로 족하다(92헌마264).

다만 자치조례가 아닌 위임조례의 경우 포괄위임이 허용되지 않는다.

마. 재위임의 한계

법률에서 위임받은 사항을 전혀 규정하지 않고 재위임하는 것은 복위임금지 원칙에 반할 뿐 아니라 위임명령의 제정 형식에 관한 수권법의 내용을 변경하는 것이 되므로 허용되지 않으나 위임받은 사항에 관하여 대강을 정하고 그 중의 특정사항을 범위를 정하여 하위법령에 다시 위임하는 경우에는 재위임이 허용된다(2013두14238).

> **관련판례** 조례에 의한 규제가 지역의 여건이나 환경 등 그 특성에 따라 다르게 나타나는 것은 헌법이 지방자치단체의 자치입법권을 인정한 이상 당연히 예상되는 불가피한 결과이므로, 조례 규정으로 인하여 청구인이 다른 지역의 주민들에 비하여 더한 규제를 받게 되었다 하더라도 이를 두고 헌법 제11조 제1항의 평등권이 침해되었다고 볼 수는 없다.(92헌마264)

6. 주민소환제

지방자치법은 "주민은 그 지방자치단체의 장 및 지방의회의원(비례대표 지방의회의원은 제외한다)을 소환할 권리를 가진다"라고 규정함으로써(제25조 제1항) 지방자치단체장과 지방의회의원에 한하여 주민소환제를 도입하였다. 현행 지방자치제에 있어 대의제는 원칙적인 요소이고, 직접민주제로서의 주민소환은 예외적으로 대의제의 결함을 보완하는 것으로 볼 수 있을 것이다(2007헌마843).

주민소환제란 지방자치단체의 특정한 공직에 있는 자가 주민의 신뢰에 반하는 행위를 하고 있다고 생각될 때 임기 종료 전에 주민이 직접 그 해직을 청구하는 제도로서, 주민에 의한 지방행정 통제의 가장 강력한 수단이며, 주민의 참정기회를 확대하고 주민대표의 정책이나 행정처리가 주민의사에 반하지 않도록 주민대표나 행정기관에 대한 통제와 주민에 대한 책임성을 확보하는 데 그 제도적 의의가 있다.

그러나, 주민소환제 자체는 지방자치의 본질적인 내용이라고 할 수 없으므로 이를 보장하지 않는 것이 위헌이라거나 어떤 특정한 내용의 주민소환제를 반드시 보장해야 한다는 헌법적인 요구가 있다고 볼 수는 없다. 다만 주민소환제는 주민의 참여를 적극 보장하고, 이로써 주민자치를 실현하여 지방자치에도 부합하므로, 이 점에서는 위헌의 문제가 발생할 소지가 없고, 제도적인 형성에 있어서도 입법자에게 광범위한 입법재량이 인정된다 할 것이나, 원칙으로서의 대의제의 본질적인 부분을 침해하여서는 아니된다는 점이 그 입법형성권의 한계로 작용한다 할 것이다(2010헌바368).

한편 주민소환청구권 자체는 헌법상 기본권으로서 보장되는 것은 아니고, 입법에 의하여 형성된 주민소환청구제도에 따라 행사할 수 있는 법률상의 권리에 불과하다(2010헌바368).

> **관련판례** 지방의회 사무직원의 임용권을 지방자치단체의장에게 부여하고 있는 구 지방자치법 제91조 제2항이 지방의회와 지방자치단체의 장 사이의 상호견제와 균형의 원리에 어긋나는지 여부(소극) (2012헌바216)
> 헌법상 권력분립의 원리는 지방의회와 지방자치단체의 장 사이에서도 상호견제와 균형의 원리로서 실현되고 있다. 다만 지방자치단체의 장과 지방의회는 정치적 권력기관이긴 하지만 지방자치제도가 본질적으로 훼손되지 않는다면, 중앙·지방간 권력의 수직적 분배라고 하는 지방자치제의 권력분립적 속성상 중앙정부와 국회 사이의 구성 및 관여와는 다른 방법으로 국민주권·민주주의원리가 구현될 수 있다.
> 지방자치단체의 장에게 지방의회 사무직원의 임용권을 부여하고 있는 심판대상조항은 지방자치법 제101조, 제105조 등에서 규정하고 있는 지방자치단체의 장의 일반적 권한의 구체화로서 우리 지방자치의 현황과 실상에 근거하여 지방의회 사무직원의 인력수급 및 운영 방법을 최대한 효율적으로 규율하고 있다고 할 것이다. 심판대상조항에 따른 지방의회 의장의 추천권이 적극적이고 실질적으로 발휘된다면 지방의회 사무직원의 임용권이 지방자치단체의 장에게 있다고 하더라도 그것이 곧바로 지방의회와 집행기관 사이의 상호견제와 균형의 원리를 침해할 우려로 확대된다거나 또는 지방자치제도의 본질적 내용을 침해한다고 볼 수는 없다.

제4편
통치구조론

제9판
2025
SIGNATURE
헌법 HAND BOOK

제1장 통치구조론 개설

 대의제 원리

1. 대의제의 의의

대의제란 주권자인 국민이 국가의사나 국가정책을 직접 결정하지 아니하고 대표자를 선출하여 그들로 하여금 국민을 대신하여 국가의사나 국가정책 등을 결정하게 하는 통치구조의 구성원리를 말한다. 우리 헌법은 제40조, 제41조, 제66조 제4항, 제67조 등에서 의회주의를 핵심으로 하는 간접민주제적 대의제를 통치구조의 기본으로 규정하고 있다.

2. 대의제의 이념적 기초

대의제는 국민주권의 이념을 존중하면서도 현대국가가 지니는 민주정치에 대한 현실적인 장애요인들을 극복하기 위하여 마련된 통치구조의 구성원리로서, 기관구성권과 정책결정권의 분리, 정책결정권의 자유위임을 기본적 요소로 하고, 특히 국민이 선출한 대의기관은 일단 국민에 의하여 선출된 후에는 법적으로 국민의 의사와 관계없이 독자적인 양식과 판단에 따라 정책 결정에 임하기 때문에 자유위임 관계에 있게 된다는 것을 본질로 하고 있다.

가. 기관구성권과 정책결정권의 분리

대의민주주의는 치자와 피치자가 다르다는 것을 전제로 치자에게는 '정책결정권'을 부여함으로써 책임정치를 구현하고, 피치자에게는 '기관구성권'을 부여함으로써 치자의 정책결정권 행사에 정당성을 부여하는 한편 이를 통제하는 통치질서의 구성원리이다.

나. 자유위임의 원리

대의제 하에서는 개별 국민들에게 현실적으로 존재하는 '현실적·경험적 의사'가 아닌 국민 전체의 이익에 부합되는 '추정적 의사'가 국가의사가 된다. 이에 따라 국민의 대표는 국민과의 관계에서 명령적 위임관계에 있는 것이 아니라 추정적 의사에 의한 자유위임관계에 있게 된다. 우리 헌법은 자유위임에 관하여 명시적인 규정을 두고 있지 않지만, "헌법 제7조 제1항의 "공무원은 국민전체에 대한 봉사자이며, 국민에 대해 책임을 진다."라는 규정, 제45조의 "국회의원은 국회에서 직무상 행한 발언과 표결에 관하여 국회 외에서 책임을 지지 아니한다."라는 규정 및 제46조 제2항의 "국회의원은 국가이익을 우선하여 양심에 따라 직무를 행한다."라는 규정들을 종합하여 볼 때, 헌법은 국회의원을 자유위임의 원칙하에 두었다고 할 것이다(92헌마153)."

이에 따라 국민의 대표는 개별적인 명령과 지시에 구속되지 않으며 자신의 양심에 따라서만 결정하고, 그 결정에 대해서는 법적 책임이 아닌 정치적 책임만을 부담한다.

이러한 자유위임원칙은 헌법이 추구하는 가치를 보장하고 실현하기 위한 통치구조의 구성원리 중 하나이므로, 다른 헌법적 이익에 언제나 우선하는 것은 아니고, 국회의 기능수행을 위해서 필요한 범위 내에서 제한될 수 있다.
(그러므로 이 사건 개선행위의 자유위임원칙 위배 여부는 국회의 기능 수행을 위하여 필요한 정도와 자유위임원칙을 제한하는 정도를 비교형량하여 판단하여야 한다.)

> **관련판례 ❶** 국회내 정당간의 의석분포를 결정할 권리(국회구성권)이 기본권인지 여부(96헌마186)
> 대의제 민주주의하에서 국민과 국회의원은 명령적 위임관계에 있는 것이 아니라 자유위임관계에 있으므로, 유권자가 설정한 국회의석분포에 국회의원들을 기속시키고자 하는 내용의 "국회구성권"이라는 기본권은 오늘날 이해되고 있는 대의제도의 본질에 반하는 것이어서 헌법상 인정될 여지가 없고, 청구인들 주장과 같은 대통령에 의한 여야 의석분포의 인위적 조작행위로 국민주권주의라든지 복수정당제도가 훼손될 수 있는지의 여부는 별론으로 하고 그로 인하여 바로 헌법상 보장된 청구인들의 구체적 기본권이 침해당하는 것은 아니다.
>
> **❷** 정당기속과 자유위임의 관계(2002헌라1)
> 국회의원의 원내활동을 기본적으로 각자에 맡기는 자유위임은 자유로운 토론과 의사형성을 가능하게 함으로써 당내민주주의를 구현하고 정당의 독재화 또는 과두화를 막아주는 순기능을 갖는다. 그러나 자유위임은 의회내에서의 정치의사형성에 정당의 협력을 배척하는 것이 아니며, 의원이 정당과 교섭단체의 지시에 기속되는 것을 배제하는 근거가 되는 것도 아니다. … 당론과 다른 견해를 가진 소속 국회의원을 당해 교섭단체의 필요에 따라 다른 상임위원회로 전임(사·보임)하는 조치는 특별한 사정이 없는 한 헌법상 용인될 수 있는 "정당내부의 사실상 강제"의 범위내에 해당한다고 할 것이다.

3. 대의제의 보완

직접민주제는 대의제가 안고 있는 문제점과 한계를 극복하기 위하여 예외적으로 도입된 제도라 할 것이므로, 헌법적인 차원에서 직접민주제를 직접 헌법에 규정하는 것은 별론으로 하더라도 법률에 의하여 직접민주제를 도입하는 경우에는 기본적으로 대의제와 조화를 이투어야 하고, 대의제의 본질적인 요소나 근본적인 취지를 부정하여서는 아니된다는 내재적인 한계를 지닌다(2007헌마843).

우리 헌법은 대의제를 통치구조의 기본으로 규정하면서도 직접민주주의의 현실적 구현형태로 주요정책에 대한 대통령의 국민투표 부의권(헌법 제72조), 헌법개정에 있어서 필수적 국민투표제도(헌법 제130조 제2항)를 채택하여 대의제를 보완하는 제도를 두고 있다.

104 권력분립의 원리

● 13년 3차 1문
대법관이 중앙선거관리위원회 위원장을 겸직하는 것은 헌법상 타당한가. (15)

권력 상호간의 견제와 균형을 통해 국민의 자유와 권리를 보호하려는 권력분립의 원리는, 전통적으로는 국가권력을 입법, 행정, 사법으로 나누어 별개의 기관이 담당하도록 하는 '3권분립'에 의한 형식적인 권력분립을 의미하였다. 그러나 정당을 매개로 한 입법권과 행정권의 통합 현상과 이른바 시민사회의 국가권력에 대한 견제 또는 보완 현상 등을 통해 고전적 의미의 3권분립은 그 의미가 약화되고, 통치권을 행사하는 여러 권한과 기능들의 실질적인 분산과 상호간의 조화를 도모하는 이른바 기능적 권력분립이 중요한 의미를 갖게 되었으며, 이는 오늘날의 연방제, 직업공무원제, 복수정당제, 헌법재판, 시민사회 영역의 제도화 등으로 구체화되고 있다(2004헌바98).

즉 헌법상 권력분립의 원칙이란 국가권력의 기계적 분립과 엄격한 절연을 의미하는 것이 아니라, 권력 상호 간의 견제와 균형을 통한 국가권력의 통제를 의미하는 것이다. 따라서 특정한 국가기관을 구성함에 있어 입법부, 행정부, 사법부가 그 권한을 나누어 가지거나 기능적인 분담을 하는 것은 권력분립의 원칙에 반하는 것이 아니라 권력분립의 원칙을 실현하는 것으로 볼 수 있다(2012헌바300).

> **관련판례** ❶ 권력분립의 원리는 인적인 측면에서도 입법과 행정의 분리를 요청한다. 만일 행정공무원이 지방입법기관에서라도 입법에 참여한다면 권력분립의 원칙에 배치되게 된다. 이와 같이 권력분립의 원칙을 준수할 필요성 때문에 공무원의 경우는 지방의회의원의 입후보 제한이나 겸직금지가 필요하며 또 그것이 당연하다고 할 것이나, 어느 특정 계층의 자조적 협동체(농업협동조합)의 임원에 그치는 조합장에게 같은 필요가 있다고는 할 수 없을 것이다(90헌마28).
> ❷ 대법원장은 구체적 사건의 재판에 대하여는 어떠한 영향도 미칠 수 없고, 변호사 중에서 2인의 특별검사후보자를 대통령에게 추천하는 것에 불과하고 특별검사의 임명은 대통령이 하도록 되어 있으므로 … 정치적 중립성을 엄격하게 지켜야 할 대법원장의 지위에 비추어 볼 때 정치적 사건을 담당하게 될 특별검사의 임명에 대법원장을 관여시키는 것이 과연 바람직한 것인지에 대하여 논란이 있을 수 있으나, 그렇다고 국회의 이러한 정치적·정책적 판단이 헌법상 권력분립원칙에 어긋난다거나 입법재량의 범위에 속하지 않는다고는 할 수 없다(2007헌마1468).

정부형태

1. 정부형태

정부형태는 권력분립의 구조적 실현형태를 의미한다. 크게는 ① 의회에서 선출되고 의회에 대하여 정치적 책임을 지는 내각에게 행정권이 주어지는 의원내각제, ② 국민에 의해 선출되고 의회로부터 독립하여 의회에 대하여 정치적 책임을 지지 않는 대통령에게 행정권이 주어지는 대통령제, ③ 집행부가 대통령과 내각의 두 기구로 구성되고 대통령과 내각이 각기 집행에 관한 실질적 권한을 나누어 가지는 이원정부제의 형태가 있다.

2. 현행 헌법상 정부형태

헌법재판소는 "우리나라의 정부형태는 약간의 의원내각제적 요소도 있기는 하나 기본적으로는 대통령제(또는 대통령중심제)로서 행정권 행사에 관한 최고·최후의 결정권자는 대통령"이라고 하여 원칙적으로 대통령제임을 천명하고 있다(89헌마86).
① 대통령제의 요소로는 대통령 직선제(헌법 제67조 제1항), 집행부의 일원화(제66조 제4항, 제86조 제2항), 대통령 임기제, 대통령의 법률안 거부권(제53조 제2항) 등이 있고, ② 의원내각제적 요소로는 국무총리제도, 국무총리 임명시 국회의 동의(제86조 제1항), 국무회의(제88조 제1항, 제89조), 정부의 법률안제출권(제52조), 의원과 국무위원의 겸직허용(제43조, 국회법 제29조 제1항) 등이 있는 것으로 평가된다.

> ※ 이원정부제
>
> 이원정부제란 집행부가 대통령과 내각의 두 기구로 구성되고 대통령과 내각이 각기 집행에 관한 실질적 권한을 나누어 가지는 정부형태를 말한다. ① 이원정부제에서는 대통령과 수상이 집행권을 분할하여 가지는데 주로 대통령은 외교·국방 등 대외적인 권한과 국가안보에 관한 권한을 가지고 수상은 기타 일반 행정에 관한 권한을 가진다. ② 대통령은 국민의 직접선거에 의하여 선출되므로 의회로부터 독립되어 있고, 수상은 대통령이 지명하나 의회의 동의가 필요하다. ③ 대통령과 내각은 상호 견제관계에 있게 되는데, 대통령은 의회해산권을 행사할 수 있다. 그러나 의회는 내각에 대하여 불신임권을 가질 뿐 대통령불신임권은 갖지 않는다.
> 이원정부제는 집행부와 입법부가 상호 견제하고 협력하여 원활한 국정 수행이 가능하다는 장점이 있으나, 대통령과 의회 다수파의 정치적 견해가 다른 경우 국정운영이 파행될 수 있다는 단점이 있다.

제2장 입법부

106. 의회주의

의회주의란 국민에 의해 선출된 의원들로 구성되는 의회가 집행부와 권력적 균형을 유지하면서 입법 등의 방식으로 국가의 정책결정과정에 참여하는 정치원리 내지 정치방식을 의미한다. 의회주의는 ① 주권자인 국민의 선거를 통해 국민의 의사에 따라 국가정책이 결정된다는 국민대표의 원리, ② 의사과정의 공개 및 토론을 통한 공정성이 필요하다는 공개와 이성적 토론의 원리, ③ 다수파와 소수파가 공개적이고 합리적인 토론을 거쳐 다수의 의사로 결정하는 다수결의 원리, ④ 의회 내에서의 다수의 교체가 가능한 정권교체의 원리 등을 기본원리로 한다.

107. 국회의 위원회

국회의 위원회는 본회의에서 의안 심사를 원활하게 수행하게 할 목적으로 일정한 사항에 대하여 전문적 지식을 가진 의원들로 하여금 법안에 대하여 본회의에 상정하기 전에 예비적으로 심사하는 합의제 기관이다.
우리나라 국회의 법률안 심의는 본회의 중심주의가 아닌 소관 상임위원회 중심으로 이루어진다. 소관 상임위원회에서 심사·의결된 내용을 본회의에서는 거의 그대로 통과시키는 이른바 "위원회 중심주의" 및 본회의 결정주의를 채택하고 있다. 오늘날 의회의 기능에는 국민대표기능, 입법기능, 정부감독기능, 재정에 관한 기능 등이 포함된다. 의회가 이러한 본연의 기능을 수행함에 있어서는 국민대표로 구성된 의원 전원에 의하여 운영되는 것이 이상적일 것이나, 의원 전원이 장기간의 회기동안 고도의 기술적이고 복잡다양한 내용의 방대한 안건을 다루기에는 능력과 시간상의 제약이 따른다. 이러한 한계를 극복하기 위한 방안으로 위원회제도가 창설된 것이다. 그리하여 상임위원회의 구성과 활동은 의회의 업적과 성패를 실질적으로 결정짓는 변수가 되고 있다고 평가되고 있다(2002헌라1).[23]

---

[23] 위원회 중심주의는 본회의 중심주의보다 능률적이고 신속하며, 중대하는 안건처리에 보다 적절하고, 전문성과 기술성을 기할 수 있으며, 대화와 토론 및 타협을 통한 결론도출에 보다 건설적이며, 또한 본회의 중심주의의 제도적 약점을 극복할 수 있다는 점 등이 장점으로 제시된다(98헌마472). 반면 ① 본회의가 형식화될 가능성이 높고, ② 당리당략적인 의사방해를 용이하게 하며, ③ 국회의원들의 폭넓은 국정심의 기회를 박탈하는 등 국회의 기능을 약화시키는 역기능의 측면이 있다.

108 교섭단체

교섭단체(negotiation group)는 원칙적으로 국회에 일정수 이상의 의석을 가진 정당에 소속된 의원들로 구성되는 원내의 정당 또는 정파를 말한다. 정당은 국민의 정치적 의사형성을 목적으로 하는 국민의 자발적 조직이다. 따라서, 원내에 의석을 확보한 정당은 정당의 정강정책을 소속의원을 통하여 최대한 국정에 반영하고 소속의원으로 하여금 의정활동을 효율적으로 할 수 있도록 권고·통제할 필요가 있다. 법은 국회에 20인 이상의 소속의원을 가진 정당은 하나의 교섭단체가 되며, 국회내 상임위원회의 구성은 교섭단체 소속의원수의 비율에 의하여 각 교섭단체대표의원의 요청으로 의장이 선임 및 개선한다고 규정하고 있어, 국회운영에 있어 교섭단체의 역할을 제도적으로 보장하고 있다. 교섭단체는 정당국가에서 의원의 정당기속을 강화하는 하나의 수단으로 기능할 뿐만 아니라 정당소속 의원들의 원내 행동통일을 기함으로써 정당의 정책을 의안심의에서 최대한으로 반영하기 위한 기능도 갖는다(2002헌라1).

109 다수결의 원리

● 19년 1차 1문

> 국회의원 甲은 국회의장 乙에게 공직선거법 개정안에 대하여 심사기간 지정 및 본회의 부의 요청을 했으나 乙은 국회법 제85조 제1항의 심사기간 지정요건을 충족하지 못했다는 이유로 거부하였다. 甲은 재적의원 과반수가 요청하면 신속처리절차가 마련되어야 하는데 이러한 내용이 없는 국회법 제85조 제1항이 다수결 원리와 본회의 결정주의에 위반된다고 주장하였다. 甲은 국회의장 乙의 심사기간 지정 및 본회의 부의 거부행위가 자신의 법률안 심의·표결권을 침해한다고 주장하면서 권한쟁의심판을 청구하였다 국회법 제86조 제1항에 대한 甲의 주장에 대해 판단하라. (20) 甲의 심의·표결권 침해여부를 판단하라. (10)

의회민주주의의 기본원리의 하나인 다수결의 원리는 의사형성과정에서 소수파에게 토론에 참가하여 다수파의 견해를 비판하고 반대의견을 밝힐 수 있는 기회를 보장하여 다수파와 소수파가 공개적이고 합리적인 토론을 거쳐 다수의 의사로 결정한다는 데 그 정당성의 근거가 있는 것이다. 따라서 입법과정에서 소수파에게 출석할 기회조차 주지 않고 토론과정을 거치지 아니한 채 다수파만으로 단독 처리하는 것은 다수결의 원리에 의한 의사결정이라고 볼 수 없다.

헌법 제49조는 의회민주주의의 기본원리인 다수결의 원리를 선언한 것으로서 이는 단순히 재적의원 과반수의 출석과 출석의원 과반수에 의한 찬성을 형식적으로 요구하는 것에 그치지 않는다. 헌법 제49조는 국회의 의결은 통지가 가능한 국회의원 모두에게 회의에 출석할 기회가 부여된 바탕 위에 재적의원 과반수의 출석과 출석의원 과반수의 찬성으로 이루어져야 한다는 것으로 해석하여야 한다(2008헌라7).

110 의사공개의 원칙

● 24년 1차 1문의2

정보위원회 회의를 원칙적으로 비공개로 규정하고 있는 국회법 54조의2 1항에 대해 여당인 B당은 헌법상 의사공개원칙에 위배되지 않는다고 주장한다. B당 입장에서 검토하시오. (20)

헌법 제50조 제1항 본문은 "국회의 회의는 공개한다."라고 하여 의사공개원칙을 규정하고 있다. 의사공개원칙은 의사진행의 내용과 의원의 활동을 국민에게 공개함으로써 민의에 따른 국회운영을 실천한다는 민주주의적 요청에서 유래하는 것으로, 국회에서의 토론 및 정책결정의 과정이 공개되어야 주권자인 국민의 의정활동에 대한 감시와 비판이 가능하고 의사결정의 공정성을 확보할 수 있을 뿐 아니라, 국민에게 의제에 대하여 이해하고 의견을 발표할 수 있도록 정보가 제공되고 국가의사결정의 과정에 참여할 수 있는 실질적 기회가 부여되어 국민의 정치적 의사형성에 기여할 수 있다. 따라서 의사공개원칙은 대의민주주의 정치에 있어서 공공정보의 공개를 통해 국정에 대한 국민의 참여도를 높이고 국정운영의 투명성을 확보하기 위하여 필요불가결한 요소라 할 수 있다.

의사공개원칙은 방청 및 보도의 자유와 회의록의 공표를 그 내용으로 한다. 본회의든 위원회의 회의든 국회의 회의는 원칙적으로 공개하여야 하며, 원하는 모든 국민은 원칙적으로 그 회의를 방청할 수 있다. 다만, 의사공개원칙은 절대적인 것은 아니고, 출석의원 과반수의 찬성이 있거나 의장이 국가의 안전보장을 위하여 필요하다고 인정할 때에는 공개하지 아니할 수 있다 (헌법 제50조 제1항 단서).

> **관련판례** 정보위원회 회의는 공개하지 아니한다고 정하고 있는 국회법 제54조의2 제1항 본문은 헌법 제50조 제1항 의사공개원칙에 위배되어 청구인들의 알 권리를 침해한다. (2018헌마162)
> 심판대상조항은 정보위원회의 회의 일체를 비공개 하도록 정함으로써 정보위원회 활동에 대한 국민의 감시와 견제를 사실상 불가능하게 하고 있다. 또한 헌법 제50조 제1항 단서에서 정하고 있는 비공개 사유는 각 회의마다 충족되어야 하는 요건으로 입법과정에서 재적의원 과반수의 출석과 출석의원 과반수의 찬성으로 의결되었다는 사실만으로 헌법 제50조 제1항 단서의 '출석위원 과반수의 찬성'이라는 요건이 충족되었다고 볼 수도 없다. 따라서 심판대상조항은 헌법 제50조 제1항에 위배되는 것으로 과잉금지원칙 위배 여부에 대해서는 더 나아가 판단할 필요 없이 청구인들의 알 권리를 침해한다.

111 회기계속의 원칙

회기계속의 원칙이란 국회에 제출된 의안이 회기 중에 의결되지 않더라도 그 의안을 폐기하지 않고 다음 회기에서 계속 심의할 수 있다는 원칙을 말한다. 단, 국회의원 또는 지방의회의원의 임기가 만료하거나 국회가 해산된 경우 이 원칙은 적용되지 않는다(헌법 제51조). 이는 국회가 임기중에는 일체성과 동일성을 갖는 국회로서 존재함을 의미한다.

112 일사부재의의 원칙

● 17년 2차 1문

국회의장 乙은 A 법률개정안에 대하여 표결을 진행한 후 투표종료를 선언하였는데, 전자투표 게시판에는 재적 294인, 재석 145인, 찬성 142인, 반대 0인, 기권 3인이라고 표시되어 있었다. 이에 乙은 다시 투표를 진행하여 재적 294인, 재석 153인, 찬성 150인, 반대 0인, 기권 3인으로 투표결과가 집계되었고 가결선포를 하였다. 대한당은 위 법안가결선포행위가 국회의원들의 법안표결권을 침해하여 무효라고 주장한다. 乙의 법안가결선포행위가 일사부재의 원칙에 위배되어 국회의원의 법안표결권을 침해하는지 여부를 판단하시오. (20)

1. 일사부재의 원칙의 의의

국회법 제92조는 "부결된 안건은 같은 회기 중에 다시 발의하거나 제출할 수 없다."고 규정하여 일사부재의원칙을 선언하고 있다. 만일 같은 회기 중에 동일 안건을 몇 번이고 회의에 부의하게 된다면 특정 사안에 대한 국회의 의사가 확정되지 못한 채 표류하게 되므로, 일사부재의원칙은 국회의 의사의 단일화, 회의의 능률적인 운영 및 소수파에 의한 의사방해 방지 등을 위하여 중요한 의의를 가진다. 그런데 일사부재의원칙을 경직되게 적용하는 경우에는 국정운영이 왜곡되고 다수에 의해 악용되어 다수의 횡포를 합리화하는 수단으로 전락할 수도 있으므로, 일사부재의원칙은 신중한 적용이 요청된다고 할 것이다.
일사부재의 원칙이 적용되기 위해서는 ① 안건이 부결되어야 하고, ② 같은 회기중에 발의 또는 제출되어야 한다.

2. 국회 의결 정족수의 의미

가. 문제점

헌법 제49조 및 국회법 제109조에서는 의결정족수에 관하여 "재적의원 과반수의 출석과 출석의원의 과반수의 찬성으로 의결한다."라고 규정하고 있다. 재적의원 과반수의 출석수에 미달한 의결에 대하여 이를 부결된 경우에 해당하여 일사부재의원칙의 적용대상이 된다고 볼 것인지, 아니면 의결의 성립 내지 효력요건을 갖추지 못한 것이므로 일사부재의원칙의 적용대상이 아니라고 볼 것인지가 문제된다.

나. 견해의 대립

1) 부결이라는 견해

국회의원이 특정 의안에 반대하는 경우 회의장에 출석하여 반대투표하는 방법뿐만 아니라 회의에 불출석하는 방법으로도 의안에 대하여 반대의 의사를 표시할 수 있으므로 '재적의원 과반수의 출석'과 '출석의원 과반수의 찬성'이라는 요건이 국회의 의결에 대하여 가지는 의미나 효력을 달리 할 이유가 없다는 입장이다.

2) 의결불성립이라는 견해

'재적의원 과반수의 출석'이라는 의결정족수는 국회의 의결을 유효하게 성립시키기 위한 전제요건인 의결능력에 관한 규정으로서, '출석의원 과반수의 찬성'이라는 다수결 원칙을 선언한 의결방법에 관한 규정과는 그 법적 성격이 구분되는 것이고, 따라서 의결정족수에 미달한 국회의 의결은 유효하게 성립한 의결로 취급할 수 없다는 입장이다.

다. 헌법재판소의 입장

"헌법과 국회법은 의결을 위한 출석정족수와 찬성정족수를 병렬적으로 규정하고 있다. 나아가 '재적의원 과반수의 출석'과 '출석의원의 과반수의 찬성'이라는 규정의 성격이나 흠결의 효력을 별도로 구분하여 규정하고 있지도 아니한다. 따라서 표결이 종료되어 '재적의원 과반수의 출석'에 미달하였다는 결과가 확인된 이상, '출석의원 과반수의 찬성'에 미달한 경우와 마찬가지로 국회의 의사는 부결로 확정되었다고 보아야 한다."라고 판시하여 부결이라는 입장이다(2009헌라8).

라. 검 토

투표가 종료되었다고 하더라도 재적의원 과반수의 출석에 미달한 이상, 국회의 의사가 유효하게 성립되지 않았다고 보는 견해에 의하면, 재적의원 과반수 출석요건을 충족할 때까지는 몇 번이고 재표결을 할 수 있다는 결론에 이르게 된다. 그러나 이는 국회의사의 단일화 및 회의의 능률성·효율성 보장이라는 국회법 제92조(일사부재의)의 입법취지에 정면으로 배치되는 것이라고 하지 않을 수 없다. 따라서 헌법재판소의 입장이 타당하다.

113 처분적 법률

1. 처분적 법률의 의의 및 성격

처분적 법률이란 행정집행이나 사법재판을 매개로 하지 아니하고 직접 국민에게 권리나 의무를 발생하게 하는 법률을 말한다. 처분적 법률은 법률이 직접 자동집행력을 갖는 '집행적 성격'과 특정인 또는 특정사건에 대해서만 적용되는(개인대상법률·개별사건법률) '개별적 성격'을 동시에 갖는 성격을 지닌다(89헌마32, 2003헌마841).

2. 처분적 법률의 허용여부

① 처분적 법률은 개인대상 또는 개별사건에만 적용되는 것이므로 원칙적으로 평등원칙에 위배되는 자의적인 규정이라는 강한 의심을 불러일으킨다. 그러나 개별사건법률금지의 원칙이 법률제정에 있어서 입법자가 평등원칙을 준수할 것을 요구하는 것이기 때문에, 특정규범이 개별사건법률에 해당한다 하여 곧바로 위헌을 뜻하는 것은 아니다. 비록 특정법률 또는 법률조항이 단지 하나의 사건만을 규율하려고 한다 하더라도 이러한 차별적 규율이 합리적인 이유로 정당화될 수 있는 경우에는 합헌적일 수 있다. 따라서 개별사건법률의 위헌 여부는, 그 형식만으로 가려지는 것이 아니라, 나아가 평등의 원칙이 추구하는 실질적 내용이 정당한지 아닌지를 따져야 비로소 가려진다(96헌가2).

② 또한 처분적 법률의 집행적 성격으로 인하여 행정부의 권한인 '처분'을 입법부가 직접 행사하게 된다는 점에서 권력분립원칙 위반이 문제될 수 있다. 그러나 일반적 견해는 기능적 권력분립의 원칙 하에서 당해 법률이 극단적인 개별적·구체적 처분을 내용으로 하는 것이 아닌 이상 헌법에 위반되지 않는다고 본다.

> **관련판례** 처분적 법률에 해당한다고 본 결정례
> ❶ 주식회사 연합뉴스를 국가기간뉴스통신사로 지정하고 이에 대한 재정지원등을 규정한 뉴스통신진흥에 관한 법률 (2003헌마841)
> ❷ 헌정질서파괴범의 공소시효 정지에 관한 5·18민주화운동등에관한특별법 (96헌가2)
> ❸ 세무대학교 폐지 법률 (99헌마613)
> ❹ 특별검사에 의한 수사대상을 특정인에 대한 특정 사건으로 한정하고 있는 「한나라당 대통령 후보 이명박의 주가 조작 등 범죄혐의의 진상규명을 위한 특별검사의 임명 등에 관한 법률」 (2007헌마1468)

114 조세입법권

1. 조세의 의의

조세는 국가 또는 지방자치단체가 재정수요를 충족시키거나 경제적·사회적 특수정책의 실현을 위하여 국민 또는 주민에 대하여 아무런 특별한 반대급부 없이 강제적으로 부과 징수하는 과징금을 의미한다(89헌가95).

2. 부담금과의 구별

조세는 국가 등의 일반적 과제의 수행을 위한 것으로서 담세능력이 있는 일반국민에 대해 부과되지만, 부담금은 특별한 과제의 수행을 위한 것으로서 당해 공익사업과 일정한 관련성이 있는 특정 부류의 사람들에 대해서만 부과되는 점에서 양자는 차이가 있다(2002헌바42). (부담금의 헌법적 정당화 요건은 '재산권' 부분 참고)

> **관련판례** 보험료는 조세와는 근본적으로 성격을 달리하는 공과금으로서 조세법률주의가 적용되지 않는다(2005헌바51).

3. 조세법률주의

가. 내 용

조세법률주의는 법률의 근거 없이는 국가는 조세를 부과·징수할 수 없고 국민은 조세의 납부를 요구 당하지 않는다는 원칙으로서, 조세평등주의와 함께 조세법의 기본원칙이다.

이러한 조세법률주의는 조세는 국민의 재산권을 침해하는 것이 되므로, 납세의무를 성립시키는 납세의무자, 과세물건, 과세표준, 과세기간, 세율 등의 과세요건과 조세의 부과 징수 절차는 모두 국민의 대표기관인 국회가 제정한 법률로써 이를 규정하여야 한다는 과세요건 법정주의와 아울러 과세요건을 법률로 규정하였다고 하더라도 그 규정내용이 지나치게 추상적이고 불명확하면 과세관청의 자의적인 해석과 집행을 초래할 염려가 있으므로 그 규정 내용이 명확하고 일의적이어야 한다는 과세요건명확주의를 그 핵심적 내용으로 하고 있다(90헌바21).

헌법규정들이 선언한 조세법률주의도 과세요건이 형식적 의미의 법률로 명확히 정해질 것을 요구할 뿐 아니라, 조세법의 목적이나 내용이 기본권 보장의 헌법이념과 이를 뒷받침하기 위하여 헌법상 요구되는 제 원칙에 실질적으로 합치될 것도 아울러 요구하는 실질적 조세법률주의를 추구하고 있는 것으로 보아야 한다(2000헌바95).

> **관련판례** ❶ 조세법률주의와 조세공평의 이념에서 비롯된 엄격해석의 원칙은 과세요건에 해당하는 경우에는 물론 비과세 및 조세감면요건에 해당하는 경우에도 적용되므로, 납세자에게 유리하다고 하여 비과세요건이나 조세감면요건을 합리적 이유 없이 확장해석하거나 유추해석하는 것은 허용되지 않는다(2005두15021).
> ❷ 국민의 기본의무인 납세의무의 중요한 사항 내지 본질적 내용에 관한 사항에 대하여는 조세법률주의의 원칙상 가능한 한 법률에 명확하게 규정되어야 하고 이와 같은 사항을 대통령령 등 하위법규에 위임하는 데에는 일정한 한계가 있다(94헌바40).

나. 소급과세금지의 원칙

새로운 입법으로 과거에 소급하여 과세하거나 또는 이미 납세의무가 존재하는 경우에도 소급하여 중과세하는 것은 소급입법 과세금지원칙에 위반된다(97헌바58).

4. 조세평등주의

조세평등주의는 법 앞의 평등의 원칙을 조세의 부과와 징수과정에서도 구현함으로써 조세정의를 실현하려는 원칙으로서, 조세의 부과와 징수를 납세자의 담세능력에 상응하여 공정하고 평등하게 할 것을 요구한다. 조세평등주의가 요구하는 이러한 담세능력에 따른 과세의 원칙(또는 응능부담의 원칙)은 한편으로 동일한 소득은 원칙적으로 동일하게 과세될 것을 요청하며(이른바 '수평적 조세정의'), 다른 한편으로 소득이 다른 사람들간의 공평한 조세부담의 배분을 요청한다(이른바 '수직적 조세정의')(98헌마55).

또 나아가 특정의 납세의무자를 불리하게 차별하는 것이 금지될 뿐만 아니라 합리적 이유 없이 특별한 이익을 주는 것도 허용되지 아니한다. 조세란 공공경비를 국민에게 강제적으로 배분하는 것으로서 납세의무자 상호간에는 조세의 전가관계가 있으므로 특정인이나 특정계층에 대하여 정당한 이유 없이 면세·감면 등의 조세우대조치를 하는 것은 다른 납세자에게 그만큼 과중과세를 하는 결과가 되기 때문이다(94헌마242).

115 탄핵소추권

● 14년 1차 1문
국토교통부장관 甲에 대한 헌법재판소의 탄핵심판 계속 중 피소추인 甲은 국회법 제130조 제2항에 따른 탄핵소추 의결시한이 매우 짧을 뿐만 아니라 국회의 탄핵소추 진행과정에서 자신에게 항변 또는 진술의 기회를 전혀 주지 않았으므로 탄핵소추의결이 헌법상 적법절차원칙을 위반한 것이라는 주장을 하였다. 甲의 주장은 타당한가? (25)

● 23년 2차 1문의3
판사 甲에 대한 탄핵소추안이 가결된 이후 甲은 헌법재판소 선고전 임기가 만료되어 퇴직하였다. 甲에 대한 탄핵심판에서 심판의 이익 인정여부에 대해 판단하시오. (20)

1. 탄핵제도의 의의

헌법 제65조 제1항에 규정된 탄핵제도는 행정부와 사법부의 고위공직자의 헌법위반이나 법률위반 등 직무상 중대한 비위를 범한 경우에 의회가 소추하여 파면하는 제도를 말한다. 탄핵심판절차는 행정부와 사법부의 고위공직자에 의한 헌법침해로부터 헌법을 수호하고 유지하기 위한 제도이다(2004헌나1). 우리 헌법은 국회의 탄핵소추의결이 국회의 재량행위임을 명문으로 밝히고 있다.

2. 국회의 탄핵소추권

가. 소추기관

탄핵소추는 헌법의 명문 규정에 따라 국회가 소추권을 가진다(헌법 제65조 제1항).

나. 탄핵소추대상자

헌법은 탄핵소추대상자로 대통령, 국무총리, 국무위원, 행정각부의 장, 헌법재판소 재판관과 사법부의 법관, 중앙선거관리위원회 위원, 감사원장, 감사위원, 기타 법률이 정한 공무원을 명시하고 있고(헌법 제65조 제1항), 관련 법률에서는 검사(검찰청법 제37조), 경찰청장(경찰법 제14조 제5항), 방송통신위원회 위원장, 각급 선관위원, 원자력안전위원회 위원장, 고위공직자범죄수사처장·차장·수사검사 등을 규정하고 있다.
한편 국무총리 국무위원 등이 대통령의 직무를 대행하는 경우 국무총리 국무위원 등의 자격으로 탄핵대상에 해당될 수 있는데, 이러한 경우에는 대통령직무대행의 자격으로 탄핵대상이 된다고 보는 견해가 있다.

다. 소추사유

1) 직무집행의 의미

'직무'란, 법제상 소관 직무에 속하는 고유 업무 및 통념상 이와 관련된 업무를 말한다. 따라서 직무상의 행위란, 법령·조례 또는 행정관행·관례에 의하여 그 지위의 성질상 필요로 하거나 수반되는 모든 행위나 활동을 의미한다. 이에 따라 대통령 탄핵의 경우, 대통령의 직무상 행위는 법령에 근거한 행위뿐만 아니라 '대통령의 지위에서 국정수행과 관련하여 행하는 모든 행위'를 포괄하는 개념이다. 그러나 문언의 해석상 대통령의 직위를 보유하고 있는 상태에서 범한 법위반행위만이 소추사유가 될 수 있으므로 당선 후 취임시까지의 기간에 이루어진 행위도 소추사유가 될 수 없다(2004헌나1).

2) '헌법이나 법률을 위반한 경우'의 의미

'헌법'에는 명문의 헌법규정뿐만 아니라 헌법재판소의 결정에 의하여 형성되어 확립된 불문헌법도 포함된다. '법률'이란 단지 형식적 의미의 법률 및 그와 등등한 효력을 가지는 국제조약, 일반적으로 승인된 국제법규 등을 의미한다.

한편 대통령에 대한 '탄핵심판청구가 이유 있는 때'란, 모든 법위반의 경우가 아니라, 단지 공직자의 파면을 정당화할 정도로 '중대한' 법위반의 경우를 말한다.

행정각부의 장의 경우에도 피청구인의 책임에 상응하는 헌법적 징벌의 요청 및 침해된 헌법질서를 회복하고 헌법을 수호하기 위한 탄핵심판의 제도적 기능에 비추어보면, '탄핵심판 청구가 이유 있는 경우'란 피청구인의 파면을 정당화할 수 있을 정도로 중대한 헌법이나 법률 위반이 있는 경우를 말한다. 다만 국가 원수이자 행정부의 수반으로서 국민의 선거에 의하여 선출되어 직접적인 민주적 정당성을 부여받은 대통령과 행정각부의 장은 정치적 기능이나 비중에서 본질적 차이가 있고, 양자 사이의 직무계속성의 공익이 다름에 따라 파면의 효과 역시 근본적인 차이가 있다. 따라서 '법 위반행위의 중대성'과 '파면 결정으로 인한 효과' 사이의 법익형량을 함에 있어 이와 같은 점이 고려되어야 한다(2023헌나1).

> **판단판례** 탄핵심판설차에서의 헌법재판소에 의한 판단의 대상 (2004헌나1)
> ① 헌법 제69조는 대통령의 취임선서의무를 규정하면서, 대통령으로서 '직책을 성실히 수행할 의무'를 언급하고 있다. 비록 대통령의 '성실한 직책수행의무'는 헌법적 의무에 해당하나, '헌법을 수호해야 할 의무'와는 달리, 규범적으로 그 이행이 관철될 수 있는 성격의 의무가 아니므로, 원칙적으로 사법적 판단의 대상이 될 수 없다고 할 것이다. 헌법 제65조 제1항은 탄핵사유를 '헌법이나 법률에 위배한 때'로 제한하고 있고, 헌법재판소의 탄핵심판절차는 법적인 관점에서 단지 탄핵사유의 존부만을 판단하는 것이므로, 정치적 무능력이나 정책결정상의 잘못 등 직책수행의 성실성여부는 그 자체로서 소추사유가 될 수 없어, 탄핵심판절차의 판단대상이 되지 아니한다.
> ② 헌법재판소는 사법기관으로서 원칙적으로 탄핵소추기관인 국회의 탄핵소추의결서에 기재된 소추사유에 의하여 구속을 받는다. 따라서 헌법재판소는 탄핵소추의결서에 기재되지 아니한 소추사유를 판단의 대상으로 삼을 수 없다. 그러나 탄핵소추의결서에서 그 위반을 주장하는 '법규정의 판단'에 관하여 헌법재판소는 원칙적으로 구속을 받지 않으므로, 청구인이 그 위반을 주장한 법규정 외에 다른 관련 법규정에 근거하여 탄핵의 원인이 된 사실관계를 판단할 수 있다. 또한, 헌법재판소는 소추사유의 판단에 있어서 국회의 탄핵소추의결서에서 분류된 소추사유의 체계에 의하여 구속을 받

지 않으므로, 소추사유를 어떠한 연관관계에서 법적으로 고려할 것인가의 문제는 전적으로 헌법재판소의 판단에 달려있다.

라. 탄핵소추의 의결

1) 대통령에 대한 탄핵소추 의결은 국회재적의원 3분의 2 이상의 찬성이 있어야 하고, 대통령을 제외한 탄핵대상자에 대한 소추 의결은 국회재적의원 과반수의 찬성이 있어야 한다(헌법 제65조 제2항).
2) 이때 국회에게 대통령의 헌법 등 위배행위가 있을 경우에 탄핵소추의결을 하여야 할 헌법상의 작위의무가 있다거나 이를 헌법상 기본권으로 볼 수 있는지 문제된다. 우리 헌법 제65조 제1항은 명문규정상 국회의 탄핵소추의결이 국회의 재량행위임을 밝히고 있고 헌법해석상으로도 국정통제를 위하여 헌법상 국회에게 인정된 다양한 권한 중 어떠한 것을 행사하는 것이 적절한 것인가에 대한 판단권은 오로지 국회에 있다고 보아야 할 것이며, 나아가 국회의 탄핵소추의결을 청구할 권리에 관하여도 아무런 명문규정이 없고, 헌법해석상으로도 그와 같은 권리를 인정할 수 없기 때문에, 국회의 탄핵소추의결의 부작위는 헌법소원의 대상이 되는 공권력의 불행사에 해당한다고 볼 수 없다(93헌마186).

> **관련판례** ① 탄핵소추절차는 국회와 대통령이라는 헌법기관 사이의 문제이고, 국회의 탄핵소추의결에 따라 사인으로서 대통령 개인의 기본권이 침해되는 것이 아니다. 국가기관이 국민에 대하여 공권력을 행사할 때 준수하여야 하는 법원칙으로 형성된 적법절차의 원칙을 국가기관에 대하여 헌법을 수호하고자 하는 탄핵소추절차에 직접 적용할 수 없다.
> ② 국회의 의사절차에 헌법이나 법률을 명백히 위반한 흠이 있는 경우가 아니면 국회 의사절차의 자율권은 권력분립의 원칙상 존중되어야 하고, 국회법 제130조 제1항은 탄핵소추의 발의가 있을 때 그 사유 등에 대한 조사 여부를 국회의 재량으로 규정하고 있으므로, 국회가 탄핵소추사유에 대하여 별도의 조사를 하지 않았다거나 국정조사결과나 특별검사의 수사결과를 기다리지 않고 탄핵소추안을 의결하였다고 하여 그 의결이 헌법이나 법률을 위반한 것이라고 볼 수 없다. (2016헌나1)

3. 탄핵소추의 효과

국회에서 탄핵소추가 의결되어 소추의결서가 송달된 때에는 피소추자는 헌법재판소의 심판이 있을 때까지 그 권한행사가 정지된다(헌법 제65조 제3항, 헌법재판소법 제50조, 국회법 제134조 제2항). 권한행사가 정지된 상태에서 임명권자는 피소추자의 사직원을 접수하거나 해임할 수 없다(국회법 제134조 제2항).

4. 탄핵심판결정의 효력

피청구인은 탄핵결정의 선고에 의하여 그 공직에서 파면된다. 그러나 이에 의하여 민사상이나 형사상의 책임이 면제되는 것은 아니다(헌법 제65조 제4항, 헌법재판소법 제54조 제1항). 탄핵결정에 의하여 파면된 사람은 결정 선고가 있은 날부터 5년이 지나지 아니하면 공무원이 될 수 없다(헌법재판소법 제54조 제2항).

5. 탄핵심판의 이익 (헌법재판소의 탄핵심판 계속 중 피청구인이 임기만료로 퇴직한 경우, 탄핵심판청구가 적법한지 여부) (2021헌나1 참고)

탄핵심판의 이익이란 탄핵심판청구가 이유 있는 경우에 피청구인을 해당 공직에서 파면하는 결정을 선고할 수 있는 가능성을 상정하여 탄핵심판의 본안심리에 들어가 그 심리를 계속할 이익이다. 탄핵심판은 탄핵심판청구가 이유 있는 경우에는 '파면 결정을 선고'함으로써 헌법의 규범력을 확보하는 것을 목적으로 하고, 탄핵심판절차는 그 목적 달성을 위한 수단에 해당되므로, 만약 파면을 할 수 없어 목적 달성이 불가능하게 된다면 탄핵심판의 이익은 소멸하게 된다.

이때 탄핵심판의 이익이 있는지 여부의 판단은 ① 헌법 및 헌법재판소법의 명문의 규정에 부합하여야 하고, ② 파면결정을 통하여 공직을 박탈함으로써 손상된 헌법질서를 회복하고, ③ 피청구인에게 그 임기 동안 부여된 민주적 정당성을 임기 중에 박탈함으로써 헌법을 수호하고자 하는 탄핵심판절차의 목적과 기능의 관점에도 부합하여야 한다.

이처럼 탄핵심판 계속 중 임기만료로 피청구인이 공직에서 퇴직한 경우에 있어서 탄핵사유 유무만을 객관적으로 확인하기 위한 탄핵심판의 이익은 인정되지 않는다 할 것이므로, 헌법재판소는 이를 각하하여야 한다.

116 국정감사조사권

★ 9회 변시 1문의1

대통령 A는 국정조사 요구 및 조사계획서 승인 요건의 정족수 규정을 강화(재적 1/4분 이상 요구 → 재적 1/2이상 요구)하는 국감국조법 개정안을 국회에 제출하였고, 이 개정안은 국회에서 의결되었다. 개정 국감국조법 조항의 위헌 여부에 대하여 판단하시오. (10)

1. 국정감사·조사권의 의의

헌법 제61조 제1항은 국회의 국정감사권과 국정조사권을 규정하고 있다. 국정감사권이란 국회가 매년 정기적으로 국정 전반에 대하여 감사할 수 있는 권한을 말한다. 그리고 국정조사권이란 국회가 특정한 국정사안을 조사하기 위하여 그에 관한 서류의 제출이나 증인의 출석, 증언이나 의견의 진술 등을 요구하고 조사할 수 있는 권한을 말한다. 국정감사·조사권은 ① 국정 실태를 파악하는 적극적 기능, ② 집행부와 사법부의 비행을 적발·시정하는 기능, ③ 국민의 알권리를 충족시켜주는 정보제공적 기능 등을 수행한다. 국정감사·조사권의 성격 내지 본질에 대해 ① 입법권·국정통제권·예산심의권과 더불어 국회의 4대 권한이라고 보는 견해가 있으나(독립적 권한설), ② 국정감사·조사권은 독자적인 기능을 수행하는 것이 아닌 의회의 권한을 효율적으로 행사할 수 있도록 하는 보조적 권한이라는 견해(보조적 권한설)가 다수설이다.

2. 한 계

국정감사 또는 조사는 ① 개인의 사생활을 침해하거나, ② 계속중인 재판 또는 수사중인 사건의 소추에 관여할 목적으로 행사되어서는 안된다(국정감사및조사에관한법률 제8조). ③ 지방자치단체 중 특별시·광역시·도에 대한 감사범위는 국가위임사무와 국가가 보조금 등 예산을 지원하는 사업으로 한정되고, 그 외의 지방행정기관·지방자치단체·감사원법에 의한 감사원의 감사대상기관은 본회의가 특히 필요하다고 의결한 경우에 한하여 감사를 할 수 있다(동법 제7조 제2호, 제4호).

117 국무총리·국무위원 해임건의권

- 13년 3차 1문
  대통령은 국무총리에 대한 국회의 해임건의에 법적으로 기속되는가? (15)

- 13년 3차 1문
  국무총리에 대하여 국회의 해임건의가 있는 경우, 만일 국무총리가 사표를 제출하지 않았음에도 대통령이 국회의 해임건의를 수용하여 해임할 경우, 대통령은 국무총리가 제청한 국무위원도 함께 해임하여야 하는지 논하시오. (15)

1. 의 의

국회는 국무총리 또는 국무위원의 해임을 대통령에게 건의할 수 있다(헌법 제63조). 이는 국회가 대통령을 보좌하는 국무총리 등에 대하여 책임을 묻는 제도로서 의원내각제적 요소로 평가된다.

2. 해임건의 사유

해임건의의 사유에 관하여 우리 헌법에는 특별한 규정이 존재하지 않는다. 국회의 해임건의권은 국무총리와 국무위원에 대하여 정치적 책임을 묻기 위한 것으로서, 해임건의의 사유에는 법규범에 대한 위반뿐만 아니라 정치적 무능, 정책결정상의 과오, 부하직원의 과오 등 정치적 책임을 추궁할 수 있는 모든 경우가 포함된다(2020헌마264).

3. 해임건의의 효과

가. 대통령이 구속되는지 여부

국회가 해임건의를 의결하게 되면 대통령이 이에 구속되는지 여부에 관하여 ① 해임건의의 실효성을 위하여 긍정하는 견해와 ② 문자 그대로 '건의'에 불과하므로 대통령을 구속하지 않는다는 부정설이 대립한다. 헌법재판소는 "국회의 해임건의는 대통령을 기속하는 해임결의권이 아니라, 아무런 법적 구속력이 없는 단순한 해임건의에 불과하다."고 하여 해임건의권에 대하여 법적 구속력을 부정하는 입장이다(2004헌나1).
헌법이 탄핵제도와 해임건의제도를 구분하고 있는 점, 현행 헌법상 정부형태는 대통령제임을 고려했을 때 대통령이 해임건의에 구속되지 않는다는 헌법재판소의 입장이 타당하다.

나. 연대책임 인정여부

국무총리가 해임되는 경우 국무총리가 제청한 다른 국무위원들도 연대해임되는 것인지에 관하여 ① 임명제청권자인 국무총리가 해임된 이상 국무총리가 제청한 국무위원들도 함께 해임하여야 한다는 긍정설과 ② 국무총리 개인에 대한 책임일 뿐 다른 국무위원들까지 연대해임되는 것은 아니라는 부정설이 대립한다.

생각건대 대통령제 정부하에서 행정권의 최후 결정권자는 대통령이고 국무총리는 대통령을 보좌하는데 지나지 않으므로, 국무총리가 해임된다는 이유로 다른 국무위원들도 연대해임되는 것은 아니라고 보는 것이 타당하다.

> **관련판례** 대통령이 국회의 인사청문회 견해를 수용할 의무가 있는지 여부(소극) (2004헌나1)
> 대통령이 국회인사청문회의 결정이나 국회의 해임건의를 수용할 것인지의 문제는 대의기관인 국회의 결정을 정치적으로 존중할 것인지의 문제이지 법적인 문제가 아니다. 따라서 대통령의 이러한 행위는 헌법이 규정하는 권력분립구조 내에서의 대통령의 정당한 권한행사에 해당하거나 또는 헌법규범에 부합하는 것으로서 헌법이나 법률에 위반되지 아니한다.

118 국회의 자율권

★ **12회 변시 1문**

헌법 제64조 제4항의 해석과 관련하여, 국회에서 제명당한 국회의원 乙이 헌법재판소에 제소하는 것이 가능할지 검토하시오(그 외 심판청구의 적법요건은 검토하지 말 것). (15)

● **14년 3차 1문**

과반수 야당 시민민주당은 보건복지위원회 소관인 노인최저생계보장법을 통과시킨다는 방침 정하였는데 시민민주당 소속 국회의원 甲은 유일하게 당론을 반대한다. 2013. 6. 24., 교섭단체대표의원 乙은 국회의장 丙에게 甲의 보건복지위 사임 및 현재 환경위 소속인 丁의 보임을 요청하였다. 丙은 이를 당일 결재하였다. 甲은, 丙이 乙의 사·보임 요청서를 결재함으로써 甲을 국회 보건복지위원회에서 강제사임시킨 것은 국회의원으로서의 법률안·심의 표결권을 침해하였으므로, 결재행위는 무효라고 주장한다. 甲 주장의 정당성 여부를 논하시오. (30)

● **14년 3차 1문**

국회는 "국회의원 甲은 본회의 신상발언에서 동료 의원을 비방하였는데 이는 의도적인 명예훼손이자 회의장 질서를 문란케 한 행위이다"라는 이유로 국회 재적의원 3분의 2 이상 찬성을 얻어 甲을 제명하였다. 甲은 국회의 제명처분에 대해 헌법소원을 청구하였다. 적법한가? (20)

● **23년 2차 1문의1**

교섭단체 A당은 의원총회에서 국민연금법 개정안을 신속처리대상안건으로 지정하여 처리하는 합의체 추인을 당론으로 결정하였으나, A당 소속 국개특위 위원인 甲(2021.10.18. 정기회에서 선임)은 반대의사를 표명하였다. A당 교섭단체 대표의원은 임시회중이던 2022.4.25. 국회의장 乙에게 국개특위 위원을 甲에서 丙으로 개선할 것을 요청했고 같은 날 乙은 개선하였다. 甲은 乙의 위 개선행위로 자신의 법률안 심의·표결권 등이 침해되었다고 주장하며 2022.6.24. 권한쟁의를 청구하였다. 적법성 여부 및 권한침해 여부를 판단하시오. (40)

■ **2016년 제58회 사법시험**

국회는 국회의원인 甲이 평소에 국회의원으로서의 책무를 소홀히 하고, 특히 2015년 정기회에서 다른 국회의원을 모욕하였다는 사유로 윤리특별위원회의 심사를 거쳐 甲을 제명하였다. 국회의 위 제명처분은 헌법소원심판의 대상이 되는가? (40)

1. 의 의

헌법 제64조는 국회가 법률에 저촉되지 아니하는 범위 안에서 의사와 내부규율에 관한 규칙을 제정할 수 있고, 의원의 자격심사·징계·제명에 관하여 자율적 결정을 할 수 있음을 규정하여 국회의 자율권을 보장하고 있다.

국회의 자율권이란 국회의 의사절차나 회의운영 또는 의사결정 등 내부적 사항에 관하여 다른 국가기관의 간섭을 받지 않고 스스로 결정할 수 있는 권한을 의미한다. 국회의 자율권의 내용으로는 ① 규칙을 제정할 수 있는 규칙자율권, ② 의원의 신분에 관한 신분자율권, ③ 내부조직을 할 수 있는 조직자율권, ④ 의사절차에 관한 의사자율권, ⑤ 국회의 안전유지를 위한 질서자율권 등이 있다.

2. 국회의 자율권에 대한 사법심사 가능성

> **comment**
> 해당 논점은 주로 국회 내부에서 분쟁이 발생하고 이에 대해 헌법재판이 청구된 경우, 해당 헌법재판의 적법성을 논증할 때 답안에 서술하게 된다.

국회의 자율권에 속하는 부분에 관하여 사법심사가 가능한지에 문제된다. 이에 대하여 ① 권력분립의 원칙을 근거로 부정하는 견해, ② 헌법 제64조 제1항의 취지를 근거로 긍정하는 견해, ③ 중대하고 명백한 하자가 있는 경우에만 제한적으로 가능하다는 견해가 대립한다.
헌법재판소는 "법치주의의 원리상 모든 국가기관은 헌법과 법률에 의하여 기속을 받는 것이므로 국회의 자율권도 헌법이나 법률을 위반하지 않는 범위내에서 허용되어야 하고 따라서 국회의 의사절차나 입법절차에 헌법이나 법률의 규정을 명백히 위반한 흠이 있는 경우에도 국회가 자율권을 가진다고는 할 수 없다."라고 하여 제한적 긍정설의 입장이다(96헌라2).

3. 국회의원 징계처분에 대하여 헌법재판소에 제소 가능성

가. 문제점

헌법 제64조 제4항은 국회의원의 징계 또는 제명처분에 대하여는 법원에 제소할 수 없다고 규정하고 있다. 이는 권력분립의 원리에 비추어 국회의 독자성과 자주성을 최대한으로 존중하기 위한 헌법적 요청에서 유래한 것이다. 이 경우 '법원'에 '헌법재판소'도 포함이 되어 헌법소원 청구도 불가능한지 문제된다.

나. 견해의 대립

1) 긍정하는 견해

① 법원과 헌법재판소는 각기 다른 기관이므로 문언 그대로 법원에 제소만이 금지될 뿐이고, ② 헌법소원의 가능성까지 차단한다면 국회의 부당한 징계에 대하여 다툴 수 있는 방법이 전혀 없다는 점에서 헌법소원 청구는 가능하다고 보는 입장이다. ③ 한편 헌법재판소도 "국회의 의사절차나 입법절차에 헌법이나 법률의 규정을 명백히 위반한 흠이 있는 경우에도 국회가 자율권을 가진다고는 할 수 없다."고 판시하고 있으므로 이를 근거로 국회의 자율권에도 헌법적 한계가 있다는 것도 논거가 될 수 있다.

2) 부정하는 견해

① 국회의원의 제명처분은 국회 내부 문제이므로 국회의 자율권을 존중하는 측면에서 사법

심사를 자제할 필요가 있고, ② 동 조항의 취지가 권력분립원칙을 천명한것이라는 점에서 '법원'은 사법기관 전체를 의미하므로 헌법소원 청구도 할 수 없다는 입장이다. ③ 한편 이를 '고도의 정치적 결단에 의한 국가행위로서 사법심사의 대상으로 삼기에 적절하지 않은 행위', 즉 통치행위로 보아 사법심사를 자제해야한다는 것도 논거가 될 수 있다.

다. 검 토

위헌적인 징계 또는 제명처분이 있었음에도 불구하고 이에 대한 일체의 위헌성 심사조차 부정되는 것은 타당하지 않다. 국회의원의 징계 또는 제명처분이 헌법적 한계를 일탈한 경우 헌법재판소가 이를 심사할 수 있다고 보는 것이 헌법재판의 본질에 부합한다. 그러므로 긍정설이 타당하다. 한편 이는 국회의원의 공무담임권에 대하여 영향을 가져오는 행위에 해당하므로, 심판청구의 형태는 헌법소원으로 봄이 타당하다.

119 국회의원의 이중적 지위

국회의원은 국민의 대표자로서의 지위뿐만 아니라 국회의 구성원으로서의 지위를 가진다. 원래 대의제 민주주의에 있어 국회의원은 국민전체의 대표자를 의미하였으며 자유위임의 원리에 따라 어느 누구의 지시나 구속도 받지 않고 자신의 판단에 따라 독자적으로 행동하였으나, 현대의 민주주의가 종래의 순수한 대의제 민주주의에서 정당국가적 민주주의의 경향으로 변화함에 따라 국회의원의 국민대표성보다 정당 대표자로서의 지위를 강조하는 견해도 등장하게 되었다. 그러나 국회의원의 국민대표성을 중시하는 입장에서도 특정 정당에 소속된 국회의원이 정당기속 내지는 교섭단체의 결정(소위 '당론')에 위반하는 정치활동을 한 이유로 제재를 받는 경우, 국회의원 신분을 상실하게 할 수는 없으나 "정당내부의 사실상의 강제" 또는 소속 "정당으로부터의 제명"은 가능하다고 보고 있다(2002헌라1).

120 국회의원의 불체포특권

1. 의 의

국회의원은 현행범인인 경우를 제외하고는 회기중 국회의 동의없이 체포 또는 구금되지 아니하며, 국회의원이 회기전에 체포 또는 구금된 때에는 현행범인이 아닌 한 국회의 요구가 있으면 회기중 석방된다(헌법 제44조 제1항, 제2항). 이를 국회의원의 불체포특권이라 한다.

2. 내 용

① 불체포특권의 주체는 국회의원에 한정되며, ② '회기 중'이어야 한다. 이는 집회일부터 폐회일까지를 의미하며 휴회도 포함된다. 회기 전에 체포 또는 구금된 때에도 국회의 요구가 있으면 회기중 석방해야 한다.
그러나 현행범인인 경우에는 불체포특권의 대상에서 제외된다.

3. 효 과

불체포특권은 국회의원에 대한 처벌을 면제하는 특권이 아니라 단지 회기중 체포 또는 구금되지 아니하는 특권에 불과하다. 따라서 회기가 종료된 이후에는 체포 또는 구금이 가능하며 회기중이라도 소추 또는 형의 집행은 할 수 있다.

121 국회의원의 면책특권

★ 14회 변시 2문

새벽일보는 국무총리 K의 최측근 인사 Y가 B시의 도시첨단산업단지를 지정·고시한 것은 K의 외압에 따른 것이라는 보도를 하였다. 이를 신뢰한 국회의원 丙은 국회 본회의 시작 30분 전 국회 기자실에서 기자들을 상대로, K를 당장 구속 수사하도록 법무부장관에게 요구할 것이라고 발표하였다. 丙은 국회 본회의에서 이러한 내용의 대정부 질문을 하였고, 다음날 그 질문과 답변을 자신의 홈페이지에 게시했다. 며칠 후 새벽일보는 위 외압 의혹보도는 사실이 아닌 것으로 확인되었다는 정정보도를 했다. 丙은 국회 기자실 및 국회 본회의에서 발언한 것, 홈페이지 게시 내용이 K의 명예를 훼손했다는 이유로 기소되었다. 면책특권 인정 여부 (30)

● 14년 1차 1문

A신문은 국토교통부 장관 甲이 B건설회사가 국정사업에 참여할 수 있도록 담당공무원에게 부당한 압력을 행사하였다는 의혹을 제기하였다. 이에 국회의원 乙은 위 의혹에 관한 청문회 개최를 주도하며 甲과 B건설회사의 유착관계에 관한 추가적 의혹을 청문회에서 폭로하겠다고 공언하며 보도자료를 국회기자실에서 배포하였다. 그런데 청문회 과정에서 甲이 B회사가 아닌 C경비업체로부터 1억 5천만원 상당 금품을 전달받은 것으로 밝혀졌다. B건설회사가 乙을 상대로 명예훼손을 이유로 한 소송을 법원에 제기한 경우 乙은 면책특권을 주장할 수 있는가? (25)

● 15년 2차 1문

국회의원 丙은 정부 외교부청사에서 열린 국정감사 자리에서 "대통령 甲은 A국 정부의 꼭두각시"라고 비난하였고 이 발언은 국회방송을 통해 전국에 생중계되었다. 丙은 위 발언부분을 발췌한 방송파일을 자신의 블로그에 공개하였고 甲은 丙을 국회법 제146조 위반 및 형법상 모욕죄 혐의로 검찰에 고소하였다. 丙의 행위는 면책특권으로 보호될 수 있겠는가? (50)

1. 의의 및 성격

헌법 제45조는 "국회의원은 국회에서 직무상 행한 발언과 표결에 관하여 국회 외에서 책임을 지지 아니한다."고 규정하여 국회의원의 면책특권을 인정하고 있는바, 그 취지는 국회의원이 국민의 대표자로서 국회 내에서 자유롭게 발언하고 표결할 수 있도록 보장함으로써 국회가 입법 및 국정통제 등 헌법에 의하여 부여된 권한을 적정하게 행사하고 그 기능을 원활하게 수행할 수 있도록 보장하는 데에 있다. 면책특권은 국회의원 개인의 특권임과 동시에 국회의 기능을 보장하기 위하여 인정되는 국회의 특권이기도 하다.

2. 면책특권의 요건

가. 주 체

면책특권의 주체는 국회의원에 한정된다. 재임 중 헌법상 국회의원의 면책특권에 해당되는 행위로 인정되었다면, 임기만료 또는 사퇴 이후에도 면책특권의 대상이 된다.

나. 장소적 요건으로서 '국회'

이때의 '국회'란 형식적 의미의 국회에 한정되지 않고 국회의 직무관련성이 있는 활동으로 볼 수 있는 모든 장소를 포함한다.

다. '직무상 행위'

국회의원의 면책특권의 대상이 되는 행위는 직무상의 발언과 표결이라는 의사표현행위 자체에 국한되지 아니하고 이에 통상적으로 부수하여 행하여지는 행위까지 포함하고, 그와 같은 부수행위인지 여부는 결국 구체적인 행위의 목적, 장소, 태양 등을 종합하여 개별적으로 판단하여야 한다(91도3317).

> **관련판례** 유성환의원 사건 : 원고의 내용이 공개회의에서 행할 발언내용이고(회의의 공개성), 원고의 배포 시기가 당초 발언하기로 예정된 회의 시작 30분 전으로 근접되어 있으며(시간적 근접성), 원고 배포의 장소 및 대상이 국회의사당 내에 위치한 기자실에서 국회출입기자들만을 상대로 한정적으로 이루어지고(장소 및 대상의 한정성), 원고 배포의 목적이 보도의 편의를 위한 것(목적의 정당성)이라면, 국회의원이 국회본회의에서 질문할 원고를 사전에 배포한 행위는 면책특권의대상이 되는 직무부수행위에 해당한다. (91도3317)

라. '발언과 표결'

발언과 표결은 국회의원으로서 의제에 관한 모든 의사표시를 의미한다. 따라서 퇴장이나 의사진행방해행위도 '발언과 표결'에 포함될 수 있다.

예컨대 국회의원이 국회의 위원회나 국정감사장에서 국무위원·정부위원 등에 대하여 하는 질문이나 질의는 국회의 입법활동에 필요한 정보를 수집하고 국정통제기능을 수행하기 위한 것이므로 면책특권의 대상이 되는 발언에 해당함은 당연하고, 또한 국회의원이 국회 내에서 하는 정부·행정기관에 대한 자료제출의 요구는 국회의원이 입법 및 국정통제 활동을 수행하기 위하여 필요로 하는 것이므로 그것이 직무상 질문이나 질의를 준비하기 위한 것인 경우에는 직무상 발언에 부수하여 행하여진 것으로서 면책특권이 인정되어야 한다(96도1742).

3. 면책특권의 한계

가. 국회 내 발언을 국회 외에서 표현하는 경우

국회의원이 국회 내에서 행한 발언과 표결에 해당하더라도 이를 원외에서 발표하거나 출판하는 경우에는 면책특권의 효력이 미치지 않는다. 단 공개회의록을 그대로 공개하는 것은 국민의 알권리 또는 보도의 자유의 측면에서 면책된다.

나. 명예훼손적 표현이 면책특권의 대상이 되는지 여부

국회법 제146조에 따르면 의원은 본회의 또는 위원회에서 다른 사람을 모욕하거나 다른 사람의 사생활에 대한 발언을 할 수 없다. 만약 국회의원이 명예훼손적 발언을 한 경우, 이와 같은 행위도 면책특권의 대상에 포함되는지 여부가 문제된다. 학설은 ① 면책특권에도 내재적 한계가 존재하는 것이므로 명예훼손적 언동은 면책특권의 대상이 되지 않는다는 견해, ② 헌법 명문 그대로 국회에서 행한 직무상 발언과 표결이라면 명예훼손적 표현도 면책특권의 대상이 된다고 보는 견해 등이 대립한다.

이에 대하여 대법원은 "면책특권의 목적 및 취지 등에 비추어 볼 때, 발언내용 자체에 의하더라도 직무와는 아무런 관련이 없음이 분명하거나, 명백히 허위임을 알면서도 허위의 사실을 적시하여 타인의 명예를 훼손하는 경우 등까지 면책특권의 대상이 된다고 할 수는 없다 할 것이지만, 발언 내용이 허위라는 점을 인식하지 못하였다면 비록 발언 내용에 다소 근거가 부족하거나 진위 여부를 확인하기 위한 조사를 제대로 하지 않았다고 하더라도, 그것이 직무 수행의 일환으로 이루어진 것인 이상 이는 면책특권의 대상이 된다고 할 것이다(2005다57752)."라고 판시하였다.

4. 면책특권의 효과

국회의원은 면책특권의 대상이 되는 발언과 표결에 관하여 국회외에서 책임을 지지 않는다. 여기서 말하는 '책임'은 민·형사상 책임만을 의미하므로 정치적 책임은 당연히 물을 수 있고 소속정당에서의 징계도 가능하다. 또한 '국회외'에서 책임을 지지 않으므로 국회내에서의 징계처분은 가능하다.

5. 면책특권에 해당하는 경우 소추기관 및 법원의 판단

면책특권이 인정되는 국회의원의 직무행위에 대하여 수사기관이 그 식부행위가 범죄행위에 해당하는지 여부를 조사하여 소추하거나 법원이 이를 심리한다면, 국회의원이 국회에서 자유롭게 발언하거나 표결하는 데 지장을 주게 됨은 물론 면책특권을 인정한 헌법규정의 취지와 정신에도 어긋나는 일이 되기 때문에, 소추기관은 면책특권이 인정되는 직무행위가 어떤 범죄나 그 일부를 구성하는 행위가 된다는 이유로 공소를 제기할 수 없고, 또 법원으로서도 그 직무행위가 범죄나 그 일부를 구성하는 행위가 되는지 여부를 심리하거나 이를 어떤 범죄의 일부를 구성하는 행위로 인정할 수 없다.

이와 같이 국회의원의 면책특권에 속하는 행위에 대하여는 공소를 제기할 수 없으므로, 이에 반하여 공소가 제기된 것은 결국 공소권이 없음에도 공소가 제기된 것이 되어 형사소송법 제327조 제2호의 '공소제기의 절차가 법률의 규정에 위반하여 무효인 때'에 해당되므로 공소를 기각하여야 한다(91도3317).

> **관련판례** 노회찬의원 안기부 X파일 사건 : ① 국회의원인 피고인이, 구 국가안전기획부 내 정보수집팀이 대기업 고위관계자와 중앙일간지 사주 간의 사적 대화를 불법 녹음한 자료를 입수한 후 그 대화 내용과, 전직 검찰간부인 피해자가 위 대기업으로부터 이른바 떡값 명목의 금품을 수수하였다는 내용이 게재된 보도자료를 작성하여 국회 법제사법위원회 개의 당일 국회 의원회관에서 기자들에게 배포한 사안에서, 위 행위가 국회의원 면책특권의 대상이 되는 직무부수행위에 해당한다고 한 사례
> ② 검사들의 실명이 게재된 보도자료를 작성하여 자신의 인터넷 홈페이지에 게재하였다고 하여 통신비밀보호법 위반으로 기소된 사안에서, 위 행위가 형법 제20조의 정당행위에 해당한다고 볼 수 없다. (2009도14442)

제3장 행정부

122 대통령의 권한대행

★ 4회 변시 1문의3

대통령 甲에 대한 탄핵심판이 계속중이다. 국회는 '특경법 위반'에 대하여 대통령 특별사면 금지하는 '사면법' 일부개정법률안을 의결하여 정부로 이송하였다. 국무총리 乙은 위 법률안이 대통령의 사면에 관한 고유권한을 침해한다는 이유로 이의서를 붙여 헌법 제53조 제2항의 기간 내에 국회로 환부하면서 재의를 요구하였다. 乙이 법률안에 대한 거부권을 행사할 수 있는지 여부 및 거부사유의 당부에 대해 논하시오. (30)

● 21년 3차 1문

대통령이 신체검사를 받던 중 코마상태에 빠져 회복불가능한 사망단계에 이르렀다. 대통령선거를 실시하여야 한다는 국무총리 주장이 타당한지 검토하시오. (20)

● 21년 3차 1문

공정거래위원회를 대통령 직속기구로 바꾸는 정부조직법 개정안이 국무회의에서 의결되었다. 한편 대통령은 회복불가능한 사망단계에 이르렀다. 대통령 권한대행인 乙은 위 정부조직법이 위헌이라고 판단하여 국회에 제출하지 않았다. 「정부조직법」 개정안을 국회에 제출하지 않은 것이 대통령 권한대행범위에 포함되는지 검토하시오. (20)

1. 의 의

대통령이 궐위되거나 사고로 인하여 직무를 수행할 수 없을 때에는 국무총리, 법률이 정한 국무위원의 순서로 그 권한을 대행한다(헌법 제71조).

2. 권한대행의 사유

'궐위'란 대통령이 사망한 경우, 탄핵결정으로 파면된 경우, 대통령이 판결 기타의 사유로 자격을 상실한 경우, 사임한 경우 등 대통령이 재직하고 있지 아니한 경우를 의미하고, '사고'란 대통령이 재직하면서도 신병이나 해외순방 등으로 직무를 수행할 수 없는 경우와 국회가 탄핵소추를 의결함으로써 탄핵결정이 있을 때까지 대통령의 권한행사가 정지된 경우를 말한다. 한편 헌법은 대통령 권한대행의 요건인 "사고"와 "궐위"의 판단 주체가 누구인지에 관하여는 규정하고 있지 않다.

3. 권한대행의 직무범위

대통령 권한대행이 행할 수 있는 직무범위에 관하여 명문의 규정이 없어 문제된다.

① 권한대행의 원인이 무엇이든 권한대행자의 직무범위는 대통령의 직무범위와 결코 같을 수는 없다고 보거나, 원칙적으로는 권한대행의 범위는 대통령의 권한 전반에 걸치지만, 임시대리의 성질로 보아 잠정적인 현상유지에만 국한되고, 정책의 전환, 인사의 이동과 같이 현상유지를 벗어나는 직무는 대행할 수 없다고 보는 현상유지설, ② 헌법 제71조와 다른 어떤 규정에도 대통령의 권한보다 좁은 것으로 볼 근거규정은 없으므로, 권한대행자는 당연히 필요한 대통령의 권한을 행사할 수 있다고 보고, 국정운영의 상황이 급박한 경우라든지 사정상 종래의 정책을 전환하거나 인사를 새로 단행하여야 할 필요가 있는 경우, 권한대행자는 당연히 이에 필요한 대통령의 권한을 행사할 수 있어야 한다고 보는 대통령권한 동일설, ③ 그 외에 대통령이 궐위된 경우에는 권한대행자는 대통령의 권한 전반에 걸쳐 직무를 대행하지만, 대통령이 사고로 인하여 직무를 수행할 수 없는 경우에는 권한대행자의 직무는 잠정적인 현상유지에 국한되고 기본정책의 전환·인사이동 등 현상유지를 벗어나는 직무는 대행할 수 없다고 보는 절충설 등이 대립한다.

생각건대 권한대행제도는 국정공백을 방지하기 위해 마련된 제도이므로 당해 사안처리의 긴급성에 따라 개별적으로 판단하는 것이 타당하다.

123 대통령의 불소추특권

● 14년 1차 1문

대통령 丙은 국토교통부장관 甲에 대하여 국회의 의혹제기가 이어지자, 추가적인 의혹제기를 막기 위해 여당 소속 청문위원들에게 청문회 무산을 요청하며 필요한 경우 의혹을 제기한 乙에 대하여 丙이 공무상 지득한 혼외 내연관계에 대한 상세한 정보를 제공할 용의가 있음을 밝혔다. 이 행위가 丙이 乙의 기본권을 침해한 것으로 인정되는 경우, 丙은 자신의 있을 수 있는 법적 책임(탄핵책임은 제외)과 관련하여 대통령으로서 헌법상의 특권을 주장할 수 있는가? (16)

1. 불소추특권의 의의

대통령은 내란 또는 외환의 죄를 범한 경우를 제외하고는 재직중 형사상의 소추를 받지 않는다(헌법 제84조). 대통령의 불소추특권은 국가의 원수로서 외국에 대하여 국가를 대표하는 지위에 있는 대통령이라는 특수한 직책의 원활한 수행을 보장하고, 그 권위를 확보하여 국가의 체면과 권위를 유지하여야 할 실제상의 필요 때문에 대통령으로 재직중인 동안 형사상 특권을 부여하는 것이다(94헌마246).

2. 불소추특권의 내용

① '재직중' 형사상 소추를 받지 않는 것에 한정되므로 퇴직 후 소추는 가능하고, ② '형사상 소추'가 아닌 탄핵소추, 민사상 소의 제기는 가능하다. 이때 수사기관이 대통령에 대하여 '수사' 진행을 할 수 있는지에 관하여 불소추특권에는 수사도 포함된다는 견해와 모든 수사가 기소를 전제로 하는 것은 아니므로 이에 따라 수사는 할 수 있다는 견해가 대립한다. 생각건대 수사와 소추는 별개의 문제이므로 수사는 가능하다고 보는 것이 타당하나 대통령의 신분을 감안하여 그 방식은 임의수사에 한정함이 타당하다. ③ 한편 내란 또는 외환의 죄를 범한 경우에는 불소추특권의 대상이 되지 못한다.

3. 불소추특권의 효과

① 대통령은 재직중 형사상 소추를 받지 않으므로 검찰은 이에 대해 '공소권 없음' 불기소처분을 하여야 한다. 만약 이에 반하여 기소가 된 경우에는 형사소송법 제327조 제1호 "피고인에 대하여 재판권이 없는 때"에 해당함에 따라 법원은 공소기각 판결을 하여야 한다.
② 대통령 재직 중 공소시효 진행이 정지되는지 여부에 관하여 명문의 규정은 존재하지 않으나 헌법재판소는 "대통령의 재직 중 형사상의 소추를 할 수 없는 범죄에 대한 공소시효의 진행은 정지된다(94헌마246)"고 판시하고 있다.

124 국가긴급권

● 21년 1차 1문

대통령은 공공기관과 지방공기업, 자산 2조원 이상이거나 사원수 5천명 이상인 기업은 매년 전체 사원의 10% 이상씩 15세 이상 34세 이하의 청년 미취업자를 고용하도록 하는 긴급재정경제명령을 발하였다. 긴급재정경제명령의 발동요건 충족여부를 검토하시오. (10)

1. 국가긴급권의 본질

국가긴급권은 국가의 존립이나 헌법질서를 위태롭게 하는 비상사태가 발생한 경우에 국가를 보전하고 헌법질서를 유지하기 위한 헌법보장의 한 수단이지만, 평상시의 헌법질서에 따른 권력행사방법만으로는 대처할 수 없는 중대한 위기상황에 대비하여 헌법이 중대한 예외로서 인정한 비상수단이다(2014헌가5).

> **관련판례** 국가긴급권의 인정은 국가권력에 대한 헌법상의 제약을 해제하여 주는 것이므로 국가긴급권의 인정은 일면 국가의 위기를 극복하여야 한다는 필요성 때문이기는 하지만 그것은 동시에 권력의 집중과 입헌주의의 일시적 정지로 말미암아 입헌주의 그 자체를 파괴할 위험을 초래하게 된다. 따라서 헌법에서 국가긴급권의 발동기준과 내용 그리고 그 한계에 관해서 상세히 규정함으로써 그 남용 또는 악용의 소지를 줄이고 심지어는 국가긴급권의 과잉행사 때는 저항권을 인정하는 등 필요한 제동장치도 함께 마련해 두는 것이 현대의 민주적인 헌법국가의 일반적인 태도이다. … 이상과 같은 이론에서 볼 때 특별조치법은 초헌법적인 국가긴급권을 대통령에게 부여하고 있다는 점에서 이는 헌법을 부정하고 파괴하는 반입헌주의, 반법치주의의 위헌법률이다(92헌가18).

2. 헌법상 국가긴급권의 종류

우리 헌법은 제76조 및 제77조에서 국가긴급권을 긴급재정경제처분·명령권, 긴급명령권, 계엄선포권으로 한정적으로 규정하고 있다. 이외에 헌법이 인정하지 않은 초헌법적 국가긴급권에 대하여 우리 헌법재판소는 일관되게 위헌임을 선언하고 있다.

가. 긴급재정경제처분·명령권 (헌법 제76조 제1항)

1) 의의

대통령은 ① 내우·외환·천재·지변 또는 중대한 재정·경제상의 위기에 있어서 ② 국가의 안전보장 또는 공공의 안녕질서를 유지하기 위하여 긴급한 조치가 필요하고 ③ 국회의 집회를 기다릴 여유가 없을 때에 한하여 법률의 효력을 가지는 재정·경제상의 명령을 발할 수 있다(헌법 제76조 제1항).

2) 긴급재정경제명령의 발동요건

긴급재정경제명령은 정상적인 재정운용·경제운용이 불가능한 중대한 재정·경제상의 위기가 현실적으로 발생하여 긴급한 조치가 필요함에도 국회의 폐회 등으로 국회가 현실적으로 집회될 수 없고 국회의 집회를 기다려서는 그 목적을 달할 수 없는 경우에 이를 사후적으로 수습함으로써 기존질서를 유지·회복하기 위하여 위기의 직접적 원인의 제거에 필수불가결한 최소의 한도 내에서 헌법이 정한 절차에 따라 행사되어야 한다.

그러므로 ① 위기가 발생할 우려가 있다는 이유로 사전적·예방적으로 발할 수는 없고, ② 공공복리의 증진과 같은 적극적 목적을 위하여도 발할 수 없다. 한편 긴급재정경제명령을 발할 수 있는 중대한 재정·경제상의 위기 상황의 유무에 관한 제1차적 판단은 대통령의 재량에 속한다. 그러나 그렇다고 하더라도 그것이 자유재량이라거나 객관적으로 긴급한 상황이 아닌 경우라도 주관적 확신만으로 좋다는 의미는 아니므로 객관적으로 대통령의 판단을 정당화할 수 있을 정도의 위기상황이 존재하여야 한다(93헌마186).

그리고 대통령이 긴급재정경제명령을 발할 때에는 국무회의 심의를 거쳐야 하고(헌법 제89조 제5호), 국무총리와 관계 국무위원이 부서하여야 한다(제82조)(사전 절차적 요건).

나. 긴급명령권 (헌법 제76조 제2항)

대통령은 ① 국가의 안위에 관계되는 중대한 교전상태에 있어서 ② 국가를 보위하기 위하여 긴급한 조치가 필요하고 ③ 국회의 집회가 불가능한 때에 한하여 법률의 효력을 가지는 명령을 발할 수 있다.

다. 계엄선포권 (헌법 제77조)

대통령은 ① 전시·사변 또는 이에 준하는 국가비상사태에 있어서 ② 병력으로써 ③ 군사상의 필요에 응하거나 공공의 안녕질서를 유지할 필요가 있을 때에는 법률이 정하는 바에 의하여 계엄을 선포할 수 있다(제1항).

① 비상계엄은 대통령이 전시·사변 또는 이에 준하는 국가비상사태 시 적과 교전 상태에 있거나 사회질서가 극도로 교란되어 행정 및 사법 기능의 수행이 현저히 곤란한 경우에 군사상 필요에 따르거나 공공의 안녕질서를 유지하기 위하여 선포하고, ② 경비계엄은 대통령이 전시·사변 또는 이에 준하는 국가비상사태 시 사회질서가 교란되어 일반 행정기관만으로는 치안을 확보할 수 없는 경우에 공공의 안녕질서를 유지하기 위하여 선포한다. (계엄법 제2조 제2항, 제3항)

비상계엄이 선포된 때에는 법률이 정하는 바에 의하여 영장제도, 언론·출판·집회·결사의 자유, 정부나 법원의 권한에 관하여 특별한 조치를 할 수 있다(제3항).

3. 국가긴급권 행사의 한계

국가긴급권의 행사는 헌법질서에 대한 중대한 위기상황의 극복을 위한 것이기 때문에, 본질적으로 위기상황의 직접적인 원인을 제거하는데 필수불가결한 최소한도 내에서만 행사되어야 한다는 목적상 한계가 있다. 또한 국가긴급권은 비상적인 위기상황을 극복하고 헌법질서를 수호하기 위해 헌법질서에 대한 예외를 허용하는 것이기 때문에 그 본질상 일시적·잠정적으로만 행사되어야 한다는 시간적 한계가 있다.

또한 앞서 본 바와 같이, 헌법은 대통령이 긴급재정경제처분·명령권 또는 긴급명령권을 발동한 경우에는 지체 없이 국회에 보고하여 그 승인을 얻어야 하되 만약 그 승인을 얻지 못하면 그 처분 또는 명령이 그때부터 효력을 상실한다고 규정하고(제76조 제3항, 제4항), 대통령이 계엄을 선포한 경우에도 지체 없이 국회에 통고하되 만약 국회가 재적의원 과반수의 찬성으로 계엄의 해제를 요구하면 계엄을 해제하여야 한다고 규정함으로써(제77조 제4항, 제5항), 엄격한 민주적 사후통제 절차를 거치도록 하고 있다.

4. 국가긴급권의 통제

대통령이 국가긴급권을 행사하기 위해서는 국무회의의 심의를 거쳐야 하고(제89조 제5호), 국무총리와 관계 국무위원의 부서를 받아야 한다(제82조). 이는 행정부 내부의 통제의 성격을 갖는다.

대통령이 긴급재정경제처분·명령, 긴급명령을 한때에는 지체없이 국회에 보고하여 그 승인을 얻어야 하고, 승인을 얻지 못한 때에는 그 처분 또는 명령은 그때부터 효력을 상실한다. 이 경우 그 명령에 의하여 개정 또는 폐지되었던 법률은 그 명령이 승인을 얻지 못한 때부터 당연히 효력을 회복한다(제76조 제4항). 계엄의 경우, 국내 정치에 군을 동원할 목적으로 계엄선포권이 남용될 수 있기 때문에, 이를 통제하기 위하여 대통령에게는 국회에 계엄선포를 통지할 의무를 부과하고, 국회가 재적의원 과반수의 찬성으로 계엄의 해제를 요구한 때에는 대통령은 이를 해제하여야 한다(제77조 제5항).

5. 법원 및 헌법재판소에 의한 통제

가. 통치행위에 대한 사법심사 가능성

1) 통치행위의 개념

통치행위란 고도의 정치적 결단에 의한 국가행위로서 사법적 심사의 대상으로 삼기에 적절하지 못한 행위라고 일반적으로 정의되고 있는 바, 우리 헌법재판소는 고도의 정치적 결단에 의한 행위로서 그 결단을 존중하여야 할 필요성이 있는 행위라는 의미에서 이른바 통치행위의 개념을 인정할 수 있다고 판시하고 있다(93헌마186).

대통령의 국가긴급권 행사도 고도의 정치적 결단을 요하고 가급적 그 결단이 존중되어야 할 것이므로 통치행위에 포함이 된다.

2) 통치행위에 대한 사법심사 가능성

① 통치행위라고 하더라도 법치주의 및 권력분립의 관점에서 사법심사가 가능하다는 긍정설과 ② 사법심사 자체는 가능하지만 이는 가급적 자제되어야 한다는 사법부자제설, ③ 애초에 사법심사의 대상에 포함되지 않는다는 부정설이 대립한다.

3) 헌법재판소의 입장

① 헌법재판소는 이른바 금융실명제 사건에서, "통치행위를 포함하여 모든 국가작용은 국민의 기본권적 가치를 실현하기 위한 수단이라는 한계를 반드시 지켜야 하는 것이고, 헌법재판소는 헌법의 수호와 국민의 기본권 보장을 사명으로 하는 국가기관이므로 비록 고도의 정치적 결단에 의하여 행해지는 국가작용이라고 할지라도 그것이 국민의 기본권 침해와 직접 관련되는 경우에는 당연히 헌법재판소의 심판대상이 될 수 있는 것일 뿐만 아니라, 긴급재정경제명령은 법률의 효력을 갖는 것이므로 마땅히 헌법에 기속되어야 할 것이다(93헌마186)."라고 판시하여 통치행위에 대한 사법심사를 긍정하는 입장을 취하였다.

한편 ② 이라크파병사건에서는 "외국에의 국군의 파견결정과 같이 성격상 외교 및 국방에 관련된 고도의 정치적 결단이 요구되는 사안에 대한 국민의 대의기관의 결정은 대의기관인 대통령과 국회의 몫이고 헌법재판소가 판단하는 것은 바람직하지 않다(2003헌마814)."고 판시하였다.

즉 헌법재판소는 '국민의 기본권 침해와 직접 관련이 있는 경우'에는 통치행위라 하더라도 사법심사의 대상이 된다는 입장이다.

나. 위헌심사의 기준

헌법재판소는 "긴급재정경제명령이 헌법 제76조 소정의 요건과 한계에 부합하는 것이라면 그 자체로 목적의 정당성, 수단의 적정성, 피해의 최소성, 법익의 균형성이라는 기본권제한의 한계로서의 과잉금지원칙을 준수하는 것이 되는 것이다(93헌마186)."라고 판시하여 헌법에서 요구하고 있는 국가긴급권의 실체적 요건과 절차적 요건을 기준으로 위헌성을 판단하고 있다. 이에 따라 국가긴급권의 한계를 준수하였는지 여부를 그 위헌심사의 기준으로 삼으면 된다.

※ 유신헌법 하의 대통령긴급조치에 대한 헌법재판소와 대법원의 입장 비교

	긴급조치의 효력	위헌심사의 기관	준거규범
대법원	법률적 효력 × (법률 하위의 효력 ○) (∵ 국회의 입법권 행사라는 실질을 갖추지 못하였으므로 법률×)	대법원	유신헌법 + 현행헌법
헌법재판소	법률적 효력 ○ (∵ 국민의 기본권을 직접 제한하는 내용이 포함)	헌법재판소	현행헌법

125 법률안거부권

★ 4회 변시 1문의3

대통령 甲에 대한 탄핵심판이 계속중이다. 국회는 '특경법 위반'에 대하여 대통령 특별사면 금지하는 '사면법' 일부개정법률안 의결하여 정부로 이송하였다. 국무총리 乙은 위 법률안이 대통령의 사면에 관한 고유권한을 침해한다는 이유로 이의서를 붙여 헌법 제53조 제2항의 기간 내에 국회로 환부하면서 재의를 요구하였다. 乙이 법률안에 대한 거부권을 행사할 수 있는지 여부 및 거부사유의 당부에 대해 논하시오. (30)

★ 13회 변시 1문

국회는 연금재정의 건전성 확보를 위해 퇴직연금수급자가 선출직 지방공무원에 취임한 경우 퇴직연금 전부의 지급을 정지하는 규정을 의결하였다. 대통령은 개정 법률안이 자신의 정책과 반대된다는 이유로 재의를 요구하였다. 재의요구 사유의 헌법적 정당성에 관하여 판단하시오. (20)

● 14년 3차 1문

국회는 본회의를 통과한 노인최저생계보장법안을 2013. 7. 9. 정부로 이송하였으나, 대통령 戊는 동 법안이 국가재정에 위기를 초래함과 동시에 대통령의 복지정책에 부합하지 않는다는 점을 들어 2013. 7. 23. 법률안거부권을 행사하였다. 戊의 거부권행사는 헌법에 위반되는가? (20)

● 17년 1차 1문

대통령이 제출한 법률개정안에 대해 국회가 원안을 부결시키고 야당이 제출한 수정안은 가결시켰다. 이후 국회는 의결된 법률개정안을 2017. 5. 19. 정부로 이송하였다. 한편 현재 국회의 입법기는 2017. 5. 29. 까지이다. 대통령 甲은 2017. 6. 1. 현재 입법기 종료로 인해 재의 요구할 국회가 존재하지 않는다고 보아 국회에 재의를 요구하지도 않고 공포도 하지 않고 있다. 재의를 요구하지 않아도 대통령의 법률안거부권 행사로 인정되는지 및 법률안개정안이 법률로 확정되는지 여부에 대해 판단하시오. (25)

1. 의의 및 성격

헌법 제53조 제2항에서 규정한 법률안거부권이란 국회에서 의결되어 정부에 이송된 법률안에 대하여 대통령이 이의가 있을 때 이의서를 붙여 국회로 환부하고, 그 재의를 요구할 수 있는 권한을 의미한다.

대통령의 법률안거부권이 법률의 완성에 대해 어떤 영향을 미치는지와 관련하여 그 법적 성격이 문제된다. 이는 대통령이 이미 행사한 법률안거부권을 철회할 수 있는지 여부에 관하여 이를 정지조건으로 볼지 해제조건으로 볼지 견해가 대립하는데, 통설인 정지조건설은 대통령의 법률안 거부권은 국회가 재의결을 할 때까지 그 법률안에 대하여 법률로서의 확정을 정지시키는 소극적인 정지적 거부권의 성격을 가진다고 보며, 국회가 재의결하기 전까지 대통령은 언제든지 재의요구를 철회할 수 있다고 본다.

2. 거부권의 유형

법률안거부권의 유형으로는 ① 국회에서 의결된 법안에 대통령이 반대할 경우 지정된 기일 안에 이의서를 첨부하여 국회로 환부하고 재의를 요구할 수 있는 환부거부(direct veto)와 ② 대통령이 법안에 대하여 거부권을 행사하였지만 의회 회기가 종료되어 의회가 법안을 재심의 할 수 없을 때 법안이 자동으로 폐기되는 보류거부(pocket veto)가 있다.

보류거부가 인정이 되는지에 관하여 ① 우리 헌법은 제51조에서 회기계속의 원칙을 취하고, 제53조 제2항에서 국회의 폐회 중의 환부도 인정하는 동시에 동조 제5항에 '15일 이내에 공포나 재의의 요구를 하지 않으면 그 법률안은 법률로서 확정된다.'고 규정하고 있는 점을 고려할 때, 보류거부는 인정되지 않는다는 부정설, ② 그 법률안을 의결한 의원의 임기가 끝나서 폐회되거나 그 국회가 해산되었을 경우에는 국회에 환부하고자 해도 환부할 수 없다는 점을 고려할 때, 보류거부는 인정된다는 긍정설이 대립한다. ③ 생각건대 헌법 제53조 제2항 후문에서 국회의 폐회중에도 환부가 가능하도록 규정하고 있고, 우리 헌법은 회기계속의 원칙(헌법 제51조)을 규정하고 있는 점 등에 비추어봤을 때, 보류거부는 인정이 되지 않는다고 봄이 타당하다.

우리 헌법은 제53조 제2항에 따라 원칙적으로 환부거부만을 인정하며 일부거부(item veto) 또는 수정거부는 인정되지 않는다(동조 제3항).

3. 행사요건

가. 실질적 요건

대통령이 어떤 경우에 법률안거부권을 행사할 수 있는지 그 실질적인 사유에 관하여 헌법에 명문 규정이 없다. 따라서 이는 해석에 맡겨져 있는데, 법률안거부권의 남용을 방지하기 위하여 정당한 사유와 객관적 필요성이 있는 경우로 한정하여야 한다.

이에 따라 ① 법안이 헌법에 위반되는 경우, ② 집행이 불가능한 경우, ③ 국가의 이익에 반하는 경우, ④ 집행부에 대한 부당한 압박에 지나지 않는 경우 등이 그 사유로 제시된다. 이처럼 법률안거부권은 법률이 내용이 반드시 위헌적이어야 행사할 수 있는 것은 아니라고 본다.

나. 절차적 요건

① 법률안이 정부로 이송되어온 날로부터 15일 이내에 ② 국무회의의 심의를 거친 후 ③ 국무총리와 관계국무위원이 부서 한 이의서를 첨부하여 ④ 국회에 환부하여야 한다(헌법 제53조 제2항, 제89조, 제82조).

126 사면권

1. 사면의 의의

사면이란 형의 선고의 효력 또는 공소권을 상실시키거나, 형의 집행을 면제시키는 국가원수의 고유한 권한을 의미하며, 사법부의 판단을 변경하는 제도로서 권력분립의 원리에 대한 예외에 해당한다. 우리 헌법 제79조 제1항 및 제3항은 사면의 구체적 내용과 방법 등을 법률에 위임하고 있다. 그러므로 사면의 종류, 대상, 범위, 절차, 효과 등은 범죄의 죄질과 보호법익, 일반국민의 가치관 내지 법감정, 국가이익과 국민화합의 필요성, 권력분립의 원칙과의 관계 등 제반사항을 종합하여 입법자가 결정할 사항으로서 입법자에게 광범위한 입법재량 내지 형성의 자유가 부여되어 있다. 따라서 특별사면의 대상을 "형"으로 규정할 것인지, "사람"으로 규정할 것인지는 입법재량사항에 속한다 할 것이다(97헌바74).

2. 내 용

가. 협의의 사면

협의의 사면은 일반사면과 특별사면으로 구분된다. ① 일반사면은 범죄의 종류를 지정하여 '죄를 범한 자'에 대해 이미 받은 형 선고 효력을 상실시키거나 형의 선고를 받지 않은 자에 대하여는 공소권을 소멸시키는 것을 말한다. ② 특별사면은 '형을 선고받은 자'를 특정하여 형의 집행을 면제시키는 것을 말한다.

나. 광의의 사면

광의의 사면에는 일반사면과 특별사면 뿐만 아니라 감형과 복권까지 포함된다. 감형에는 형선고를 받은 자 중에 범죄의 종류를 지정하여 형을 변경하는 일반감형과 형을 선고받은 자를 특정하여 형의 집행을 경감하는 특별감형이 있다. 복권이란 형의 선고로 인하여 법령에 따른 자격이 상실되거나 정지된 자의 자격을 회복시키는 것을 말한다.

3. 절 차

사면권의 행사는 국무회의의 심의를 거친 후(헌법 제89조 제9호) 국무총리와 관계국무위원이 부서를 하여야 한다(제82조). 한편 일반사면을 명하려면 국회의 동의를 얻어야 한다(제79조 제2항).

4. 사면권 행사의 한계

가. 사면권 행사의 한계 인정여부

헌법과 법률에는 사면권 행사의 실체적 요건에 관하여 아무런 규정이 없으므로 사면권 행사의 한계를 인정할 수 있는지에 관하여 견해가 대립한다.

이에 대해 ① 아무런 규정이 없음을 근거로 사면권 행사의 한계를 인정하지 않는 견해(무한계설)와 ② 권력분립원리 및 법치주의의 관점에서 사면권의 남용을 방지하기 위한 한계를 인정하는 견해(유한계설)이 대립한다.

사면권은 사법부의 판단을 변경한다는 점에서 권력분립원리에 반할 소지가 있는 점, 사면권 역시 헌법상 권한이므로 헌법의 기본원리 및 일반원칙이 준수되어야 한다는 점에서 한계를 인정하는 견해가 타당하다.

나. 한계의 내용

1) 목적상 한계 및 권력분립상 한계

사면권의 행사는 "국민의 자유와 복리의 증진" 등 국가 또는 국민의 전체의 이익과 국민화합이라는 차원에서 행사되어야 하며, 정치적으로 남용되거나 당리당략적 차원에서 행사되어서는 안 된다(목적상 한계). 또한 재판의 흠결이나 오판 등의 시정, 범죄의 가벌성 감소 등을 위한 형사정책적 목적에만 예외적·보충적으로 행해져야 하고 사법부 스스로 해결할 수 있는 사항에 대해서는 사면권 행사가 자제되어야 한다(권력분립상 한계).

2) 대상적 한계 인정여부 - 탄핵결정을 받은 자에 대한 행사 가부

미국의 경우 연방헌법 제2조 제2항에서 의회의 탄핵소추를 받은 경우 사면권 제외대상으로 규정하고 있으나, 우리 헌법에는 이와 같은 규정이 존재하지 않으므로 탄핵결정을 받은 자에 대하여도 사면권 행사가 가능한지가 문제된다. 생각건대 ① 탄핵소추는 대통령의 사면권행사를 포함한 대통령의 권한행사에 대한 헌법적 통제수단이라는 점, ② 탄핵결정에 의하여 파면된 사람은 결정 선고가 있은 날부터 5년이 지나지 않으면 공무원이 될 수 없는 점(헌법재판소법 제54조 제2항) 등을 고려했을 때 사면권 행사대상에서 제외하는 것이 타당하다.

5. 사면권 행사에 대한 사법심사 가능성

대통령의 사면권 행사가 사법심사의 대상이 되는지 여부에 관하여 ① 사면권은 권력분립의 원리와 부관하고 법으로부터 자유로운 행위이며, 통치행위의 일종이므로 사법심사의 대상이 되지 않는다는 견해와, ② 사면권이 권력분립의 원리와 무관하다고 볼 수는 없고 이 역시 대통령의 법적 행위이므로 사법심사의 대상이 된다는 견해가 대립하나, 국민의 기본권과 관련된 경우에는 사법심사의 대상이 된다고 봄이 타당하다.

127 국민투표제도

1. 의 의

국민투표는 중요정책에 대하여 국민의 뜻을 묻는 제도를 말한다. 헌법 제72조는 "대통령은 필요하다고 인정할 때에는 외교·국방·통일 기타 국가안위에 관한 중요정책을 국민투표에 붙일 수 있다."고 규정하여 대통령에게 국민투표 부의권을 부여하고 있다. 헌법 제72조는 대통령에게 국민투표의 실시 여부, 시기, 구체적 부의사항, 설문내용 등을 결정할 수 있는 <u>임의적인 국민투표발의권을 독점적으로</u> 부여하고 있다.

2. 현행 헌법상 제72조 중요정책 국민투표의 대상과 성격

가. 문제점

헌법 제72조에서는 국민투표의 대상을 "외교·국방·통일 기타 국가안위에 관한 중요정책"이라고 규정하고 있다. 헌법은 명문으로 '기타 국가안위에 관한 중요정책'이라고 표현하고 있으므로 외교, 국방, 통일은 예시적인 것으로 볼 수 있는데, 특히 국민투표제도의 성격에 관하여 대통령 등의 신임을 묻는 것도 가능한지에 대하여 견해가 대립한다.

나. 견해의 대립

① 중요정책에 대하여 국민이 직접 찬성 또는 반대의 의사를 표현하는 레퍼렌덤(referendum)이라는 견해, ② 대통령 등의 신임을 묻는 신임투표도 가능한 플레비지트(Plebiszit)라는 견해, ③ 신임만을 묻는 투표는 불가능하지만 신임과 정책을 연계해서 묻는 투표는 가능하다는 견해 등이 대립한다.

다. 헌법재판소의 입장

헌법재판소는 "국민투표는 직접민주주의를 실현하기 위한 수단으로서 '사안에 대한 결정' 즉, 특정한 국가정책이나 법안을 그 대상으로 한다. 따라서 <u>국민투표의 본질상 '대표자에 대한 신임'</u>은 국민투표의 대상이 될 수 없다."고 하여 레퍼렌덤으로 보고 있다(2004헌나1).

라. 검 토

우리 헌법에서 대표자의 선출과 그에 대한 신임은 단지 선거의 형태로써 이루어져야 하므로 헌법재판소의 입장이 타당하다.

> **관련판례** 대통령이 위헌적인 재신임 국민투표를 단지 제안만 하였을 뿐 강행하지는 않았으나, 헌법상 허용되지 않는 재신임 국민투표를 국민들에게 제안한 것은 그 자체로서 헌법 제72조에 반하는 것으로 헌법을 실현하고 수호해야 할 대통령의 의무를 위반한 것이다. (2004헌나1)

3. 법률안이 국민투표 대상에 포함되는지 여부

가. 국민투표의 한계

헌법은 명시적으로 규정된 국민투표 외에 다른 형태의 재신임 국민투표를 허용하지 않는다. 이는 주권자인 국민이 원하거나 또는 국민의 이름으로 실시하더라도 마찬가지이다. 국민은 선거와 국민투표를 통하여 국가권력을 직접 행사하게 되며, 국민투표는 국민에 의한 국가권력의 행사방법의 하나로서 명시적인 헌법적 근거를 필요로 한다. 따라서 국민투표의 가능성은 국민주권주의나 민주주의원칙과 같은 일반적인 헌법원칙에 근거하여 인정될 수 없으며, 헌법에 명문으로 규정되지 않는 한 허용되지 않는다.

나. 법률안이 대상에 포함되는지 여부

이에 대하여 ① 외국의 사례와 달리 우리 헌법은 법률안을 국민투표 부의의 대상으로 규정하고 있지 않고, 헌법 명문 규정상 국민투표의 대상은 '중요정책'에 불과하므로 법률안은 대상이 될 수 없다는 부정설과, ② 직접민주제적 요소의 의미를 중시하는 입장에서 헌법 제72조의 요건을 넓게 해석해 국가 주요정책이 될 수 있으면 법률안도 국민투표의 대상에 포함된다는 긍정설이 대립한다.

다. 헌법재판소의 입장

헌법재판소는 명시적이지 않으나 "헌법 제72조는 예외조항에 해당하며, 확장적으로 해석돼서는 안 되고 축소적으로 엄격하게 해석돼야 하기 때문에, '국가안위에 관한 중요한 정책'의 의미를 엄격하게 해석해야 한다(2003헌마694)."고 판시하고 있다.

라. 검 토

헌법상 열거되어 있는 국민투표의 대상이 비록 예시적이라 하더라도 대통령이 국민투표를 정치적 무기화하고 정치적으로 남용할 수 있는 위험성이 있는 점, 입법권은 국회에 속하는 바 이에 대하여도 대통령이 국민투표에 붙일 수 있다고 한다면 권력분립원칙에 반할 우려가 있는 점 등을 고려했을 때 이를 부정함이 타당하다.

4. 헌법개정안이 국민투표 대상에 포함되는지 여부

헌법개정은 국회의 의결이 있은 후 헌법 제130조에 따라 헌법개정안 국민투표에 붙여야 한다. 헌법 제130조의 국민투표의 절차가 존재함에도 헌법개정안에 대한 국민투표를 헌법 제72조의 절차에 따라 한다면 이는 국회의 의결절차를 무시하는 것일 뿐만 아니라 헌법상 규정된 국민투표절차위반이 있으며, 경성헌법의 원리에도 반한다. 따라서 헌법개정안은 제72조 국민투표의 대상이 포함되지 않는다.

128 대통령의 권한행사의 통제

1. 내용

대통령의 권한행사의 통제는 기관 내부적 통제와 기관 외부적 통제로 나눌 수 있다.

기관 내부적 통제로는 ① 국무회의 심의제(헌법 제88조, 제89조), ② 부서제(제82조), ③ 자문기관의 자문(제91조, 제92조, 제93조), 국무총리의 국무위원 임명제청과 국무위원 해임건의(제87조, 제94조) 등이 있다.

기관 외부적 통제로는 ① 국회에 의한 통제(탄핵소추, 해임건의, 국정감사·조사, 국무총리·국무위원에 대한 국회출석·답변요구, 대통령의 행위에 대한 각종 동의 또는 승인, 국가긴급권 행사에 대한 통제), ② 법원에 의한 통제(명령·규칙·처분에 대한 위헌·위법심사 등), ③ 헌법재판소에 의한 통제(탄핵심판, 권한쟁의심판, 헌법소원심판, 위헌법률심판), ④ 야당에 의한 통제, ⑤ 국민에 의한 통제가 있다.

2. 국무회의 심의제

가. 의 의

헌법 제88조 제1항은 "국무회의는 정부의 권한에 속하는 중요한 정책을 심의한다."고 하여 국무회의 심의제를 규정하고 제89조는 국무회의의 심의를 거쳐야 하는 사항에 대해 규정하고 있다. 이는 의원내각제적 요소로서 대통령을 보좌하는 한편 권한행사를 견제하는 기능을 한다.

나. 심의 없는 대통령의 국법상 행위의 효력

1) ① 국무회의 심의는 효력요건이 아니라 적법요건에 불과하므로, 위법하지만 무효는 아니라는 유효설과 ② 국무회의 심의는 대통령의 권한에 대한 내부적 통제수단이므로 효력요건에 해당한다는 무효설이 대립한다.
2) 생각건대, 현행 헌법상 정부형태가 대통령제를 취하고 있으므로 행정권 행사의 최고결정권자는 대통령이라는 점, 만약 대통령의 의사가 보좌기관에 의해 그 효력이 좌우된다면 국민에 의해 선출된 대통령이 민주적 정당성이 약한 보좌기관에 의해 좌절되는 모순을 초래하게 된다. 따라서 국무회의 심의 없는 대통령의 국법상 행위는 위법하지만 유효라고 봄이 타당하다.

다. 국무회의 심의결과의 구속력 여부

1) 대통령이 국무회의의 심의결과에 구속되는지에 관하여 견해가 대립한다.
이에 대하여 ① 국무회의는 '심의'기관에 불과하므로 대통령이 구속되지 않는다는 비구속설과 ② 대통령 권한행사의 통제를 위해 의원내각제적 요소인 국무회의 심의제를 도입한 취지를 고려하여 대통령은 국무회의 심의결과에 구속된다는 구속설이 대립한다.

2) 생각건대, 국무회의 심의제는 용어 그대로 '심의'에 불과한 점, 현행 헌법의 정부형태는 원칙적으로 대통령제인 점 등을 고려하였을 때 비구속설이 타당하다.

3. 부서제도

★ 9회 변시 1문의1

국무회의에서의 법률개정안 심의단계에서부터 국정감사및조사에관한법률 개정안 내용에 반대해온 국무총리 甲은 대통령 A의 법률공포에 대하여 끝내 부서를 거부하였다. 대통령은 위 개정안을 국회에 제출하였고 국회에서 의결되었다. 국무총리 甲의 부서가 없는 국감국조법 공포의 유효성에 대하여 판단하시오. (10)

● 17년 1차 1문

대통령 甲은 지방자치단체장의 선임방법을 직선제에서 대통령임명제로 변경하는 내용의 법률개정안을 국회에 제출하고자 하였으나 국무총리 乙은 위 개정안이 헌법 제118조 제2항에 위반된다는 이유로 국무회의 심의과정에서 반대하였다. 결국 이 개정안은 국무총리 부서 없이 국회에 제출되었다. 부서를 거부한 乙의 행위와 乙의 부서 없는 법률개정안을 제출한 甲의 행위에 대하여 헌법적으로 평가하시오. (25)

가. 의 의

헌법 제82조는 "대통령의 국법상 행위는 문서로써 하며, 이 문서에는 국무총리와 관계 국무위원이 부서한다."고 규정하고 있고, 헌법 제94조는 "행정각부의 장은 국무위원 중에서 국무총리의 제청으로 대통령이 임명한다."고 규정하고 있다. 부서란 대통령의 서명에 이어 국무총리와 관계국무위원이 서명하는 것을 말한다.

나. 부서의 법적 성격

우리 헌법상 부서의 성격에 대해, ① 부서제도란 보좌기관으로서의 책임을 지우고 부서권자의 책임소재를 명백히 하고자 하는 성질을 가진다고 보며, 이를 통해 대통령의 견제를 방지하고 부서권자에게 대통령에 내한 보필책임을 지운다는 견해(보필책임설, 다수설)와 ② 부서권자가 단지 대통령의 국무행위에 참여하였다는 물적 증거를 의미할 뿐이므로, 부서제도는 대통령의 전제를 방지하기 위한 수단으로 기능할 수 없다는 견해(물적 책임설)이 대립한다.

다. 부서 없는 대통령의 국법상 행위의 효력

1) ① 부서제도는 효력요건이 아니라 적법요건에 불과하므로, 위법하지만 무효는 아니라는 유효설과 ② 부서제도는 대통령의 권한에 대한 내부적 통제수단이므로 효력요건에 해당한다는 무효설이 대립한다.

2) 생각건대, 현행 헌법상 정부형태가 대통령제를 취하고 있으므로 행정권 행사의 최고결정권자는 대통령이라는 점, 만약 대통령의 의사가 보좌기관에 의해 그 효력이 좌우된다면 국민에 의해 선출된 대통령이 민주적 정당성이 약한 보좌기관에 의해

좌절되는 모순을 초래하게 된다. 따라서 부서 없는 대통령의 국법상 행위는 위법하지만 유효라고 봄이 타당하다.

라. 국무총리 또는 관계 국무위원이 부서를 거부할 수 있는지 여부

국무총리 또는 관계 국무위원이 부서를 거부할 수 있는지 여부에 관하여, ① 부서에 대하여는 재량이 인정된다는 주장과 ② 국무회의에서 심의·결정하지 않은 사항이거나 국무회의 의결과 다른 대통령의 권한행사에 대해서만 부서를 거부할 수 있다는 주장이 대립한다. 생각건대 대통령의 국법상 행위에 대하여 헌법 또는 법률을 위반한 하자가 인정되는 경우에는 부서를 거부할 수 있다고 봄이 타당하다.

마. 장관이 공석 중 차관이 부서를 대행할 수 있는지 여부

1) 정부조직법 제7조 제2항은 "차관은 그 기관의 장이 사고로 직무를 수행할 수 없으면 그 직무를 대행한다."고 규정하고 있다. 이때 국무위원인 장관의 부서를 차관이 대행할 수 있는지 문제된다.
2) ① 헌법 명문상 부서의 권한은 국무위원에게 있다는 부정설과, ② 국무위원은 대통령의 보좌기관에 불과하므로 차관이 부서를 대행할 수도 있다고 보는 긍정설이 대립한다.
3) 생각건대 국무위원은 대통령의 보좌기관에 불과하고 정부조직법 제7조 제2항의 규정상 장관이 사고로 직무를 수행할 수 없는 때에는 차관이 그 직무를 대행하므로, 장관의 부서를 차관이 대행할 수 있다고 보는 긍정설이 타당하다.

129 국무총리

● 21년 3차 1문
공정거래위원회를 대통령직속으로 설치하기 위한 「정부조직법」 개정안이 위헌이라는 주장이 타당한지 검토하시오. (20)

1. 헌법상 국무총리의 지위

우리 헌법상 국무총리란 대통령을 보좌하며 대통령의 명을 받아 행정각부를 통할하는, 대통령의 보좌기관으로서의 집행부의 2인를 의미한다. 국무총리에 관한 헌법상 제 규정을 종합하면 국무총리의 지위가 대통령의 권한행사에 다소의 견제적 기능을 할 수 있다고 하나, 우리나라의 행정권은 헌법상 대통령에게 귀속되고, 국무총리는 단지 대통령의 첫째 가는 보좌기관으로서 행정에 관하여 독자적인 권한을 가지지 못하고 대통령의 명을 받아 행정각부를 통할하는 기관으로서의 지위만을 가지며, 행정권 행사에 대한 최후의 결정권자는 대통령이라고 해석하는 것이 타당하다(89헌마221).

2. 국무총리서리 인정여부

가. 부정설

헌법 제86조 제1항은 "국무총리는 국회의 동의를 얻어 대통령이 임명한다."고 명시하여 대통령이 국무총리를 임명함에 있어서는 "반드시 사전에" 국회의 동의를 얻어야 함을 분명히 밝히고 있다. 이는 법문상 다른 해석의 여지없이 분명하다. 그러므로 국회의 동의는 국무총리 임명에 있어 불가결한 본질적 요건으로서 대통령이 국회의 동의 없이 국무총리를 임명하였다면 그 임명행위는 명백히 헌법에 위배되고, 이러한 법리는 국무총리 대신 국무총리'서리'라는 이름으로 임명하였다고 하여 달라지는 것이 아니다.[24]

나. 긍정설

국무총리의 궐위는 대통령으로 하여금 새 행정부 구성을 할 수 없게 하고 있는데도 헌법은 궐위된 국무총리의 직무를 누가, 어떤 방법으로 수행하는지에 관하여 아무런 규정을 하지 않고 있다. 헌법제정자는 이와 같은 특수한 경우를 예상하지 못하였고, 이러한 헌법규정의 흠 때문에 대통령의 국무총리서리 임명이 헌법에 합치되는지 여부는 해석에 의하여 가려볼 수밖에 없다. 그런데 특수한 경우에 한하여 대통령이 국무총리 임명동의안을 국회가 표결

---

[24] 재판관 김문희, 이재화, 한대현의 의견

할 때까지 예외적으로 서리를 임명하여 총리직을 수행하게 할 수 있게 한다면, 대통령의 국무총리서리 임명행위는 헌법 제86조 제1항의 흠을 보충하는 합리적인 해석범위내의 행위이므로 헌법상의 정당성이 있다고 볼 수 있다.25)

다. 헌법재판소의 입장

헌법재판소는 국무총리서리임명이 문제된 사건에서 재판관 5인의 의견으로 각하를 하여 본안판단을 하지 않았다(98헌라1).

라. 검 토

헌법이 국무총리의 임명에 관하여 규정하고 있는 국회동의제도의 취지를 고려하여 보면 국무총리 임명은 대통령의 단독행위에 국회가 단순히 부수적으로 협력하는 것에 그치지 아니하고 국회가 대통령과 공동으로 임명에 관여하는 것이라고 보아야 한다. 따라서 부정설이 타당하다.

> **관련판례** 국무총리가 통할하지 않고 대통령이 직접 통할하는 기관을 설치할 수 있는지 여부(적극) (89헌마221)
> 대통령직속의 헌법기관이 별도로 규정되어 있다는 이유만을 들어 법률에 의하더라도 헌법에 열거된 헌법기관 이외에는 대통령직속의 행정기관을 설치할 수 없다든가 또는 모든 행정기관은 헌법상 예외적으로 열거된 경우 등 이외에는 반드시 국무총리의 통할을 받아야 한다고는 말할 수 없다 할 것이고 이는 현행 헌법상 대통령중심제의 정부조직원리에도 들어맞는 것이라 할 것이며, 입법권자는 헌법 제96조에 의하여 법률로써 행정을 담당하는 행정기관을 설치함에 있어 그 기관이 관장하는 사무의 성질에 따라 국무총리가 대통령의 명을 받아 통할하는 기관으로 설치할 수도 있고 또는 대통령이 직접 통할하는 기관으로 설치할 수도 있다 할 것이므로 헌법 제86조 제2항과 제94조에서 말하는 행정각부는 입법권자가 헌법 제96조에 의하여 법률로써 행정기관 중 국무총리의 통할을 받도록 설치한 행정각부만을 의미한다고 할 것이다.

---

25) 재판관 이영모의 의견

130 국무위원과 행정각부

1. 국무위원

국무위원은 국무회의의 구성원을 말한다. 국무위원은 국정에 관하여 대통령을 보좌하는 지위와 국무회의 구성원으로서의 지위를 함께 갖는다. 한편 행정각부의 장관은 국무위원 중에서 임명하므로, 국무위원은 행정각부의 장을 함께 겸하는 이중적 지위를 가진다.

2. 행정각부

행정각부의 장은 국무위원 중에서 임명되며(헌법 제94조) 그 소관사무에 관하여 법률이나 대통령령의 위임 또는 직권으로 부령을 발할 수 있다(헌법 제95조).
즉 성질상 정부의 구성단위인 중앙행정기관이라 할지라도, 법률상 그 기관의 장이 국무위원이 아니라든가 또는 국무위원이라 하더라도 그 소관사무에 관하여 부령을 발할 권한이 없는 경우에는, 그 기관은 우리 헌법이 규정하는 실정법적 의미의 행정각부로는 볼 수 없다는 헌법상의 간접적인 개념제한이 있음을 알 수 있다. 따라서 정부의 구성단위로서 그 권한에 속하는 사항을 집행하는 모든 중앙행정기관이 곧 헌법 제86조 제2항 소정의 행정각부는 아니라 할 것이다 (89헌마221).

131 감사원

감사원은 국가의 세입·세출의 결산, 국가 및 법률이 정한 단체의 회계검사와 행정기관 및 공무원의 직무에 관한 감찰을 하기 위하여 대통령 소속하에 설치되는 헌법기관으로서, 그 직무의 성격상 고도의 독립성이 보장되어야 한다. ① 감사원은 조직적으로는 대통령에 소속된 중앙행정기관에 해당한다(대통령 소속기관으로서의 지위). ② 그러나 직무에 관하여는 독립의 지위를 가지는데 이에 따라 감사원 소속 공무원의 임면, 조직 및 예산의 편성에 있어서는 감사원의 독립성이 최대한 존중되어야 한다(직무상 독립기관). 또한 감사원은 ③ 헌법에 의하여 반드시 설치해야 하는 필수적 헌법기관이자 ④ 원장을 포함한 5인 이상 11인 이하의 감사위원으로 구성되는 합의제 기관으로서의 지위를 갖는다.

제4장 사법부

132 사법권의 독립

1. 사법권의 독립의 의의

사법권의 독립이란 사법부를 입법부·행정부로부터 분리·독립시키고, 법관이 재판을 함에 있어서 오직 헌법과 법률에 의하여 그 양심에 따라 할 뿐 어떠한 외부적인 압력이나 간섭도 받지 않는다는 것을 의미한다(91헌가2).

2. 내 용

가. 법원의 독립

법원의 독립이란 사법부를 입법부·행정부로부터 분리·독립하게 하는 것을 말한다. 법관은 국회의원 또는 행정부의 구성원을 겸직할 수 없으며, 법원은 입법부·행정부와 조직·기능 등으로부터 독립되어 있다. 또한 헌법 제108조는 대법원은 법률에 저촉되지 아니하는 범위 안에서 소송에 관한 절차, 법원의 내부규율과 사무처리에 관한 규칙을 제정할 수 있다고 규정하고 있어 법원의 자율성을 확보하고 있다. 다만 법치주의의 요청에 따라 의회가 법원의 조직과 구성에 관한 법률을 제정하고(법원조직법), 법관의 재판도 의회가 제정한 법률에 구속되는 것은 불가피하다. 또한 대법원장과 대법관을 대통령이 임명하도록 한 것도 법원의 독립에 대한 일정한 한계로 작용을 한다.

나. 법관의 독립

법관의 독립이란 법관이 재판을 함에 있어서 오직 헌법과 법률에 의하여 그 양심에 따라 할 뿐 어떠한 외부적인 압력이나 간섭도 받지 않는 것을 의미한다.

1) 법관의 재판상 독립

법관은 헌법과 법률에 의하여 그 양심에 따라 독립하여 심판하는데 이를 재판상 독립(물적 독립)이라 한다(헌법 제103조). 재판상 독립은 ① 헌법과 법률 및 양심에 따른 심판(이때의 양심은 객관적이고 이성적인 법관으로서의 직업적 양심), ② 국회·행정부·소송 당사자 등으로부터의 외부적 독립, ③ 상급법원이나 소속법원장으로부터의 내부적 독립을 그 내용으로 한다. ④ 또한 원칙적으로 법관에게 그 범죄의 정상에 따라 그 형벌의 종류와 형량을 선택할 수 있게 할 수 있게 하는 양형결정권의 보장도 구체적 정의를 구현하는 선고형의 합리성과 사법권 독립을 보장하는 중요한 기능을 하고 있다(90헌바24).

다만 법정형의 종류와 범위의 선택은 입법자가 여러 가지 사정을 고려하여 결정할 사항으로서 광범위한 재량이 인정되는 분야이므로 이에 따른 제한이 있을 수 있다.

2) 법관의 신분상 독립

법관의 신분상 독립(인적 독립)이란 법관의 독립을 달성하기 위한 수단으로서 법관의 신분보장도 차질 없이 이루어져야 함을 의미한다. 특히 신분보장은 법관의 재판상의 독립을 보장하는데 있어서 필수적인 전제로서 정당한 법절차에 따르지 않은 법관의 파면이나 면직처분 내지 불이익처분의 금지를 의미하는 것이다.

> **관련판례** 법관의 정년을 직위에 따라 대법원장 70세, 대법관 65세, 그 이외의 법관 63세로 규정한 것이 헌법 제106조의 법관의 신분보장 규정에 위배되는지 여부 (2001헌마557)
>
> 헌법이 법관정년제를 규정한 것은 한편으로는 정년연령까지 그 신분이 보장되는 측면이 있다. 헌법규정 사이의 우열관계, 헌법규정에 대한 위헌성판단을 인정하지 아니하고 있으므로, 그에 따라 헌법 제106조 법관의 신분보장 규정은 헌법 제105조 제4항 법관정년제 규정과 병렬적 관계에 있는 것으로 보아 조화롭게 해석하여야 할 것이고, 따라서, 정년제를 전제로 그 재직 중인 법관은 탄핵 또는 금고 이상의 형의 선고에 의하지 아니하고는 파면되지 아니하며, 징계처분에 의하지 아니하고는 정직, 감봉 기타 불리한 처분을 받지 아니한다고 해석하여야 하고, 그러한 해석하에서는 헌법 제105조 제4항에 따라 입법자가 법관의 정년을 결정한 이 사건 법률조항은 그것이 입법자의 입법재량을 벗어나지 않고 기본권을 침해하지 않는 한 헌법에 위반된다고 할 수 없고, 위에서 본 바와 같이 그 입법 자체가 평등권, 공무담임권 등 기본권을 침해하였다고 볼 수 없어, 결국 신분보장 규정에도 위배된다고 할 수 없다.

133 법원의 명령·규칙 심사권

1. 의 의

법원의 명령·규칙 심사권이란 계속중인 재판에서 구체적 사건에 적용할 명령·규칙의 효력을 심사하여 이를 무효라고 판단하는 경우 당해 사건에서 그 명령·규칙의 적용을 거부할 수 있는 권한을 말한다.

2. 주 체

대법원을 비롯한 각급법원(군사법원 포함)이 명령·규칙심사권의 주체가 되고, 이에 대한 최종적 심사권한은 대법원이 가진다. 헌법재판소가 명령·규칙심사권의 주체가 되는지 여부에 관하여 견해가 대립하는데, 헌법재판소는 "헌법 제107조 제2항이 규정한 명령·규칙에 대한 대법원의 최종심사권이란 구체적인 소송사건에서 명령·규칙의 위헌여부가 재판의 전제가 되었을 경우 법률의 경우와는 달리 헌법재판소에 제청할 것 없이 대법원의 최종적으로 심사할 수 있다는 의미이며, 명령·규칙 그 자체에 의하여 직접 기본권이 침해되었음을 이유로 하여 헌법소원심판을 청구하는 것은 가능하다(89헌마178)."고 하여 이를 긍정하는 입장이다.

3. 내 용

가. 심사의 요건

법원이 명령·규칙을 심사하기 위해서는 명령 또는 규칙이 헌법이나 법률에 위반되는지 여부가 재판의 전제가 되는 경우여야 한다.

나. 심사의 대상

심사의 대상은 명령·규칙 또는 처분이다. 명령이라 함은 그 내용의 여하를 막론하고 행정기관이 정립하는 일반적 규범을 의미하는 것으로 ① 위임명령과 집행명령, ② 대통령령·총리령·부령 등을 불문하고 모두 대상이 될 수 있다. 국회의 동의를 요하지 않는 조약도 명령적 효력을 지니므로 심사의 대상이 될 수 있다.
규칙이란 국민에 대하여 일반적 구속력을 가지는 규칙을 말하는 것으로, 행정권의 자주적 입법인 규칙뿐만 아니라 국회가 제정하는 규칙, 대법원규칙, 중앙선거관리위원회규칙을 포함한다. 법규성이 없는 행정규칙은 원칙적으로 심사의 대상이 될 수 없으나 행정규칙이 상위법령과 결합하여 대외적 구속력을 갖는 경우(법령보충적 행정규칙) 또는 재량준칙이 되풀이 시행되어 행정관행이 이룩되어 행정의 자기구속의 원리에 따라 대외적 구속력을 갖는 경우에는 명령·규칙 심사의 대상이 될 수 있다.

한편 헌법 제107조 제2항은 조례에 관하여는 명시적으로 언급하고 있지 않으나 조례도 당연히 포함되는 것으로 해석하여야 한다.

다. 심사의 기준

심사의 기준은 헌법과 법률이다. 이때의 헌법과 법률은 형식적 의미의 헌법과 법률 뿐만 아니라 관습헌법과 같이 실질적 의미의 헌법 및 관습법, 법률의 효력을 가지는 조약과 긴급명령·긴급재정경제명령 등 실질적 의미의 법률까지 포함한다.

라. 심사의 결정

명령 또는 규칙이 헌법이나 법률에 위반된다고 인정하기 위해서는 대법관 전원의 3분의 2 이상의 합의체에서 과반수로 결정하여야 한다(법원조직법 제7조 제1항, 제66조 제1항). 한편 명령·규칙에 대한 위헌·위법 여부를 심사한 결과는 재판주문이 아니라 재판이유에 표시된다.

마. 위헌·위법인 명령·규칙의 효력

대법원이 명령·규칙에 대하여 위헌·위법을 선언하는 경우, 당해 명령·규칙이 일반적으로 효력을 상실하는지(일반적 효력상실설), 아니면 해당 사건에서만 적용이 거부되는지(개별적 효력부인설)에 관하여 견해가 대립하는데, 명령이나 규칙이 헌법이나 법률에 위반된다는 법원 판단의 법적 효력은 당해 사건에 대하여 그 명령이나 규칙의 적용을 배제하는데 그친다.

SIGNATURE
헌법 제9판 HAND BOOK

초판발행	2017년 11월 29일
2판발행	2018년 02월 23일
3판발행	2019년 02월 15일
4판발행	2020년 02월 03일
5판발행	2021년 02월 19일
6판발행	2022년 03월 18일
7판발행	2023년 03월 03일
8판발행	2024년 02월 04일
9판발행	2025년 02월 28일

지은이	강성민
디자인	이나영
발행처	주식회사 필통북스
등 록	제2019-000085호
주 소	서울특별시 관악구 신림로59길 23, 1201호(신림동)
전 화	1544-1967
팩 스	02-6499-0839
homepage	http://www.feeltongbooks.com/
ISBN	979-11-6792-198-7 [13360]

정가 18,000

| 이 책은 저자와의 협의 하에 인지를 생략합니다.
| 이 책은 저작권법에 의해 보호를 받는 저작물이므로 주식회사 필통북스의 허락 없는 무단전제 및 복제를 금합니다.